南京大学经济学院教授文选

巫强自选集

行走在产业经济与
国际贸易间的交叉研究

巫强 著

南京大学出版社

序　言

　　人生四十，尽管不想承认，但还是不得不承认，人生可能接近一半了。过去，从幼儿到孩童，到少年，再到青年，直至现在的中年"油腻男"。未来，当然还有老年，还有下半场，值得期待。但在这个时间节点上，简单回顾前面走过的路，试图去展望面前未来的路，这显然是一件让人憧憬、无限幸福的事情。我所在的南京大学经济学院提供了这个宝贵的机会。经济学院出版教授文丛系列，使我有机会整理过去学术之路的成果，集册出版。这让我的效用值在此时大大地边际增长，因为这能回顾自己的成长，知道自己从哪里来；充分审视自己，了解自己是谁；积累发奋前行的勇气，想明白自己要往哪里去。哲学人生的三个终极问题，都在一定程度上得到了拷问，得到了解答。毫无疑问，这要感谢南京大学经济学院提供的机会。

　　虽然从题目来看，这并不太像是严肃学术研究著作，但是选择以《行走在产业经济与国际贸易间的交叉研究》为题，是因为这是我个人学术研究的始终定位。这个定位的形成，源于自己读硕士时的专业是国际贸易，对国际贸易问题研究积累了很多人力资本；但我读博士时的专业是产业经济，本来唯恐原先的人力资本投资都白费，后来发现产业经济与国际贸易两大经济学分支领域之间存在着千丝万缕的联系。我误打误撞，居然还能同时闯入这两个本身就紧密联系的经济学分支学科，幸甚幸甚。自此，我的研究主题就始终定位于这两个领域，并力图在学科交叉中实现自身进步。

　　本书第一编是我在产业经济领域发表的论文，选题包括服务业规模核算、企业进入退出行为、商业银行利差决定、战略性新兴产业创新、劳动力省际流动等。第二编是我在国际贸易领域发表的论文，其中涉及对外开放战略转型、出口增长的制度解释、国际贸易利益测算与决定、美国反倾销对我国上市公司的影响、出口结算方式的选择决定等问题。第三编长三角经济改革发展整理了长三角研究的若干论文。从读博士开始，我就在刘志彪教授的带领下，接触到长三角研究的选题。这是依托于教育部——南京大学长江三角洲经济社会发展研究中心而开展的一系列研究。这些论文的选题也都是国际贸易和产业经济领域内的选题，但是考虑到它们都是研究长三角经济改革的，所以专门集合成一编。

另外需要说明以下三点：第一，本书整理的已发表论文不仅是我的研究成果，也是我的合作者们的研究成果。这些合作者有我的老师、同事和学生，感谢他/她们在过去这些研究中的付出和努力，并感谢他/她们同意将这些研究成果作为我的文丛内容。第二，本书并没有将我过去发表的所有论文都整理进来，除了极个别的，本书大多数论文都是在 2011 年后发表的。这是考虑到选取论文内容的时效性，并兼顾论文选题与本书主题的相关性。除了少数章节外，绝大部分章节都采取实证研究的方法。第三，本书各章内容都来自我与合作者发表在各学术期刊的论文，但大多与最终的期刊发表版本略有差异。感谢发表这些论文的学术期刊允许我再次使用这些论文，本书每章开头的脚注中都具体注明了相应的发表期刊信息，包括全部作者姓名、期刊名、发表时间等。

回顾我的成长历程，我始终在南京大学经济学科的大家庭中汲取养料。我不仅在读书不同阶段得到了不同导师的悉心指导，例如本科阶段的导师裴平教授、硕士阶段的导师张二震教授、博士阶段的导师刘志彪教授；而且还得到以洪银兴教授、范从来教授、沈坤荣教授和安同良教授为代表的各位师长的扶持和关心，在此一并感谢。

我的成长离不开家人的关心与陪伴，要感谢我的夫人洪颖女士和女儿巫清怡。这本书里也蕴含了她们从始至终对我的支持。另外，还要感谢我指导的硕士生黄孚和崔家维，他们帮我整理这些论文，做了大量的细致工作。

鼓舞士气，振奋精神，走好下半场。是以为序。

目 录

第一编 产业发展、创新与就业

第三编　长三角经济改革发展

第一编　产业发展、创新与就业

第一章　潜在供给规模视角下的中国服务业核算与省级结构[①]

一、问题的提出

十九大报告对我国的服务业发展有三个表述:"加快现代服务业发展""放开服务业准入限制"和"扩大服务业对外开放"。加快现代服务业发展是发展实体经济、建设现代化经济体系和提高供给体系质量的目标之一,也是供给侧结构性改革的重要内涵之一,而放开服务业准入限制和扩大服务业对外开放是实现上述目标的核心手段(干春晖,2017;刘志彪,2016)。无论是服务业的理论研究,还是政策制定,都必须以精确的服务业核算为前提,但服务业核算存在难题,存在被严重低估的情况(许宪春,2004)。这是由于服务业构成复杂,统计遗漏较多(江小涓,2011)。常见做法是用增加值来衡量服务业的发展程度(柳坤、申玉铭和刘辉,2012;钟晓君和刘德学,2014)。为避免单一指标衡量的误差,唐保庆和宣烨(2016)除了用服务业增加值反映服务业总体规模外,还采用了服务业增加值占 GDP 的比重来体现服务业在经济系统中的地位,而服务业劳动生产率侧重服务业技术水平的变化。程大中(2004)则从服务业增加值比重、就业比重和人均增加值三方面衡量服务业的发展程度。张颖熙和夏杰长(2013)重点采用服务业增加值比重衡量地区服务业的增长。江小涓和李辉(2004)、倪鹏飞(2004)重点关注服务业的增加值比重和就业比重,并用服务业内部各行业的

[①]　本章以《潜在供给规模视角下中国服务业核算与省级结构分析》为题发表在《南京社会科学》2018 年第 9 期上,原文作者为巫强、任若琰。

这两个比重来分析内部结构变化。但增加值比重提高可能是由于服务业价格相对上升，而不是真实的增长(江小涓，2011)。我国服务业内部结构的改善主要体现在物流、金融和信息服务等生产服务业的带动作用开始显现(夏杰长，2007)。徐春华和刘力(2014)利用就业人数来衡量各省生产服务业的规模，发现生产服务业主要集中在我国东部制造业大省。程大中(2008)则用投入产出表来识别经济中的服务性投入，以此衡量生产服务业规模，避免人为划分生产服务业的不足。

　　本章试图从潜在供给规模这一新角度核算服务业。服务业的潜在供给规模不是其现实发展程度或实际增加值，而是在给定技术条件和固定资本投入下的服务业产出或供给规模的最优值。它符合经济理论的准确界定，代表服务业产出能力的理论上限或最优规模。更准确地说，服务业的潜在供给规模不同于服务业增加值，不是衡量其当前发展的现实程度，而是衡量服务业潜在的发展程度，衡量服务业发展的绝对空间。同时，生产服务业和生活服务业这两类细分服务业也需要分别测算其潜在的供给规模，对比两者比重就可分析我国服务业内部的结构特征，如果生产服务业潜在供给规模占比提高，那就代表服务业内部结构的优化完善。

　　在上述思路的指导下，本章利用了成本函数法，在省级层面上测算我国31个省(区、市)(港澳台除外)2002—2014年的服务业潜在的供给规模，发现总体上我国各省(区、市)服务业的潜在供给规模都在扩张，但各地区之间存在增速差异；少数地区服务业潜在供给规模不升反降，而且各省(区、市)的服务业潜在供给规模与其经济发展水平有一定的相关性。如果划分东中西部区域，东部地区的服务业潜在供给规模高于中西部地区，且差距还在加大。本章还用服务业潜在供给规模与实际增加值之比来衡量服务业发展的相对空间，将全国各省(区、市)划分为三类，并指出相应的发展重点。本章也用成本函数法进一步测算了各省(区、市)生产服务业和生活服务业的潜在供给规模，发现这两者也在增长。东中西部地区生产服务业的潜在供给规模占比均波动上升，但是东部该占比整体低于中西部地区。

二、中国各省(区、市)服务业的潜在供给规模的测算原理

本章所采用的成本函数法,是基于厂商行为的成本最优原则。在长期内厂商可以调整一切要素投入量,包括资本等固定要素,以选择最优投入组合,在长期平均成本曲线的最低点实现均衡产出,即潜在供给规模。但短期内厂商面对给定的资本要素投入,只能通过调整劳动力等其他可变要素的投入量,使其短期平均成本最小化。如果固定要素仅限于资本存量,那么潜在供给规模的水平依赖于资本的投入量。该潜在供给规模的突出优点在于它具有准确的经济学含义,符合经济理论对厂商最优产出规模的界定。与行业的实际产出相比,潜在供给规模能更加准确地衡量行业发展空间。行业实际产出是行业发展空间的短期实现值,潜在供给规模是行业发展空间的长期潜在值。前者受到内外部多种因素的影响,实际产出的短期波动程度过大,可能会掩盖行业发展空间的长期变动趋势。同时从因果关系来分析,行业实际产出是全体厂商在行业发展空间限制下,短期内雇佣特定数量可变要素之后产生的结果;如果用其衡量行业发展空间,就颠倒了两者之间的因果关系。潜在供给规模就能避免这些不足,所以本章采用成本函数法来估算服务业的潜在供给规模,并用其来衡量服务业的行业发展空间。

成本函数法的关键在于设定可变成本函数的形式,不同研究者在这方面有所区别,本章参照 Garofalo 和 Malhotra(1997),Denny 等(1981),设定服务业短期可变成本函数式(1.1),将一个地区看作生产单元,考虑固定投入资本 K、可变投入劳动力 L 和能源 E 三种要素投入,包括短期可变成本 $VC(P_L,P_E,K,Y)$ 和固定成本 $P_K K$。其中短期可变成本取决于服务业的劳动力价格 P_L、能源价格 P_E、资本存量 K 和实际产出 Y,服务业固定成本是该行业资本存量 K 与资本价格 P_K 的乘积。

$$STC = VC(P_L,P_E,K,Y) + P_K K \tag{1.1}$$

本章进一步将服务业短期可变成本函数设定如同式(1.2)所示。其中,K_{-1} 表示期初时服务业厂商的资本存量,这说明服务业厂商在决定自身最优产量时必须考虑期初的资本存量,其可变成本受到期初资本存量的影响。式(1.2)中的其他变量,例

如 α_0、α_K、γ_{KK} 等都是待估计的系数。

$$VC = \alpha_0 + K_{-1}\left[\alpha_K + \frac{1}{2}\gamma_{KK}(K_{-1}/Y) + \gamma_{KL}P_L + \gamma_{KE}P_E\right] + P_L\left(\alpha_L + \frac{1}{2}\gamma_{LL}P_L + \right.$$

$$\left. \gamma_{LE}P_E + \gamma_{LY}Y\right) + P_E\left(\alpha_E + \frac{1}{2}\gamma_{EE}P_E + \gamma_{EY}Y\right) + Y\left(\alpha_Y + \frac{1}{2}\gamma_{YY}Y\right) \qquad (1.2)$$

由于一旦期初确定资本存量 K_{-1}，服务业厂商将无法在该期内改变该固定投入，该期只能在给定 K_{-1} 的条件下，选择合适的劳动力和能源数量，以实现最优产出。所以从动态优化角度看，服务业厂商潜在供给规模或潜在产出 Y^* 主要决定于期初资本存量 K_{-1}。当服务业厂商在期初选择最优的资本存量 K_{-1}，使其总成本最小化，即对应短期成本曲线最低点时，对应的产量就是潜在供给规模。由此，总成本最小化的一阶条件为 $\dfrac{\partial STC}{\partial K_{-1}} = \dfrac{\partial VC}{\partial K_{-1}} + P_K = 0$。再根据式(1.2)，可知 $\dfrac{\partial VC}{\partial K_{-1}} = \alpha_K + \dfrac{\gamma_{KK}K_{-1}}{Y} + \gamma_{KL}P_L + \gamma_{KE}P_E$，利用一阶条件整理得到服务业潜在供给规模 Y^*，如式(1.3)所示。

$$Y^* = -\frac{\gamma_{KK}K_{-1}}{\alpha_K + \gamma_{KL}P_L + \gamma_{KE}P_E + P_K} \qquad (1.3)$$

由式(1.3)可知，服务业潜在供给规模 Y^* 的测算需要用到两类变量。一类可直接用统计数据衡量或从统计数据中变换处理得到相应的衡量指标，包括期初资本存量 K_{-1}、劳动力价格 P_L、能源价格 P_E、资本价格 P_K。另一类则不可直接观察，需要从可变成本函数式(1.2)中估计得到，包括 α_K、γ_{KK}、γ_{KL} 和 γ_{KE}，它们依次表示期初资本存量对可变成本的一阶边际影响，期初资本存量对可变成本的二阶边际影响，期初资本存量与劳动力价格对可变成本的交叉边际影响，期初资本存量与能源价格对可变成本的交叉边际影响。

三、各省(区、市)服务业潜在供给规模的估算

本章选取的研究样本是省级层面的服务业数据，包括我国 2002—2014 年 30 个省(区、市)的服务业数据，并选取 2002 年作为基准年份。由于数据缺失严重，中国港澳台地区和西藏不包括在内。

（一）指标选取和数据处理

对于各省(区、市)每年服务业资本存量 K 的估算,本章采用永续盘存法,资本存量计算公式是 $K_{i,t}=K_{i,t-1}(1-\delta_{i,t})+I_{i,t}$。由于式(1.3)要求当期期初资本存量,即上一期末资本存量,因此服务业资本存量估算选取的样本区间为 2001—2013 年。第一,先估算各地区每年的资本品折旧率 δ。中国统计年鉴中将固定资产投资分为建筑安装工程、设备工具和其他费用三部分,本章按照张军、吴桂英和张吉鹏(2003)的处理方法,三者的折旧率分别是 6.90％、14.90％和 12.10％。再以各地区三类资本品所占本地区总固定资本的比重加权平均,计算出各地区不同年份的资本品折旧率。[1] 假设制造业和服务业适用同样的资本品折旧率。第二,再估算各地区服务业当年实际投资额 I。本章采用《中国国内生产总值核算历史资料:1996—2002》公布的 2001 年各地区服务业固定资本形成总额作为其名义投资。由于 2002 年以后不再公布各地区服务业固定资本形成总额,因此采用服务业固定资产投资额代替。[2] 为得到各地区每年的服务业实际投资额 I,本章按照徐现祥、周吉梅和舒元(2007)的方法,先计算服务业固定资产投资缩减指数,然后用该指数对服务业固定资产投资名义额进行平减。具体过程是:先计算各地区全行业及服务业的 GDP 缩减指数,再计算各地区全社会固定资产投资缩减指数,最后根据式(1.4)得到各地区服务业固定资产投资缩减指数。第三,估算服务业基准年份前一年,即 2001 年的资本存量 $K_{i,0}$。同样按照徐现祥、周吉梅和舒元(2007)的方法,本章计算 2001 年各地区服务业资本存量 $K_{2001}^{i}=I_{2001}^{i}/(\delta_{2001}^{i}+\xi_{01-13}^{i})$,其中 I_{2001}^{i} 是地区 i 在 2001 年的服务业固定资产形成总额。同时,由于服务业资本存量测算的样本区间为 2001—2013 年,服务业实际 GDP 增长率 ξ_{01-13}^{i} 的样本区间也对应设定为 2001—2013 年。对于 δ_{2001}^{i},徐现祥、周吉梅和舒元

---

① 数据来源于各省(区、市)统计年鉴。某些地区缺失三类资本品所占比重的处理方法如下:广西未公布样本区间内的数据,北京 2010—2014 年未公布相应数据,黑龙江未公布 2014 年数据,均用全国数据代替;陕西 2008 年数据缺失,用 2007 年和 2009 年数据的几何平均值代替;贵州 2004 年数据缺失,处理方法同陕西;天津 2001—2003 年未公布全社会相应数据,但公布地方数据,用地方数据代替;江西 2001—2005 年未公布全社会相应数据,但公布城镇数据,用城镇数据代替。

② 数据来源于历年《中国统计年鉴》和《中国固定资产投资统计年鉴》。

(2007)将折旧率统一为 3％,本章则使用上文中已计算出的各地区 2001 年服务业资本品折旧率,以保持各地区的差异性。

$$各地区服务业固定资产投资缩减指数＝\frac{各地区服务业\,GDP\,缩减指数}{各地区全行业\,GDP\,缩减指数}\times各地区$$

全行业固定资产投资缩减指数　　　　　　　　　　　　　　　　　　　　　　　(1.4)

本章还估算了各省(区、市)每年劳动力价格 P_L。统计数据不直接汇报各地区每年的服务业劳动力价格,本章推算出各省(区、市)城镇和农村服务业劳动力平均工资,再用各省(区、市)城镇和农村服务业各自的就业比重为权重进行加权平均,得到各省(区、市)服务业劳动力价格 P_L。对于城镇服务业的平均工资,本章将统计年鉴中直接汇报的各省(区、市)城镇服务业各行业的工资总额相加,得到该省城镇服务业工资总额,然后除以城镇服务业当年就业数,即城镇服务业平均工资＝工资总额/当年就业数[①]。城镇服务业当年就业数的计算要考虑到一年中的就业数变动,所以本章先将各省(区、市)每年城镇服务业各行业年底就业数相加,得到分地区城镇服务业年底就业数,然后取前后两年的年底就业数算术平均值来衡量城镇服务业当年就业数,即当年就业数＝(上年年底数＋当年年底数)/2。统计年鉴不直接汇报各省(区、市)农村服务业劳动力平均工资,也不汇报其工资总额,所以不能用上述办法来推算农村服务业劳动力的平均工资。中国城镇和农村的服务业相对割裂,劳动力工资应该不同,所以本章假设历年各地区服务业平均工资的城乡比例与全国人均收入的城乡比例相同,根据城镇服务业平均工资,利用全国人均收入的城乡比例推算出农村服务业的平均工资。

在估算各地区每年服务业的能源价格 P_E 时,本章假设各地区服务业和工业面对相同的能源市场,其能源消费价格相同,所以选取各地区工业生产者购进价格指数中的燃料、动力类购进价格指数(2002 年＝1)作为服务业能源消费价格 P_E 的衡量

---

①　数据来源于历年《中国统计年鉴》。其中,2001—2002 年采用城镇服务业分行业年底职工人数,2001—2005 年采用城镇服务业分行业的职工工资总额,其他年份均采用各地区城镇服务业分行业就业年底数和城镇就业人员工资总额。

指标[①]。估算各地区每年服务业实际产出 Y 时,本章选取各地区服务业实际 GDP 作为衡量指标[②]。各地区每年服务业可变成本 VC 包括劳动力成本和能源成本两部分,即 $VC=$ 劳动力成本+能源成本。服务业劳动力成本是城镇与农村服务业劳动力成本之和,城镇服务业劳动力成本就是上文劳动力价格测算中的城镇服务业工资总额,农村服务业劳动力成本是用劳动力价格测算中的农村服务业平均工资与农村服务业当年就业数的乘积衡量。农村服务业当年就业数的计算方式与上文城镇服务业当年就业数相同,但 2006 年之后《中国农村统计年鉴》不再公布农村服务业年底就业人数。本章发现 2002—2005 年的农村服务业当年就业数年增长速度基本相同[③],所以本章按其 2002—2005 年的几何年均增长率向外推算,得到 2006 年后各省(区、市)农村服务业各年就业数据。服务业能源成本是服务业能源消费量 E 与能源价格 P_E 的乘积。服务业能源消费量 E 选取各地区以万吨标准煤为单位的服务业能源消费量[④]。

(二)可变成本函数估计结果

为克服式(1.2)可能存在的内生性问题,同时兼顾服务业发展的地区差异,本章采用系统 GMM 方法来估计该式。系统 GMM 相当于联立差分方程和原水平方程,使用变量滞后项作为差分方程的工具变量,同时使用差分变量的滞后项作为水平方

---

① 数据来源于历年各省(区、市)统计年鉴,部分缺失数据处理如下:甘肃 2002—2014 年和宁夏 2010—2014 年的数据未公布,用周边接壤省(区、市)的平均值来替代。考虑到甘肃和宁夏接壤,且甘肃边界更广,接壤省(区、市)更多,而宁夏主要与甘肃接壤,故先估计甘肃,再估计宁夏。甘肃 2002—2009 年的数据用新疆、青海、四川、陕西、宁夏、内蒙古的平均值代替,2010—2014 年用除宁夏外其他 5 省(区、市)的平均值代替。宁夏 2010—2014 年的数据用甘肃、内蒙古、陕西的平均值代替。云南 2002—2010 年和海南 2002—2014 年未区分燃料、动力类和原材料类价格指数,用工业生产者购进价格总指数代替。湖南 2002 年、2006—2014 年和云南 2011—2014 年的数据未公布,四川缺失全部年份数据,处理方法同甘肃、宁夏。陕西 2008 年数据缺失,用 2007 年和 2009 年的平均值代替。

② 数据来源于历年《中国统计年鉴》《中国农村统计年鉴》。

③ 均在 10%～11% 之间,而且几何平均值和算术平均值很接近。

④ 数据来源于历年各省(区、市)统计年鉴中的综合能源平衡表,部分缺失数据的处理方法如下:浙江和宁夏缺失全部年份数据,假设二省能源消费量在全国所占比例与其服务业 GDP 在全国所占比例保持一致,根据比例折算。四川、福建、湖南、河南、山东、河北 2002—2004 年未公布此项数据,假设 2002—2014 年的增长率与 2005—2014 年的增长率相同,先计算 2005—2014 年的能源消费几何增长率,再利用 2014 年的数据反推出 2002—2004 年的数据。采用同样方法推算其他缺失数据,包括陕西 2004 年、海南 2002 年、黑龙江 2002—2003 年、湖北 2002—2005 年的数据。

程的工具变量,能较好解决弱工具变量的不足。表 1.1 是我国服务业可变成本函数式(1.2)的系数估计结果。

表 1.1　可变成本函数系统 GMM 的估计结果

系数	估计值	t 值	标准误	系数	估计值	t 值	标准误
α_K	3.272**	2.048	1.597	γ_{LY}	−2.192***	−2.640	0.830
γ_{KK}	−1.052***	−2.636	0.399	α_E	454.841	0.107	4 255.373
γ_{KL}	0.882***	−2.776	0.318	γ_{EE}	−5 161.587	−1.597	3 231.584
γ_{KE}	−1.101**	2.125	0.518	γ_{EY}	1.721	1.540	1.118
α_L	−2 396.584	−0.585	40 98.415	α_Y	−3.554	−1.435	2.477
γ_{LL}	−5 146.334***	−2.837	1 813.863	γ_{YY}	0.000 1***	3.688	0.000
γ_{LE}	7 098.973***	2.420 4	2 686.933	α_0	−507.940	−0.389	1 306.246
AR(1):$P{>}z{=}0.317$　　AR(2):$P{>}z{=}0.399$　　Sargan 检验:$P{>}chi2{=}0.981$							

注:***、**、*分别表示在 1%、5%、10%的显著性水平下显著。

资料来源:作者利用 Stata 软件计算。

表 1.1 的估计结果显示,绝大部分估计系数都在 5%的显著性水平下显著,尤其是后续估算服务业潜在供给规模所需要的关键系数 α_K、γ_{KK}、γ_{KL} 和 γ_{KE} 的显著性均较好,均在 5%的显著性水平下显著。同时,Sargan 检验和 Arellano-Bond 检验结果[AR(1)和 AR(2)]都表明不能拒绝原假设,证明工具变量的有效性,并且不存在一阶、二阶自相关。这些都说明表 1.1 服务业可变成本函数估计结果合理有效。

（三）我国各省（区、市）服务业发展绝对空间的演变特征

本章采用韩国高等(2011)的方法,计算各地区每年服务业资本价格 P_K。假设资本品为生产者自有,则服务业厂商面对的资本价格就等于其资本使用的机会成本 c,见式(1.5)。

$$P_{K,i,t}=c_{i,t}=r_t q_{i,t}+\delta_{i,t} q_{i,t}-\Delta q_{i,t} \tag{1.5}$$

其中,r 是 2002 年后的实际贷款利率,根据三年期贷款基准年利率减去当年通货膨胀率得到。如果当年发生基准利率官方变动,那就按变动月份加权平均计算新的三年期贷款基准年利率。为进一步精确刻画,基准利率官方变动如果发生在上半

月,则本月按照变动之后的新利率计算;如果发生在下半月,则本月仍按照变动前的旧利率计算。q 是服务业资本品的实际购置价格,使用各地区以 2002 年不变价格计算的固定资产投资价格指数(2002 年＝1)衡量。rq 就是服务业厂商投资购买资本品的机会成本,等于他放弃购买服务业资本品,而将相应金额储蓄获得的利息收入。δq 是服务业厂商当期投资资本品后的折旧成本,δ 已在前文计算得到。$\Delta q_{i,t}$ 是当期与前期相比的资本品价格变动,等于 $q_{i,t} - q_{i,t-1}$,反映由于资本品市场价格波动导致服务业厂商面对的额外成本。

在估算出各地区每年的资本价格后,本章根据式(1.3)计算出 2002—2014 年我国各省(区、市)服务业的潜在供给规模,如表 1.2 所示。由于篇幅限制,表 1.2 仅汇报 2002—2014 年间偶数年份的估算结果,我国省级层面上的服务业发展绝对空间的变化情况可概括如下:第一,在 2002—2014 年,中国各省(区、市)服务业发展的绝对空间都保持增长态势,但增长情况的差异较为明显。从中国所有省(区、市)加总的服务业潜在供给规模增长趋势(见图 1.1)来分析,样本期内其年均增速 14.00％。2009年出现负增长,2010 年恢复正增长,但 2011 年增速下降为 5.82％,2014 年又增速上升,达到 17.23％。样本期间的服务业潜在供给规模增长最小的地区是上海,2014 年是 2002 年的 2.46 倍;增长最大的地区是内蒙古,2014 年是 2002 年的 8.57 倍。绝大多数省(区、市)2014 年的服务业潜在供给规模是 2002 年的 3～6 倍,这充分说明各省(区、市)服务业发展绝对空间的增长情况差别较大。第二,从 2012—2014 年,少数省(区、市)服务业发展的绝对空间出现下降。山东略有下滑,上海从 6 538.27 亿元大幅下降到 5 357.95 亿元,河北从 2012 年的 8 467.81 亿元下降到 2014 年的 5 806.31 亿元,下降幅度最大。这些省(区、市)近年来的服务业潜在供给规模的持续增长趋势被扭转,这对它们的服务业发展而言,是一个较为明显的危险信号。服务业潜在供给规模作为服务业实际发展的上限约束水平,其增长放缓,甚至下滑,那就会直接限制服务业的实际增长,甚至可能意味着其服务业的实际增长进入下降周期①。

---

①　当然,由于本章的数据样本只能搜集到 2014 年,所以该结论的可靠性还需要通过搜集更近年份的数据加以验证。

第三,2014 年各省(区、市)服务业的发展绝对空间存在较大差异,与各省(区、市)经济社会发展水平之间的相关性较大。例如江苏、浙江、广东和山东等经济发达省份的服务业潜在供给规模居于全国前列,2014 年分别达到 11 947.26 亿元、12 201.87亿元、14 400.17 亿元和 13 652.65 亿元,而海南、青海、宁夏等经济相对落后省(区、市)的服务业潜在供给规模也相对较小,2014 年分别为 1 182.36 亿元、790.79 亿元、1 057.40 亿元。前面这些地区的服务业潜在供给规模是后面这些地区的 10 倍以上,中国各省(区、市)之间的服务业潜在供给规模差异非常可观。如果观察 2002 年各省(区、市)的服务业潜在供给规模排序,结果也会证明这点,经济发达地区在起始年份的服务业潜在供给规模就相对领先。这表明,虽然经过 13 年的发展,各省(区、市)服务业发展的绝对空间的差异没有发生根本变化。

表 1.2　各省(区、市)代表性年份服务业潜在供给规模　　单位:亿元

地区	2002	2004	2006	2008	2010	2012	2014
北京	2 343.897	3 279.927	3 970.225	5 735.672	6 331.084	7 612.666	8 106.299
天津	688.174	1 026.485	1 377.419	2 075.614	2 474.430	3 536.479	4 592.907
河北	1 951.475	2 455.726	3 001.192	4 397.726	5 769.387	8 467.815	5 806.313
山西	703.604	900.493	1 037.958	1 508.572	2 058.906	2 808.199	3 614.883
内蒙古	449.483	654.990	960.149	1 505.703	2 051.860	2 846.735	3 853.611
辽宁	1 351.992	1 777.091	2 357.983	3 392.589	4 696.507	7 111.677	10 022.490
吉林	668.430	887.095	1 103.623	1 682.742	2 453.009	3 159.116	4 214.263
黑龙江	907.450	1 189.144	1 514.729	2 149.115	2 815.084	3 854.399	4 768.149
上海	2 214.529	3 269.336	4 112.951	6 045.954	5 854.168	6 538.267	5 457.957
江苏	2 728.047	3 651.614	4 494.320	6 317.013	7 318.249	9 177.728	11 947.260
浙江	2 366.967	3 396.114	4 472.148	6 393.361	7 246.507	8 954.032	12 201.870
安徽	1 178.288	1 406.075	1 639.166	2 160.584	3 040.729	4 160.217	5 546.658
福建	1 210.965	1 581.051	2 101.251	3 318.242	3 915.701	5 227.539	7 872.877
江西	834.447	1 131.463	1 485.438	2 020.553	2 236.027	2 677.385	3 308.332
山东	2 303.779	3 288.927	4 311.093	6 275.401	8 226.062	11 374.000	13 652.650
河南	1 669.955	2 187.861	2 552.432	3 661.914	4 846.437	6 483.002	7 682.665
湖北	1 388.356	1 792.772	2 215.017	3 115.502	3 841.116	5 701.876	7 366.659

(续表)

地区	2002	2004	2006	2008	2010	2012	2014
湖南	1 403.200	1 845.178	2 279.739	3 116.984	4 133.762	5 888.553	7 792.703
广东	4 181.017	5 287.741	6 286.190	8 143.090	9 051.676	11 612.350	14 400.170
广西	801.059	1 001.802	1 245.681	1 802.302	2 543.173	4 215.545	5 650.794
海南	233.353	290.135	318.342	435.754	546.085	823.315	1 182.356
重庆	934.617	1 276.821	1 648.602	2 289.170	2 690.723	3 230.719	4 117.231
四川	1 727.830	2 300.854	2 815.328	3 890.619	4 883.709	6 634.257	9 327.200
贵州	524.864	706.566	813.980	1 009.450	1 227.082	1 758.893	2 786.590
云南	890.485	1 154.265	1 344.770	1 906.389	2 438.388	3 366.871	4 653.730
陕西	902.624	1 206.119	1 590.790	2 041.804	2 772.878	4 199.732	5 614.683
甘肃	357.442	535.414	711.482	999.106	1 356.687	2 067.484	2 253.082
青海	184.533	236.983	255.600	316.361	387.899	539.673	790.787
宁夏	200.463	287.719	347.292	482.710	614.300	778.916	1 057.402
新疆	545.840	871.613	1 581.030	2 866.070	3 705.106	10 756.670	10 100.920

资料来源:作者利用 Stata 软件计算。

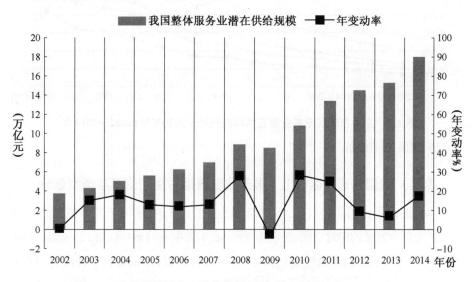

图 1.1 我国整体服务业潜在供给规模增长趋势(2002—2014 年)

资料来源:作者绘制。

为了进一步说明我国服务业发展的绝对空间存在地区差异,本章分别计算了全国和东、中、西三个地区的服务业平均潜在供给规模,如图 1.2 所示。东中西部地区的服务业潜在供给规模的变动情况基本与全国的变动情况相似,总体上呈现波动上升的态势。它们都是在 2009 年出现下降趋势,然后重新进入增长轨迹,这与我国宏观经济周期变化大致相同。东部省(区、市)由于对外开放程度更高,受到外部冲击更大,所以东部省(区、市)2009 年服务业的潜在供给规模下滑更为明显,而中西部省(区、市)的服务业平均潜在供给规模在 2009 年的下降相对较小。另外,东部地区服务业潜在供给规模高于中西部地区,中西部地区服务业潜在供给规模低于全国平均水平,且三个区域的服务业潜在供给规模差距还有所加大。

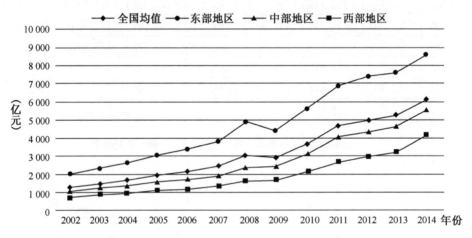

图 1.2　东中西地区服务业潜在供给规模增长趋势对比(2002—2014 年)

资料来源:作者绘制。

(四)我国各省(区、市)服务业发展相对空间测算与类型划分

本章还计算了中国各省(区、市)历年服务业的潜在供给规模与增加值之比,以衡量服务业行业发展的相对空间,见表 1.3①。表 1.3 中不同省(区、市)近年该比例值有升有降,没有明显的系统性变化特征,且各省(区、市)比例值大小并没有与各省

---

①　由于篇幅限制,表 1.3 仅汇报 2010—2014 年的比例值,这些值对当前决策的借鉴意义更大。

(区、市)经济发达程度之间产生紧密关联。这是因为从全国层面来看,各省(区、市)服务业的实际产出与服务业的潜在供给规模之间存在正相关性,服务业潜在供给规模大的省(区、市)往往也是经济发达地区,其服务业实际产出也较大,这可能导致经济发达地区的服务业发展相对空间不一定更大。本章设定服务业的潜在供给规模与增加值之比的合理区间为 1.05~1.25①,并根据表 1.3 各省(区、市)该比例的值,将所有省(区、市)划分为三类,并针对这三类情况提出不同的政策重点。

第一,该比例持续低于 1.05 的省(区、市),以东部省(区、市)为主,包括北京、上海、江苏、浙江、山东、广东、福建、黑龙江。其中江苏、浙江、山东、广东呈现波动上升趋势,福建该比例在 2014 年迅速上升到 1.26。北京、上海呈现下降趋势。这类省(区、市)要着重引导服务业投资,关键在于扩张服务业发展的绝对空间,防止由于绝对空间的约束导致服务业增长能力减弱。在引导社会资本对服务业精准投资的同时,这些省(区、市)应重点在放松服务业市场准入,改革服务业行政管理体制,满足新兴服务业需求等方面积极先试先行。

第二,该比例持续接近甚至超过 1.25 的省(区、市)。除个别中东部省(区、市),以西部省(区、市)为主,包括河北、辽宁、安徽、四川、贵州、广西、云南、陕西、青海、宁夏,其中河北 2014 年该比例从 1.29 下降到 0.74。辽宁、安徽和四川该比例则持续上升,2014 年之前基本处于合理区间内,但在 2014 年分别达到了 1.36、1.29 和1.40。广西、贵州、云南、陕西、青海、宁夏等 6 个省(区、市)服务业的增加值远低于潜在供给规模,服务业实际发展水平较低。相对于其增加值,这些地区已经具备较大的服务业潜在供给规模,其重点是要减少服务业进入的各类现实障碍。这些障碍包括户籍、社会保障等方面的体制性障碍,也包括城市政府保护当地服务业的歧视政策。对此,地方政府要加快体制改革,清理对外地企业进入的不合理歧视政策。

第三,其他省(区、市)处于该比例相对合理区间,包括天津、内蒙古、山西、吉林、江西、河南、湖北、湖南、重庆、甘肃、海南,其中内蒙古、海南该比例长期低于 1.05,但

---

① 根据国内外的研究经验,制造业的实际产出除以潜在产出的比例,即产能利用率合理区间为0.79~0.83。服务业具有固定资产投资占比小,库存少等不同于制造业的特点,产能利用率相对会更高,故本章设定为 0.80~0.95,因此服务业的潜在供给规模除以增加值的比例合理区间为 1.05~1.25。

在持续上升,在 2014 年进入合理区间。这些省(区、市)要兼顾上述两类地区的政策推进路径,继续保持服务业潜在供给规模与增长值比例的适度平衡,处理好服务业总量扩张和结构优化的关系。即要通过引导投资,使服务业潜在供给规模和实际产出水平同步提高。

表 1.3　各省(区、市)服务业潜在供给规模与实际增加值的比例(2010—2014 年)

单位:亿元

地区	2010	2011	2012	2013	2014	地区	2010	2011	2012	2013	2014
北京	0.872	1.006	0.894	0.829	0.823	河南	1.017	1.113	1.088	0.975	1.082
天津	0.928	1.085	1.027	1.021	1.074	湖北	0.847	1.016	1.014	1.051	1.077
河北	1.050	1.315	1.284	1.297	0.740	湖南	0.935	1.071	1.069	1.081	1.145
山西	0.912	1.047	1.043	1.059	1.166	广东	0.604	0.641	0.643	0.602	0.672
内蒙古	0.849	0.903	0.952	0.969	1.127	广西	0.962	1.192	1.314	1.317	1.479
辽宁	0.914	1.069	1.132	1.182	1.363	海南	0.796	0.899	0.967	0.986	1.139
吉林	0.943	1.051	0.983	1.022	1.129	重庆	1.130	1.155	1.093	1.046	1.130
黑龙江	0.892	1.053	0.974	0.963	1.002	四川	1.093	1.198	1.196	1.179	1.399
上海	0.821	0.857	0.757	0.567	0.534	贵州	1.070	1.180	1.174	1.206	1.497
江苏	0.660	0.700	0.680	0.624	0.732	云南	1.148	1.260	1.277	1.266	1.462
浙江	0.801	0.858	0.826	0.854	0.954	陕西	1.178	1.386	1.421	1.369	1.588
安徽	1.039	1.194	1.158	1.151	1.288	甘肃	1.128	1.409	1.370	1.204	1.223
福建	0.882	0.983	0.989	1.030	1.257	青海	1.170	1.220	1.336	1.505	1.639
江西	1.065	1.143	1.048	0.836	1.088	宁夏	1.687	1.968	1.818	1.933	2.148
山东	0.817	0.931	0.924	0.850	0.933	新疆①	2.287	11.542	5.132	3.770	3.993

资料来源:作者计算。

---

　　① 新疆服务业潜在供给规模估计值从 2010 年后明显超过其他省(区、市),导致表 1.3 中比例也很高。该异常情况的原因可能在于,新疆能源利用效率远低于全国水平,且其能源大量输出省外,所以 2010 年后新疆能源价格偏高且增速较快。样本期间新疆能源价格均高于其他省(区、市),年均增速为 14.38%,而全国年均增速仅为 7.40%。根据式(1.2)且能源价格系数估计值 γ_{KE} 为负值,新疆能源价格偏高就会导致其服务业潜在供给规模估计值过大。

四、各省(区、市)生产服务业和生活服务业发展空间的估算

(一)数据处理与估算结果

根据国家统计局《生产服务业分类(2015)》,本章将服务业划分为生产服务业和生活服务业两大类。生产服务业包括交通运输、仓储和邮政业,信息传输、软件和信息技术服务业,金融业,租赁和商务服务业,科学研究和技术服务业,水利、环境和公共设施管理业,教育等七种细分服务业;生活服务业包括批发和零售业,住宿和餐饮业,房地产业,居民服务、修理和其他服务业,卫生和社会工作,文化、体育和娱乐业,公共管理、社会保障和社会组织等七种细分服务业①。

测算各省(区、市)两大细分服务业的潜在供给规模所需要的劳动力价格等价格指标沿用上文数据,而资本存量、投入要素与产出的数量指标通过汇总各省(区、市)的细分服务业数据得到。由于各省(区、市)统计年鉴公布的服务业数据限制,本章适当调整指标选取和数据处理方法。第一,在两类细分服务业实际产出的测算中,各省(区、市)统计年鉴大多仅公布交通运输、仓储和邮政业,批发和零售业,金融业,房地产业及其他服务业这五种细分服务业的增加值。前四种细分服务业产出可分别加总,作为生产服务业和生活服务业的初步增加值,而其他服务业的增加值则要拆分到这两大类服务业中去。由于全国统计数据公布了七种生产服务业和七种生活服务业的增加值数据,本章先计算全国数据中不含前四类细分服务业的剩余增加值,然后计算生产性与生活服务业增加值在剩余增加值中的各自占比,再利用这两者占比来划分省级的其他服务业增加值,将其结果各自纳入前面计算的两大类服务业初步增加值,得到各省(区、市)两大类服务业实际产出的估计值。第二,在能源消费量的测算

① 由于中国服务业细分行业统计口径在2003年发生调整,本章以2003年的服务业细分行业为基准,将2002年的地质勘查业、水利管理业,交通运输仓储和邮电通信业,金融、保险业,教育、文化艺术和广播电影电视业,科学研究和综合技术服务业等行业划分为生产服务业,其他行业划分为生活服务业。数据来源于历年《中国统计年鉴》《中国固定资产投资统计年鉴》《中国劳动统计年鉴》,以及各省(区、市)统计年鉴。

中,本章利用上部分的测算结果,将能源消费总量按照各省(区、市)两大类服务业增加值占服务业总增加值的比例进行划分,得到这两大类服务业的能源消费量。第三,指标均选用城镇单位统计数据。具体测算步骤与方法与上文相同,为节省篇幅,具体过程不再赘述。

各省(区、市)代表性年份的生产服务业潜在供给规模测算结果见表1.4。全国生产服务业发展绝对空间持续扩张,从 2002 年的 21 506.99 亿元到 2014 年的 155 448.66 亿元,年均增速为 17.92％,2010 年后进入高速增长阶段,年均增速达到 24.68％。从 2002—2014 年,年均增速较快的省(区、市)包括东部的天津、辽宁,中部的安徽、吉林,西部的内蒙古、四川、广西等,它们的年均增速达到 20.00％以上,明显超过全国平均水平;增速较慢的省(区、市)包括东部的北京、上海、浙江、广东,中部的黑龙江、河南,以及西部的甘肃、青海、宁夏,年均增速均在 16.00％以下。

表 1.4　各省(区、市)代表性年份生产服务业潜在供给规模　　　单位:亿元

地区	2002	2004	2006	2008	2010	2012	2014
北京	839.642	932.869	1 235.521	1 325.758	1 897.105	2 298.369	3 160.028
天津	317.889	411.409	666.466	742.856	1 481.370	2 427.236	4 070.170
河北	770.083	822.943	1 290.454	1 467.462	2 418.465	3 752.816	6 495.398
山西	560.623	571.588	769.539	745.830	1 401.774	2 407.687	4 359.703
内蒙古	442.568	605.973	1 057.985	1 378.978	2 257.744	3 922.957	6 425.660
辽宁	636.675	759.890	1 299.686	1 858.100	3 334.414	5 580.707	9 048.571
吉林	389.653	468.760	711.305	995.031	1 725.024	2 566.312	3 819.495
黑龙江	791.744	835.974	1 009.382	1 085.502	1 597.605	2 303.106	3 433.215
上海	714.447	829.457	1 345.572	1 549.797	2 545.568	2 870.400	3 816.567
江苏	1 493.742	1 829.841	2 961.151	2 850.845	4 205.656	6 960.583	10 838.050
浙江	1 509.112	1 853.062	2 802.969	2 883.385	3 966.094	5 603.416	7 894.350
安徽	601.696	655.110	1 061.961	1 193.839	2 123.087	3 249.216	6 184.183
福建	640.109	722.106	953.982	1 234.217	2 155.852	3 451.862	5 474.713
江西	825.255	902.679	1 365.646	1 435.517	2 118.467	3 295.865	5 053.661

（续表）

地区	2002	2004	2006	2008	2010	2012	2014
山东	1 289.317	1 386.682	2 042.708	2 075.049	3 213.270	4 951.589	8 459.362
河南	1 062.707	1 085.929	1 755.830	1 797.159	2 456.193	3 686.093	5 746.559
湖北	1 088.637	1 147.226	1 576.357	1 746.785	2 766.800	4 035.827	6 690.585
湖南	889.041	943.634	1 213.483	1 284.232	2 234.332	3 581.676	5 825.482
广东	2 047.528	2 371.007	3 666.527	3 757.834	5 759.991	8 212.531	11 847.170
广西	456.814	571.181	952.168	1 108.941	1 947.224	3 331.619	5 414.843
海南	205.484	221.121	306.575	301.345	569.433	815.410	1 365.568
重庆	682.086	765.764	1 188.644	1 322.010	2 245.608	3 308.045	5 310.112
四川	810.571	1 002.823	1 620.772	1 779.965	3 304.535	5 357.204	8 727.580
贵州	515.971	581.741	746.412	733.396	1 091.961	1 571.334	3270.349
云南	562.643	651.663	1 097.940	1 229.801	2 043.511	3 161.954	4 781.463
陕西	628.000	697.903	1 070.472	1 375.741	2 161.399	3 161.171	4 834.584
甘肃	357.901	373.984	492.730	506.625	623.767	878.341	1 551.921
青海	187.753	219.229	284.547	283.825	418.959	628.970	1 034.942
宁夏	189.304	191.276	248.115	218.938	267.534	355.991	514.375
新疆	472.617	506.355	588.957	535.247	684.046	753.906	1 110.058

资料来源：作者利用 Stata 软件计算。

　　各省（区、市）代表性年份生活服务业的潜在供给规模测算结果见表 1.5。全国生活服务业的发展绝对空间也持续扩大，从 2002 年的 26 067.52 亿元到 2014 年的 118 455.97 亿元，年均增速为 13.45%，低于生产服务业潜在供给规模的增速。增速较快的省（区、市）包括东部的海南，中部的河南、安徽，西部的陕西、广西等，年均增速达到 19.00% 以上；增速较慢的省（区、市）以直辖市为主，其中北京年均增速仅为 5.94%，上海更低至 3.21%，重庆和天津分别为 10.67% 和 12.35%，此外浙江、广东、黑龙江、青海也均在 12% 以下。

表 1.5　各省(区、市)代表性年份生活服务业潜在供给规模　　单位:亿元

地区	2002	2004	2006	2008	2010	2012	2014
北京	2 809.335	2 916.966	3 865.776	3 916.586	4 569.564	4 524.911	5 615.329
天津	565.461	620.462	898.599	871.022	1 104.296	1 403.281	2 288.046
河北	811.500	913.963	1 385.029	1 613.659	2 445.289	3 364.083	5 553.104
山西	264.816	313.641	423.677	518.688	853.801	1 034.087	1 760.970
内蒙古	285.804	328.197	473.559	711.668	1 034.072	1 346.763	2 158.907
辽宁	1 298.211	1 455.629	1 988.882	2 345.267	3 427.844	4 585.447	7 537.988
吉林	582.782	664.570	784.104	995.933	1 474.524	1 600.784	2 382.483
黑龙江	653.809	685.664	910.955	945.061	1 251.075	1 624.583	2 478.752
上海	2 869.296	2 774.369	3 844.327	3 551.669	3 630.907	3 400.504	4 194.075
江苏	1 706.276	1 803.611	2 774.137	3 384.114	4 660.853	5 789.752	8 695.797
浙江	2 128.481	2 279.294	3 232.275	3 537.701	4 344.455	5 257.343	8 223.459
安徽	470.844	572.555	900.694	1 136.018	1 930.718	2 377.049	3 856.198
福建	767.495	937.689	1 325.957	1 749.944	2 148.635	2 656.515	4 372.011
江西	434.114	504.277	743.588	863.236	1 120.010	1 264.232	1 837.778
山东	1 386.333	1 702.025	2 570.398	3 180.990	4 824.892	6 241.069	9 330.071
河南	479.584	570.129	967.892	1 442.090	2 392.604	3 173.912	5 161.145
湖北	674.232	783.271	1 097.292	1 325.747	1 752.769	2 448.668	3 673.666
湖南	667.868	759.797	1 168.421	1 436.691	2 046.560	2 432.431	3 703.504
广东	3 269.709	3 412.013	4 589.580	5 006.567	6 385.420	7 215.135	10 349.220
广西	308.261	358.657	574.952	781.945	1 222.552	1 790.668	2 624.131
海南	120.474	141.842	202.470	227.702	380.318	572.668	1 007.843
重庆	782.575	830.588	1 098.293	1 218.159	1 558.045	1 772.508	2 640.411
四川	1 174.563	1 234.802	1 640.378	1 844.109	2 526.642	3 043.495	4 984.442
贵州	282.288	329.450	427.929	462.059	610.744	714.323	1 306.461
云南	391.181	445.796	679.012	862.043	1 393.718	1 704.082	2 952.856
陕西	433.729	829.405	1 366.469	1 481.212	2 603.468	3 891.179	7 382.612

（续表）

地区	2002	2004	2006	2008	2010	2012	2014
甘肃	200.166	234.507	313.704	405.019	594.430	837.616	1 306.960
青海	106.589	104.146	100.798	104.268	146.773	200.638	374.888
宁夏	141.746	176.257	232.143	228.441	308.907	380.425	702.864
新疆	406.762	420.326	567.963	595.202	745.517	882.295	1 539.596

资料来源:作者利用 Stata 软件计算。

（二）全国与各省（区、市）服务业内部结构分析

结合表 1.4 和表 1.5,总体上中国各省(区、市)生产服务业和生活服务业发展的绝对空间都在扩张。本章加总各省(区、市)历年生产服务业和生活服务业的潜在供给规模,得到全国这两类服务业的潜在供给规模[①],见图 1.3。它说明 2008 年之前这

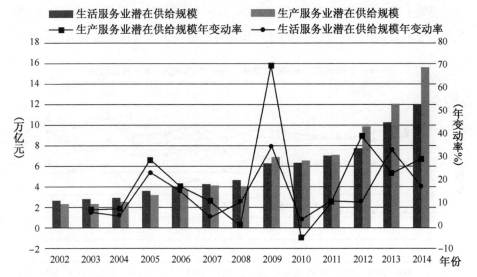

图 1.3　全国生产服务业和生活服务业潜在供给规模增长对比（2002—2014 年）

资料来源:作者绘制。

---

① 由于估算过程和数据的差异,这部分各省(区、市)历年的服务业总体潜在供给规模并不等于上文计算的服务业潜在供给规模。

二者基本接近,生活服务业的潜在供给规模略大于生产服务业的;2008年之后,二者增速都加快,但生产服务业的潜在供给规模增速更快。这使得生产服务业的潜在供给规模占服务业总体的潜在供给规模的比重总体逐步上升,从2002年的45.21%上升到2014年的56.75%。在省级层面上,生产服务业的潜在供给规模占比上升也是一个普遍现象。绝大多数省(区、市)在2008年之后生产服务业绝对空间超过生活服务业,二者差距有进一步加大的趋势。

图1.4是在区域层面上分析生产服务业潜在供给规模占比的差异与演变。第一,东中西部地区生产服务业的潜在供给规模的占比均呈现波动上升趋势,这种波动上升的趋势和全国层面的趋势一致,都是在2008、2010、2011和2013年出现明显下滑,其他年份则基本保持增长。2014年,无论是全国层面,还是东中西部,该占比都恢复增长,这说明我国服务业内部结构保持了不断优化的态势。第二,东部生产服务业潜在供给规模占比整体低于中西部省(区、市)。东部生产服务业潜在供给规模占比一直处于低位,在2012年首次超过50%,同年中西部该占比已超过60%。这一结果似乎与表1.4中东部省(区、市)生产服务业的潜在供给规模普遍较大的印象不

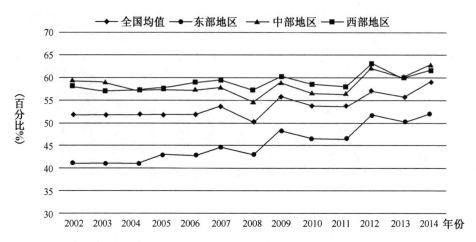

图1.4 生产服务业潜在供给规模占比的区域差异(2002—2014年)

资料来源:作者绘制。

符,①但实际上并不矛盾。东部省(区、市)人口密集且持续流入,对生活服务业的投资需求更为紧迫,投资规模更大,所以形成的生活服务业潜在供给规模更大,这导致东部生产服务业潜在供给规模占比并不大,落后于中西部。

表1.4和表1.5中,绝大多数省(区、市)生产服务业的潜在供给规模都大于生活服务业,说明从投资决定的潜在供给规模来看,这符合未来服务业发展的趋势。但也存在例外,2014年生产服务业绝对空间仍低于生活服务业的省(区、市)有北京、上海、浙江、山东、陕西和宁夏,广东、河南和河北的生产服务业的绝对空间占比也需进一步提高,且这些省(区、市)在样本期内绝大多数年份中均体现该特征。这一方面可能是由于这些省(区、市)人口密集,从而对生活服务业投资需求大,导致生活服务业潜在供给规模超过生产服务业,另一方面也说明它们需要进一步加大对生产服务业的投资,积极引导服务业内部结构的调整。另外,山西、内蒙古、江西、广西、贵州和青海的生活服务业潜在供给规模又远远小于生产服务业,这是由于这些省(区、市)均经济相对欠发达,人口外流,生活服务业投资相对不足。

本章还比较了各省(区、市)历年的生产服务业潜在供给规模占比与其实际增加值占比,发现生产服务业潜在供给规模占比低于其实际增加值占比的多为东部省(区、市),而中西部省(区、市)生产服务业潜在供给规模占比大多高于其实际增加值占比,这也是我国不同区域服务业内部结构差别的重要体现。2014年生产服务业潜在供给规模占比较低的省(区、市)主要在东部,如北京(36.01%)、河北(53.91%)、上海(47.64%),而它们生产服务业的实际增加值占比依次为55.69%、56.45%、55.46%。此外,山东在2014年之前生产服务业潜在供给规模占比也低于其实际增加值占比。生产服务业潜在供给规模占比较高的省(区、市)主要在中西部,如山西(71.23%)、内蒙古(74.85%)、江西(73.33%)、广西(67.36%)、重庆(66.79%)、贵州(71.45%)、青海(73.41%),而它们生产服务业实际增加值占比依次为47.50%、51.26%、48.13%、45.38%、48.97%、52.36%、52.62%。这一现象说明东部省(区、市)在生产服务业潜在供给规模的实际利用效率上要高于中西部省(区、市)。因为生

---

① 表1.4中,广东、江苏分别是生产服务业潜在规模最大的两个省份。

产服务业潜在供给规模占比取决于生产服务业和生活服务业投资的相对比例,体现生产服务业的发展相对空间,而生产服务业实际增加值之比反映该省(区、市)生产服务业的实际发展水平,反映对潜在供给规模的利用开发程度,若前者小于后者,那就说明特定省(区、市)对生产服务业潜在供给规模的利用开发程度高。该现象的一种政策启发则是,东部省(区、市)要进一步扩大对生产服务业的投资,提高生产服务业潜在供给规模占比,这能为其生产服务业提供更为广阔的发展空间,能为未来我国服务业出口实现价值链攀升奠定基础(袁凯华和彭水军,2017)。

五、简要结论

本章按照成本函数法,在省级层面上估计了我国服务业可变成本函数,并测算了我国各省(区、市)2002—2014 年的服务业潜在供给规模,用其衡量服务业的绝对发展空间。结果显示,我国各省(区、市)服务业发展的绝对空间都保持增长态势,但增长情况的差异较为明显;样本期内少数省(区、市)服务业发展的绝对空间出现下降;2014 年各省(区、市)服务业发展绝对空间存在较大差异,与各省(区、市)经济社会发展水平之间的相关性较大。东中西部地区服务业的潜在供给规模变动情况基本与全国的变动情况相似,总体上呈现波动上升的趋势。东部地区服务业的潜在供给规模高于中西部地区,中西部地区服务业的潜在供给规模低于全国平均水平,且三个区域的服务业潜在供给规模差距还有所加大。本章还计算了我国各省(区、市)历年的服务业潜在供给规模与增加值之比,以衡量服务业行业发展的相对空间,并设定服务业潜在供给规模与增加值之比的合理区间为1.05～1.25,将所有省(区、市)划分为三类,并针对这三类情况提出不同的政策重点。

本章还将服务业划分为生产服务业和生活服务业两大类,同样按照成本函数法,估计我国各省(区、市)2002—2014 年生产服务业和生活服务业的潜在供给规模,衡量这两大类细分服务业的绝对发展空间。结果表明,我国各省(区、市)生产服务业和生活服务业的绝对发展空间都在扩张,当然增速有差异。东中西部地区生产服务业的潜在供给规模的占比均呈现波动上升趋势,这种波动上升的趋势和全国层面趋势一致,东部地区生产服务业的潜在供给规模占比整体低于中西部地区。而且生产服务业的潜在供给规模占比低于其实际增加值占比的多为东部地区,而中西部地区生产服务业的潜在供给规模占比大多高于其实际增加值占比。

参考文献

[1] DENNY M, FUSS M, WAVERMAN L. Substitution Possibilities for Energy: Evidence from U. S. and Canadian Manufacturing Industries [M]//BERNDT R, FIELDS B. Modeling and Measuring National Resource Substitution. Cambridge: MIT Press, 1981: 230 - 258.

[2] GAROFALO G A, MALHOTRA D M. Regional Measures of Capacity Utilization in the 1980s [J]. Review of Economics and Statistics, 1997, 79(3): 415 - 421.

[3] 程大中. 中国服务业增长的特点、原因及影响:鲍莫尔-富克斯假说及其经验研究[J]. 中国社会科学,2004(2):18 - 32.

[4] 程大中. 中国生产性服务业的水平、结构及影响:基于投入—产出法的国际比较研究[J]. 经济研究,2008(1):76 - 88.

[5] 干春晖. 以创新驱动发展高端服务业引领我国经济转型升级:评《基于创新驱动的我国高等服务业国际竞争力提升研究》[J]. 世界经济与政治论坛,2017(3):170 - 172.

[6] 刘志彪. 现代服务业发展与供给侧结构改革[J]. 南京社会科学,2016(5):10 - 15.

[7] 江小涓. 服务业增长:真实含义、多重影响和发展趋势[J]. 经济研究,2011(4):4 - 14.

[8] 江小涓,李辉. 服务业与中国经济:相关性和加快增长的潜力[J]. 经济研究,2004(1):4 - 15.

[9] 柳坤,申玉铭,刘辉. 中国三大城市群服务业规模结构及演化特征[J]. 地理科学进展,2012,31(10):1289 - 1294.

[10] 倪鹏飞. 中国城市服务业发展:假设与验证[J]. 财贸经济,2004(7):7 - 11.

[11] 唐保庆,宣烨. "三元"城镇化对服务业增长的影响:作用机理、测度与实证检验[J]. 数量经济技术经济研究,2016(6):59 - 76.

[12] 夏杰长. 我国服务业发展的实证分析与财税政策选择[J]. 经济与管理研究,2007(2):16 - 20.

[13] 徐现祥,周吉梅,舒元.中国省区三次产业资本存量估计[J].统计研究,2007,24(5)：6-13.

[14] 徐春华,刘力.论生产性服务业的适度规模：基于马克思经济学的视角[J].当代经济研究,2014(11):48-53.

[15] 许宪春.中国服务业核算及其存在的问题研究[J].经济研究,2004(3):20-27.

[16] 袁凯华,彭水军.中国服务业出口实现价值攀升了吗?[J].世界经济与政治论坛,2017(6):1-21.

[17] 张军,吴桂英,张吉鹏.中国省际物质资本存量估算：1952—2000[J].经济研究,2004(10):35-44.

[18] 张颖熙,夏杰长.区域市场开放与地区服务业增长：基于省级面板数据的动态分析[J].产业经济研究,2013(5):35-44.

[19] 钟晓君,刘德学.服务业外商投资的增长效应：细分服务行业视角[J].亚太经济,2014(3):105-109.

第二章　金融市场发育对企业进入退出行为的影响[①]

一、引　言

　　企业进入和退出行为的决定因素是什么？该问题的理论和现实意义在于，企业进入和退出是优化社会资源配置的重要渠道，通过对其决定因素的分析，可促进企业进入退出并改进社会资源配置效率（刘志彪等，2015）。早期理论研究（Bresnahan等，1987；Hopenhayn，1992）集中于研究哪些因素阻碍了企业的进入和退出，即进入和退出壁垒。自 Orr（1974）以来，国内外文献（Dunne 等，1988；吴三忙，2009；杨天宇和张蕾，2009；李世英，2005）大多从产业层面上实证研究企业进入退出的影响因素或壁垒，涉及行业利润、集中度、规模经济、市场需求、产业平均资本规模、亏损率和行政垄断壁垒等。现有文献侧重从产业层面深入分析我国企业进入和退出现象的决定因素，但不可忽视的是，企业进入和退出还体现在区域层面上。我国区域经济发展差异的一个重要特征就是各省间企业进入退出现象的规模差异明显。2013 年浙江规模以上工业企业共有 39 561 家，相较于 2012 年的 36 496 家，净进入企业 3 065 家。而西藏自治区 2013 年规模以上企业有 76 家，相比于 2012 年的 64 家，净进入企业为 12家。在区域层面上，究竟是什么原因导致各省（区、市）在企业进入和退出规模上存在如此巨大的差异呢？

　　从企业进入和退出优化社会资源配置，促进地区经济发展的角度看，研究区域间

---

　　① 本章以《金融市场发育能促进企业进入退出吗？——基于金融市场分类的视角》为题发表在《南京社会科学》2015 年 12 期上，同时被中国人民大学书报资料中心复印报刊资料《金融与保险》2016年第 3 期全文转载，原文作者为巫强、任志成、陈梦莹。

企业进入和退出差异的原因对于缓解我国区域经济不平衡发展具有重要的政策意义。但目前从区域层面来研究我国企业进入和退出的成果还相对较少，为数不多的例外包括陈艳莹等（2008）对服务业企业进入退出的研究、刘修岩和张学良（2010）对地级企业选址的研究。本章提出我国各省（区、市）企业进入和退出存在巨大差异的原因是其金融市场发育程度差别很大。企业进入和退出需要借助外部金融市场解决融资约束，金融市场发育成熟的省（区、市）内金融市场规模更大，效率更高，当地企业更容易获取融资，融资成本更低，这促进了企业进入和退出。反之，企业则难以进入和退出。与现有文献相比，本章的贡献可能在于三方面：第一，在研究主题上，本章从金融市场发育这一全新的视角来解释我国企业的现实进入和退出行为，弥补现有研究对区域层面中的我国企业进入和退出现象关注的不足，对缓解我国区域经济发展不平衡格局提出了新思路，并且有助于深化理解我国当前虚拟经济与实体经济的关联机制。第二，在研究方法上，本章利用我国工业企业数据库分别识别出 1999—2008 年中国 31 个省（区、市）的企业进入数量和退出数量，避免了现有文献采用净进入指标来整体衡量企业进入和退出的不足。第三，本章将金融市场细分为商业银行市场、证券市场和保险市场，分别估计了各省（区、市）这三个细分金融市场发育程度对当地企业进入和退出的影响，发现它们的影响机制不同，各省（区、市）整体金融市场发育对当地企业进入和退出的促进作用主要通过商业银行市场来实现。

二、理论假说与模型设定

金融市场发育滞后是阻止企业进入和退出的现实壁垒。进入和退出是企业的重大战略决策，其实施有赖于足够的资金支持，企业由此产生规模巨大的融资需求。这些融资需求仅靠企业内部资金积累显然不够，所以外源性融资是企业进入和退出的主要融资方式。而外源性融资必然需要通过外部金融市场来实现，金融市场发育成熟与否显然会直接影响其融资的难易程度和融资成本的高低。

本章是从资金供求方实现资金转移与配置这一核心功能角度来界定金融市场发育程度的。对金融市场发育程度的判断不仅要考虑该核心功能是否能实现，还需要考虑其实现的难易程度和社会成本高低。金融市场发育成熟与否,既不是产业内部的结构特征,也不是产业内部企业竞争策略的结果。它属于企业发展的外部环境,其成熟与否取决于其是否能有效配置稀缺的金融资源,即是否保证资金能从供给方,以社会最优成本提供给需求方。具体而言,这首先取决于金融市场内的信息是否能更充分地流动,金融资源供给和需求方之间的信息不对称是否得到有效缓解;其次取决于金融机构之间是否存在较为充分的竞争,金融机构是否在竞争压力下对金融资源需求方进行更为准确的预期,其风险管理体系是否更为有效;再次,金融市场发育程度也可从市场规模的扩张程度、资金成本的下降幅度等角度加以判断。一国或地区金融市场发育成熟的重要意义在于,缓解当地企业进入和退出的融资约束,降低其融资成本(陈艳莹等,2008)。如此一来,当地企业进入和退出的壁垒就会降低,就更容易实施进入和退出战略。

　　进一步来看,金融市场发育完善有助于潜在企业家通过创业方式来成功实现进入。在金融发展与经济贫困关系的研究中,国外学者(Levin,2008)强调金融市场发育不成熟导致金融资源歧视性配置,即金融机构是根据家庭财富背景,而不是根据个人才能来配置金融资源的,这意味着金融资源配置偏向于富裕家庭出身的潜在企业家,而出身贫困家庭的潜在企业家难以获得足够的金融资源支持去发挥其才能,提升自己在社会中的经济地位,由此,社会中的持续贫困现象难以得到改变。换言之,金融市场发育程度更加完善有助于潜在企业家凭借自身才能获得必要的金融资源,降低其通过创业实现进入的难度,削弱企业进入的壁垒。成熟的金融市场还通过社会经济资源的优化配置来实现企业的优胜劣汰,便利了低效率企业的退出。例如,在成熟的多层次资本市场上,低效率企业可借助退市和转板机制、企业股权交易、兼并重组等多种方式,通过资产转移过渡而实现退出。高效率企业可以通过成熟的多层次资本市场获得足够的资金支持,跨行业进入兼并低效率企业,这也促进低效率企业退出。由此得到假说一。

假说一:一国或地区金融市场发育程度越成熟,该地区企业进入和退出现象就越多。

　　一国或地区的金融市场是一个庞大的系统性市场体系,难以用单一变量加以概括。本章将金融市场细分为商业银行市场、证券市场和保险市场,分别研究这三者的发育对企业进入和退出的影响差异。商业银行市场在我国金融市场中占据主体地位,目前我国间接融资比重达到 80％以上,银行业资产占全部金融资产的比重超过90％①。商业银行市场是实现稀缺金融资源从供给方向需求方转移的主渠道,企业进入和退出都可从该渠道中获取相应的融资。创业者可通过抵押质押贷款获得创业进入的融资来源,大中型企业兼并进入可从商业银行获取过桥贷款,商业银行提供了各种金融产品,完成稀缺金融资源从供给方向需求方的转移。鉴于其主渠道地位,假说一中金融市场发育成熟对企业进入退出的正向促进作用应该主要通过商业银行市场来体现,得到假说二。

假说二:在我国以间接金融为主的金融市场中,各省(区、市)商业银行市场发育程度提高将正向促进企业的进入和退出。

各地区证券市场发育越完善,理论上将更有利于该地区的企业进入和退出。证券市场或更为广义的多层次资本市场,能满足不同类型、不同发展阶段的企业投融资需求,对于试图进入新行业的企业而言,其可能是初创者采取创业股权融资后成功实现进入,也可能是相关或不相关行业中的在位企业获取债券融资支持进入新行业,或者上市公司定向发行等再融资进入新行业。借助更为成熟的证券市场,包括上市公司在内的各类企业更易获得进入所需的融资,其融资成本可能更低。在企业退出行为中,上市公司退出的股权转让也可借助证券市场来实现,证券市场上的兼并收购交易中也包括了大量的企业退出行为。但我国证券市场管制程度高,发展水平相对落后于商业银行市场,尤其人为政策因素对其影响巨大,多层次资本市场体系还未真正形成,这显然不利于企业通过证券市场融资来实现进入或退出。因此本章预测股票交易额的系数正负号可能存在不确定性,即假设三。

假说三:我国各省(区、市)证券市场发育对其区域内企业的进入和退出的影响存在不确定性。

保险市场在传统意义上也是金融市场的重要组成部分,其资金来源是保险公司保费收入。出于保值增值需要,保险公司保费收入成为基金、信托等机构投资者的主

---

① 数据来源:《尚福林:目前我国间接融资比重达到80％以上》,中国经济网,2014 年 2 月 19 日。

要资金来源,或者保险公司自身设立直接投资机构。保费收入通过这些机构投资者进入金融市场,在金融市场上寻找合适的投资机会。这些投资机会中也包括企业进入新行业的投资项目和企业退出现有行业的股权转让等,保险市场发育程度提高会增加对企业进入和退出的资金供给,便利企业的进入和退出。当然保险市场对企业进入和退出决策的影响路径更长,其影响力度可能相对薄弱和更为间接,并且保险资金相对会更规避高风险的企业进入和退出项目,所以其对企业进入退出的影响也可能不确定,即假说四。

假说四:我国各省(区、市)保险市场发育对其区域内企业的进入和退出的影响存在不确定性。

根据上述理论机制的阐述,本章设定实证分析模型如式(2.1)、(2.2)所示,对模型所有变量取自然对数。其中,i 为省(区、市),t 为年份,ε_{it} 和 η_{it} 是随机误差项。$infirms$ 为企业进入变量,$outfirms$ 为企业退出变量。$Bank$ 是商业银行市场发育变量,$Stock$ 是证券市场发育变量,$Insur$ 是保险市场发育变量,Z 为其他影响企业进入退出的控制变量。

$$\ln infirms_{it} = a_0 + a_1 \ln Bank_{it} + a_2 \ln Stock_{it} + a_3 \ln Insur_{it} + \alpha_i \ln Z_{it} + \varepsilon_{it} \quad (2.1)$$

$$\ln outfirms_{it} = \beta_0 + \beta_1 \ln Bank_{it} + \beta_2 \ln Stock_{it} + \beta_3 \ln Insur_{it} + \beta_i \ln Z_{it} + \eta_{it} \quad (2.2)$$

进入和退出作为企业的战略决策,还受到当地经济发展状况的影响。为了控制我国各省(区、市)的区域经济差异,通过文献梳理,本章选取控制变量固定资产投资(tfi)、人均国内生产总值($pgdp$)和地区工资水平($wage$)。固定资产投资是当地当年在固定资产上的投资总额,该地区固定资产投资越旺盛,这反映当地投资环境改善,而投资环境和氛围改善会直接影响企业的进入和退出决策。地区工资水平($wage$)是企业成本的主要部分,企业在特定地区实施进入战略时显然会考虑当地的工资水平。人均国内生产总值反映一个地区经济发展的整体水平和繁荣程度,与该地区居民的平均收入密切相关。它用于控制由于各省(区、市)经济发展水平差异对企业进入和退出的可能影响。地区工资水平直接反映了一个地区的工资成本,并部分间接反映了该地区房价、交通成本和其他生活成本。刘修岩和张学良(2010)在地级层面上研究我国制造业企业进入的区位选择影响时,证实工资水平提高会显著阻碍我国地级区域内制造业企业的进入。由于企业退出更多是被动决策，且数据中的各地区工资水平并未发生跳跃式变化，这与各地频繁的企业退出现象形成反差，所以企业退出模型中选择地方政府财政收入（gtv）替代地区工资水平作为控制变量。地方政府财政收入来自其各项税费，它对企业退出行为显然有直接影响。

三、指标选取与数据来源

本章构建了 1999—2008 年我国 31 个省（区、市）的面板数据。因变量各省（区、市）每年企业进入数量 $infirms$ 和退出数量 $outfirms$ 的数据来自 1998—2008 年我国工业企业数据库。该数据库涵盖我国采掘业、制造业等行业的全部国有企业和规模以上的非国有企业，每家企业都有名称、代码、地址等基本信息。具体步骤如下：第一步，以特定省（区、市）为对象，先根据企业名称来匹配该省（区、市）第一年和第二年的企业，然后通过企业代码进行第二次匹配，由此得到这两个年份中都存在的企业样本，并记录其数量；第二步，用该省第一年企业数量减去该数量得到该省（区、市）在第二年退出的企业数量，用该省第二年的企业数量减去该数量得到该省（区、市）在第二年进入的企业数量；第三步，以此类推计算该省（区、市）1999—2008 年中每年的进入企业数量和退出企业数量，类似得到其他省级单位同期的企业进入和退出数量①。

在核心自变量中，本章选取存贷比（$fldr$）来衡量商业银行市场发育变量（$Bank$），存贷比（$fldr$）是商业银行市场上金融机构贷款除以存款的比值，数据来自 1999—2013 年的《中国金融年鉴》。存贷比越高就反映了商业银行市场的资金转化率越高，资金流动性更强，商业银行市场发育程度越高。这显然有助于企业通过外源性融资来实施其进入和退出决策。本章选取股票交易额（fst）衡量证券市场发育变量（$Stock$）。股票交易额是各省（区、市）股票交易总额，它直接反映了一个地区证券市场的活跃程度和参与度，来自 1999—2013 年的《中国证券期货年鉴》。本章选取保险

---

① 由于中国工业企业数据库本身的限制，它并没有覆盖规模以下的非国有企业，所以采用这种方法可能会低估进入和退出的企业数量。同时为了减少这种低估，并充分保留现有数据，本章并没有删除数据库中的企业样本。

密度($fiid$)衡量保险市场发育变量($Insur$)。保险密度($fiid$)是各省(区、市)保费收入与该省(区、市)总人口数的比值,通过 1999—2013 年的《中国金融年鉴》和《中国保险年鉴》汇总整理而得。它能反映一个地区保险市场的普及度及参与度,其高低是该地区保险市场发育程度高低的直接反馈,能衡量各地区保险市场的发育程度。控制变量各省(区、市)各年度固定资产投资(tfi)、人均国内生产总值($pgdp$)和地区工资水平($wage$)、地方政府财政收入(gtv)数据来自相应年份的《中国统计年鉴》、各省(区、市)统计年鉴和 CCER 数据库中的地区经济数据。

四、企业进入和退出模型的静态面板估计

本章先对回归方程(2.1)和(2.2),分别应用静态面板模型的三种经典估计方法,即混合模型、固定效应和随机效应,并分别通过 F 检验和 Hausman 检验来确定最优估计方法,最大限度地提高了回归结果的准确性和有效性。本章的实证步骤分两阶段,第一阶段是一次性加入所有核心自变量,然后依次加入控制变量;第二阶段是一次性加入所有控制变量,然后依次加入核心变量。两阶段的多次回归结果能确保估计结果的稳健性,更清晰地反映金融市场发育对企业进入和退出的影响。企业进入模型,式(2.1)的估计结果见表 2.1,F 检验和 Hausman 检验均表明固定效应是最优估计方法,所以表 2.1 只汇报固定效应的估计结果。

表 2.1　企业进入的静态面板估计(固定效应)

变量	(1) $\ln infirms$	(2) $\ln infirms$	(3) $\ln infirms$	(4) $\ln infirms$	(5) $\ln infirms$	(6) $\ln infirms$
$\ln fldr$	0.877*** (0.316)	1.030*** (0.316)	0.893*** (0.329)	0.890*** (0.327)	0.892*** (0.329)	0.893*** (0.330)
$\ln fst$	0.036 (0.031)	−0.006 (0.033)	0.018 (0.036)		−0.003 (0.035 1)	0.017 (0.038)
$\ln fiid$	0.337*** (0.079)	−0.037 0 (0.150)	0.304 (0.201)			0.301 (0.205)
$\ln tfi$		0.463*** (0.158)	0.714*** (0.195)	0.706*** (0.235)	0.704*** (0.236)	0.703*** (0.239)

变量	(1) $\ln infirms$	(2) $\ln infirms$	(3) $\ln infirms$	(4) $\ln infirms$	(5) $\ln infirms$	(6) $\ln infirms$
$\ln wage$			-0.966^{**} (0.391)	-0.662^{*} (0.391)	-0.664^{*} (0.392)	-0.982^{**} (0.444)
$\ln pgdp$				0.175 (0.458)	0.185 (0.473)	0.037 (0.485)
常数项	5.358^{***} (0.340)	4.375^{***} (0.475)	9.729^{***} (2.216)	7.034^{***} (1.772)	6.986^{***} (1.856)	9.636^{***} (2.532)
观察值	308	308	297	299	299	297
R^2	0.103	0.130	0.150	0.144	0.144	0.150

注：***、**、*分别代表在1%、5%、10%水平上显著。模型(1)~(3)、(6)是第一阶段依次加入控制变量的估计结果，模型(4)~(6)是第二阶段依次加入核心解释变量的估计结果。

商业银行市场发育始终对我国企业的进入存在正向显著影响，银行业金融机构存贷比 $\ln fldr$ 估计系数始终为正，并且都通过了1%的显著性水平检验。当其他条件不变时，银行业金融机构存贷比每提高1%，企业进入数量将增加0.877%~1.030%。该结果直接验证了假说二，同时也间接支撑了假说一，商业银行作为我国金融体系的主体，其发育成熟的确会正向促进我国省级层面上企业的进入。证券市场发育变量 $\ln fst$ 的系数有正有负，但均不显著，保险市场发育变量 $\ln fiid$ 的系数大多为正，但系数的显著性并不太稳健，唯一通过显著性检验的系数为0.337%，这证实了假说三和四。虽然总体上我国金融市场发育程度的提高能有助于省级层面上企业的进入，但是就证券市场和保险市场而言，其对企业进入的促进作用并没有充分体现出来。这主要是由于这两个细分金融市场发育程度相对滞后，保险市场对企业进入的影响路径又相对较长，它们并没有有效缓解企业进入的融资约束。在控制变量方面，地区固定资产投资的系数均显著为正，证实了投资环境改善对于企业进入的激励作用；地区工资水平的系数均显著为负，说明该地区经营成本上升阻止企业进入；人均国内生产总值的系数为正，但显著性不强。

企业退出模型，式(2.2)的估计步骤和前面企业进入模型的估计步骤相同，估计结果见表2.2。式(2.2)的控制变量中地方政府财政收入 $\ln gtv$ 代替了地区工资收入 $\ln wage$。在应用了混合效应、固定效应和随机效应三种估计方法后，F 检验和 Hausman 检验结果表明固定效应估计方法最优，所以表2.2只汇报固定效应估计结果。

表 2.2　企业退出的静态面板估计（固定效应）

变量	(7) $\ln infirms$	(8) $\ln infirms$	(9) $\ln infirms$	(10) $\ln infirms$	(11) $\ln infirms$	(12) $\ln infirms$
$\ln fldr$	0.847 *** (0.317)	0.901 *** (0.321)	0.897 *** (0.321)	0.806 ** (0.334)	0.885 *** (0.325)	0.958 *** (0.327)
$\ln fst$	−0.094 *** (0.031)	−0.109 *** (0.034)	−0.120 *** (0.039)		−0.148 *** (0.036)	−0.127 *** (0.039)
$\ln fiid$	0.507 *** (0.079 2)	0.377 ** (0.152)	0.326 * (0.174)			0.273 (0.182)
$\ln tfi$		0.160 (0.161)	0.108 (0.183)	0.106 (0.238)	0.024 (0.232)	−0.043 (0.236)
$\ln gtv$			0.134 (0.221)	−0.158 (0.256)	0.088 (0.256)	−0.009 (0.263)
$\ln pgdp$				0.546 (0.491)	0.671 (0.478)	0.506 (0.501)
常数项	5.058 *** (0.340)	4.717 *** (0.482)	4.724 *** (0.483)	2.130 (2.418)	1.306 (2.359)	2.239 (2.506)
观测值	308	308	308	310	310	308
R^2	0.140	0.143	0.144	0.082	0.136	0.147

注：*** 、** 、*分别代表在1%、5%、10%水平上显著。模型(7)~(9)、(12)是第一阶段依次加入控制变量的估计结果，模型(10)~(12)是第二阶段依次加入核心解释变量的估计结果。

表 2.2 中，商业银行市场发育变量 $\ln fldr$ 始终为正，并且通过了 1％显著性水平的检验。银行业金融机构存贷比每上升 1％，企业退出数量增加 0.806％～0.958％，与企业进入模型中该估计系数的大小相似。这说明商业银行市场发育成熟促进我国省级层面上企业进入和退出的作用幅度相近，假说一、二成立。商业银行市场作为金融市场的主体，同样也是便利企业退出的主要细分金融市场。证券市场发育变量 $\ln fst$ 估计系数为负，通过了 1％的显著性水平检验，股票交易额每上升 1％，企业退出数量下降 0.094％～0.148％。保险市场发育变量 $\ln fiid$ 估计系数大多显著为正，保险密度增加 1％将便利企业退出 0.273％～0.507％。这两个细分金融市场发育变量的系数估计结果和企业进入模型有所差异，这说明了证券市场和保险市场的发育对企业退出行为的影响差别于对企业进入行为的影响。证券市场发育系数显著为负，实际上并没有真正与假说三矛盾。理论上证券市场对企业退出的促进作用是通过多层次资本市场的发育完善，创立退市、转板机制和股权转让等方式，为企业退出提供更灵活有效的渠道。但在假说三的逻辑推演中已说明我国证券市场发展的特殊性，到 2008 年，我国包括主板、创业板、新三板的多层次资本市场体系并未建立，加之各地政府出于当地经济发展的需要，普遍通过财政补贴等方式扶持经营亏损的上市公司，这导致退市机制的实施效果极为有限，真正退市的企业非常少。保险市场发育变量系数大多显著为正，这说明总体上保险市场发育对企业退出的促进影响可能更加直接，但是由于存在一个不显著系数，所以这种促进作用也不完全稳健。

五、挤出效应、真空效应与企业进入和退出模型估计

大量的理论和实证研究表明，企业进入和退出之间存在一定的互动关系。在位企业退出会腾出一定的市场空间，吸引新企业进入，即产生"真空效应"；类似地，新企业进入会对在位企业形成"挤出效应"，从而加剧企业退出。我国省级层面上企业的进入和退出在变动方向和趋势上也具有一致性，本章先根据式(2.1)设定式(2.3)，研究考虑"真空效应"下金融市场发育对省级层面企业进入的影响。

$$\ln infirms_{it} = \alpha_0 + \alpha_1 L.\ln out firms_{it} + \alpha_2 \ln fldr_{it} + \alpha_3 \ln fst_{it} + \alpha_4 \ln fiid_{it} + \alpha_i Z_i + \varepsilon_{it}$$

$$(2.3)$$

式(2.3)在式(2.1)的核心自变量中添加了企业退出数量的滞后一期项 $L.\ln out firms_{it}$，其系数 α_1 就代表真空效应。若其系数显著为正，则表明省级层面企业进入显著受到滞后一期企业退出的正向影响，真空效应就存在。本章同样进行混合效应、固定效应和随机效应估计，通过 F 检验剔除混合效应估计结果，通过 Hausman 检验选择固定效应估计结果作为最优结果，见表 2.3。

表 2.3　真空效应与企业进入的静态面板估计(固定效应)

变量	(13) $\ln infirms$	(14) $\ln infirms$	(15) $\ln infirms$	(16) $\ln infirms$
$L.\ln out firms$	0.067 0 (0.071)	0.009 (0.074)	0.021 (0.081)	0.015 (0.084)
$\ln fldr$	1.078*** (0.395)	1.158*** (0.392)	1.039** (0.409)	1.044** (0.410)
$\ln fst$	0.053 (0.035)	0.002 (0.040)	0.028 (0.045)	0.022 (0.049)
$\ln fiid$	0.340*** (0.093)	−0.064 8 (0.186)	0.278 (0.241)	0.258 (0.252)
$\ln tfi$		0.476** (0.190)	0.741*** (0.233)	0.699** (0.276)
$\ln wage$			−1.005** (0.457)	−1.070** (0.513)
$\ln pgdp$				0.162 (0.569)
常数项	4.817*** (0.654)	4.362*** (0.672)	9.884*** (2.578)	9.495*** (2.921)
观测值	279	279	268	268
R^2	0.093	0.115	0.132	0.132

注：***、**、*分别代表在 1%、5%、10%水平上显著,模型(13)~(16)依次加入控制变量。

表 2.3 说明，即使考虑可能出现的真空效应，金融市场的三个细分市场发育，商业银行市场、证券市场和保险市场发育对省级层面企业进入的影响机制和表 2.1 相同，假设一至四依然成立。商业银行市场发育同样会显著促进企业进入，系数均通过了 5% 显著性水平的检验，银行业金融机构存贷比每上升 1%，企业进入数量将上升 1.044%～1.158%。其影响力度比表 2.1 中系数有所加强。同样，证券市场和保险市场发育变量的绝大部分系数不显著，只有保险市场发育变量的一个估计系数显著为正。这两个细分金融市场对企业进入的促进作用均不明显。金融市场发育促进企业进入的整体作用依然体现在商业银行市场上。另外，滞后一期的企业退出数量 $L.\ln out firms_{it}$ 系数并不显著，即滞后一期的企业退出数量并未对当期企业进入产生显著影响，这表明由于在省级层面上退出的企业涵盖了多个行业，所以省级层面的"真空效应"并不明显。控制变量系数的显著性和正负号也基本和理论预期相符。

本章再根据式(2.2)设定式(2.4)，分析"挤出效应"下金融市场发育对省级层面企业退出的影响。控制变量设定与表 2.3 相同。在实证处理步骤上，同样先进行混合效应、固定效应和随机效应估计。F 检验结果排除了混合效应，Hausman 检验排除了随机效应，表 2.4 只汇报对式(2.4)的固定效应的估计结果。

$$\ln out firms_{it} = \beta_0 + \beta_1 L.\ln in firms_{it} + \beta_2 \ln fldr_{it} + \beta_3 \ln fst_{it} + \beta_4 \ln fiid_{it} + \beta_i Z_{it} + \eta_{it}$$

$$(2.4)$$

表 2.4　挤出效应与企业退出的静态面板估计(固定效应)

变量	(17) $\ln out firms$	(18) $\ln out firms$	(19) $\ln out firms$	(20) $\ln out firms$
$L.\ln in firms$	0.182 *** (0.068)	0.229 *** (0.071)	0.236 *** (0.073)	0.234 *** (0.073)
$\ln fldr$	0.784 ** (0.360)	0.725 ** (0.359)	0.715 ** (0.361)	0.737 ** (0.364)
$\ln fst$	−0.097 8 *** (0.030 0)	−0.064 0 * (0.034 5)	−0.053 9 (0.040 6)	−0.057 5 (0.041 3)
$\ln fiid$	0.689 *** (0.084 4)	0.988 *** (0.174)	1.035 *** (0.202)	1.005 *** (0.211)

（续表）

变量	(17) $\ln outfirms$	(18) $\ln outfirms$	(19) $\ln outfirms$	(20) $\ln outfirms$
$\ln tfi$		-0.345^* (0.176)	-0.307 (0.194)	-0.382 (0.246)
$\ln gtv$			-0.113 (0.238)	-0.183 (0.277)
$\ln pgdp$				0.254 (0.510)
常数项	2.698*** (0.634)	2.975*** (0.646)	2.934*** (0.653)	1.714 (2.540)
观测值	279	279	279	279
R^2	0.277	0.288	0.289	0.290

注：***、**、*分别代表在1%、5%、10%水平上显著,模型(17)~(20)依次加入控制变量。

在考虑可能的挤出效应后,表2.4的估计结果和表2.2基本一致,商业银行市场和保险市场发育依然显著有助于企业退出,证券市场发育同样不利于企业退出,但其系数的显著性程度有所减弱。三个细分金融市场对省级企业退出的影响方向和作用机制非常稳健。与表 2.2 相比,商业银行市场系数略有减小,达到0.715%~0.784%,证券市场系数绝对值大幅度减小,其显著性有所减弱,而保险市场系数增大,达到 0.689%~1.035%。鉴于表2.4 中 $L.\ln infirms$ 的估计系数显著为正,前期进入企业对当期在位企业退出的确存在挤出效应,这可能说明表2.4的估计系数更接近总体系数的真实水平。

六、企业进入和退出的动态面板估计

为考察上述估计结果的稳健程度,本章还采用动态面板数据的系统 GMM 估计方法,重新估计式(2.3)和(2.4)。由于动态面板模型将被解释变量的滞后一期项作为自变量,所以 OLS、静态面板等常用估计方法有偏颇,而系统 GMM 估计允许随机误差项存在异方差和自相关,其参数估计值相比其他估计方法更有效。在动态面板处理过程中,本章还通过序列自相关检验和 Sargan 检验,确定了动态面板系统 GMM 估计结果的可靠性和稳定性。先估计企业进入模型式(2.3),因为表 2.3 的估计结果不支持真空效应的存在,所以这里估计企业进入模型时不将滞后一期企业退出数作为核心解释变量。为了分别检验细分金融市场对企业进入行为的具体影响,回归步骤是将控制变量先一次性加入,然后依次加入商业银行市场、证券市场、保险市场发育程度的变量,观察各次估计结果中三个细分金融市场的系数。估计结果如下表 2.5 所示。

表 2.5 企业进入模型的系统 GMM 估计

变量	(21) $\ln infirms$	(22) $\ln infirms$	(23) $\ln infirms$
$L. \ln infirms$	0.161 *** (0.010)	0.124 *** (0.018)	0.099 *** (0.025)
$\ln fldr$	2.378 *** (0.222)	1.230 *** (0.230)	0.898 *** (0.255)
$\ln fst$		0.006 (0.011)	-0.024 (0.030)
$\ln fiid$			-0.140 (0.255)
$\ln tfi$	0.460 *** (0.068)	0.792 *** (0.250)	1.021 *** (0.265)
$\ln wage$	-1.278 *** (0.089)	-1.746 *** (0.225)	-1.533 *** (0.490)
$\ln pgdp$	1.378 *** (0.146)	1.082 * (0.591)	0.765 (0.506)
常数项	2.780 *** (0.550)	7.470 *** (1.790)	7.807 *** (2.632)
AR(1)	0.009	0.012	0.009

变量	(21) $\ln infirms$	(22) $\ln infirms$	(23) $\ln infirms$
AR(2)	0.495	0.244	0.168
Sargan	0.985	1.000	1.000
观测值	268	268	268

注：***、**、*分别代表在1％、5％、10％水平上显著，模型(21)～(23)依次加入核心解释变量；企业进入数量的一阶滞后项、商业银行市场存贷比、地区股票交易额、地区保险密度均为内生变量并采用它们的滞后三阶项作为工具变量。

表2.5中AR(1)的P值均在0.01上下浮动，这表明在小于5％的显著性水平上，模型(21)～(23)均存在一阶自相关。AR(2)的P值分别为0.495、0.244、0.168，这表明在大于10％的显著性水平上，模型(21)～(23)接受了扰动项不存在二阶自相关的原假设。Sargan检验的P值分别为0.985、1、1，均接近或等于1。Sargan检验的结果接受了原假设，即工具变量在选择的过程中满足过度识别的约束条件，即工具变量有效。表2.5的解释变量系数估计结果同样证实了假说一至四，和表2.1和2.3的估计结果一致。商业银行市场发育变量的系数均显著为正，其影响幅度在0.898％～2.378％之间；证券市场发育变量的系数有正有负，但均不显著；保险市场发育变量的系数也不显著。这说明商业银行市场发育的确会促进我国省级层面上的企业进入，但是证券市场和保险市场发育不会显著促进我国企业进入。加总起来，我国金融市场发育成熟有利于企业的进入。企业进入的滞后一期项系数也显著为正，说明前期进入企业越多，有助于促进当期的企业进入。控制变量均通过了显著性检验，并且其正负号都和理论预期相符。

在企业退出模型的系统GMM估计中，因为表2.4的估计结果证实了挤出效应的存在，当期省级层面企业的退出数量会随着上期企业进入数量增加而显著增加，因此这部分继续在估计企业退出模型时加入滞后一期的企业进入量作为核心解释变量。企业退出模型的估计结果见表2.6。

表 2.6　企业退出模型的系统 GMM 估计

变量	(24) $\ln infirms$	(25) $\ln infirms$	(26) $\ln infirms$
$L.\ln outfirms$	-0.253^{***} (0.013)	-0.474^{***} (0.023)	-0.430^{***} (0.031)
$L.\ln infirms$	0.563^{***} (0.017)	0.548^{***} (0.018)	0.634^{***} (0.025)
$Ln fldr$	1.181^{***} (0.126)	0.772^{***} (0.253)	0.785^{**} (0.348)
$Ln fst$		-0.266^{***} (0.016)	-0.172^{***} (0.022)
$Ln fiid$			0.743^{***} (0.100)
$Ln tfi$	0.518^{***} (0.095)	0.333^{**} (0.170)	0.442^{***} (0.170)
$Ln gtv$	-0.129 (0.093)	0.822^{***} (0.120)	0.369^{***} (0.113)
$Ln pgdp$	0.110^{*} (0.061)	-0.227 (0.244)	-0.942^{***} (0.250)
常数项	0.784^{*} (0.443)	3.470^{***} (1.270)	6.173^{***} (1.231)
AR(1)	0.001	0.000	0.000
AR(2)	0.107	0.197	0.273
Sargan	1.000	1.000	1.000
观测值	279	279	279

　　注：***、**、*分别代表在 1%、5%、10%水平上显著,模型(24)～(26)依次加入核心解释变量;企业退出数量的一阶滞后项、企业进入数量的一阶滞后项、商业银行市场存贷比、地区股票交易额、地区保险密度均为内生变量并采用它们的滞后三阶项作为工具变量。

　　表 2.6 中,AR(1)、AR(2)的 P 值表明模型(24)～(26)存在一阶自相关,但不存在二阶自相关。Sargan 检验的 P 值均等于 1 表明选择的工具变量有效。在核心自变量系数显著性和正负号方面,表 2.6 企业退出模型的动态面板系统 GMM 估计结

果与表 2.2 和表 2.4 的静态面板估计结果相同。商业银行市场变量 $\ln fldr$ 估计系数为正,并通过了 1% 显著性水平的检验。当其他条件不变时,商业银行业存贷比每提高 1%,企业退出数量将增加 $0.772\% \sim 1.818\%$,影响力度相对于静态面板估计结果略有增加。证券市场发育变量估计系数为负,并通过了 1% 的显著性水平检验。保险市场发育变量估计系数为正,通过 1% 显著性水平的检验。保险密度每提高 1%,企业退出数量增加 0.743%。企业进入滞后一期项估计系数显著为正,说明省级层面上的挤出效应依然存在;而企业退出滞后一期项估计系数显著为负,这表明前期企业退出有助于减少当期企业退出,这也符合经济理论预测。

七、简要结论与政策启示

本章构建了 1999—2008 年全国 31 个省(区、市,港澳台除外)的面板数据,从中国工业企业数据库中挖掘每年各省(区、市)的进入企业数量和退出企业数量作为因变量,将金融市场细分为商业银行市场、证券市场和保险市场,将这三者的发育程度作为自变量,通过实证研究细分金融市场对我国企业进入和退出的影响。静态面板估计、考虑挤出效应和真空效应的静态面板估计、动态面板估计结果证实了我国省级层面上,商业银行市场发育会显著促进企业进入和退出;证券市场发育对企业进入的促进作用不显著,但显著阻碍企业退出;保险市场发育会促进企业进入,但显著性不强,且会显著促进企业退出。商业银行市场是我国整体金融市场发育促进企业进入和退出的主要渠道。

本章研究结果的政策意义在于发现我国金融市场整体发育滞后,尤其内部细分市场的发展步伐相差很大,这不利于我国企业的进入和退出。这要求我国进一步按照市场化原则,加快推动金融市场发育,其中最为关键的是,加快证券市场建设,尽早真正构建包括准金融机构在内的完善多层次的资本市场体系(俞燕,2014)。同时我国经济相对不发达地区的企业进入和退出远远滞后于经济发达地区,这巨大差异的重要原因在于前者金融市场发育滞后。这种巨大差异会导致各区域内资源配置效率的巨大差异,区域经济发展不平衡的现状难以被扭转。尽快推出加快各省各区域金融市场发育的针对性政策,这将有助于缩小我国省域之间的经济发展水平的差距。

参考文献

[1] BRESNAHAN T F, REISS P C, WILLIG R, et al. Do Entry Conditions Vary across Markets? [J]. Brookings Papers on Economic Activity, 1987, 1987(3): 833 - 881.

[2] DUNNE T, ROBERTS M J, SAMUELSON L. Patterns of Firm Entry and Exit in U. S. Manufacturing Industries [J]. Rand Journal of Economics, 1988, 19(4): 495 - 515.

[3] HOPENHAYN H A. Entry, Exit, and Firm Dynamics in Long Run Equilibrium[J]. Econometrica, 1992, 60(5): 1127 - 1150.

[4] LEVINE R. Finance and the Poor[J]. Manchester School, 2008, 76(s1): 1 - 13.

[5] ORR D. The Determinants of Entry: A Study of the Canadian Manufacturing Industries, The Review of Economics and Statistics, 1974, vol. 56(1): 58 - 66.

[6] 陈艳莹,原毅军,游闽. 中国服务业进入退出的影响因素:地区和行业面板数据的实证研究[J]. 中国工业经济,2008(10):75 - 84.

[7] 刘志彪,等. 产业经济学[M]. 机械工业出版社,2015:149.

[8] 刘修岩,张学良. 集聚经济与企业区位选择:基于中国地级区域企业数据的实证研究[J]. 财经研究,2010,36(11):83 - 92.

[9] 李世英. 市场进入壁垒、进入管制与中国产业的行政垄断[J]. 财经科学,2005(2): 111 - 117.

[10] 吴三忙. 中国制造业企业的进入与退出决定因素分析[J]. 产业经济研究,2009(4): 14 - 19.

[11] 杨天宇,张蕾. 中国制造业企业进入和退出行为的影响因素分析[J]. 管理世界,2009 (6):82 - 90.

[12] 俞燕. 我国准金融机构监管的实践与反思[J]. 世界经济与政治论坛,2014(4): 140 - 155.

第三章 利率市场化影响我国商业银行利差的机理研究[①]

一、引　言

利率市场化是一个国家或地区金融市场化的关键步骤,其目的是建立健全与市场相适应的利率形成和调控机制,提高央行调控市场利率的有效性,实现货币政策从直接调控向间接调控的转变。在此目的下,二十世纪七十年代之后,世界各国陆续放松金融管制,推进利率市场化进程。我国自 1993 年提出利率市场化改革的设想以来,通过渐进式改革的方式逐步推进利率市场化进程。从 2012 年起,我国利率市场化进程开始加速,2013 年 7 月取消金融机构贷款利率 70% 的下限,由金融机构根据商业原则自主确定贷款利率水平,并在 2015 年 10 月取消金融机构存款利率浮动上限,这标志着我国利率市场化已经基本完成。

利率市场化虽然给予商业银行自主定价的权利,试图令资金价格反映市场真实的供求关系,但依然会对我国商业银行产生直接冲击。在我国商业银行的利润高度依赖利息收入的前提下,利差水平即贷款利息收入减去存款利息支出成为评判商业银行竞争力的主要指标。一般认为,利率市场化将导致我国商业银行的利差水平逐步减少。但令人意外的是,尽管近年来利率市场化改革不断深入,但我国商业银行的利差并未明显收窄,而是保持稳中有升的态势。如果以净息差收益率即净利息收入

　　① 本章以《我国利率市场化影响商业银行利差的机理研究:竞争效应还是风险效应》为题发表在《南大商学评论》2017 年 2 期上,原文作者为巫强、顾以诺、黄艳秋。

除以生息资产平均余额指标衡量商业银行利差,我国商业银行利差还处于历史高位,整体保持在 2.5% 以上[①]。这是否意味着我国的利率市场化进程并未有效促进商业银行之间的竞争,从而并未真正形成市场化的利率实现机制呢?

利率市场化的理论基础源自二十世纪七十年代 McKinnon(1973)和 Shaw(1973)提出的"金融抑制论"和"金融深化论",认为发展中国家应该放松金融管制,减少利率管制和信贷配给等金融抑制政策。围绕世界各国利率市场化的改革实践,国外学者广泛研究了利率市场化带来的各种经济效应,例如利率市场化导致平均利率出现稳定上升,使得高效率中小企业获得资金,缓解小企业融资约束,但也可能加剧银行业竞争,导致金融危机(Fukuchi, 1995;Demirguc-Kunt, Laeven 和 Levine, 2003;Hellmann,Murdock 和 Stiglitz, 1999;Caprio 和 Klingebiel, 1996)。国内学者更关注利率市场化的实现路径与经济效应,例如导致商业银行各类风险加大,降低全国性商业银行破产风险,但增加城商行破产风险,降低城商行投融资水平(易纲,2009;黄金老,2001;张宗益、吴恒宇和吴俊,2012;左峥、吴恒宇和吴俊,2014;彭星、李斌和黄志国,2014;李斌、黄志国和彭星,2015)。

利率市场化对商业银行利差的影响研究已经得到了国内部分学者的关注,周鸿卫(2008)等发现 2004 年放开存款利率下限和贷款利率上限后,基准利差对银行利差的影响减弱。王欢和郭建强(2014)则认为利率限制放宽对于商业银行利差的影响为负,但是并没有导致利差的大幅度缩小。但由于我国利率市场化是一个渐进的过程,在利率市场化没有完成之前对其开展研究可能不够充分。同时,利率市场化影响我国商业银行利差的理论机理还有待进一步厘清,利率市场化进程中的若干重大事件对我国商业银行利差的具体影响还研究得不够深入。

本章借鉴代理商模型,将商业银行视为信贷市场上的中间代理商,理论推导出商业银行最优利差水平的决定因素,证明利率市场化进程通过影响商业银行竞争程度和货币市场利率风险,来间接影响商业银行最优利差水平。一方面,利率市场化加剧

---

① 从国际经验来看,美国商业银行的利差也没有随着利率市场化就立刻下降,直到二十世纪九十年代末随着《金融服务现代化法案》的通过和金融混业限制经营正式取消后才逐步下降。

商业银行之间的竞争,导致其缩小利差,即"竞争效应";另一方面,利率市场化增强了商业银行面对的货币市场利率风险,导致其扩大利差,即"风险效应"。利率市场化对商业银行利差的综合影响取决于这两种机理的比较。竞争效应大于风险效应,那么利率市场化导致商业银行利差缩小,反之,利率市场化导致商业银行利差扩大。利用我国16家上市商业银行2010年第二季度至2015年第一季度的面板数据,本章估计了我国利率市场化进程中的两个重要事件对商业银行利差的影响程度。结果证实了,总体上我国利率市场化产生的竞争效应大于风险效应,导致商业银行利差缩小;但由于国有大型上市银行的市场优势地位,利率市场化对其利差影响不显著,对于中小型上市银行而言,利率市场化产生的竞争效应依然超过风险效应,使其利差缩小。

二、利率市场化影响商业银行利差的理论机理

Ho 和 Saunders(1981)较早提出代理商模型,成为研究商业银行利差决定因素的经典模型,后经过 Allen(1988)、Angbazo(1997)、Maudos 和 Guevara(2004)等人加以发展完善。本章借鉴 Maudos 和 Guevara(2004)的扩展模型,即在 Ho 和 Saunders(1981)的经典模型基础之上,纳入信用风险和运营成本因素,试图解释利率市场化对于银行利差的影响机制。

(一)模型框架

假设商业银行厌恶风险,是信贷市场上的资金需求者和资金供给者之间的代理商。在利率市场化的环境下,商业银行能够自主设定存款利率和贷款利率,调整存款供应和贷款需求,实现信贷市场出清。只分析单期决策,假设商业银行在期初设定该期的贷款利率 r_L 和存款利率 r_D,并在考察期内保持不变。在信贷市场上,商业银行面临着贷款需求和存款供给时间不匹配而导致的错配风险。当贷款需求超过存款供给时,商业银行就需要从货币市场获得资金,反之就要向货币市场供应多余资金。假设商业银行无法控制或影响货币市场利率,且后者在该期内也会发生不可预期的随机变动,即存在货币市场利率风险。商业银行会根据货币市场期初利率 r 来决定其

在信贷市场设定的 r_L 和 r_D，如(3.1)式所示。其中 r 是货币市场期初利率，b 是商业银行在信贷市场的贷款利率加成，可理解为考察期内货币市场利率向上浮动的预期最大幅度，a 是商业银行在信贷市场上存款的利率加成，可理解为考察期内货币市场利率向下浮动的预期最大幅度。

$$r_L = r + b, r_D = r - a \tag{3.1}$$

商业银行期初确定的贷款利率 r_L 是货币市场期初利率 r 加上其向上浮动的预期最大幅度。该式成立的原因是，如果考察期间商业银行没有足够的存款用以发放贷款，那就必须从货币市场按即期利率获取资金并贷放给客户，贷款利率是商业银行在期初设定的固定 r_L；由于货币市场利率在随机变化且不可控，货币市场利率可能上升，甚至超过 r_L，为规避该风险，商业银行设定贷款利率 r_L 就必须在货币市场期初利率 r 的基础上，加上该期内货币市场利率向上浮动的预期最大幅度 b。类似地，商业银行在考察期内可能要将多余的存款在货币市场上出售，货币市场利率可能下降，甚至低于商业银行期初设定的存款利率 r_D，为规避该风险，存款利率 r_D 必须是在货币市场期初利率 r 的基础上，减去货币市场利率向下浮动的预期最大幅度 a。商业银行的利差 s，即信贷市场上的存贷款利率差就可表示为(3.2)式。

$$s = r_L - r_D = b + a \tag{3.2}$$

(3.2)式说明，商业银行利差源于货币市场利率的波动，是商业银行规避货币市场利率风险的必然选择。商业银行必须通过货币市场来解决存款与贷款之间的错配风险，但是货币市场利率随时在波动，而商业银行是在期初设定存款与贷款利率，并在考察期内保持不变。为了规避货币市场利率波动可能导致的损失，商业银行确定的利差必然是其对贷款和存款利率加成的和，也就是考察期内货币市场利率向上浮动的预期最大幅度与向下浮动的预期最大幅度的和。

假设商业银行的期初财富 W_0 由贷款资产 L_0 与货币市场净资产 M_0 之和，减去存款负债 D_0 之间的差额决定，见(3.3)式。其中，$L_0 - D_0$ 就等于净信贷额 I_0，也可理解为商业银行在信贷市场的净资产。(3.3)式表明商业银行的期初财富由信贷市场净信贷额和货币市场净资产组成。

$$W_0 = L_0 + M_0 - D_0 = I_0 + M_0 \tag{3.3}$$

Lerner(1981)指出 Ho 和 Saunders(1981)存在缺陷,即没有考虑商业银行的生产性质,其在提供存款和贷款等中介服务的过程中会产生成本,因此需要把运营成本纳入模型。银行运营成本就是其获得存款和发放存款时产生的成本,假设商业银行期初净信贷额导致的运营成本为 $C(I_0)$。前面已经假设商业银行在货币市场有利率风险,设定为 Z_M。进一步假设它在信贷市场上持有净信贷额 I_0 面临信用风险 Z_I,即客户存在违约可能性;且简化假设,信用风险仅来自贷款违约风险 Z_L,其获取客户存款不存在违约风险 Z_D。所以它在期初净信贷额的平均信用风险 $Z_I = Z_L(L_0/I_0) + Z_D(D_0/I_0) = Z_L(L_0/I_0)$[①]。假设货币市场利率风险、信贷市场的贷款违约风险都是随机变量且服从正态分布,即 $Z_M \sim N(0, \sigma_M^2), Z_L \sim N(0, \sigma_L^2)$。利用(3.3)式,商业银行的期末财富 W_T 表示为(3.4)式。

$$W_T = (1+r_I+Z_I)I_0 + (1+r+Z_M)M_0 - C(I_0)$$
$$= W_0(1+r_w) + Z_I I_0 + Z_M M_0 - C(I_0)$$
(3.4)

其中,定义 $r_I = (r_L L_0 - r_D D_0)/I_0$,是商业银行期初净信贷额 I_0 的平均收益率,且定义 $r_w = r_I(I_0/W_0) + r(M_0/W_0)$,是商业银行期初财富 W_0 的平均收益率。

假设商业银行效用函数仅决定于财富水平,记为 $U(W)$,但由于其财富水平中包含随机变量,所以其目标是实现期望效用 $EU(W)$ 最大化。对其期望效用函数在期望财富水平 $\overline{W} = E(W)$ 处进行二阶泰勒展开,得到(3.5)式。假设银行的效用函数连续二次可微,根据银行风险规避的假设,可知 $U'>0, U''<0$。

$$EU(W) = U(\overline{W}) + U'(\overline{W})E(W-\overline{W}) + \frac{1}{2}U''(\overline{W})E(W-\overline{W})^2 \qquad (3.5)$$

假设商业银行获得一笔新存款 D,固定存款利率为 r_D。如果无法及时在信贷市场上将这笔新存款贷放出去,商业银行就将这笔资金投放到货币市场,期末实际收益为 $(r+Z_M)D$。由于 $W-\overline{W} = L_0 Z_L + M_0 Z_M$,且假设获取存款的运营成本 $C(D)$,将新增存款后的财富值代入(3.5)式,得到新的期望效用后减去原先的期望效用,经整理变形后得到商业银行新增存款带来的期望效用增量 $\Delta EU(W_D)$,如(3.6)式所示。

---

① 这里假设存款没有任何风险,因此 $Z_D = 0$。

$$\Delta EU(W_D) = U'(\overline{W})[aD - C(D)] + \frac{1}{2}U''(\overline{W})\{[aD - C(D)]^2 + (D + 2M_0)D\sigma_M^2$$

$$+ 2L_0 D\sigma_{LM}\} \tag{3.6}$$

如果商业银行需要贷放一笔新的贷款，假设发放贷款的运营成本 $C(L)$。如果它在信贷市场没有获得足够的存款，那就必须从货币市场上借入资金，期末实际支付 $(r + Z_L)L$。类似地，商业银行新增贷款带来的期望效用增量 $\Delta EU(W_L)$ 为(3.7)式。

$$\Delta EU(W_L) = U'(\overline{W})[bL - C(L)] + \frac{1}{2}U''(\overline{W})\{[bL - C(L)]^2 + (L + 2L_0)L\sigma_L^2 +$$

$$(L - 2M_0)L\sigma_M^2 + 2(M_0 - L_0 - L)L\sigma_{LM}\} \tag{3.7}$$

假设信贷市场上，商业银行贷款的发放和存款的吸收事件均随机发生，商业银行发放贷款的概率 Pr_D 和吸收存款的概率 Pr_L 都是其设定利率加成(a、b)的线性减函数，分别为 $\mathrm{Pr}_D = \alpha_D - \beta_D a$，$\mathrm{Pr}_L = \alpha_L - \beta_L b$。要使商业银行预期效用水平最大化就要选择最优的贷款和存款利率，使得新增贷款和新增存款期望效用增量的概率加权平均值最大化，如(3.8)式所示。

$$\mathrm{Max}_{a,b}EU(\Delta W) = (\alpha_D - \beta_D a)\Delta EU(W_D) + (\alpha_L - \beta_L b)\Delta EU(W_L) \tag{3.8}$$

本章分别将(3.8)式对 a 和 b 求偏导，由一阶条件分别得到商业银行贷款和存款的最优利率加成 a^* 和 b^*，整理后得到最优利差 s^*，如(3.9)式所示。

$$s^* = a^* + b^*$$

$$= \frac{1}{2}\left(\frac{\alpha_D}{\beta_D} + \frac{\alpha_L}{\beta_L}\right) + \frac{1}{2}\left(\frac{C(L)}{L} + \frac{C(D)}{D}\right) - \frac{1}{4}\frac{U''(\overline{W})}{U'(\overline{W})}[(L + 2L_0)\sigma_L^2 + (L + D)\sigma_M^2 +$$

$$2(M_0 - L)\sigma_{LM}] \tag{3.9}$$

(3.9)式阐明了在利率市场化进程中商业银行最优利差的主要决定因素。第一，信贷市场竞争程度加剧会负向影响商业银行的最优利差。根据(3.9)式，显然有 $\partial s^*/\partial\beta_D < 0$，$\partial s^*/\partial\beta_L < 0$，说明 β_D、β_L 变大会导致最优利差 s^* 减小。而 β_D 和 β_L 是商业银行贷款需求和存款供给受其利率加成幅度的边际影响，信贷市场中商业银行之间竞争强度越大，β_D、β_L 会变大。这体现为，在相同利率加成的情况下，商业银行能获得贷款和存款业务的概率下降，从而它更加倾向于提高存款利率以获得资金来源、降低贷款利率以获得贷款需求，从而压缩利差水平。第二，货币市场利率风险加大会

正向影响商业银行的最优利差。由(3.9)式可知,$\partial s^*/\partial \sigma_M^2 > 0$,$\sigma_M^2$ 是随机变量货币市场利率风险 Z_M 的方差,衡量货币市场利率的波动性,波动性越大,利率风险越大,σ_M^2 值越高。当货币市场利率风险变大时,商业银行就会在期初货币市场利率 r 的基础上要求更高的风险溢价,从而扩大最优利差水平。

(二)主要命题

结合上两者对商业银行最优利差水平的影响,本章认为我国利率市场化主要通过"竞争效应"和"风险效应"这两条路径来影响商业银行利差。考虑到我国的利率市场化改革主要表现为央行逐步放开存贷款利率管制,扩大商业银行的自主定价空间,得到如下两个命题:

命题1:竞争效应加强导致商业银行利差减小。随着存贷款利率管制的放开,商业银行对于存贷款的自主定价空间逐步加大,为获得客户资源而展开的价格竞争日趋激烈。商业银行之间竞争加剧导致 β_D、β_L 变大,从而导致最优利差 s^* 减小。

命题2:风险效应增强影响商业银行利差扩大。利率市场化后货币市场的利率波动将显著加剧,商业银行面临的利率风险将加大,σ_M^2 值变高导致商业银行利差扩大。

在这两种机制的共同作用下,我国利率市场化对商业银行利差的影响具有不确定性,最终影响取决于这两种影响机制中哪种作用更强。如果竞争效应超过风险效应,那么我国利率市场化将导致商业银行的利差收窄,反之则会使利差扩大。这两种影响机制的分析奠定了下文实证分析的理论基础,下文实证分析的目的就是用我国商业银行的数据来验证,究竟这两种影响机制作用哪种更强,从而深入理解我国利率市场化进程对商业银行利差的影响过程。

(3.9)式中除了商业银行竞争程度和货币市场利率风险这两个因素,还包括其他影响商业银行最优利差的因素。首先,信贷市场贷款的信用风险 σ_L^2 增加会扩大商业银行最优利差 s^*。这是由于贷款违约风险越大,商业银行可能会损失更多的贷款,因而它会收取更高的利差以弥补可能的贷款损失。其次,商业银行平均运营成本 $[C(L)/L + C(D)/D]$ 增加会导致商业银行最优利差 s^* 扩大。这很好理解,商业银行的运营成本最终需要通过利差来加以补偿。再次,商业银行风险规避程度 $-U''(W)/U'(W)$ 增加会导致其收取更高的利差。$-U''(W)/U'(W)$ 是商业银行的绝对风险厌恶系数,由于 $U''(W)<0$,因此绝对风险厌恶系数越大,商业银行最优利差 s^* 就会扩大。

三、实证模型设定、变量说明与统计描述

(一) 模型设定

根据上述理论机理的分析结果,本章设定实证模型如(3.10)式所示。

$$\ln NIM_{it} = \beta_0 + \beta_1 D1_t + \beta_2 D2_t + \beta_3 \ln CR_{it} + \beta_4 \ln OC_{it} + \beta_5 \ln CAR_{it} + \beta_6 \ln IS_{it} + \varepsilon_{it}$$

$$(3.10)$$

其中,i 指商业银行,t 指时期;因变量 NIM_{it} 代表银行利差水平;自变量中,本章设定两个利率市场化事件的虚拟变量 $D1_t$ 和 $D2_t$,替代(3.9)式中的市场竞争程度和货币市场利率风险变量。这种设定的理由在于,利率市场化虽然在理论上通过影响市场竞争程度和货币市场利率风险这两个变量来影响商业银行的利差,但现实中这两个变量都是时间连续变量,而利率市场化改革通过央行发布利率政策来强制实施,具有事件属性,发生在特定的时间节点上。用这两个变量作为自变量,估计它们的系数并不能准确揭示利率市场化事件对商业银行利差的冲击影响,所以本章采用的实证策略是用利率市场化重大事件的时间虚拟变量代替市场竞争程度和货币市场利率风险变量,即按照利率市场化改革重大事件发生的时间来设置虚拟变量,在关键事件发生前取 0,发生后取 1,由此估计出虚拟变量的系数就可直接解释为利率市场化对商业银行利差的影响。利率市场化事件虚拟变量的估计系数为正,就表明风险效应超过竞争效应,利率市场化导致商业银行利差变大。反之,竞争效应超过风险效应,利率市场化导致商业银行利差变小。

其他自变量设定都与前面的理论分析一致,CR_{it} 是信贷市场的贷款信用风险,OC_{it} 是平均运营成本,CAR_{it} 是商业银行风险厌恶程度。另外,现有文献还表明中间

业务的开展将降低商业银行对于利差的依赖性,从而所要求的利差就会减少;陈宗胜、董飞跃、任重(2009)的实证研究也表明中间业务的发展情况是影响我国商业银行利差的重要因素,因此本章也将中间业务的发展情况变量 IS_{it} 作为控制变量加入模型。ε_{it} 为随机扰动项,假设随机扰动项独立且服从正态分布。为减少变量共线性,除了虚拟变量,所有模型变量均按惯常做法,采用自然对数的形式。

(二)指标选择与数据来源

本章重点是要检验利率市场化改革对于我国商业银行利差的影响,而存贷款利率市场化的实质性推进也只是近些年的事情,所以本章选择近年的上市商业银行作为样本。由于利率市场化的时间区间较短且存在一年多次调整利率政策的情况,为增加样本量且便于更细致地开展研究,本章采用季度数据。目前我国只有16家上市银行的季度数据较为完整,考虑到光大银行和农业银行上市时间较晚,为保证样本数据的完整性,本章设定2010年第二季度作为样本时间区间的起点。本章构建了包含16家上市银行2010年第二季度至2015年第一季度的面板数据①,数据来源于2010—2015年各上市银行的定期报告、Wind资讯和中国人民银行网站。

因变量的指标选取方面,本章采用银行业研究最常用的指标,用净息差指标来衡量银行利差变量,根据各家上市银行的净利息收入/生息资产平均余额计算得出。核心自变量利率市场化事件虚拟变量的指标选取非常重要。样本期内,有两个利率市场化事件非常关键,本章也相应设定两个虚拟变量 $D1_t$ 和 $D2_t$。一个是2012年6月,央行首次打开存款利率上浮空间(10%),同时扩大贷款利率下浮空间(20%),并于7月将贷款利率下浮空间扩大至30%②。另一个是2013年7月取消贷款利率下

---

① 样本期从2010年第二季度开始,一方面是考虑上市商业银行数据的完整性,另一方面是考虑2012年后我国进入利率市场化的加速期,起始样本期要适当早于2012年6—7月的利率市场化重大事件。样本期到2015年第一季度结束,没有涵盖2015年10月我国取消存款利率浮动上限这一事件。但如果将该事件纳入研究,面临着该事件后季度数据过少的不足,不利于准确估计利率市场化事件对商业银行利差的影响。

② 2014年11月,存款利率浮动上限调整到基准利率1.2倍,这也是我国利率市场化的事件之一。但该事件是2012年6月首次打开存款利率上浮空间的延续,与正文中的两个事件相比,其重要性相对较低,所以本章不对此事件设定虚拟变量。

限，标志着贷款利率基本实现市场化。考虑到政策传导的滞后性，本章让虚拟变量滞后一期取值。前一个事件用虚拟变量 $D1_t$ 来衡量，从 2012 年第四季度开始取值为 1；后一个事件用虚拟变量 $D2_t$ 来衡量，从 2013 年第四季度开始取值为 1。根据理论分析，利率市场化会通过竞争效应和风险效应，来影响商业银行利差，但由于这两种影响机理作用相反，所以利率市场化对于银行利差的最终影响取决于这两种影响机理的相对强弱，$D1_t$ 和 $D2_t$ 系数的估计结果正负号暂不确定。

　　另外，自变量贷款信用风险 CR_{it} 选择贷款损失准备率作为衡量指标，该指标等于商业银行贷款损失准备除以贷款总额。它是对信贷风险的一种事前测度，较好体现了商业银行在贷款市场上对于风险的事前调整程度，预期该变量估计系数为正。运营成本 OC_{it} 是维持商业银行运作过程中发生的各种费用，包括营业支出、员工工资、设备折旧等，用上市银行利润表中经营费用与平均资产的比值来衡量，平均资产取上市银行期初资产与期末资产之和的一半，预期该变量估计系数为正。风险厌恶程度 CAR_{it} 可用资本充足率和流动性比例这两个指标来衡量。但上市银行公布的流动性比例数据缺失严重，而资本充足率在考察期内的计算方法发生变化[①]，所以本章用(所有者权益/总资产)来衡量，预期该变量估计系数为正。中间业务是指不进入商业银行资产负债表的业务，其收入被称为非利息收入，主要包括银行卡业务、结算与清算业务、咨询顾问业务、投行业务、基金托管业务等。中间业务发展情况 IS_{it} 采用非息收入占比指标来衡量，中间业务发展能力越强，商业银行对利差的依赖程度越低，要求的利差就越小，因此预期该变量估计系数为负。表 3.1 是对所有变量衡量指标的具体说明。

[①]《商业银行资本管理办法(试行)》规定 2013 年 1 月 1 日起采用新的资本充足率计算办法，资本充足率＝资本净额/风险加权资产。

表 3.1　变量的衡量指标说明

变量		指标	计算公式	数据来源	预期影响方向
因变量	NIM(利差)	净息差	净利息收入/生息资产平均余额	上市银行年报、半年报、季报	
自变量	D1(利率市场化事件一虚拟变量)	2012 年 6、7 月利率市场化事件	自 2012 年第四季度开始取 1，之前取 0	央行网站	不确定
	D2(利率市场化事件二虚拟变量)	2013 年 7 月利率市场化事件	自 2013 年第四季度开始取 1，之前取 0	央行网站	不确定
	CR(贷款信用风险)	贷款损失准备率	贷款损失准备/贷款总额	上市银行年报、半年报、季报	＋
	OC(运营成本)	经营费用率	经营费用＊2/(期初资产＋期末资产)	同上	＋
	CAR(风险厌恶程度)	资本充足率	所有者权益/总资产	同上	＋
	IS(中间业务发展情况)	非息收入占比	1－净利息收入/营业收入	同上	－

（三）变量的描述性统计

　　表 3.2 是 16 家上市银行 2010 年第二季度至 2015 年第一季度相关指标原始数据的描述性统计，不包括两个利率市场化事件虚拟变量，并比较分析国有银行、股份制银行和城商行三组不同类型的银行[①]。样本期内我国 16 家上市银行的净息差均值为 2.6%，其中股份制银行的净息差均值最大，为 2.63%，国有银行的净息差均值最小，为 2.54%，但两者的差距并不明显，这表明我国商业银行在利率定价方面的差异化程度较低。贷款信用风险方面，尽管在二十世纪九十年代末成立的四大资产管

---

　　① 国有银行包括工商银行、农业银行、中国银行、建设银行、交通银行；股份制银行包括平安银行、浦发银行、华夏银行、民生银行、招商银行、兴业银行、光大银行、中信银行；城商行包括北京银行、南京银行、宁波银行。

理公司对国有银行的不良资产进行了剥离,但国有银行贷款损失准备率仍然最高,其次是城商行,股份制银行最低,可能的原因在于国有银行及城商行的贷款资产中地方政府债务占比较大,因此信贷风险较大。运营成本方面,股份制银行的经营费用率最高,城商行最低,但差距并不大。股份制银行经营成本最高的原因主要在于员工工资和激励费用较高,另外还有快速的网点扩张、较强的品牌推广力度等原因。城商行由于网点数和人员配置较少,因此经营成本在三类银行中最小。并且近年来,北京银行、南京银行等城商行大力发展直销银行,有效节约了经营成本。风险厌恶程度方面,国有银行更加厌恶风险,其资本充足率最高,城商行次之,股份制银行最低。这体现出,一方面,国有银行作为国内的系统重要性银行,面临更高的监管要求;另一方面,国有银行经营风格较为稳健,而股份制银行较为激进的特征。非息收入占比方面,国有银行的平均非息收入占比高达 24.83%,股份制银行为 19.3%,排在最后的城商行只有 13.84%,差距非常明显。这体现出国有银行在机构网点、客户资源、技术人才等方面的优势。

表 3.2　变量描述性统计　　　　　　　　　　　　　　（单位:%）

变量		标准差	最小值	最大值	国有银行均值	股份制银行均值	城商行均值
净息差 NIM	2.60	0.26	2.04	3.48	2.54	2.63	2.60
贷款信用风险 CR	2.07	0.96	1.29	4.67	2.73	2.17	2.32
运营成本 OC	0.39	0.09	0.19	0.65	0.39	0.41	0.35
风险厌恶程度 CAR	5.98	0.82	3.31	8.56	6.37	5.62	6.33
中间业务发展情况 IS	20.00	6.83	7.02	36.51	24.83	19.30	13.84

四、实证结果分析

本章的实证步骤是先对 16 家上市银行的全体样本进行回归,然后为研究不同类型银行利差影响因素的区别,再将 16 家上市银行分为大型国有银行(5 家)和中小型银行(包括 11 家股份制银行和城商行)进行分组回归,具体结果见表 3.3。本章采用静态面板数据的三种经典估计方法,即混合回归模型、固定效应模型和随机效应模型来估计(3.10)式。这三种估计方法的结果要通过 F 检验和 Hausman 检验来加以判断,选择最优的估计结果。本章首先通过 F 检验判断选择混合回归模型还是固定效应模型,发现由于表3.3中三列回归 F 检验的 P 值均为 0.00,强烈拒绝原假设,所以选择固定效应模型;然后进行 Hausman 检验,发现 Hausman 检验统计量的 P 值均显著大于 0.1,接受原假设,所以表3.3仅汇报固定效应模型估计的结果。

表 3.3 我国商业银行利差影响因素的回归结果

解释变量	上市银行整体样本	大型国有银行子样本	中小型银行子样本
$D1$(利率市场化事件一)	-0.032^{***} (0.011)	0.003 (0.018)	-0.058^{***} (0.016)
$D2$(利率市场化事件二)	-0.028^{**} (0.013)	-0.005 (0.019)	-0.047^{***} (0.017)
$\ln CR$(贷款信用风险)	0.109^{***} (0.034)	0.282^{***} (0.041)	0.127^{***} (0.041)
$\ln OC$(运营成本)	0.052^{**} (0.024)	0.126^{***} (0.047)	0.065^{**} (0.030)
$\ln CAR$(风险厌恶程度)	0.222^{***} (0.042)	0.377^{***} (0.101)	0.180^{***} (0.052)
$\ln IS$(中间业务发展情况)	-0.041^{*} (0.025)	-0.328^{***} (0.040)	0.023 (0.031)
常数	0.654^{***} (0.095)	0.878^{***} (0.228)	0.584^{***} (0.110)
观测值	279	83	196
估计模型	固定效应	固定效应	固定效应

注:***、**和*分别表示在1%、5%和10%的水平上显著;括号内为标准差。

表3.3表明,利率市场化进程总体上显著减少了我国商业银行的利差水平。所有上市商业银行的全样本估计结果中,两次利率市场化事件虚拟变量分别在1%和

5％的显著性水平上负向影响商业银行的利差,估计系数分别为−0.032 和−0.028。这证明我国利率市场化进程产生的竞争效应超过风险效应,虽然利率市场化导致商业银行面对的利率风险加大,促使其倾向于扩大利差,但利率市场化导致竞争加剧,并使利差减小的影响机理力度更大。综合起来,利率市场化产生的竞争效应占主导地位,使得我国商业银行整体的利差水平在减小。该结论对于中小型银行的子样本回归也成立,两次利率市场化时间虚拟变量的估计系数分别显著为−0.058 和−0.047。如果比较这两次利率市场化事件虚拟变量估计系数的绝对值,还可发现第一次利率市场化事件虚拟变量的估计系数绝对值更大。这可能说明第一次利率市场化事件中,存款利率上限打开对商业银行利差的收窄效应更为明显。

对大型国有银行子样本的实证结果表明,两个利率市场化事件虚拟变量的估计系数均不显著。这表明大型国有银行在我国银行业竞争中占据优势地位。由于国有银行资金实力雄厚、网点分布广泛、客户基础庞大,具备明显的市场优势地位,在存款利率上浮和贷款利率下浮方面并不积极,因此利率市场化并未对其形成强烈的市场竞争压力,对其利率风险的影响不大,从而无法对其利差产生显著影响。而中小型银行与大型国有银行形成鲜明对比①,它们在存款利率上浮和贷款利率下浮方面更为积极,尤其是城商行,由于网点分布有限,需要提高存款利率以吸引储户,往往"一浮到顶",导致竞争明显加剧。上市银行全样本与中小型银行样本回归中,两个利率市场化事件虚拟变量的估计系数比较也能证实大型国有银行的市场优势地位。在排除了大型国有银行的样本后,中小型银行样本回归时第二个利率市场化事件虚拟变量估计系数的显著性更强,并且两个虚拟变量估计系数的绝对值都更大,即利率市场化对中小型银行利差的影响力度增强。

表 3.3 中其他自变量绝大部分的估计系数都通过显著性检验,并且其正负号与理论预期相符。贷款信用风险 $\ln CR$ 的估计系数都通过了 1％的显著性检验,贷款信

---

① 在 2012 年 6 月 7 日央行宣布存款利率的上限可调整至基准利率的 1.1 倍后,五大行维持全部活期存款利率不上浮,一年期定期存款上浮为基准利率 1.08 倍,中长期存款利率不上浮;股份制银行将全部活期存款利率上浮至上限,一年期定期存款利率上浮至 1.1 倍上限,中长期存款不上浮;城商行将各期限定期和活期存款全部上浮至上限。

用风险增大 1%,会导致商业银行利差平均变大 0.109%,国有商业银行利差变大 0.282%,中小型银行利差变大 0.127%。这说明为弥补信贷损失,商业银行会要求更高的利差,国有商业银行也不会由于其市场优势地位而例外。运营成本 $\ln OC$ 的估计系数均通过了 5% 的显著性检验,运营成本增加 1% 将导致商业银行利差水平扩大 0.052%～0.126%。这符合理论分析结论,利差的存在除了需要弥补风险外,还需要用来覆盖运营成本,因此运营成本越大,银行要求的利差就越大。风险厌恶程度 $\ln CAR$ 的估计系数均为正,也都通过 1% 的显著性检验,符合理论预期。风险厌恶程度提高导致商业银行的利差水平会扩大 0.180%～0.377%。也就是说,风险厌恶程度越高的商业银行倾向于收取更高的利差,这是商业银行根据自身风险厌恶程度做出的理性选择。中间业务发展情况 $\ln IS$ 的估计系数在全样本回归中显著为负,在大型国有商业银行子样本的回归中也显著为负,但是在中小型商业银行的回归中不显著。这可能说明,近年来国有银行大力依赖其市场优势地位,已经在发展中间业务的业务转型中取得明显成效,而股份制银行和城商行的中间业务发展能力还有待提升。

五、结　论

利率市场化是我国金融市场化的核心领域,有助于推动金融市场的深化发展,促进商业银行之间的竞争,提高金融市场的资源配置效率。本章重点研究利率市场化进程对我国商业银行利差的影响机制。借鉴 Maudos 和 Guevara(2004),本章通过数理模型分析,提出利率市场化进程会直接加强商业银行面对的市场竞争强度,后者倾向于缩小利差,同时该进程还会扩大商业银行面对的利率风险,后者倾向于扩大利差。这两种利率市场化进程对商业银行利差的影响机理分别被界定为"竞争效应"和"风险效应"。我国利率市场化进程对商业银行利差的最终影响取决于这两种影响机理的综合作用。

本章还根据理论模型来构建实证模型,利用 16 家上市银行 2010 年第二季度至 2015 年第一季度的面板数据,采用静态面板数据模型的三种经典估计方法,验证了我国利率市场化两个重要事件对上市商业银行利差的影响机理。结果发现,在总体样本中,两次利率市场化事件均导致上市商业银行利差缩小,这证明竞争效应超过风险效应;在中小型上市商业银行样本中,该结论也成立。但是在大型国有上市商业银行样本中,两次利率市场化事件对其利差的影响均不显著。这体现了大型国有上市商业银行在行业中的优势地位,利率市场化导致的竞争效应和风险效应对其都影响不大。总体上,我国利率市场化改革促进商业银行之间的竞争,缩小商业银行利差,有助于形成市场化的利率形成机制。这对于未来我国货币政策从直接干预转向间接调控非常重要,为这种货币政策实施方式的转变提供了畅通的转换渠道。本章的不足在于未能分离这两种效应,在未来的研究中可以进一步考虑采用部分间接性的代表变量来具体度量上述两种效应。

参考文献

[1] ALLEN L. The Determinants of Bank Interest Margins：A Note，The Journal of Financial and Quantitative Analysis[J]. 1988(2)：231－235.

[2] ANGBAZO L. Commercial Bank Net Interest Margins，Default Risk，Interest-Rate Risk，and Of-Balance Sheet Banking[J]. Journal of Banking and Finance，1997(21)：55－87.

[3] CAPRIO G，KLINGEBIEL D. Bank Insolvencies Cross-country Experience[M]. World Bank Publications，1996.

[4] DEMIRGUC-KUNT A，LAEVEN L，LEVINE R. Regulations，Market Structure，Institutions，and the Cost of Financial Intermediation[R]. National Bureau of Economic Research，2003.

[5] FUKUCHI T. Liberalization Effect in Financially Repressed Economy：The Case of Indonesia[J]. Developing Economies，1995，33(3)：271－309.

[6] HELLMANN T，MUNDOCK K，STIGLITZ J E. Franchise Value and the Dynamics of Financial Liberalization：The Use of Capital Requirements and Deposit Rate Controls for Prudential Regulation[M]. Graduate School of Business，Stanford University，1999.

[7] HO T，SAUNDERS A. The Determinants of Banks Interest Margins：Theory and Empirical Evidence[J]. Journal of Financial and Quantitative Analysis，1981(16)：581 - 600.

[8] LERNER E M. Discussion，The Determinants of Bank Interest Margins：Theory and Empirical Evidence[J]. Journal of Financial and Quantitative Analysis，1981，16(04)：601 - 602.

[9] MAUDOS J，GUEVARA J F. Factors Explaining the Interest Margins in the Banking Sectors of the European Union[J]. Journal of Banking and Finance，2004(3)：2259 - 2281.

[10] MCKINNON R I. Money and Capital in Economic Development[J]. Brookings Institution Press，1973.

[11] SHAW E S. Financial Deepening in Economic Development[J]. Oxford University Press，1973.

[12] VALVERDE S C，FERNÁNDEZ F R. The Determinants of Bank Margins in European Banking[J]. Journal of Banking & Finance，2007，31(7)：2043 - 2063.

[13] 陈宗胜,董飞跃,任重. 利率市场化条件下商业银行利差:2000—2008[J].学习与探索,2009(6):137 - 140.

[14] 黄金老. 利率市场化与商业银行风险控制[J].经济研究,2001(1):19 - 28.

[15] 李斌,黄志国,彭星. 利率市场化会降低城市商业银行投融资水平吗? 基于中国 24 家城市商业银行数据的实证研究[J]. 中南财经政法大学学报,2015(1):40 - 47.

[16] 李宏瑾. 利率市场化对商业银行的挑战及应对[J]. 国际金融研究,2015(2):65 - 76.

[17] 彭星,李斌,黄志国. 存款利率市场化会加剧城市商业银行风险吗:基于中国 24 家城市商业银行数据的动态 GMM 检验[J].财经科学,2014(12):1 - 10.

[18] 王欢,郭建强. 利率市场化、非利息收入与银行净利差[J].金融论坛,2014(8):3 - 12.

[19] 易纲. 中国改革开放三十年的利率市场化进程[J].金融研究,2009(1):1 - 14.

[20] 张宗益,吴恒宇,吴俊. 商业银行价格竞争与风险行为关系:基于贷款利率市场化的经验研究[J].金融研究,2012(7):1 - 14.

[21] 周鸿卫,韩忠伟,张蓉. 中国商业银行净利差率影响因素研究:基于 1999—2006 的经验

证据[J].金融研究,2008(4):69-84.

[22] 左峥,唐兴国,刘艺哲.存款利率市场化是否会提高银行风险:基于存贷利差收窄的一个视角[J].财经科学,2014(2):20-29.

第四章　政府研发补贴方式对战略性新兴产业创新的影响[①]

一、引　言

战略性新兴产业的发展关系到我国经济结构的调整,能为我国建立现代产业体系打下坚实的基础。但战略性新兴产业发展必须实现技术创新,必须克服其创新过程中难度大、投入高、不确定性强等难题,所以自 2010 年 9 月国务院发布《加快培育和发展战略性新兴产业的决定》以来,我国各级政府纷纷从补贴、财税优惠等多方面支持战略性新兴产业的创新活动。在这其中,研发补贴是我国各级政府促进战略性新兴产业创新的主要手段,各级政府试图通过对战略性新兴产业企业的研发活动提供直接补贴,从而降低其研发成本,促使其研发创新。但是政府研发补贴能有效促进战略性新兴产业企业创新并产出更多的创新成果吗?

关于战略性新兴产业的研究成果众多,研究主题涉及劳资分配(肖曙光,2011)、进入时机(郭晓丹和宋维佳,2011)、规模分布(郭晓丹和刘海洋,2013)与生产性服务业的协调发展与融合(杨以文、郑江淮和黄永春,2012;贺正楚等,2012)、技术创新与技术效率(余江和陈凯华,2012;吕岩威和孙慧,2013)等。国内外学者也有大量成果集中研究政府补贴对企业研发投入的影响。早期研究多认为政府补贴会替代企业研发投入,例如 Lach(2002),Wallsten(2000),姜宁和黄万(2010)。而 Antonelli(1999),

---

① 本章以《政府研发补贴方式对战略性新兴产业创新的影响机制研究》为题发表在《产业经济研究》2014 年 6 期上,原文作者为巫强、刘蓓。

Busom(2000)，Aerts 和 Czarnitzki(2004)，Lee 和 Hwang(2003)则认为政府补贴会促进企业投入更多的研发支出，钱昇和武健(2007)、朱云欢和张明喜(2010)、白俊红(2011)对我国的研究也支持这一观点，但这一机制可能受到政府补贴对国有企业偏好(肖兴志、王伊攀和李姝，2013；安同良、周绍东和皮建才，2009；邵敏和包群，2012)的负面影响。近期研究则发现政府补贴对企业研发投入的影响是非线性的，如 Aerts 和 Schmidt(2008)，刘虹、肖美凤和唐清泉(2012)。郭晓丹和何文韬(2011)以及郭晓丹、何文韬和肖兴志(2011)发现政府补贴没有直接带来企业研发投入的增加，但其有助于获得更多创新产出。另外也有成果提出政府补贴能否发挥作用取决于其他因素，例如不同产业中研发活动的知识外溢效应(王宇和刘志彪，2013)、不同企业研发活动的特征(史安娜、李兆明和黄永春，2013)。

　　我国各级政府大多通过成立战略性新兴产业发展专项资金，在政府财政安排内以拨款补助、参股创业投资基金等方式补贴战略性新兴产业的协同创新等各类研发活动。据报道，仅深圳一地就设立了规模达 180 亿元的战略性新兴产业发展专项资金。这些是事前决定的定额研发补贴，需要企业事先申报项目，通过专家评审决定研发补贴发放的对象和金额。这种定额研发补贴方式是否有效地促进了我国战略性新兴产业的创新呢？考虑到这是我国战略性新兴产业发放研发补贴的主要方式，该问题的研究显然具有重大的现实意义，有助于加强对我国战略性新兴产业现有支持政策的评估。本章强调了研发补贴的不同发放方式会对战略性新兴产业创新产生不同的影响，这一比较研究能有助于我国政府从最大化激励创新的角度出发，调整现有研发补贴发放方式的不足，为宏观上提高我国对战略性新兴产业研发补贴的使用效率提出针对性的微观政策建议。

　　本章建立了一个战略性新兴产业的动态博弈模型，发现定额研发补贴对于激励战略性新兴产业厂商原始创新的效率不如比率研发补贴高。同时，对我国战略性新兴产业上市公司 2009—2013 年动态面板数据的系统广义矩估计结果也证实了这点。下文安排如下，第二部分是动态博弈的数理模型，第三部分是我国战略性新兴产业上市公司的动态面板数据分析，第四部分是结论和政策建议。

二、理论模型

（一）基本假设

1. 需求环境设定

借鉴 Pepall 和 Ricards(1994)，本章假设战略性新兴产业提供一种垂直差异化新产品，用 z 表示其质量水平。z 值越大就表明该新产品的质量越好，它也是新产品的种类指数。每位消费者购买一单位新产品，但不同消费者对同一新产品会有不同评价 θ，并假设 θ 服从 $[0,\lambda]$ 连续均匀分布。消费者的效用函数设定如下：

$$U=\begin{cases} \theta z-p & \text{购买一单位价格为 } p \text{ 质量为 } z \text{ 的新产品} \\ 0 & \text{不购买新产品} \end{cases}$$

显然只有个人评价 θ 大于 p/z 的消费者才会购买该新产品。该新产品的反需求函数为式(4.1)。

$$P(Q,z)=\lambda z(1-Q) \tag{4.1}$$

其中 Q 是质量为 z 的新产品市场总需求规模，λ 是消费者对该新产品的最高评价，也是反映新产品市场需求规模的参数。由于战略性新兴产业的高市场风险，本章设定该新产品的未来市场需求存在不确定性，战略性新兴产业厂商在供给产品之前并不知道消费者对该新产品的最高评价，即参数 λ 的值未知。只有该新产品确定质量并投入市场之后，战略性新兴产业厂商才能确定 λ 的值。

2. 创新、市场结构与政府补贴方式

战略性新兴产业厂商的创新决策是决定新产品的质量水平高低，这取决于厂商决策投入多少研发成本来实现特定程度的技术进步，从而提升新产品的质量到特定水平。本章还假设创新包括原始创新和模仿创新。在原始创新中，先行厂商投入研发创新费用 $K(z)$ 使其新产品质量达到 z，且 $K(z)$ 为凸函数即 $K'(z)>0$，$K''(z)>0$。为便利分析，本章假设 $K(z)=az^2$，这是原始创新的先行厂商必须一次性支付的创新成本。跟随厂商可采取模仿创新策略，通过支付模仿创新成本 βaz^2 来同样实现新产品质量 z，其中 $0 \leqslant \beta \leqslant 1$。这表明模仿创新厂商支付的创新成本要小于原始创新厂

商。在战略性新兴产业厂商实现创新后，本章假设新产品的边际生产成本不变，为简化分析，均假设为 0。

本章假定战略性新兴行业是双寡头市场结构，有两家相同的寡头厂商 1 和 2。这符合战略性新兴产业内竞争厂商数量较少的现实情况。为了与现实更加相符，本章设定厂商 1 和 2 之间可能存在古诺竞争，同时它们之间还可能合谋，这与具体市场的竞争程度相关。本章假设厂商 1 和 2 合谋的概率为 φ，φ 越大表明该战略性新兴产业内两家厂商越可能合谋，市场竞争程度越弱。

为了支持战略性新兴产业的发展，我国各级政府为相关厂商提供了大量研发补贴，直接降低厂商创新的成本。本章设定政府只对原始创新活动提供补贴，不对战略性新兴产业中跟随厂商的模仿创新活动提供补贴。研发补贴采取两种发放方式。第一种是不考虑厂商原始创新活动的实际研发成本规模，直接给予定额的研发补贴 s^o，即"定额补贴方式"。现实情况中，我国各级政府大多通过项目申报和评审制度来对战略性新兴产业厂商提供定额研发补贴。第二种是按照研发成本的一定比率来补贴，补贴额为 saz^2，其中 s 就是补贴率，这是"比率补贴方式"。

3. 博弈过程

博弈过程分为四个阶段。在第一阶段，政府确定对战略性新兴产业先行厂商从事原始创新活动的补贴率 s 或者定额研发补贴 s^o，以促进原始创新。在第二阶段，假设厂商 1 作为先行者进行原始创新①，厂商 1 选择新产品的质量水平 z，这一阶段中厂商 1 不知道消费者对新产品的最高评价 λ。在第三阶段，厂商 1 将新产品投入市场，消费者对新产品的最高评价 λ 变为已知，确定其市场需求函数。厂商 2 根据新产品市场需求规模决定是否从事模仿创新。本章设定厂商 2 通过模仿创新生产和厂商 1 相同质量的产品，这是因为现实中同行业厂商需要遵守相同的行业标准，接受政府同样的质量监管。在第四阶段，如果厂商 2 在第三阶段模仿创新生产新产品，那么厂商 1 和 2 以 φ 的概率合谋实现联合利润最大化，以 $1-\varphi$ 的概率开展古诺竞争。如果

---

① 因为厂商 1 和 2 对称，所以可任意假设厂商 1 或 2 是战略性新兴产业先行厂商从事原始创新，这不影响本章结论。

厂商 2 在第三阶段不模仿创新生产新产品,那么厂商 1 就在第四阶段完全垄断该市场。

(二)定额补贴方式下的产业均衡

先从第四阶段开始分析,在该阶段新产品质量 z 和消费者对新产品最高评价 λ 已经确定,厂商 1 作为战略性新兴产业的先行者从事原始创新,接受政府定额研发补贴 s^o。第四阶段的分析要考虑厂商 2 在第三阶段可能作为跟随者,从事模仿创新后进入该市场,也有可能选择不模仿创新,即不进入该市场。在厂商 2 作为跟随者模仿创新的情况下,厂商 1 和 2 的利润函数 π_1 和 π_2 分别为式(4.2)和(4.3)。

$$\pi_1 = \lambda z(1-q_1-q_2)q_1 - az^2 + s^o \tag{4.2}$$

$$\pi_2 = \lambda z(1-q_1-q_2)q_2 - \beta az^2 \tag{4.3}$$

其中 q_1、q_2 分别是厂商 1、2 的产出。先考虑厂商 1 和 2 在第四阶段合谋实现联合利润最大化的情况,厂商 1 和 2 视为一家厂商,可知它们的均衡联合产出为 1/2,各自的均衡产出都为 1/4,市场均衡价格为 $\lambda z/2$,两家厂商在合谋情况下的均衡利润 π_{1h}^*、π_{2h}^* 分别为式(4.4)、(4.5)。

$$\pi_{1h}^* = \lambda z/8 - az^2 + s^o \tag{4.4}$$

$$\pi_{2h}^* = \lambda z/8 - \beta az^2 \tag{4.5}$$

再考虑厂商 1 和 2 在第四阶段古诺竞争实现各自利润最大化的情况,从事产量竞争。联立求解两个一阶条件 $\frac{\delta \pi_1}{\delta q_1}=0$ 和 $\frac{\delta \pi_2}{\delta q_2}=0$,可知两家厂商的各自均衡产出都为 1/3,市场均衡价格为 $\lambda z/3$,它们各自的均衡利润为式(4.6)和(4.7)。

$$\pi_{1c}^* = \lambda z/9 - az^2 + s^o \tag{4.6}$$

$$\pi_{2c}^* = \lambda z/9 - \beta az^2 \tag{4.7}$$

由于厂商 1 和 2 在第四阶段合谋概率为 φ,古诺竞争概率为 $1-\varphi$,所以在厂商 2 模仿创新时,第四阶段中厂商 1、2 期望利润 $E\pi_1$、$E\pi_2$ 为式(4.8)和(4.9)。

$$E\pi_1 = \varphi\pi_{1h}^* + (1-\varphi)\pi_{1c}^* = (8+\varphi)\lambda z/72 - az^2 + s^o \tag{4.8}$$

$$E\pi_2 = \varphi\pi_{2h}^* + (1-\varphi)\pi_{2c}^* = (8+\varphi)\lambda z/72 - \beta az^2 \tag{4.9}$$

第四阶段中还需要讨论的一种情况是,如果厂商 2 在第三阶段决定不模仿创新,第四阶段中厂商 1 将完全垄断新产品市场。此时厂商 1 的利润函数为 $\pi_1^m = \lambda z(1-q_1)q_1 - az^2 + s^o$，利用一阶条件求解出厂商 1 的最优产出为 1/2，市场均衡价格水平为 $\lambda z/2$，厂商 1 的完全垄断利润可表示为式(4.10)，厂商 2 的利润为 0。

$$\pi_1^{m*} = \lambda z/4 - az^2 + s^o \tag{4.10}$$

假设厂商 2 风险中性，第三阶段中厂商 2 决策是否采取模仿创新，这取决于其跟随进入后在第四阶段的期望利润 $E\pi_2$ 是否大于 0。如果式(4.9)中 $E\pi_2 > 0$，那厂商 2 就会选择跟随进入，模仿创新生产和厂商 1 同样质量的新产品。由此得到临界值 $\hat{\lambda}$ 为 $72\beta az/(8+\varphi)$。当 $\lambda > \hat{\lambda}$ 时厂商 2 才会模仿创新。临界值 $\hat{\lambda}$ 就是战略性新兴产业新产品市场需求规模的临界值，只有在第三阶段的真实 λ 值大于该临界值 $\hat{\lambda}$ 时，厂商 2 才模仿创新，跟随进入新产品市场，在第四阶段获得正利润。

在第二阶段，厂商 1 和 2 都不知道第三阶段中消费者最高评价 λ 的实现值与该临界值 $\hat{\lambda}$ 的大小关系，但是它们都预计 λ 大于 $\hat{\lambda}$ 的概率是 γ，即有 $p(\lambda > \hat{\lambda}) = \gamma$，$p(\lambda \leqslant \hat{\lambda}) = 1-\gamma$。所以在第二阶段厂商 1 的期望利润 $E\Pi_1$ 为式(4.11)。

$$E\Pi_1 = \gamma E\pi_1 + (1-\gamma)\pi_1^m = \frac{\lambda \varphi \gamma z + 18\lambda z - 10\lambda \gamma z}{72} - az^2 + s^o \tag{4.11}$$

厂商 1 在第二阶段需要选择最优产品质量 z^* 来最大化其期望利润 $E\Pi_1$，厂商 1 在第二阶段的最优产品质量 z_l^* 为式(4.12)。

$$z_l^* = \frac{18\lambda - (10-\varphi)\lambda \gamma}{144\alpha} \tag{4.12}$$

式(4.12)表明厂商 1 决定的最优产品质量水平 z_l^* 仅取决于 α、λ、φ 和 γ 这四个外生参数，定额研发补贴 s^o 与厂商 1 的最优产品质量选择没有关系。这就得到一个有点出乎意料但符合经济学逻辑的结论。在第一阶段，政府采取定额研发补贴方式，无论定额研发补贴 s^o 有多大，它都对原始创新的厂商 1 的产品质量选择没有影响，没能激励厂商 1 在原始创新活动中投入更多的研发资源。其原因在于政府的定额研发补贴 s^o 虽然直接增加了厂商 1 的账面利润，但是 s^o 与厂商 1 的原始创新决策变量 z^* 无关。这就意味着政府的定额研发补贴方式效果不佳。本章由此得到命题 1。

命题 1： 政府的定额研发补贴不能有效激励战略性新兴产业内先行厂商的原始创新活动。

（三）比率补贴方式下的产业均衡

考虑政府以比率补贴的方式发放研发补贴，设定补贴率 s，采取与上一部分同样思路逆向归纳，求解出厂商 1 在第二阶段的最优产品质量 z^* 为式（4.13）。

$$z^* = \frac{18\lambda - (10-\varphi)\lambda\gamma}{144\alpha(1-s)} \tag{4.13}$$

式（4.13）表明补贴率 s 与原始创新厂商 1 的最优产品质量 z^* 的关系决定于 $18\lambda - (10-\varphi)\lambda\gamma$ 的正负号。由于参数 φ、γ 均大于 0，小于 1，显然 $18\lambda - (10-\varphi)\lambda\gamma$ 始终为正。这表明在比率补贴方式下，只要补贴率 s 提高，那么厂商 1 就会投入更多的研发成本，最优产品质量会更高。如果政府的目标是通过研发补贴来推动战略性新兴产业原始创新，提高其新产品的质量，那么比率补贴方式更有助于实现这一目标。

命题 2：在比率补贴方式下，政府通过提高补贴率能够有效激励战略性新兴产业里先行厂商的原始创新活动，有助于新产品质量的提升。

比较命题 1 和命题 2，本章发现定额补贴方式对于促进原始创新的效果不如比率补贴方式。在我国战略性新兴产业发展中，事实上大量研发补贴恰恰都是以定额方式，通过项目申报和审批立项方式发放给相应厂商的。理论模型的结论是否在我国战略性新兴产业的现实发展中也成立？这迫切需要实证分析的检验，以判断理论模型的结论是否在现实中成立。今年以来，我国各地政府大量财政补贴上市公司的事件引起社会高度关注，其中有辩解观点认为，政府财政补贴上市公司有助于促进其创新。这类对上市公司的财政补贴大多是以定额研发补贴方式发放的，本章的数理分析表明这种补贴对原始创新的促进作用不大，反驳了这种辩解观点；但该结论是否在现实中成立，我们还需要采用上市公司的数据来验证定额研发补贴对创新的影响。如果实证分析发现上市公司接受定额研发补贴并未增加其创新产出，那就构成对上述辩解观点的进一步反驳。在我国产业政策制定和实施过程中，定额研发补贴也被广泛应用，以支持各类高新技术行业的创新发展。本章实证结果如果支持数理分析的结论，那么这将促进我们重新反思我国对战略性新兴产业和高新技术行业的现有产业政策的实际效果，甚至有助于重新设计相应的产业政策。

三、实证检验

（一）模型设定

本章手工核对了我国战略性新兴产业上市公司披露的接受政府补贴的详细财务信息，辨别这些补贴是否是定额研发补贴，从而构建由接受定额研发补贴的战略性新兴产业上市公司所组成的面板数据，分析其接受的定额研发补贴是否会提高其创新产出。为了考虑创新活动的连续性和动态调整过程，本章将创新产出的一阶滞后项 $\ln no_{it-1}$ 纳入解释变量，设定动态面板数据模型如下：

$$\ln no_{it} = \beta_0 + \beta_1 \ln no_{it-1} + \beta_2 \ln Sub_{it} + \beta_3 \ln RD_{it} + \sum \beta_i Z_{it} + \varepsilon_{it} \tag{4.14}$$

因变量 $\ln no_{it}$ 是上市公司 i 在时期 t 的创新产出。由于上市公司数据中很难挖掘出直接衡量其产品质量上升的指标，所以本章先基于**数据包络分析 DEA** 的 Malmquist 生产率指数测算法来测算上市公司的全要素生产率变化，然后从中分解出上市公司的技术进步因子来作为因变量，衡量上市公司的创新产出。核心解释变量为上市公司 i 在 t 期获得的定额研发补贴 $\ln Sub_{it}$ 和其研发投入 $\ln RD_{it}$，均取自然对数形式，减少异方差。按照理论模型的结论，本章预计 $\ln Sub_{it}$ 的系数将不显著，无法通过显著性检验。$\ln RD_{it}$ 是研发投入，创新投入越多，创新产出才可能越多，本章预计 $\ln RD_{it}$ 的系数显著为正。

本章还设定了控制变量 Z_{it}，包括上市公司规模变量 $\ln Size_{it}$ 和上市公司面临的竞争强度变量 $Comp_{it}$。公司规模如何影响其创新产出，这有**两种可能性**。大公司可能由于其资金实力雄厚，研发人员众多，创新产出更多。但大公司由于内部层级过多，组织协调成本高，对新技术的发展方向不敏感，大公司的创新绩效不一定优于小公司。高新技术行业内小公司革命性的技术创新颠覆现有行业格局，成长为大公司的案例屡见不鲜。所以上市公司规模变量 $\ln Size_{it}$ 的系数难以预计。

竞争对企业创新的影响也较为复杂。一方面，竞争压力加强有利于促进企业创新；另一方面，随着竞争强度加大，企业利润可能下降，抑制企业创新。企业创新产出与竞争强度之间可能是倒 U 型关系。本章借鉴 Aghion et al. (2015)的思路来构造衡量上市公司 i 在 t 期面临竞争强度的变量 $Comp_{it}$，为 $\sum_{k \in j, k \neq i} \left(\dfrac{Sub_{kt}}{\sum_{k \in j, k \neq i} Sub_{kt}} \right)^2$。在战略性新兴产业 j 中，Sub_{kt} 是该产业中不是 i 的上市公司 k 获得的政府研发定额补贴，$\sum_{k \in j, k \neq i} Sub_{kt}$ 是该产业中除了 i 外其他所有上市公司获得政府研发定额补贴的总额。$Comp_{it}$ 处于 0~1 之间，取值越大表明政府研发定额补贴越集中，上市公司 i 面对的竞争程度越低；反之，取值越小则表明其面对的竞争程度越高。为了考察竞争强度对创新产出的复杂影响，本章对上市公司面对的竞争强度采取三种设定：第一，直接设定为 $Comp_{it}$，捕捉竞争强度对创新活动的可能线性关系，$Comp_{it}$ 的值降低表明该上市公司面对的竞争强度增强，这可能提高促进其创新，即预计该变量系数为负。第二，除了设定 $Comp_{it}$ 外，还设定其平方项 $Comp_{it}^2$。考虑创新与竞争强度之间可能的倒 U 型关系，预计 $Comp_{it}^2$ 的系数为正，而 $Comp_{it}$ 的系数为负。第三，为了与其他解释变量保持一致，本章将 $\ln Comp_{it}$ 纳入模型，预计该变量系数为负。

（二）数据来源及统计分析

本章依据东方财富网战略性新兴产业专题，将其推荐的主营业务为七大战略性新兴产业的 84 家上市公司作为研究对象[①]，分别选取这些上市公司 2009—2013 年的数据构成面板数据。剔除披露数据不完整以及上市时间过短的上市公司样本，本章最终选取了 73 家战略性新兴产业上市公司作为样本。所有上市公司数据均来自国泰安数据库以及上市公司年报。

因变量上市公司的技术进步因子用 DEAP2.1 计算。为了计算上市公司 i 在时期 t 的资本和劳动投入向量，本章选取上市公司购建固定资产、无形资产和其他长期资产支付的现金，支付职工的薪酬来分别衡量企业的资本和劳动投入。上市公司 i 在时期 t 的产出采用上市公司的营业收入来衡量，这样能避免由于部分上市公司利

---

　　① 东方财富网是国内访问量最大、影响力最大的财经证券门户网站之一，其对属于战略性新兴产业的上市公司总结和分类具有一定的权威性，能较好解决上市公司业务多元化导致确定战略性新兴产业上市公司的难题。

润额可能出现负值，无法用数据包络法计算的难题。上市公司规模变量 $\ln Size_{it}$ 用公司的营业收入来衡量。

定额研发补贴和研发成本的数据在上市公司年报中手工获取。需要说明的是，上市公司年报的附注下有关于政府补贴的详细信息披露，我们手工剔除了政府的非研发补贴，通过加总上市公司披露的政府定额研发补贴额得到 $\ln Sub_{it}$[①]。上市公司研发成本数据披露方式不同，大多以研发费或科技开发费等科目的名义披露，也有不少上市公司单独汇报研发投入。表 4.1 是所有变量的统计描述。

表 4.1　变量统计描述

变量	含义	样本数	均值	标准差	最小值	最大值	中位数
$\ln no_{it}$	技术进步因子	365	0.756	0.169	0.311	1.000	0.779
$\ln Sub_{it}$	政府定额研发补贴	365	16.099	1.560	10.809	19.964	16.192
$\ln RD_{it}$	企业研发成本	365	17.347	1.426	12.855	21.338	17.359
$\ln Size_{it}$	企业规模	365	21.097	1.390	18.095	25.147	20.970
$Comp_{it}$	市场竞争强度	365	0.285	0.104	0.126	0.625	0.261

（三）计量结果与经济解释

由于本章设定了动态面板回归模型，采用固定效应或随机效应模型会估计有误。同时模型自变量可能存在内生性，政府定额研发补贴可能倾向于发放给大规模公司，上市公司获得政府定额研发补贴增多也可能导致其投入的研发成本更高，所以本章采取广义矩 GMM 方法来估计该动态面板模型的系数。在 GMM 方法中，由于差分 GMM 方法在小样本下可能存在弱工具变量问题，所以本章采用系统 GMM 方法，以提高估计的有效性和一致性。通过逐步添加控制变量的方法，本章依次得到了模型（1）～（5），回归结果如表 4.2 所示。

---

① 部分上市公司披露的政府补贴信息不完整，我们就直接采用政府补贴总金额来衡量其获得的研发补贴。考虑我国各级政府补贴战略性新兴产业上市公司的目的主要是促进其创新，所以这种近似处理方法也有一定合理性。

表 4.2　上市公司创新产出与政府定额研发补贴的系统 GMM 回归结果

变量	(1)	(2)	(3)	(4)	(5)
$\ln no_{it-1}$	0.145*** (4.15)	0.075*** (2.76)	0.103*** (3.92)	0.090*** (3.87)	0.101*** (2.74)
$\ln Sub_{it}$	0.015 (1.61)	0.005 (1.04)	0.008 (1.61)	0.007 (1.14)	0.008 (0.94)
$\ln RD_{it}$	0.029*** (2.78)	0.020** (1.94)	0.027*** (3.51)	0.026*** (3.17)	0.014* (0.74)
$\ln Size_{it}$		0.022** (1.72)	0.019* (1.80)	0.029*** (3.40)	0.052** (1.98)
$Comp_{it}$			−0.163*** (−3.02)	−0.608*** (−3.20)	
$Comp_{it}^2$				0.767*** (3.10)	
$\ln Comp_{it}$					−0.062** (−2.31)
$Cons$	−0.108 (−0.57)	−0.213 (−1.39)	−0.274* (−1.77)	−0.381*** (−4.06)	−0.867*** (−3.14)
AR(1)	0.00	0.00	0.00	0.00	0.00
AR(2)	0.49	0.87	0.70	0.81	0.51

注：***、**、*分别表示 1%、5% 和 10% 水平显著；括号内为系数对应的 z 统计量。估计方法为系统两步 GMM。AR(1)、AR(2) 为扰动项自相关检验，对应的值均为检验的 p 值。

　　模型 (1) 不包括任何控制变量，将因变量对上市公司创新产出的一期滞后项 $\ln no_{it-1}$ 和主要解释变量 $\ln Sub_{it}$ 和 $\ln RD_{it}$ 回归；模型 (2) 考虑企业规模会对上市公司创新活动产生影响，引入企业规模变量 $\ln Size_{it}$ 作为控制变量；模型 (3) 在模型 (2) 基础上引入了控制变量竞争强度 $Comp_{it}$；模型 (4) 考虑竞争强度对企业创新的非线性影响，引入竞争强度的二次项 $Comp_{it}^2$；模型 (5) 选择竞争强度的自然对数 $\ln Comp_{it}$ 作为控制变量。表 4.2 中 5 个模型的 AR(1) 和 AR(2) 检验结果表明一阶序列相关而二阶序列不相关，系统 GMM 方法有效。

表 4.2 证明定额研发补贴对我国上市公司创新的影响不大。模型(1)～(5)中 $\ln Sub_{it}$ 的系数均不显著，没有通过置信水平为 10% 的显著性检验，这表明政府定额研发补贴不能显著促进战略性新兴产业上市公司的原始创新活动。虽然我国各级政府在战略性新兴产业中投入了大量研发补贴，但从促进战略性新兴产业上市公司创新活动的角度分析，政府定额研发补贴的效果不佳，作用并不明显。与没有接受政府定额研发补贴相比，战略性新兴产业上市公司接受定额研发补贴后，其创新活动的产出并未显著提升。

这 5 个模型的结果还表明，当期上市公司研发投入和上一期的创新产出都会显著正向促进其当期的创新产出。战略性新兴产业上市公司当期研发投入的系数在 5 个模型中均显著为正，其系数都通过了 10% 的显著性水平检验。战略性新兴产业上市公司上一期创新产出的系数也都为正，并在 1% 的置信水平上显著不为 0，其增加 1 个单位，其当期技术进步因子会增加 0.075 到 0.145 个单位。这证实了战略性新兴产业上市公司的创新活动具有动态积累效应。在控制变量方面，上市公司企业规模对其创新产出具有显著的正向促进作用。这证明在我国上市公司中，大公司的研发体系更为有效，创新效率更高。模型(3)表明上市公司面对的竞争强度提高，这有利于其技术进步。模型(3)～(5)中，竞争强度在三种不同设定下，其系数也符合理论预期。

四、结论及政策建议

本章构建动态博弈模型，发现政府发放研发补贴的方式不同，将对战略性新兴产业厂商的创新产生不同的影响。从促进战略性新兴产业厂商原始创新的角度分析，定额研发补贴方式不如比率研发补贴方式有效。本章还搜集了我国战略性新兴产业上市公司 2009—2013 年的面板数据，采用系统 GMM 方法估计了动态面板数据模型中定额研发补贴对上市公司技术进步的影响，发现这种影响不显著，从而验证了博弈模型的结论。

　　本章研究结果的意义不仅在于直接揭示了定额研发补贴的确没有对战略性新兴产业上市公司的技术进步产生显著的正向影响,更重要的意义在于加深对自主创新和新兴产业发展内在规律的理解,有助于系统反思我国战略性新兴产业和高新技术行业的产业政策。定额研发补贴在这些行业中普遍存在,政策制定者试图以此来激励企业自主创新,促进其接近甚至占据全球技术前沿,在企业做大做强、行业国际竞争力增强的同时推动并实现我国经济转型升级。本章研究结论说明,这种普遍被采用的定额研发补贴对企业的创新决策缺乏影响,我国各级政府亟须调整对战略性新兴产业的研发补贴方式,以比率补贴方式来替代定额补贴方式,从而更有效地促进我国战略性新兴厂商的创新活动,这是本章研究对现实产业政策制定最大的启发意义。

　　在比率补贴方式下,政府需要事前承诺并确定补贴比率,事后根据战略性新兴行业厂商的实际研发投入成本来按比率确定补贴金额。这就需要我国各级政府要制定完善的全过程监督体系,介入战略性新兴产业厂商研发创新的事前、事中和事后环节,消除事后发放比率研发补贴时战略性新兴产业厂商虚报研发成本的可能性。这对我国各级政府的经济运行监管能力提出了更高的要求,具有较大难度。所以当前可行的办法是各级政府委托第三方监督机构,例如业内具备良好声誉的会计师事务所等,从财务上全过程监控战略性新兴厂商的研发流程,消除其虚报研发成本的可能性。

参考文献

[1] AERTS K, CZARNITZKI D. Using Innovation Survey Data to Evaluate R&D Policy: The Case of Belgium[J]. ZEW-Centre for European Economic Research Discussion Paper, 2004: 04 - 055.

[2] AERTSA K, SCHMIDTB T. Two for the Price of One? On Additionality Effects of R&D Subsidies: A Comparison between Flanders and Germany[J]. Research Policy, 2006, 37(5): 806 - 822.

[3] AGHION P, CAI J, DEWATRIPONT M, et al. Industrial Policy and Competition[J]. American Economic Journal: Macroeconomics, 2015, 7(4): 1 - 32.

[4] ANTONELLI C. The Evolution of the Industrial Organisation of the Production of Knowledge[J]. Cambridge Journal of Economics, 1999, 23(2): 243-260.

[5] BUSOM I. An Empirical Evaluation of the Effects of R&D Subsidies[J]. Economics of Innovation and New Technology, 2000, 9(2): 111-148.

[6] LACH S. Do R&D Subsidies Stimulate or Displace Private R&D? Evidence from Israel [J]. The Journal of Industrial Economics, 2002, 50(4): 369-390.

[7] LEE M H, HWANG I J. Determinants of Corporate R&D Investment: An Empirical Study Comparing Korea's IT Industry with its Non-IT Industry[J]. ETRI Journal, 2003, 25 (4): 258-265.

[8] PEPALL L M, RICHARDS D J. Innovation, Imitation, and Social Welfare [J]. Southern Economic Journal, 1994: 673-684.

[9] WALLSTEN S J. The Effects of Government-Industry R&D Programs on Private R&D: The Case of the Small Business Innovation Research Program[J]. The RAND Journal of Economics, 2000: 82-100.

[10] 安同良,周绍东,皮建才. R&D补贴对中国企业自主创新的激励效应[J]. 经济研究, 2009,10:87-98.

[11] 白俊红. 中国的政府R&D资助有效吗? 来自大中型工业企业的经验证据[J]. 经济学 (季刊),2011,10(3):1375-1400.

[12] 郭晓丹,何文韬,肖兴志. 战略性新兴产业的政府补贴,额外行为与研发活动变动[J]. 宏观经济研究,2011(11):63-69.

[13] 郭晓丹,何文韬. 战略性新兴产业政府R&D补贴信号效应的动态分析[J]. 经济学动态,2011(9):88-93.

[14] 郭晓丹,刘海洋. 中国战略性新兴产业规模分布与创新影响[J]. 财经问题研究,2013 (11):23-30.

[15] 郭晓丹,宋维佳. 战略性新兴产业的进入时机选择:领军还是跟进[J]. 中国工业经济, 2011(5):119-128.

[16] 贺正楚,吴艳,张蜜,等. 我国生产服务业与战略性新兴产业融合问题研究[J]. 管理世界,2012(12):177-178.

[17] 姜宁,黄万.政府补贴对企业 R&D 投入的影响:基于我国高技术产业的实证研究[J].科学学与科学技术管理,2010,31(7):28-33.

[18] 刘虹,肖美凤,唐清泉.R&D 补贴对企业 R&D 支出的激励与挤出效应:基于中国上市公司数据的实证分析[J].经济管理,2012(4):19-28.

[19] 吕岩威,孙慧.中国战略性新兴产业技术效率及其影响因素研究:基于 18 个大类行业面板数据的分析[J].科学学与科学技术管理,2013,11:015.

[20] 钱昇,武健.政府补贴对知识溢出条件下竞争企业 R&D 合作收益的影响[J].东岳论丛,2007,28(6):165-169.

[21] 邵敏,包群.政府补贴与企业生产率:基于我国工业企业的经验分析[J].中国工业经济,2012(7):70-82.

[22] 史安娜,李兆明,黄永春.工业企业研发活动与政府研发补贴理念转变:基于演化博弈视角[J].中国科技论坛,2013,1(5):12-17.

[23] 王宇,刘志彪.补贴方式与均衡发展:战略性新兴产业成长与传统产业调整[J].中国工业经济,2013(8):57-69.

[24] 肖曙光.战略性新兴产业组织的劳资分配[J].中国工业经济,2011(2):100-109.

[25] 肖兴志,王伊攀,李姝.政府激励、产权性质与企业创新:基于战略性新兴产业 260 家上市公司数据[J].财经问题研究,2013(12):26-33.

[26] 杨以文,郑江淮,黄永春.生产性服务业与战略性新兴产业协调发展:基于生产性服务业市场的一般均衡分析[J].当代经济科学,2012(6):15-25.

[27] 余江,陈凯华.中国战略性新兴产业的技术创新现状与挑战:基于专利文献计量的角度[J].科学学研究,2012,30(5):682-695.

[28] 朱云欢,张明喜.我国财政补贴对企业研发影响的经验分析[J].经济经纬,2010(5):77-81.

第五章　中国劳动力流动的省际边界壁垒测算[①]

一、问题的提出

统一的国内市场是保证产品与要素自由流动、企业充分竞争,从而提升社会资源配置效率、推动国民经济提质增效的重要前提条件。然而,我国国内市场的分割现象依然广泛存在,尤其劳动力市场分割成为了我国当前迫切需要解决的关键问题。我国劳动力市场分割源于改革开放前限制人口流动的政策导向。虽然我国改革开放后劳动力的流动日益频繁,但依然面临跨地区、跨城乡、跨行业的各种壁垒。这些壁垒分割了我国国内的劳动力市场,不利于实现我国劳动力要素在国内统一大市场内的优化配置,最终将阻碍我国经济的持续稳定发展。

劳动力市场分割或劳动力流动壁垒是社会学、劳动经济学和发展经济学等多学科共同关注的研究现象,已产生了极为丰富的学科交叉研究成果。Kerr(1954),Doeringer 和 Piore(1985)提出的二元劳动力市场理论区分了首要和次要劳动力市场的诸多差异,包括收入差异和人力资本回报差异,这些观点在 Osterman(1975),Dickens 和 Lang(1985,1988)对发达国家的经验研究中得到了验证。我国劳动力市场处于多元分割状态,城乡之间、城镇内部和农村内部的劳动力市场均存在不同程度的分割现象(李萍和刘灿,1999;许经勇和曾芬钰,2000;韩秀华和陈雪松,2008)。城乡之间劳动力市场分割的原因包括户口制度(蔡昉等,2001;乔明睿等,2009)、人力资

---

　　① 本章以《中国劳动力流动存在省际边界壁垒吗? ——基于暂住证数据的实证研究》为题发表在《中国经济问题》2016 年 6 期上,原文作者为巫强、朱姝、安修伯。

本差异(李芝倩,2007)、城市倾向型福利制度(陆铭和陈钊,2004)、农村土地制度(Yang 和 Zhou, 1999)和昂贵的城镇住房成本(Zhao, 1999)等多种因素。吴愈晓(2011)认为城镇或城市内部的劳动力市场分割主要源于学历差异,而 Demurger 等(2009)则认为这一分割源于竞争部门与垄断部门的分割。另外,我国劳动力市场分割产生了诸多负面经济效应,例如城乡收入差距加大(钟笑寒,2006),各地区资源配置效率和经济发展差异(蔡昉等,2001)等。

区别于上述文献,本章集中研究了我国劳动力流动的省际①边界壁垒。省际行政边界的基本功能是划分我国省级行政单位的管辖空间范围,但其客观存在导致劳动力跨省流动与省内流动相比,要支付额外的成本,从而阻碍劳动力在国内的自由流动。这种阻碍作用,以及与之相关的劳动力跨省流动的额外成本就是省际边界壁垒。在此意义上,省际行政边界可能会分割我国国内劳动力市场,省际边际壁垒可能成为导致我国国内劳动力要素市场分割的又一原因。

虽然以民工潮为标志,我国从二十世纪九十年代开始,就出现了大规模的劳动力频繁流动现象,但这并不一定意味着我国劳动力流动的省际边界壁垒不存在。通常情况下,与省内流动相比,劳动力跨省流动需要跨越更远的空间距离,所以需要支付更多的交通差旅和通讯交流成本,这显然是劳动力流动省际边界壁垒的一种体现,但是本章所研究的省际边界壁垒并不仅限于此。跨省流动的劳动力还必然面对着地理环境、气候条件、文化习俗、生活习惯等方面更大的差异,这些差异也是产生省际边界壁垒的因素。更为重要的是,我国劳动力跨省流动往往是从中西部涌入东部,也是从农村涌入城市;他们在外省城市就业面临着由于不同省份间户籍、社会保障等诸多制度因素差异所造成的阻碍,也面临着对待外省人员的各方面不平等待遇。这些因素既是城乡劳动力市场的分割因素,也是劳动力流动省际边界壁垒的构成因素。本章期望回答的问题是:第一,这种劳动力跨省流动的省际边界壁垒是否真正存在? 第二,如果存在这种省际边界壁垒,那它对我国劳动力跨省流动的潜在阻碍作用究竟有多大?

---

　　① 本章的"省际"指省级行政单位间的各项关系,为方便叙述,不再写为"省(区、市)际""跨省(区、市)流动""省(区、市)内""省(区、市)外"等形式。

　　本章的研究主题最接近于赵永亮和李昕(2009)、赵永亮(2009)、赵永亮和赵德余(2012)对我国劳动力流动边界效应的系列研究。但本章利用公安部发布的暂住证数据①来衡量各省(区、市)内外流动的劳动力规模，测算省际边界的存在对我国劳动力跨省流动的潜在负面影响，能更准确地估算省际边界壁垒。同时暂住证数据记录了不同流动动机的劳动力流动规模，本章能利用细分动机的暂住证数据，进一步实证检验省际边界壁垒是否阻碍各类细分动机的劳动力流动。

二、计量模型设定

　　为得出实证分析的计量方程，本章先分析代表性居民的就业区位选择，从中归纳出影响就业区位选择的主要因素；这些因素同样会影响整体劳动力的流向，本章将其设定为计量方程的主要解释变量，并利用省级面板数据估计其系数。代表性居民面临三种就业的区位选择，一是在本地就业 L，二是到省内其他地区就业 P_I，三是到省外地区就业 P_O，居民的最终选择取决于这三种选择的预期收益比较，即 $R(L)$，$R(P_I)$ 和 $R(P_O)$ 的比较。全国暂住证数据分省分年度汇报公安部门办理的暂住证数量，并分别汇报来自省内和省外流动的劳动力所办理暂住证的数量。所以本章不研究在本地就业的居民，即简化假设 $R(L)$ 为 0，$R(P_I)$ 和 $R(P_O)$ 均大于 0，从而集中研究就业区位发生迁移的居民，即流动的劳动力。$R(P_O)-R(P_I)$ 就是与省内非本地就业相比，跨省就业产生的额外预期收益。另外假设，与省内流动相比，跨省流动要求劳动力付出额外成本，记为 c_b。一般而言，由于跨省流动比省内流动的空间距离更远②，该成本既包括由于跨省流动距离更远而产生的额外交通、通讯成本，也包括差

---

　　① 我国暂住证制度自 1984 年由深圳首先开始实施，1992 年得到国家承认，2015 年全国取消暂住证，实施居住证制度。各地暂住证制度普遍规定，城市中外来人员一般必须在到达后 3 天内到暂住地派出所登记，如果居住超过 1 个月，那就要办理暂住证。暂住证记录了来自本省外地和来自外省这两种情况。暂住证有效期 1 年，到期要重新办理。虽然暂住证制度存在各种弊端，但是由于其强制性，所以对城市外来劳动力的统计更为准确，更为可信。这也是本章选择采用暂住证数据来分析劳动力跨省流动壁垒的原因。

　　② 临近省际交界处的居民跨省流动就业的距离更短，可能会倾向于跨省就业，但本章强调在通常情况下，大多数劳动力跨省流动的距离更远。

别更大的地理文化因素而产生的额外心理成本，还包括由于户籍制度、生活费用等导致的城乡劳动力市场分割成本。如果与省内非本地就业相比，跨省就业的额外预期收益 $R(P_O)-R(P_I)$ 超过其额外成本 c_b，劳动力就到省外就业，跨省流动就会产生。否则，劳动力就会在省内其他地区就业，省内流动就会产生。

　　本章将代表性居民 i 在 t 期的就业区位选择 D_{it} 记为离散选择变量，其取 1 时表示到省外就业，即跨省流动，而取 0 时表示在省内非本地就业，即省内流动。该居民的就业区位选择标准就如式(5.1)所示。

$$\begin{cases} D_{it}=1, R(P_O)-R(P_I)>c_b \\ D_{it}=0, R(P_O)-R(P_I)<c_b \end{cases} \tag{5.1}$$

　　基于赵永亮、李昕(2009)等的系列研究，本章将省外就业预期收益 $R(P_O)$ 和省内非本地就业预期收益 $R(P_I)$ 均设定为就业区位的收入水平和就业机会的函数，即式(5.2)和(5.3)。

$$R(P_O)=f(sal_O, emp_O) \tag{5.2}$$

$$R(P_I)=g(sal_I, emp_I) \tag{5.3}$$

　　其中 sal_O、emp_O 是省外就业的收入水平和就业机会，sal_I、emp_I 是省内非本地就业的收入水平和就业机会。如果用工资衡量收入水平，用失业率衡量就业机会，那劳动力省内或跨省流动就业的预期收益都决定于目标就业地的工资与失业率。如果目标就业地的失业率较高，即使该地工资较高，劳动力到该地就业的预期收益依然不会高，可能不会前往该地就业。在存在不确定性时，流动劳动力选择省外就业的概率 $P_r(D_{it}=1)$ 可表示为式(5.4)。

$$P_r[R(P_O)-R(P_I)>c_b]=P_r[f(sal_O, emp_O)-g(sal_I, emp_I)-c_b>0] \tag{5.4}$$

　　式(5.4)表明，单个流动劳动力选择省外就业的概率是五个经济变量的函数，即省内流动的收入水平与就业机会、跨省流动的收入水平与就业机会、跨省流动的额外成本。如果汇总所有流动劳动力的选择，在整体劳动力流动层面，跨省流动劳动力规模也是这五个变量的函数。类似地，流动劳动力选择省内非本地就业的概率 $P_r(D_{it}=0)$ 表示为式(5.5)，这说明在整体劳动力流动层面，省内流动劳动力规模也取决于这五个变量。

$$P_r[R(P_O)-R(P_I)<c_b]=P_r[f(sal_O,emp_O)-g(sal_I,emp_I)-c_b<0] \quad (5.5)$$

暂住证数据分别提供来自省内和省外两类流动劳动力规模的数据，根据式(5.4)和(5.5)，本章设定计量方程式(5.6)，以收入水平、就业机会与跨省流动额外成本为核心解释变量。

$$Lflow_{jt}^{k}=\alpha_0+\alpha_1 bor\_d+\alpha_2 sal_{jt}^{k}+\alpha_3 emp_{jt}^{k}+\lambda X+\varepsilon_{jt} \quad (5.6)$$

其中$Lflow_{jt}^{k}$是j省t年k类型的流动劳动力，sal_{jt}^{k}和emp_{jt}^{k}分别是j省t年k类型流动劳动力的收入水平与就业机会，k包括来自本省和来自外省两种类型。因为c_b在现实中无法观察，本章参照边界效应研究[①]的常用做法，设定省际边界的虚拟变量bor_d。对于来自省内非本地的流动劳动力，该虚拟变量取值为0；对于来自省外的流动劳动力，该虚拟变量取值为1。如果其系数α_1的估计结果显著为负，这就表明，与来自省内非本地的流动劳动力相比，来自省外的流动劳动力遭遇到跨省流动的省际边界壁垒，其规模受到该省际边界壁垒的负面影响，即国内劳动力市场存在由于省际边界效应而导致的市场分割。

X是控制变量向量，本章采用省级面板数据，需要控制省级行政单位各方面的差异，避免这些差异对劳动力流动的可能造成的影响。根据文献梳理，本章选择地区出口总量$export$、人均国内生产总值$pgdp$和区域虚拟变量$region$三个控制变量。我国劳动力流动方向主要是从中西部地区向东部地区流动。与之相关的是，东部地区是我国对外开放的最前沿，大量出口导向制造业都集聚在东部沿海地区，其发展需要大量熟练劳动力。这种地区的对外开放程度与劳动力流入之间的相关性意味着需要选择地区出口总量作为控制变量之一。另外，人均国内生产总量变量能控制由于各省(区、市)经济规模和发展水平差异导致劳动力流动程度的系统差异。区域虚拟变量作为控制变量，这是因为我国各区域之间的劳动力流动规模差异很大，设定区域

---

① 边界效应最早的经验实证出现在McCallum(1995)对美国各洲和加拿大各省之间商品贸易流量的研究，在解释变量中设定国家边界的虚拟变量(商品贸易属于跨国流动，则该虚拟变量取值为1，否则为0)，如果该虚拟变量的系数显著为负，那就说明国家边界会阻碍商品的跨国流动。这就是国与国之间商品贸易的边界效应。与此类似，赵永亮和李昕(2009)等对我国劳动力迁移的系列研究中也设定了省际边界虚拟变量，验证各省(区、市)之间的行政边界对劳动力跨省流动的负面影响。

虚拟变量可控制区域之间劳动力流动的系统误差。

三、指标选择、数据来源与统计描述

本章构建了 2002—2013 年我国 31 个省(区、市,港澳台除外)的面板数据,以 2002 年为起始年份,这是为了消除我国加入 WTO 这一事件对式(5.6)系数估计可能产生的误差。我国在 2001 年加入 WTO,这使得东部劳动力密集型出口加工行业迅速融入全球价值链,对中西部地区的劳动力产生强大的吸引力,直接影响我国劳动力流动的规模与流向。因变量劳动力流入量 $Lflow_{jt}^{k}$ 数据来源于 2002—2013 年共 12 年的《全国暂住人口统计资料汇编》,该资料由公安部每年发布。由于外来劳动者到目的城市就业(超过一个月)都需要获得当地公安部门派发的暂住证,所以公安部门据此按省统计相应的暂住人口,也就是各省(区、市)每年流入的劳动力数量。由于我国暂住证的申请具有强制性,所以暂住证更为准确地统计了我国流入城市的劳动力数量。根据流动劳动者的地区来源,暂住证数据将其分为两类,一是来自省内,二是来自省外。这就分别对应式(5.6)中因变量 $Lflow_{jt}^{k}$ 的两种类型。该数据还将暂住人口细分为务工、务农、经商和服务①四种动机,且每一个动机下的暂住人口数又分为来自省内和省外,并分别汇报相应的数量。所以本章分别加总来自省内和省外的四个细分动机下的暂住人口数,得到各省(区、市)每年两类流入劳动力对应的 $Lflow_{jt}^{k}$ 数据。与赵永亮和李昕(2009)等的系列研究相比,本章能更加连续、更加全面地衡量我国每年各省(区、市)劳动力的流入规模及特征。

核心自变量中,省际边界虚拟变量 bor_d 的取值方式是:对于来自本省的流动劳动力,该虚拟变量取值为 0;对于来自外省的流动劳动力,其取值为 1。来自省内和省外两类流动劳动力收入水平变量 sal_{jt}^{k} 的衡量方式不同,本章用当年全国各省平均工资的离散程度来衡量来自省外劳动力的收入水平,而用各省省内各地级市工资的离

---

①　这四种动机对应于流动劳动力在不同领域内就业的情况,例如"服务"动机是指申请暂住证的劳动力在服务业中就业。

散程度来衡量来自省内劳动力的收入水平，并预期其估计系数为正。因为上文已假设劳动力在原先所在地预期收益 $R(L)$ 为 0，所以流动劳动力到省内非本地，或省外就业的收入水平变量就分别该用省内非本地，或省外工资水平超过原籍所在地工资水平的增长幅度来衡量。又由于暂住证数据不汇报流动劳动力的原籍所在地与就业目的地，无法直接匹配这两地而获得该增长幅度，所以本章采用工资离散程度来衡量劳动力发生流动后的工资增长幅度。计算工资离散程度所需的各省和省内各地级市工资原始数据来自于 EPS 全球统计数据库以及国研网统计数据库。为消除每年价格变动对工资的影响，本章根据《中国统计年鉴》中历年 CPI 对当年全部工资数据进行了调整。就业机会 emp_{ji}^{k} 用对应年份及省份的失业率来加以衡量，其数据来源于 EPS 全球统计数据库，预期其估计系数为负。

　　控制变量 $export$、$pgdp$ 数据均取自国研网统计数据库中分省级区域经济数据库。本章选取当年当地对外贸易中的出口总额来衡量地区出口水平 $export$。该地区出口额越高，经济开放程度越高，越能更好地包容和吸收外来劳动力。预期其估计系数为正。人均国内生产总值直接反映了地区经济发展水平和繁荣程度，一般认为，劳动力总是流向经济更为发达的地区，其估计系数预期为正。区域虚拟变量($region$)是为控制各省(区、市)劳动力流动的差异性而选取的虚拟变量，将劳动力流动人数的绝对数值按 10 万为基准进行区分。对于该数值小于 10 万的省(区、市)，该虚拟变量取值为 0，否则取 1。除了虚拟变量之外主要变量的描述性统计见表 5.1。

表 5.1　变量的统计描述

变量		样本数	均值	中位数	标准误	最小值	最大值
劳动力总流动（百万人）	省内	351	1.078 0	0.609 4	1.368 9	0.014 4	8.221 9
	省外	372	2.017 5	0.503 0	4.000 2	0.047 7	20.147 8
收入水平(元)	省内	368	42.862 8	36.219 1	30.318 1	3.602 1	207.935 1
	省外	372	91.230 4	88.957 8	31.546 8	48.566 3	149.385 1
就业机会(%)		730	3.691 8	3.800 0	0.703 1	1.200 0	6.500 0
地区出口水平(千亿元)		744	2.757 3	0.557 7	5.665 1	0.006 7	39.426 6
人均国内生产总值(千元)		744	0.251 7	0.197 6	0.185 5	0.031 8	0.966 1

表 5.1 中劳动力总流动的最大最小值都是省外大于省内,但平均而言省外流动规模小于省内流动规模。我国劳动力流动在省级层面上的分布不均衡,尤其劳动力跨省流动分布更不均衡。2013 年广东省来自外省劳动力流入为 2 014.77 万人,占当年全国来自省外劳动力流动的 22.6%,远高于其他省(区、市)。另外,不同动机的劳动力流动规模差异也较明显,务工、经商、服务和务农四种动机流动劳动力的占比依次递减。

四、实证结果分析

对表 5.1 的分析发现,因变量劳动力流动样本数据呈现明显的分布极不均衡特征,如广东省等劳动力流动非常聚集的沿海地区,其劳动力流动规模每年达百万人,而诸如陕西等中部或西部地区的劳动力流动总数相差一至两个数量级。跨省劳动力流动整体规模大,且集中流入少数地区意味着样本数据并不是正态分布,要求本章在实证过程中关注样本极端值的影响。所以本章采取对因变量样本进行缩尾处理来解决这一问题,对其按样本值大小排序后在前后 3% 百分位上缩尾①,即对于样本值小于 3% 分位、样本值大于 97% 分位的极端样本,将其取值设定为 3% 和 97% 这两个分位上的样本值。本章先用所有动机的劳动力流动规模数据衡量因变量 $Lflow$,估计式(5.6)的自变量系数,重点关注省际边界虚拟变量 bor_d 的估计系数。然后本章依次用务工与服务动机,务工、服务与经商动机,务工、服务与务农动机的劳动力流动规模数据衡量因变量,重复了估计式(5.6)的自变量系数,以确定结果的稳健程度。稳健性检验中的劳动力流动样本数据也进行了缩尾处理。该稳健性检验结合四种细分动机流动劳动力比重的高低排序,能充分利用这四种细分动机的暂住证数据。同时考虑到经商动机劳动力的流动性比务工和服务动机更强,其区位选择受省际边界壁垒的影响相对较小,所以稳健性检验先选择务工与服务动机的劳动力流动规模数据

---

① 常见的缩尾比例为 1%、3% 和 5%。本章折中选择 3% 的缩尾比例,恰好能消除样本缺失值的影响,避免 Stata 默认将缺失值作为极大值来处理。1% 缩尾难以完全消除极端样本对系数估计的影响,5% 缩尾的样本数过多,也不利于准确估计系数。

衡量因变量①，随后再分别加入经商和务农动机的劳动力流动规模数据。

在估计方法上，本章采用静态面板的三种经典估计方法，即混合回归、固定效应和随机效应，并分别通过 F 检验和 Hausman 检验来确定最优估计方法。为了避免数据在年份之间的相关性导致估计偏差，本章还分别估计了不控制年份的系数和控制年份的系数这两种情况，以保证实证分析的全面性和准确性。具体而言，本章实证分析步骤分两阶段：一、不控制年份影响，一次性加入所有核心自变量，然后逐个加入控制变量；二、控制年份影响，一次性加入所有核心自变量，然后逐个加入控制变量。

（一）劳动力流动总规模（包含所有动机）的实证结果

表5.2是以包括所有动机的劳动力流动数量为因变量指标，对式(5.6)估计的结果。模型(1)～(4)不考虑年份控制，模型(5)～(8)考虑年份控制。为简化，表5.2只汇报了经 F 检验和 Hausman 检验后的最优估计结果，相应检验的 P 值和估计模型选择见表5.2最后三行。

表5.2中最关键的就是省际边界虚拟变量 bor_d 的系数，它代表了省际行政边界的存在对劳动力流动所产生的边界壁垒。该变量的估计系数始终显著为负，模型(3)中该变量系数估计结果通过 5％ 的显著性检验，其他都通过了 1％ 的显著性检验。这证实了虽然我国劳动力流动已经非常频繁，规模巨大，但是相比较省内的劳动力流动而言，跨省劳动力流动依然面临着不可忽视的阻碍因素，我国劳动力流动的确存在着省际边界壁垒。换言之，我国劳动力市场存在着省际边界效应，省际分割是我国当前劳动力市场分割的重要体现。从系数的大小来分析，虽然随着控制变量的添加，该系数的绝对值有所减小，但其值均维持在 $[-1.260\,0, -0.797\,4]$ 的范围内。这意味着在其他条件不变的情况下，如果该省际边界虚拟变量取值从 0 变为 1，因变量就会受其影响减少 $0.797\,4 \sim 1.260\,0$，经济含义是指如果劳动力从省内流动变为跨越省际边界流动，那么平均而言，这将导致每年劳动力流动减少 $79.74 \sim 126.00$ 万人。依

---

① 历年我国劳动力流动中，经商动机占比与服务动机占比之差均不超过 5％。这两种动机劳动力流动规模差距不大，采用务工与经商动机劳动力流动规模的估计结果类似于采用务工与服务动机劳动力流动规模的估计结果。

表 5.2　劳动力省际流动壁垒估计结果(包括所有动机)

变量	(1)	(2)	(3)	(4)	(5)	(6)	(7)	(8)
bor_d	−1.144 1*** (0.283 2)	−0.897 4*** (0.285 3)	−0.797 4*** (0.332 5)	−0.886 0*** (0.332 5)	−1.260 0*** (0.350 2)	−1.105 0*** (0.347 0)	−1.030 6*** (0.348 0)	−1.163 7*** (0.348 2)
sal	0.022 9*** (0.004 0)	0.017 8*** (0.004 1)	0.015 7*** (0.005 5)	0.016 4*** (0.005 5)	0.025 5*** (0.005 9)	0.022 2*** (0.005 8)	0.020 6*** (0.005 9)	0.022 1*** (0.005 8)
emp	−0.493 7 (0.309 8)	−0.194 1 (0.313 5)	−0.127 8 (0.333 6)	−0.085 1 (0.332 2)	−0.759 0** (0.319 1)	−0.324 2 (0.344 5)	−0.285 7 (0.344 2)	−0.253 3 (0.342 1)
export		0.217 6*** (0.050 0)	0.205 5*** (0.054 1)	0.217 0*** (0.054 0)		0.237 4*** (0.052 2)	0.194 9*** (0.056 0)	0.206 4*** (0.055 7)
pgdp			0.872 5 (1.493 0)	0.194 5 (1.503 7)			5.014 2** (2.409 5)	4.859 6** (2.394 3)
region				1.642 6*** (0.570 8)				1.816 8*** (0.576 6)
常数	2.888 7** (1.238 4)	1.401 1 (1.269 4)	1.063 2 (1.395 4)	−0.503 4 (1.491 0)	3.828 0*** (1.379 7)	1.975 4 (1.396 8)	1.365 0 (1.423 9)	−0.275 2 (1.507 4)
年份控制	否	否	否	否	是	是	是	是
样本数	726	726	726	726	726	726	726	726
R平方	0.071 8	0.096 6	0.097 1	0.107 8	0.162 4	0.104 1	0.109 7	0.122 6
F检验	0.000 0	0.000 0	0.000 0	0.000 0	0.000 0	0.000 0	0.000 0	0.000 0
Hausman 检验	0.085 7	0.013 2	0.000 0	0.000 0	0.183 1	0.000 5	0.002 6	0.009 4
估计模型	固定效应	固定效应	固定效应	固定效应	随机效应	固定效应	固定效应	固定效应

注:***、**、*分别代表在1%、5%、10%水平上显著,系数下方括号内的值为标准误。

此计算,一年内全国 31 个省(区、市,港澳台除外)劳动力的省际流动受到省际边界壁垒的影响而平均减少 2 471.94～3 906.00 万人。本章数据中,我国 2013 年劳动力跨省流动实际规模为 8 910.16 万人,与其相比,我国劳动力市场省际边界壁垒的存在会导致 2013 年我国跨省劳动力流动大幅减少,该潜在负面影响幅度为 27.74%～43.84%,由此可见,我国劳动力市场省际分割的负面影响非常巨大。赵永亮(2009)等的系列结果表明,省际边界壁垒导致省内流动劳动力规模是跨省流动劳动力规模的 3～4 倍。与其相比,本章的测算结果可能更加直观地衡量了省际边界壁垒对跨省劳动力流动的直接负面影响。

收入水平 *sal* 的估计系数均显著为正,与理论预期相符,模型(1)～(8)中的估计系数均通过了 1% 显著性水平的检验。这表明,劳动者流动后的平均工资增量提高能显著促进劳动者流动到外地就业,无论是到本省的外地还是到外省。对于来自省内的劳动者而言,省内各市工资离散程度越高意味着省内各市工资差距大,劳动者会倾向于流动到本省的高工资地区,获得较高的收入报酬。对于来自省外的劳动力而言,全国各省工资的离散程度越大,越会促进更多的跨省劳动力发生流动。这种正向促进的影响幅度在 0.015 7～0.025 5 之间。就业机会 *emp* 的系数估计结果也和理论预期基本相符。由于本章采用各省的失业率来反向衡量就业机会,表 5.2 中 *emp* 的系数均为负,但显著性不太理想,仅在模型(5)中显著为负。按照城镇劳动力市场分割的相关成果(吴愈晓,2011),来自农村的外地劳动力由于学历等因素在城镇中难以进入主流劳动市场,而本章选取的失业率指标更多反映城镇主流劳动市场的就业信息,所以其对外地农村劳动力流入的影响不会很显著。

控制变量方面,地区出口水平 *export* 的系数均显著为正,符合预期,证实出口加工制造业越发达的地区对劳动力流入的吸引力就越大。该变量系数的显著性不受年份控制与否的影响。人均国内生产总值 *pgdp* 的系数均为正,并在控制年份效应后显著为正,表明地区经济繁荣有利于促进劳动力流入。地区虚拟变量 *region* 的系数也都通过了 1% 的显著水平检验。

(二) 务工与服务动机劳动力流动的实证结果

为验证上部分结论的稳健性,本章选取务工与服务动机的劳动力流动数据来重复上述步骤。从 2002 年开始,我国各省(区、市)这两类动机的流动劳动力(包括来自省内和省外)占比就超过 80%,且持续上升,2013 年达到 88.83%。表 5.3 也依次运用了静态面板估计的三种方法,并经过 F 检验和 Hausman 检验汇报最优估计结果,相应检验的 P 值和估计模型选择见表 5.3 最后三行。

表 5.3 中,核心解释变量 bor_d 的估计系数仍始终保持显著为负,都通过 1% 的显著性检验。这再次说明,与我国省内劳动力流动相比,劳动力跨省流动会受到省与省之间行政边界的负面影响,省级行政边界的存在导致劳动力跨省流动规模缩小。劳动力在跨省流动中需要面对由于更远的空间距离而造成的额外交通差旅成本和通讯交流成本,还需要面对更有差异性的地理文化环境和歧视制度环境,这些都导致省际边界虚拟变量的系数显著为负,即证明我国劳动力流动存在省际边界壁垒。表 5.3 中 bor_d 估计系数处于[$-1.1883, -0.7528$]之间,其绝对值比表 5.2 中 bor_d 估计系数绝对值略小。这也易于理解,因为表 5.3 的稳健性检验是将务工与服务动机的劳动力流动数据作为衡量因变量的指标,其值小于表 5.2 中所有动机的劳动力流动值。

收入水平 sal 的估计系数均显著为正,均通过了 1% 的显著性检验,说明无论是对于劳动力省内流动,还是省外流动,平均工资增加依然会促进务工和服务动机的劳动力流动。就业机会 emp 的估计系数均为负,但与表 5.2 相似,其显著性不强。在控制变量方面,地区出口水平 $export$ 的系数依然显著为正,出口发达地区会吸引更多的劳动力流入,包括更多的省外流入和更多的省内流动。在控制年份后,人均国内生产总值 $pgdp$ 的估计系数显著为正,符合理论预期。地区虚拟变量 $region$ 的估计系数也通过了 1% 的显著水平检验。

(三) 务工、服务与经商动机劳动力流动的实证结果

为了进一步检验表 5.2、表 5.3 中结论的稳健程度,这部分选取务工、服务与经商三类动机的劳动力流动规模之和,衡量因变量 $Lflow$,对式(5.6)进行估计并得到表 5.4。如果将来自省内和省外的流动劳动力加总起来,这三类动机的劳动力流动总占比在样本期内略有上升,2002 年为 96.67%,2013 年为 97.84%。表 5.4 同样依次运用了混合回归、固定效应以及随机效应三种估计方法,经过 F 检验和 Hausman 检验汇报最优估计,相应检验的 P 值和估计模型选择见表 5.4 最后三行。

表5.3 劳动力省际流动壁垒估计结果（务工与服务动机）

变量	(1)	(2)	(3)	(4)	(5)	(6)	(7)	(8)
bor_d	−1.037 9*** (0.262 4)	−0.812 1*** (0.264 7)	−0.752 8** (0.308 8)	−0.829 3*** (0.308 8)	−1.188 3*** (0.324 9)	−1.050 3*** (0.321 8)	−0.982 2*** (0.322 8)	−1.098 5*** (0.323 3)
sal	0.021 6*** (0.003 7)	0.016 9*** (0.003 8)	0.015 6*** (0.005 1)	0.016 2*** (0.005 1)	0.024 9*** (0.005 4)	0.021 9*** (0.005 4)	0.020 4*** (0.005 4)	0.021 7*** (0.005 4)
emp	−0.584 4** (0.270 2)	−0.147 8 (0.290 9)	−0.108 5 (0.309 6)	−0.071 5 (0.308 5)	−0.690 8** (0.295 9)	−0.296 5 (0.319 5)	−0.261 2 (0.319 2)	−0.232 9 (0.317 6)
export		0.206 1*** (0.046 4)	0.198 9*** (0.050 2)	0.208 8*** (0.050 2)		0.227 5*** (0.048 4)	0.188 7*** (0.051 9)	0.198 7*** (0.051 7)
pgdp			0.517 4 (1.385 4)	−0.068 1 (1.396 5)			4.587 3** (2.234 9)	4.452 3** (2.222 6)
region				1.418 5*** (0.530 1)				1.587 4*** (0.535 3)
常数	3.003 5*** (1.164 0)	1.034 9 (1.177 8)	0.834 5 (1.294 9)	−0.518 3 (1.384 8)	3.378 4*** (1.279 1)	1.686 6 (1.295 4)	1.128 2 (1.320 7)	−0.304 8 (1.399 3)
年份控制	否	否	否	否	是	是	是	是
样本数	726	726	726	726	726	726	726	726
R平方	0.143 8	0.098 8	0.099 0	0.108 2	0.158 6	0.107 0	0.112 5	0.123 8
F检验	0.000 0	0.000 0	0.000 0	0.000 0	0.000 0	0.000 0	0.000 0	0.000 0
Hausman检验	0.115 9	0.030 2	0.000 0	0.000 1	0.253 6	0.001 7	0.004 0	0.013 2
估计模型	随机效应	固定效应	固定效应	固定效应	随机效应	固定效应	固定效应	固定效应

注：***、**、*分别代表在1%、5%、10%水平上显著，系数下方括号内的值为标准误。

表 5.4　劳动力省际流动壁垒估计结果（务工、服务与经商动机）

变量	(1)	(2)	(3)	(4)	(5)	(6)	(7)	(8)
bor_d	-1.1166*** (0.2788)	-0.8708*** (0.2808)	-0.7777** (0.3276)	-0.8643*** (0.3273)	-1.2352*** (0.3448)	-1.0832*** (0.3415)	-1.0100*** (0.3425)	-1.1404*** (0.3428)
sal	0.0226*** (0.0039)	0.0175*** (0.0041)	0.0155*** (0.0054)	0.0162*** (0.0054)	0.0252*** (0.0058)	0.0220*** (0.0057)	0.0204*** (0.0058)	0.0219*** (0.0058)
emp	-0.4836 (0.3051)	-0.1851 (0.3086)	-0.1234 (0.3283)	-0.0815 (0.3270)	-0.7473*** (0.3142)	-0.3181 (0.3391)	-0.2801 (0.3387)	-0.2484 (0.3367)
export		0.2169*** (0.0492)	0.2056*** (0.0533)	0.2168*** (0.0532)		0.2368*** (0.0514)	0.1951*** (0.0551)	0.2063*** (0.0548)
pgdp			0.8123 (1.4695)	0.1488 (1.4802)			4.9377** (2.3715)	4.7862** (2.3567)
region				1.6075*** (0.5619)				1.7803*** (0.5676)
常数	2.8127** (1.2193)	1.3310 (1.2495)	1.0164 (1.3735)	-0.5167 (1.4678)	3.7473*** (1.3587)	1.9154 (1.3748)	1.3143 (1.4015)	-0.2929 (1.4837)
年份控制	否	否	否	否	是	是	是	是
样本数	726	726	726	726	726	726	726	726
R平方	0.0717	0.0971	0.0975	0.1081	0.1621	0.1047	0.1103	0.1231
F检验	0.0000	0.0000	0.0000	0.0000	0.0000	0.0000	0.0000	0.0000
Hausman检验	0.0889	0.0158	0.0000	0.0000	0.1925	0.0007	0.0030	0.0105
估计模型	固定效应	固定效应	固定效应	固定效应	随机效应	固定效应	固定效应	固定效应

注：***、**、* 分别代表在 1%、5%、10%水平上显著，系数下方括号内的值为标准误。

表 5.4 中的各解释变量系数的估计结果与表 5.2、表 5.3 较为一致，体现出较强的稳健性。虽然因变量的衡量指标变为包括务工、服务与经商这三种动机的劳动力流动规模，但是表 5.4 中省际边界虚拟变量 bor_d 的系数依然始终保持显著为负。控制年份与否并不改变该结论的稳健性，这也再次证明我国劳动力流动中存在着省际边界壁垒，省与省之间的行政边界对劳动力流动产生阻碍。bor_d 估计系数处于 $[-1.235\,2, -0.777\,7]$，其绝对值也比表 5.2 中该系数的绝对值有所减小，这同样是由于该稳健性检验只选择三种动机的劳动力流动来衡量因变量。收入水平变量的估计系数依然显著为正，而就业机会的估计系数与表 5.2 类似，保持为负但显著性不强。控制变量地区出口水平、人均国民生产总值与地区虚拟变量系数的估计结果也与表 5.2 基本一致。

（四）务工、服务与务农动机劳动力流动的实证结果

这部分也是对表 5.2 结论的稳健性检验，选取务工、服务与务农动机劳动力流动规模来衡量因变量 $Lflow$，得到表 5.5 的实证结果。如果将来自省内和省外的流动劳动力加总起来，这三类动机的劳动力流动总占比在样本期内有一定上升，从 2002 年的 86.04% 上升到 2013 年的 90.99%。表 5.5 同样依次运用了混合回归、固定效应以及随机效应估计方法，通过 F 检验和 Hausman 检验汇报最优估计，相应检验的 P 值和估计模型选择见表 5.5 最后三行。

表 5.5 的实证结果与表 5.2、表 5.3 和表 5.4 都较为一致，尤其是表 5.5 中省际边界虚拟变量 bor_d 的系数依然保持显著为负，处于 $[-1.212\,8, -0.772\,3]$ 之间。无论是否控制年份，该虚拟变量的估计系数大多通过 1% 的显著性检验，只有模型 (3) 中其估计结果通过了 5% 的显著性检验。总体上，省际边界虚拟变量取值从 0 变为 1 时，劳动力流动规模会显著减小，这就再次证明我国劳动力流动的确存在省际边界壁垒。当然，由于表 5.5 估计时的因变量为务工、服务和务农这三种动机流动劳动力之和，所以省际边界虚拟变量估计系数的绝对值也小于表 5.2。其他解释变量与控制变量估计系数的显著性、大小也和表 5.2、表 5.3、表 5.4 类似。平均工资上升依然会显著促进劳动力流动，就业机会对劳动力流动的影响作用不太显著。在控制年份后，出口水平、人均国民生产总值和地区虚拟变量的估计系数均较为显著。

表 5.5　劳动力省际流动壁垒估计结果(务工、服务与务农动机)

变量	(1)	(2)	(3)	(4)	(5)	(6)	(7)	(8)
bor_d	−1.065 4*** (0.266 7)	−0.838 6*** (0.269 1)	−0.772 3** (0.314 0)	−0.850 7*** (0.313 9)	−1.212 8*** (0.330 3)	−1.071 8*** (0.327 2)	−1.002 6*** (0.328 2)	−1.121 6*** (0.328 7)
sal	0.022 0*** (0.003 7)	0.017 2*** (0.003 9)	0.015 8*** (0.005 2)	0.016 4*** (0.005 2)	0.025 2*** (0.005 5)	0.022 2*** (0.005 5)	0.020 6*** (0.005 5)	0.022 0*** (0.005 5)
emp	−0.597 2** (0.274 6)	−0.157 0 (0.295 8)	−0.113 0 (0.314 7)	−0.075 2 (0.313 6)	−0.702 5** (0.300 7)	−0.302 7 (0.324 9)	−0.266 8 (0.324 6)	−0.237 9 (0.322 9)
export		0.206 8*** (0.047 1)	0.198 8*** (0.051 1)	0.209 0*** (0.051 0)		0.228 0*** (0.049 3)	0.188 5*** (0.052 8)	0.198 8*** (0.052 6)
pgdp			0.578 0 (1.408 6)	−0.022 4 (1.419 8)			4.663 4** (2.272 5)	4.525 2** (2.259 8)
region				1.454 8*** (0.538 9)				1.625 0*** (0.544 2)
常数	3.088 3*** (1.183 1)	1.105 3 (1.197 6)	0.881 5 (1.316 6)	−0.506 0 (1.407 8)	3.459 1*** (1.299 9)	1.746 7 (1.317 2)	1.179 1 (1.342 9)	−0.288 0 (1.422 7)
年份控制	否	否	否	否	是	是	是	是
样本数	726	726	726	726	726	726	726	726
R平方	0.144 6	0.098 2	0.098 4	0.107 8	0.159 2	0.106 3	0.111 8	0.123 3
F检验	0.000 0	0.000 0	0.000 0	0.000 0	0.000 0	0.000 0	0.000 0	0.000 0
Hausman检验	0.111 2	0.025 3	0.000 0	0.000 0	0.240 7	0.001 2	0.003 5	0.012 0
估计模型	随机效应	固定效应	固定效应	固定效应	随机效应	固定效应	固定效应	固定效应

注:***、**、* 分别代表在 1%、5%、10%水平上显著,系数下方括号内的值为标准误。

五、结　论

本章研究了劳动力流动是否存在省际边界壁垒，从代表性居民在省内还是省外就业的区位选择出发，发现总体上劳动力流动规模主要取决于流入地的预期收入与就业机会，与劳动力省内流动相比，跨省流动需要支付额外成本。根据这一结论，本章设定相应的计量模型。我国各省(区、市)每年的暂住证数据区分了来自省内和省外的劳动力流动数量，利用该数据，本章参照边界效应的研究，设定省际劳动力流动虚拟变量作为边界效应变量，采用2002—2013年全国31个省(区、市，港澳台除外)的面板数据来估计该变量的系数。结果表明，该变量系数显著为负，即劳动力跨省流动受到省际边界的负面影响，我国劳动力国内市场存在跨省流动的省际壁垒。这也说明，我国国内劳动力市场在省与省之间存在着区域分割。该变量系数的具体估计结果还表明，劳动力流动省际壁垒的存在导致的国内劳动力市场区域分割较为严重，它在2013年使得我国跨省劳动力流动规模潜在减小了27.74%～43.84%。另外，本章的研究结果还证实，预期收入提高在大多数情况下会吸引劳动力流入，而就业机会减少，即失业率上升在一定程度上会阻碍劳动力流入。在引入相应控制变量后，上述结论依然成立。本章还充分利用细分动机的暂住证数据，分别用务工与服务，务工、服务与经商，务工、服务与务农动机的劳动力流动数据衡量因变量，这三次稳健性检验的结果充分证实我国劳动力流动的确存在省际边界壁垒，跨省劳动力流动受到省与省之间行政边界的阻碍。

由于数据限制，本章研究还存在一定的局限性。暂住证数据虽然能较为准确地衡量我国各省(区、市)来自省外的劳动力流入规模，但是无法揭示劳动力从哪个省流出，又流向哪个省，没有反映劳动力跨省流动的具体路径。另外，该数据也无法完整反映临近省际交界处的劳动力流动特征。如果这些临近省际交界处的劳动力当地经济相对落后，那他们可能会更倾向于跨省流动，到邻近的经济更发达地区去工作，而不倾向于在省内流动。劳动力流动的省际壁垒对这些劳动力而言，就不是非常重要了。

参考文献

［1］DICKENS W T，LANG K. A Test of Dual Labor Market Theory［J］. American Economic Review，1985，75(4)：792 - 805.

［2］DICKENS W T，LANG K. The Reemergence of Segmented Labor Market Theory［J］. American Economic Review，1988，78(2)：129 - 134.

［3］DOERINGER P B，PIORE M J. Internal labor Markets and Manpower Analysis［M］. ME Sharpe，1985.

［4］KERR C. Balkanization of Labor Markets［M］. University of California，1954.

［5］MCCALLUM J. National Borders Matter：Canada-US Regional Trade Patterns［J］. The American Economic Review，1995，85(3)：615 - 623.

［6］OSTERMAN P. An Empirical Study of Labor Market Segmentation［J］. ILR Review，1975，28(4)：508 - 523.

［7］TAO YANG D，ZHOU H. Rural-Urban Disparity and Sectoral Labour Allocation in China［J］. The Journal of Development Studies，1999，35(3)：105 - 133.

［8］ZHAO Y. Labor Migration and Earnings Differences：The Case of Rural China［J］. Economic Development and Cultural Change，1999，47(4)：767 - 782.

［9］蔡昉，王德文. 劳动力市场扭曲对区域差距的影响［J］. 中国社会科学，2001(2)：4 - 14.

［10］都阳，王美艳. 户籍制度与劳动力市场保护［J］. 经济研究，2001(12)：41 - 49.

［11］韩秀华，陈雪松. 论我国劳动力市场分割［J］. 当代经济科学，2008，40(4)：118 - 123.

［12］李芝倩. 劳动力市场分割下的中国农村劳动力流动模型［J］. 南开经济研究，2007(1)：93 - 106.

［13］李萍，刘灿. 论中国劳动力市场的体制性分割［J］. 经济学家，1999，6(6)：18 - 22.

［14］陆铭，陈钊. 城市化、城市倾向的经济政策与城乡收入差距［J］. 经济研究，2004(6)：50 - 58.

［15］乔明睿，钱雪亚，姚先国. 劳动力市场分割、户口与城乡就业差异［J］. 中国人口科学，2009(1)：32 - 41.

［16］DMURGER S，FOURNIER M，李实，等. 中国经济转型中城镇劳动力市场分割问题：

不同部门职工工资收入差距的分析[J].管理世界,2009(3):55 - 62.

[17] 吴愈晓.劳动力市场分割、职业流动与城市劳动者经济地位获得的二元路径模式[J].
Social Sciences in China, 2011(3):119 - 137.

[18] 许经勇,曾芬钰.竞争性的劳动力市场与劳动力市场分割[J].东北财经大学学报,2000
(5):3 - 7.

[19] 赵永亮.中国劳动力迁徙的边界效应:自然壁垒与制度障碍[J].当代经济科学,2009,
31(1):102 - 107.

[20] 赵永亮,李昕.我国劳动力跨区域流动的边界效应:基于个体迁徙微观抉择模型[J].南
方人口,2009,24(3):27 - 34.

[21] 赵永亮,赵德余.市场获得与中国劳动力迁徙的边界效应[J].南方人口,2012,27(5):
32 - 44.

[22] 钟笑寒.劳动力流动与工资差异[J].中国社会科学,2006(1):34 - 46.

第二编　开放战略、出口增长、贸易利益与摩擦

第六章　我国开放经济均衡转变下的产品层次战略调整[①]

一、引　言

开放经济均衡是一个国家或地区采取对外开放战略后，随着其开放进程深入而逐步形成的动态均衡状态。该国家或地区在对外开放过程中需要根据自身资源禀赋和外部经济环境约束选择合适层次的主流产品，即其生产并出口的主流产品层次选择。这就是一个国家或地区在开放经济均衡中产品层次战略的核心内容，该特定层次的产品或服务作为其自身国际竞争力的核心体现。这种主流产品或服务层次的决定既取决于国际经济分工和国际贸易发展的特定历史特征，同时也取决于特定国家的国内资源要素积累和政策导向。我国的开放经济传统均衡形成于二十世纪九十年代世界经济的第一波全球化浪潮，其核心特征是出口导向；获取第一波全球化红利的主要路径是大力发展国际代工，接受国外订单并生产低端产品低价出口。开放经济传统均衡下的产品层次战略以低端产品生产和出口为主要内容。随着以出口导向为核心的开放经济传统均衡向以扩大内需为核心的开放经济新均衡转变(刘志彪，2012)，为了更好地获得第二波全球化红利，我国产品层次战略需要从低端产品调整为向中高端产品延伸。充分利用本土市场效应，着眼内需，寻找具有巨大国内市场潜在需求，从中端向高端产品依次提升是实现我国产品层次战略调整的主要途径。

[①]　本章以《我国开放经济均衡转变下的产品层次战略调整研究》为题发表在《南京社会科学》2014年9期上，原文作者为巫强、任志成。

二、开放经济传统均衡下的产品层次战略选择

开放型经济的理论研究表明，开放经济均衡必然是一种动态均衡，这种均衡状态会随着国际经济的外部环境变化和内部资源要素条件演变而内生演变，一个国家或地区的开放经济均衡必然是在"均衡—失衡—再均衡"的路径上不断演进的。我国开放经济均衡的转变必然对应于其中产品层次战略的调整。具体而言，开放经济均衡下的产品层次战略选择分为低端、中端和高端三类。这三类产品层次战略对应我国在全球价值链中的国际分工的不同地位和获得国际贸易利益的不同比重。当我国本土制造业都居于全球价值链的制造组装加工等环节时，由于现有全球价值链被发达国家的跨国公司或国际大买家主导，所以本土制造业采用低端产品层次战略。本土制造业企业普遍处于低利润状态，获取全球化红利规模小于全球价值链主导者，国际贸易利益分配格局对我国相对不利。而我国的产品层次战略从低端向中端转变，这意味着我国本土制造业向现有全球价值链的高端环节攀升或初步构建本土制造业企业主导的国家价值链，通过产品升级和产业升级来获取相对更高的企业利润率和国际贸易利益比例，改善我国的国际分工地位。高端产品层次战略意味着我国本土制造业构建自身主导的全新全球价值链，替代现有的全球价值链。本土制造业企业全球化经营，全球采购并服务全球市场，通过整合全球资源要素来获取最大的利润，我国从而在该开放经济均衡中能获得最大比重的国际贸易利益。总体上，产品层次战略从低端向中端乃至高端的演进在微观层面体现为本土企业国际竞争力的加强过程，其背后是企业技术水平的提升、本土品牌的从无到有、本土品牌影响力从小到大、从国内到国外的扩大；该演进在宏观层面上体现为国家在全球价值链中国际分工地位的提升，获取国际贸易利益和全球化红利比重的上升，进而是国家的全球经济地位和政治地位的提升。当然，产品层次战略的这种区分也包括了产品质量的垂直差异，即产品性能的高低、功能的多少等，也包括了不同收入水平的消费群体构成了价格高

低不同的细分市场①。

　　我国改革开放三十多年来形成的开放经济传统均衡所对应的低端产品层次战略有其必然性。我国开放经济传统均衡的具体实现方式是出口导向战略的实施，通过国际代工切入全球价值链的加工制造组装环节。出口导向战略能够成功实施有两方面的原因。第一，在第一波全球化进程中，跨国公司在全世界寻找成本最低廉的生产加工地，试图在全球实现产业链或价值链环节的最优配置，这是外部环境的原因。第二，中国按照自身比较优势，充分发挥劳动力禀赋丰裕的优势，加入全球分工体系，这是内部环境的原因。进一步说，中国在出口导向战略下发挥的比较优势可以概括为其在各类低级或基础要素上的禀赋优势，其中既包括简单或低技能劳动力，事实上也包括土地、矿产、环境等各类自然要素或资源。我国一直缺乏完善的自然要素或资源市场体系，各类要素市场和资源市场的市场发育程度不高，政府管制和干预力度过大，从而缺乏完善的资源与要素市场机制。市场交易主体面对不完全信息，没有能产生多次重复的自主交易，这些最终导致我国各类要素和资源的价格被人为扭曲，普遍较低。所以在过去三十年的对外开放中，作为世界上人均资源占有量相对较少的国家，中国的出口导向战略是在出口产品的同时，也在向世界其他国家输出各类低端要素和资源。

　　在这种前提下，我国的制造业企业有足够的生产能力来接受大量代工订单，面对国际市场的旺盛需求。即使在短期内生产能力有所不足，中国的制造业企业也完全可以在扭曲的低端要素和基础资源的市场上，以低价获得这类低级要素和自然资源的充足供给，迅速扩张生产规模来满足代工订单背后的国际市场需求。投入产出的基本规律表明，我国制造业国际代工企业大量在生产中使用这类低端要素和基础资源时，其生产的产品必然是低端的产品，这些产品必然体现出技术含量少、价格低、附

---

① 由于产品价格在衡量产品质量和层次上的便利性，Azhar 和 Elliott（2006）与 Azhar，Elliott 和 Liu（2008）在研究产业内贸易时就以出口产品平均价格与进口产品平均价格之比来判断该出口产品是否属于高质量产品。施炳展（2010）也借鉴了 Azhar 和 Elliott（2006）的做法，根据我国出口产品的价格与世界该产品出口的平均价格的差异来决定该产品的层次，如果前者低于后者，那该产品就是低端产品，反之就是高端产品。但是仅用产品价格来衡量产品质量和层次最大的挑战在于，产品的高价格可能是由于厂商的垄断势力所导致的，与其质量或层次的相关性不一定很强。

加值低等特征。此时企业必然利润率不高，品牌数量少；即使有个别品牌，但这些个别品牌层次相对较低，品牌影响力局限于当地，国际品牌匮乏。

另外，我国开放经济传统均衡下国外客户交给我国制造业企业的订单也大多以低端产品为主。一方面，是由于低端产品在国际市场上同样具有非常广阔的市场空间。即使在人均收入水平最高的发达国家，也同样会有一批中低收入消费者，这些中低收入消费者对低端产品存在旺盛的需求。所以无论是高收入国家还是低收入国家，它们都对低端产品有需求。另一方面，是由于国外客户对我国制造业的整体技术水平有较为准确的判断，在对外开放早期我国大多数制造业的技术水平普遍落后于世界先进水平，技术水平低限制了我国企业生产制造更为高端的产品。所以即使国外客户有对较高档次或质量产品的需求，他们也不会将这类订单交给当时处于较低技术水平的中国制造业企业。当然在不断承接海外代工订单的过程中，国外客户可能作为采购方向中国制造业企业转移部分技术，提高后者的技术水平，使其达到生产一定质量的产品订单的技术水平。但这种情况产生的前提必然是该产品的质量要求不能过高，其技术复杂程度距离我国制造业企业的现有技术水平差距不大。如果该产品质量要求过高，技术难度过大，那可能导致我国制造业企业无法全面吸收或掌握国外客户提供的技术，最终也难以生产出符合国外客户要求的高质量产品。所以在对外开放初期，鉴于我国普遍相对较低的技术水平和较为廉价的各类低端要素或资源，我国出口企业的产品质量和档次均不会很高，主要面向低端产品的国际市场。我国对外开放的初始条件决定了我国在实施出口导向战略的过程中，在开放经济传统均衡状态下实施的产品层次战略总体上必然以低端产品为主要内容。我国制造业企业的技术进步被局限在低端产品范围内，制造业企业利润率普遍不高，本土制造业企业被跨国公司所主导的全球价值链俘获，这些在宏观上体现为我国开放经济传统均衡下获得的全球化红利相对少于发达国家。

另外，也有观点认为市场分割是导致我国企业大量出口低端产品的直接原因，同时金融体系落后，尤其是科技和金融结合水平差，这导致企业创新活动难以获得足够的金融资源支持，只能出口低端产品(关伟、韦静强和黄鸿星，2011)。我国的科技金融体系不完善导致国内企业缺乏足够资源投入创新科技研发，国内企业缺乏足够的在国内市场获得发展的能力;同时由于国内存在市场分割、社会信用水平低且外企占据国内外高端市场,国内企业在国内市场发展的环境恶化,最终国内企业选择低端出口。这将进一步导致科技金融效率下降,国内企业科技创新活动风险加大,越发依赖低端出口。所以在开放经济传统均衡下,国内金融体系不断支持国内制造业企业低端出口,国内制造业企业缺乏足够的金融支持去实现产品层次战略的调整。

与理论分析相印证的是,"低端产品出口大量过剩"似乎已经成为社会公众对中国出口产品档次结构的基本认识[1]。新闻媒体的大量报道都表明我国出口产品的档次并不高。例如2011年广交会上,中国出口的电视机仍然以中低端产品居多,国际市场上的高端产品市场空间基本被日韩品牌占据,我国的电视机主要占据国际市场的中低端空间。在作为"工业之母"的机床行业,虽然从2005年开始,我国已经成为世界机床第三大生产国,但低端机床产品的出口比重过高,这表明我国并不是机床强国。2011年瑞士银行的研究报告也指出,2010—2011年,我国低端工业制成品在美国和欧盟市场的份额已经基本达到顶端,占50%左右。这些低端工业制成品主要包括玩具、服装、鞋类、家具和体育用品等,在贸易数据中被纳入杂项制造业产品,而同时我国出口的这类低端工业制成品在国际市场上正受到东南亚、东欧和南美等发展中国家的强烈挑战[2]。由此,有国内学者(贾根良,2010)提出我国出口导向型经济的核心特征就是进口高端产品而出口低端产品。

近年来,在原先出口低端产品的基础上,我国出口产品的层次似乎有所提升。有观点就提出我国"目前出口产品已从低端过渡到中端"[3]。2011年商务部的数据表明,中国出口商品价格上涨10.2%,7月份出口平均价格上涨9.2%,部分劳动密集

---

① 《低端产品出口大量过剩》,陈海玲,广州日报,http://gzdaily.dayoo.com/html/2011-12/12/content_1555275.htm,2011年12月12日。

② 《中国低端工业品出口正在经历拐点》,凤凰网财经,http://finance.ifeng.com/roll/20110919/4611701.shtml,2011年9月19日。

③ 《陈德铭:中国目前出口产品已从低端过渡到中端》,搜狐财经,http://business.sohu.com/20120307/n336981003.html,2012年3月7日。

型产品出口价增量减,出现了出口价格总指数超过出口数量指数的现象①。也有研究(施炳展,2010)发现 1995—2001 年,中国高端产品的出口比重从 17.71% 上升到 24.18%,而低端产品的出口比重从 50.99% 下降到 39.26%;2000 年后,虽然中国加入了世界贸易组织,但高端产品的出口比重一路下降到 2007 年的 3.8%,低端产品的出口比重持续上升到 2007 年的 62.38%。

三、开放经济传统均衡不可持续

开放经济传统均衡并不稳定,在当前的国际经济环境下,它已经成为难以持续稳定的脆弱均衡。首先,随着国内低端要素和资源的价格上升,我国低端产品的价格优势正在逐步丧失,尤其是东南亚、拉美等地区的发展中国家在国际低端产品市场上对中国构成了强烈冲击。以纺织服装和鞋业为例,目前国内的劳动力成本与东南亚国家相比不具有任何优势,例如,孟加拉国一个工人的月工资为一百美元,而国内至少要两三千元人民币。东南亚和拉美国家通过贸易与投资自由化,融入全球化的程度在不断加深。这些国家尽管在物流体系、基础设施建设和产业配套等方面与我国还存在明显差距,但是这些国家的劳动力成本显著低于我国东部沿海地区,其产品相对于我国同类产品而言也具有非常明显的价格优势。包括沃尔玛、家乐福、H&M、Zara 等国际连锁超市和快时尚类的中低端产品订单已经向东南亚和拉美国家转移,这就表明这些国家在低端工业品国际市场上的竞争力增强。中国的出口产品也面临着不得不提升层次的压力,"走出去"或向中西部地区产业转移已经成为当前我国东部沿海地区低端工业品的出口企业的必然选择。2013 年初,亚洲鞋业协会的统计数据表明,25% 广东东莞的鞋业企业到东南亚例如越南、印度、缅甸等国家设厂②。中国纺织工业联合会在 2013 年初也组织北京、山东、上海等地的企业代表到东南亚国

---

① 《中国低端工业品出口正在经历拐点》,凤凰网财经,http://finance.ifeng.com/roll/20110919/4611701.shtml,2011 年 9 月 19 日。

② 《外贸纺织服装业产业转移　东南亚成为"最佳跳板"》,中国服装工业网,http://www.fzengine.com/info/guonei/2013-1-9/1007179.aspx,2013 年 1 月 9 日。

家参观考察产业转移情况①。当然,考虑到原料供应、产业配套、基础设施和政治稳定等因素,50％左右的东莞鞋业企业也到我国中西部地区设厂,服装行业中需要快速反应的部分暂时还难以向东南亚国家转移。

其次,在开放经济传统均衡下,我国低端工业制成品的低价出口导致了大量的贸易摩擦,这也已经成为传统开放经济均衡难以持续的又一重要因素。低价优势虽然有助于我国的出口企业迅速抢占国外市场,但是当低价出口规模持续扩大时,这毫无疑问将会对进口国的进口竞争部门造成巨大的竞争压力,给进口国带来失业等负面影响。于是进口国在 WTO 框架下频繁使用反倾销、反补贴调查等各种政策工具调查我国低端工业品的低价出口,从而使我国成为连续 17 年以来遭遇贸易摩擦最多的国家。中国遭遇的反倾销案件占世界的三分之一,反补贴案件占世界的一半②。这又进一步表明比较优势传统均衡下低价出口低端产品的产品层次战略选择难以持续。

再次,"扩大内需"成为我国整体经济的重要发展战略,这也意味着我国在国家政策的层面上调整了开放经济均衡的前提条件。自 2008 年以来,我国一直面临着国际经济危机不断、世界经济恢复缓慢的外部环境,国际市场需求持续低迷,我国无法再依赖外部市场的需求保持出口的高速扩张,开放经济传统均衡中以外需拉动低端工业品出口的前提不复存在。在这种形势下,我国开放型经济发展遵循的全球化战略内涵已经发生重大调整,要从出口导向的全球化战略转向扩大内需的全球化战略。这种战略的转变并不意味着我国国民经济循环内部化,脱离全球要素和产品服务的大循环,而是强调要克服传统比较优势均衡的不足。在产品层次战略中,由于内需市场具备多层次、多样化和不平衡等重要特征,单一的低端产品无法满足内需市场的需求,开放经济传统均衡下的制造业企业需要创新推出多元化、多层次的产品体系来满足内需市场的需求。与此相对应,以庞大的内需市场为基础,利用"虹吸效应"吸引全

---

① 《中国纺织企业到东南亚国家进行产业转移考察活动》,中国纺织服装机械网,http://www.fzfzjx.com/news/detail-34558.html,2013 年 1 月 15 日。

② 《中国连续 17 年成遭遇贸易摩擦最多国家》,人民网,http://finance.people.cn/GB/17476255.html,2012 年 3 月 24 日。

世界的高级要素来发展我国的创新经济,这能为我国企业层面的创新活动提供充足的人才等高端要素支撑,实现开放经济均衡中的产品层次战略从低端向中高端的顺利调整。

四、开放经济新均衡下的产品层次战略转变的方向与路径

在新一轮的全球化进程中,扩大内需的全球化战略意味着我国需要以庞大的内需市场规模为基础,吸引全球的高端要素集聚到国内市场,加速发展中国的创新经济,从而形成类似基于内需的全球化经济体。这一转变过程既是我国积极获取第二波全球化红利的进程,又是我国开放经济传统均衡向新均衡转变的进程。这是一个从原有均衡走向失衡,并再次均衡的调整进程,是向扩大内需条件下的开放经济新均衡转变的进程。它必然伴随着我国产品层次战略的调整,其表面含义是指提高产品层次,将生产和出口的主流产品从低端产品向中高端产品转移;更深层次的含义是,本土制造业企业的产品层次战略向中端产品调整对应着其在跨国公司或国际大买家控制的现有全球价值链内向高端环节的攀升,甚至进而构建以本土制造业企业为核心的国家价值链;而本土制造业企业产品层次战略向高端产品调整对应着其将国家价值链发展为全新的全球价值链,替代现有的全球价值链。

(一) 国内市场需求直接确定了我国产品层次战略调整的现实方向

在外需市场无法再为我国制造业提供低端产品持续大量出口的空间时,内需市场是我国制造业确定产品层次战略的主要依据。由于我国区域经济发展不平衡和收入分配不均等,我国内需市场的多层次和复杂性可能要超过世界上绝大多数经济体。但我国多年的经济高速增长带来人均收入提高和财富的积累,我国内需市场已总体上逐步体现出对中端乃至高端产品的旺盛需求。面对内需市场的多层次和复杂性,我国制造业企业需要准确把握内需从低端向终端、高端演变的趋势,选取在未来一段时间内具有符合内需市场发展趋势,具有最大增长潜力的中高端产品领域作为产品层次战略的重点调整方向。这种调整方向可行的原因在于,本土制造业把握住庞大的内需市场,就能虹吸全球范围内的研发、经营等高端人才资源,产品层次战略的这

种调整在扩大内需条件下能获得有力支撑。本土制造业企业通过虹吸这类高端要素资源,能改善产品研发设计,提高产品的技术含量,优化消费者的产品体验,从而满足内需市场变化趋势,实现产品层次战略从低端向中高端的提升。本土制造业在现有全球价值链中的分工地位会随之提高,或会构建以自身为核心的国家价值链,我国获取全球化红利的比重会随之增加。但长远看来,本土制造业企业针对内需市场实现产品层次战略的提升,这仅是其成功的第一步。开放经济新均衡下的产品层次战略是否真正成功,这还需要通过本土制造业企业进一步走出国门来验证。按照本土市场效应,只有当内需市场被充分挖掘时,本土制造业才能形成满足差异化需求的更多产品系列,这才有可能实现更多的出口,满足国际市场消费者的类似需求。在这个阶段,这意味着本土制造业企业构建以自身为核心的新的全球价值链,替代了现有跨国公司或国际大卖家主导的全球价值链,真正实现全球化利用要素资源,全球采购为全球市场服务,这才是我国开放经济新均衡未来真正要实现的长远目标。

(二) 中端产品是我国未来中期开放经济均衡中产品层次战略的合理选择

在我国对外开放格局的根本前提发生改变后,我国需要从低端产品定位提升到中高端产品上,但是从"中期"的重点转变方向来看,中端产品应该成为我国未来开放均衡在产品层次上的合理定位。本章所界定的"中期"是指未来十年到二十年左右的时间段,这段时期将是我国出口产品层次定位从低端向中端升级的重要期限。以上观点的得出主要基于以下判断:

第一,社会分工体系和资源配置体系转变的渐进性决定了我国出口的产品层次直接从低端升级到高端不具有现实可行性。开放经济均衡下的产品层次战略差异背后体现的是一个国家或地区价值链体系的差异,它不仅涉及特定企业的研发、质量实施与控制、营销品牌等众多价值环节,同时还涉及上下游企业、产业配套体系等多条价值链的配合协调与共同升级问题。一家企业如果要通过提高产品质量来提升自身产品定位,它需要具备足够的产品设计研发能力,需要有一支合格的研发队伍,同时还需要制造部门技术工人参与研发,需要有强大的市场信息搜集系统来指导研发过程;研发结束后,它还需要具有强大实施能力的制造生产部门将研发成果实现批量生产，然后通过高水平营销部门尽快打开市场销路，快速占据市场份额。它还需要供应商为其提供符合更高要求的投入品，甚至是为其高质量产品进行专用性的资产投资；需要物流仓储部门和下游销售部门调整其流程要求来适应更高端产品的相应要求。这一过程显然需要包括物质资本、人力资本等各类社会资源的流向发生重大改变，从这个意义上说，产品层次战略从低端向中高端转变，这不仅是一家企业的任务，事实上应该是整个社会分工体系与资源配置体系的任务。这种社会分工体系和资源配置体系的调整必然是渐进式、分步式的调整，需要逐步推进，这就决定了产品层次定位的提升不可能从低端产品一次性跨越到高端产品，必然需要经过中端产品这一过渡阶段。

第二，我国制造业企业自身的综合实力不足，这也限制了其从低端产品开始的升级幅度。在传统开放经济均衡形成的过程中，我国的制造业企业获得了生产能力的扩张，初步具备了大规模生产条件下的精细化管理能力和质量控制能力；同时完整的产品配套体系也已建立，在华南和华东等东部沿海地区形成了众多制造业集群，具备一定弹性的产业链体系，能及时应对国外客户的交货期要求。这些本土制造业企业能力的提升都局限在价值链的生产制造环节，主要体现为生产工艺改善、流程优化、精度提升等方面，而较少涉及价值链的其他高附加值环节，例如研发设计、品牌营销等。在扩大内需的背景下为了能满足多层次的国内市场需求，我国制造业企业要在价值链的高端环节上积累足够的资源，尤其是足够的高端运营人才。虽然部分国内制造业企业已经在这条道路上取得了初步进展，但是对于大多数中小规模的国际代工企业而言，缺乏研发团队、品牌薄弱等诸多不足决定了它们无法从低端产品直接跨越到高端产品上，至多只能从低端产品出发取得小幅的升级。另外，世界范围内的产业发展规律也表明，企业主流产品层次的提升需要一定的过渡，先从低端市场过渡到中端市场，然后再进军高端市场，这是企业进入不同层次市场的一般规律。

第三，主导全球价值链的跨国公司压制我国制造业企业产品层次的升级，导致我国制造业企业无法直接从低端升级到高端。在第一波全球化进程中，为了提升我国国际代工企业的生产水平，主导全球价值链的跨国公司或国际大客户会有意识地对前者进行技术辅导或技术转移，从而使得前者能够达到其对产品质量的要求。我国本土的国际代工企业获得的技术外溢和生产率提升都源于此,它与跨国公司或国际大买家之间更多是互补关系,而不是竞争关系。但是在第二波全球化的进程中,如果我国国际代工企业要摆脱代工地位,要通过创建自身品牌等方式提升自身产品层次,这就与跨国公司或国际大买家形成了直接的市场竞争,甚至有可能会抢占后者的国际市场份额。跨国公司就会在其主导的全球价值链内通过各种方式来压制我国的制造业企业,例如减少或取消发包给后者的订单,或者在中高端市场设置各类进入壁垒等。面对来自全球价值链主导者的这些策略性压制行为,我国制造业企业在短期内要形成重大突破有难度,这就要求我国制造业企业产品层次升级的过程必然要先从低端定位升级中端定位。

(三)高端产品是我国未来长期开放经济均衡中产品层次战略的远期目标

从长期来看,我国未来开放均衡的产品定位不可能限制在低端或中端产品上,需要以高端产品定位为目标。我们界定的"长期"应该是在未来二十年到五十年的时间段,高端产品定位是经过前面二十年的努力,我国制造业产品定位已经基本实现从低端向中端的转变,并在国际中端产品市场上占据优势地位或具有一定市场势力后应该继续努力的方向。提出这一判断的基本动因有两个方面:

第一,我国产业发展的长远目标决定了长期开放经济均衡下的产品层次战略必然选择高端产品。我国已经提出要"建立现代产业体系"这一产业发展的长远目标,这不仅是说明各个产业门类要多完整齐全,要能互相支撑,同时在特定产业部门中产品要能进入国际高端市场,并占据有利竞争地位。而且,从价值链的角度看,我国产品定位的高端化必须是在本土企业主导下的国家价值链升级行为,而不是依附于跨国公司主导的全球价值链环节内的升级。正如上文所分析的,由于遭遇到跨国公司的压制和狙击,事实上在其主导的全球价值链内难以实现向高端市场渗透,这就要求我国制造业企业在扩大内需的背景下积极集聚国际高端要素,先利用我国多层次的市场需求空间,在国内首先构建本土企业主导的国家价值链,然后利用未来二十到五十年左右的时间将其升级为全新的全球价值链。这一过程既是我国产业发展的长远目标实现过程,也是我国产品层次战略定位转变为高端产品的过程。

第二,我国中期产品层次战略成功实施后必然有向高端市场挺进的动力和实力支撑,这将是我国本土制造业企业经过中期后实力提高,并向高端产品的自然过渡。从动力上分析,高端产品的附加值和利润率更高,这是激励我国本土制造业企业在占据中端市场的优势地位后进一步向高端市场挺进的最直接动力。高端市场上消费者的收入水平更高,支付能力更强,同时品牌的溢价也更多,所以一般而言,高端市场的利润率在所有层次的市场中最高。从实力上分析,我国本土的制造业企业通过从低端产品定位升级到中端产品定位,已经具备了较为雄厚的技术积累,对市场需求的把握也更为准确,总体上能触碰到高端产品市场的门槛。当然,它是否能成功进入高端产品市场,还必须能克服高端产品市场上的各类进入壁垒,尤其是能够培育出符合高端市场定位的品牌。未来长期我国本土制造业向高端定位挺进的有利条件是我国内需市场中有相当一部分是高端市场,目前这部分高端市场都被国外品牌和国际知名厂商所占据。我国本土制造业企业可能在国内高端市场上发挥本土化优势,其产品层次战略的演变路径可能是先进入国内高端市场,在国内高端市场上打开局面后向国际的高端市场拓展。

参考文献

[1] AZHAR A K M, ELLIOTT R J R. On the Measurement of Product Quality in Intra-Industry Trade[J]. Review of World Economics, 2006, 142(3): 476 - 495.

[2] AZHAR A K M, ELLIOTT R J R, LIU J. On the Measurement of Product Quality in Intra-Industry Trade: An Empirical Test for China[J]. China Economic Review, 2008, 19(2): 336 - 344.

[3] GERSTNER E. Do Higher Prices Signal Higher Quality? [J]. Journal of Marketing Research, 1985, 22(2): 209 - 215.

[4] GEISTFELD L V. The Price-Quality Relationship-Revisited[J]. Journal of Consumer Affairs, 1982, 16(2): 334 - 346.

[5] RIESZ P C, PETER C. Price Versus Quality in the Market-Place, 1961 - 1975[J]. Journal of Retailing, 1978, 54(2), pp. 15 - 28.

〔6〕RIESZ P C. Price-Quality Correlations for Packaged Food Products〔J〕. Journal of Consumer Affairs，1979，13(2)：236 - 247.

〔7〕关伟,韦静强,黄鸿星. 从科技金融看市场分割下的中国企业低端出口〔J〕. 中国发展观察,2011(10):41 - 44.

〔8〕贾根良. 中国出口导向型经济与重商主义背道而驰〔J〕. 天津商业大学学报,2010,30(5):10 - 14.

〔9〕刘志彪. 基于内需的经济全球化:中国分享第二波全球化红利的战略选择〔J〕. 南京大学学报(哲学·人文科学·社会科学),2012,49(2):51 - 59.

〔10〕施炳展. 中国出口结构在优化吗:基于产品内分类的视角〔J〕. 财经科学,2010(5):44 - 50.

第七章　政府竞争影响我国出口的非线性效应①

一、问题的提出

中国出口高增长的时代已经过去。2002年后,我国利用加入世贸组织的历史机遇,充分发挥自身要素禀赋优势,迅速融入全球价值链,获得了出口贸易年均增速20%以上的辉煌成绩。虽然2009年由于世界经济危机的影响,我国出口增速下滑为 -16%,但在2010和2011年又迅速恢复到20%以上的高速增长状态。而在2012年,我国出口年增速突降到8%以下,随后进一步下滑,2015年出口贸易增速仅为 -2.8%,2016年的政府工作报告中甚至没有规定出口增长的数量目标。为什么中国出口的高增长无法维持?从世界经济发展的一般规律而言,当一国出口额占世界出口总额比重超过10%之后,其出口增速就会下降。而我国目前已经成为世界第一出口大国,2015年占世界出口市场份额为13.4%,出口增速下滑也在情理之中。从国际贸易学经典的要素禀赋理论来分析,我国出口增长所依赖的传统要素禀赋优势正在丧失,劳动力与土地成本上升,资源环境压力加剧,这些都无法支撑劳动力密集型产品的持续扩张。在我国旧的要素禀赋优势正在逐步丧失,而新的要素禀赋优势尚未完全建立的前提下,出口增速下滑也成为必然。但中国出口增长除了有赖于发挥内部要素禀赋优势,抓住外部全球化红利外,还无法忽视政府竞争这一重要制度因素的作用。

地方政府竞争,或简称为政府竞争,是我国经济转型发展中的一大制度特征,它

---

① 本章以《政府竞争影响我国出口的非线性效应研究——基于面板门槛模型的实证分析》为题发表在《南京大学学报(哲学·人文科学·社会科学)》2016年5期上,原文作者为亚强、崔欣欣、徐子明。

也会促进各地区出口的竞争性增长。我国政府竞争关系的形成经过了历史的演变，周业安和赵晓男(2002)认为当前政府竞争关系源自计划经济时代的兄弟竞争关系，但在改革开放后，由于地方政府以发展经济为首要目标，这种竞争关系演变成为独立经济主体之间的关系。地方政府官员变成了"企业家"，以各种手段来促进当地经济发展，这其中就包括鼓励出口。发挥出口的乘数效应，通过鼓励扶持出口企业，给予其各种优惠政策待遇，不仅能够直接促进经济增长，而且还能实现拉动就业，提高税收等经济发展的其他目标。在这种背景下，出口不仅成为政府竞争、促进经济增长的重要手段，而且也直接成为地方政府的行为目标之一，被纳入其考核指标体系中。各地在制定经济发展规划时，都习惯于将出口增长的数量目标作为衡量经济发展绩效的核心指标之一。

必须指出，我国作为区域发展不平衡的发展中大国，在国家治理中除了纵向转移支付外，鼓励下级政府之间的竞争是国家治理的重要横向手段。政府竞争有助于推动不同区域之间的发展水平趋同，进而减少乃至消除严重的区域不平衡。在此意义上，我国政府竞争格局依然存在，它与近年我国出口增速下滑现象之间出现了明显的不一致。为什么政府竞争依旧，但出口增速下滑幅度如此之大呢？虽然世界经济的一般发展规律和传统要素禀赋优势的丧失，都可以在一定程度上解释该现象，但是否存在着政府竞争对出口增长的非线性影响呢？这就是说，当政府竞争程度加强时，出口规模并不是等比例的线性增长，而是体现为不同的阶段特征。在不同阶段中，政府竞争程度加强对出口增长的促进作用可能会有差别。在中国经济发展的早期阶段，可能政府竞争的强度加强会迅速促进各地区出口，但是当我国经济已经步入中等收入国家后，政府竞争加强对出口的促进作用将会弱化。虽然政府竞争依旧，但出口的竞争性增长路径可能走到了拐点。在经济发展的不同阶段中，政府竞争促进我国出口增长的作用存在阶段性差异，这就是政府竞争促进我国出口增长的非线性效应。如果这一理论猜想成立，那么这将有助于我们更完整地理解政府竞争与出口增长之间的关联机制，也有助于我们更深刻地理解近年我国出口增速下滑的必然性，更好地把握经济新常态的规律特征。

本章重点研究我国政府竞争影响出口增长的非线性效应，利用面板门槛模型验证政府竞争对出口增长的促进作用是否存在临界门槛。这些门槛就构成了不同的发展阶段，本章力图探索在不同的阶段中，政府竞争对出口增长的影响机理是否存在差别，是否存在着"正向影响"与"负向影响""强促进"与"弱促进"之间的阶段性交替转变。下文的安排如下：第二部分从理论上阐述政府竞争非线性地影响我国出口增长的机理，第三部分是实证模型设定与衡量指标数据选择，第四部分是实证结果解释，第五部分是简要结论。

二、政府竞争非线性影响我国出口的机理阐释

中国情景下的政府竞争与西方学者的理解有显著不同。早期国外学者（Tiebout，1956；Salmon，1987；Besley 和 Case，1995）认为西方体制下的政府竞争本质上是"自下而上"的标杆竞争，地方政府官员为了获得选民的认可与投票支持，要彼此之间努力竞争并体现出能被选民识别的业绩，其关键就是要能提供优质的公共品。如果地方政府无法提供足够优质的公共品，选民不仅不会投票支持地方政府官员，而且会通过"用脚投票"的方式离开该地区。Breton（1998）将这种政府界定为在"公共财政领域"的竞争性政府，但中国情景下的政府是在"经济增长领域"的竞争性政府，其竞争是"自上而下"的标杆竞争（Caldeira，2012）。

地方政府之间"自上而下"标杆竞争的体制背景是，地方政府是中央政府的地方派驻机构，官员任命都由上级决定，所以我国地方政府之间竞争的目的更多是获取上级政府的认可，地方政府官员从而能获得相应的晋升机会。Li 和 Zhou（2005）以及周黎安（2004，2007）将这种政府竞争的本质归纳为官员晋升锦标赛机制，地方政府官员要通过大力发展当地经济，使当地获得比周边地区更好的经济增长成绩，由此来增加自身晋升的机会。换言之，中国情景下的政府竞争是政府官员在以 GDP 为导向的政绩观指引下，为经济增长而竞争。尽管陶然等（2010）发现省级 GDP 增长率对省级官员晋升不存在显著影响，但乔坤元（2013）也证实以经济增长为基础的官员晋升激励机制在我国依然广泛存在，经济增长是衡量当前我国官员考核和晋升体制的最适当指标。这种政府竞争往往导致地方保护主义、地方债务增加等诸多弊端（李江，

2012；杨大楷、汪若君和夏有为，2014），所以我国已经在官员考核指标体系中逐步加入生态文明、社会保障等多方面的考虑因素，但是作为发展中大国，持续而稳定的经济增长依然是其中不可或缺的核心要素。

出口在我国经济增长中扮演着无法替代的重要角色。宏观经济学的基本原理说明，出口增长能通过乘数效应推动经济增长。从历史来看，我国通过不断深化对外开放，积极融入全球价值链，以出口为导向促进经济增长，这是我国经济发展模式的重要组成部分。出口既是中国经济增长的重要动力来源，也是地方经济增长的重要动力来源，这是各级政府的共识。与此对应的是，现实中的各级政府在经济规划中，普遍将出口增长的数量指标作为衡量经济发展业绩的核心指标之一。所以，无论是将出口作为推动当地经济增长的手段，还是将出口数据作为衡量当地经济成绩的指标，地方政府必然会向出口行业或企业提供鼓励扶持的优惠政策。在政府竞争中，较为常见的一种现象是引资竞争（张军等，2007），地方政府通过提供低价土地、税收优惠等多种政策吸引外商直接投资，甚至为此展开逐底竞争。一方面，这种引资竞争是为了带来外部资本投资，能直接促进地方经济增长，另一方面，很多外资是以外向型生产为主，产品以出口到国际市场为主，所以这类引资竞争也是政府鼓励出口，以此拉动当地经济增长的一种方式。

但是不同地方政府的竞争行为依然存在着明显的差异，周业安和赵晓男（2002）将地方政府竞争的行为模式划分为进取型、保护型和掠夺型三类。不同地区由于经济发展水平差别较大，发达地区更倾向于进取型竞争行为，而欠发达地区更倾向于掠夺型竞争行为。例如发达地区更多通过公共品供给来吸引资源投入，输出产品；更多投资软环境建设，积极培育税源，实现政府与企业、居民的共赢。不发达地区则可能仅追求本位利益，大量行政性收费掠夺当地企业和居民的剩余。又例如在发展当地经济的思路上，发达地区政府会通过提高当地专业化水平，与周边地区竞争合作，通过出口来带动当地经济发展；而不发达地区对自身的专业化优势认识不清楚，缺乏清晰的发展战略，更多是通过保护本地市场来搞活现有企业。

发达地区和不发达地区政府竞争行为的差异也体现在出口扶持及鼓励方面。虽然它们可能都意识到了出口对当地经济增长的重要性，但关键问题在于，地方政府是否有足够的资源或足够的财力去支撑其出口扶持政策。如果地方政府要为出口行业或企业的出口活动提供优惠信贷贴息、出口补贴、出口退税，或者有针对性地改善出口企业的基础设施，这些都要以各地方政府的财力作保障。在政府财力有限的前提下，地方政府首先要满足刚性的公共财政支出，涉及行政机关与教育系统工资、行政费用、社会保障、计划生育、拥军优抚、水利建设等多方面。如果地方政府连刚性财政支出都满足不了，那就要么借债，要么对当地企业增税，不可能真正实施对出口的扶持政策。在地方政府财力超过刚性公共财政支出的情况下，地方政府将根据不同支出领域对当地经济增长的促进效应是否能直接显著、是否能短期见效、是否易于实施等标准，将不同支出领域进行排序。优先级最高的支出领域往往是基础设施和大型工程项目(张军等，2007；李江，2012)，而出口扶持显然不是地方政府最优先支出的重点领域，只有地方政府有足够的财力前提下，它才能真正实施出口扶持的相关政策。

上述分析表明，政府竞争虽然会导致地方政府倾向于扶持出口行业或出口企业，从而扩大当地的出口规模，但是这一作用机制受制于地方政府的财力。在1994年分税制改革之后，我国的财政分权制度正式建立，其目的是让地方政府逐步提高财权比重，使其有足够的财力去发展当地经济。分税制下中央政府与地方政府之间按照不同税种、不同比例的方式划分财政收入，从根本上决定地方政府的财力水平。在动态视角下，我国财政分权的进程的确逐步提高了地方政府的财力，但在不同的财政分权阶段中，政府竞争程度加强并不会都激励地方政府加大对出口的扶持力度。政府竞争是否能促进出口增长，这还取决于地方政府是否拥有足够的财力，是否有强烈的意愿去扶持出口行业。所以在财政分权不同阶段中，政府竞争程度加强对出口的影响作用体现出阶段性差异，政府竞争加强并不导致出口单调增长，这就是政府竞争影响出口增长的非线性效应。

在低财政分权阶段，地方政府财力有限，政府竞争大多表现为争夺经济发展资源，这种政府竞争加剧反而会不利于出口增长。由于中央政府对地方政府的晋升考核是一种相对的绩效标准，因此即使本地区经济状况发展得不理想，但只要相比其他地区发展得好，就具有较大晋升机会。地方政府采用以邻为壑的方式来应对政府竞争，造成较为严重的市场分割和地方保护主义现象。一方面，稀缺的政府财力主要被投入了刚性公共支出领域,没有多余财力专门扶持出口。另一方面,这种以邻为壑的竞争行为严重阻碍了国内要素的自由流动和市场对资源的配置效率提升,限制具有区位和基础设施优势的地区利用其他地区要素发展出口导向型经济,极大提高当地出口企业的经营成本。这既不利于本地区的出口增长,也不利于周边竞争地区的出口增长。

在中等财政分权阶段,地方政府在满足刚性的公共财政支出之外,有足够的财力投资改造基础设施,有可能真正实施对出口的扶持政策。在该阶段中,如果政府竞争程度加强,那么地方政府面临更大的竞争压力,会更有效地使用财政资金,更加重视促进各类经济增长政策的设计与落实。首先,地方政府会投资基础设施建设,以这种最为直接的方式提高当地经济增长速度。大量研究也已发现,基础设施建设对当地企业的出口决策和出口数量有显著促进作用,提高融资依赖度较高行业的比较优势(盛丹、包群和王永进,2011;盛丹和王永进,2012)。其原因在于企业出口要承担相应的出口成本,包括长距离运输的成本,而更完善的基础设施可以降低这类出口成本。其次,地方政府在拥有足够的财力后,才会更多关注发挥出口增长对经济增长的促进作用,才会对出口扶持政策给予更多的关注,同时投入更多的财政资金到出口行业或企业的扶持政策,例如落实引资优惠、贷款贴息、专利申请、品牌培育等多方面政策(Bai 等, 2002)。再次,地方政府也会更加强调当地经济发展的软环境建设,构筑更加高效的行政管理体制,注重发挥市场机制并减少对当地企业的掠夺和干预,改善当地企业的营商环境并降低其经营成本。这些方面都有助于当地出口企业真正提高其竞争力,从而有助于当地出口增长。

在高财政分权阶段,地方政府有更加充裕的财力,既能满足基础公共服务等刚性支出,又能实施各类经济增长的促进政策。此时政府竞争强度加强,地方政府不会陷入其在低财政分权阶段时的困境。与中等财政分权阶段类似,地方政府会投资基础设施,会推行出口扶持政策,会完善当地经济的市场运行机制,减少对市场经济的干预,这些都会提高当地出口行业的竞争力,促进当地出口增长。但与中等财政分权阶段不同的是,本阶段中地方政府会实施更加积极的经济政策,包括更主动寻找并规划支柱产业或新兴产业,以支持未来当地经济的持续增长。但当地方政府都在竞争压力下，纷纷实施这类积极的产业扶持政策时，区域间严重的产业同构问题就会出现。地区之间缺乏差异化竞争，都瞄准若干相同的支柱产业或新兴产业。这些产业都将面临市场份额不足，甚至面临新一轮市场分割与地方保护，企业缺乏足够的产业成长空间，难以成长为具有国际竞争力的企业。所以，在高财政分权阶段，政府竞争依然能够在总体上促进出口增长，但这种促进作用可能会被削弱。

现有文献已经关注到财政分权与政府竞争之间可能存在的复杂关系，在研究中有三种观点。第一种观点强调财政分权与政府竞争具有独立性，会平行地影响其他经济现象，所以实证模型将财政分权和政府竞争设定为两个独立的解释变量。李勇刚和李祥(2012)，巫强、崔欣欣和马野青(2015)，吴群和李永乐(2010)，邱栎桦和伏润民(2015)都采取了这种做法，分别去研究城市房价波动、省级出口、土地财政和地方债务扩张。第二种观点认为财政分权是导致政府竞争的原因，张军等(2007)就提出中国政府较高程度的财政分权和政治高度集中相结合，形成地方政府之间简单的标尺竞争，形成其为增长而竞争的共识与激励，具体表现为地方政府在招商引资中的竞争。王文剑等(2007)也认为中国财政分权体制导致各地方政府围绕经济指标，为追求政绩而进行锦标赛式的竞争。第三种观点认为财政分权和政府竞争之间存在交叉影响，彼此会通过对方去影响其他经济变量，实证模型就设定两者的交叉项作为解释变量之一。刘建民、陈霞和吴金光(2015)，任志成、巫强和崔欣欣(2015)，李根生和韩民春(2015)，张宏翔、张明宗和熊波(2014)，崔志坤和李菁菁(2015)都采取了这种做法，分别研究环境污染、地区出口、雾霾治理、地方公共卫生投入和产业结构升级的影响因素。

本章的机理分析表明，财政分权程度会制约地方政府竞争的财力，从而会使得其在不同财力水平下采取不同的竞争行为，这又进一步使当地出口规模呈现出阶段性的变化。这和现有文献都有所区别，本章更强调财政分权程度的不同阶段中，政府竞争加强对出口规模的影响机制有阶段性差异，所以总体上政府竞争加强对出口的影响呈现非线性特征。为了验证上述机理是否成立，本章采取面板门槛模型，以财政分权为门槛变量，划分出财政分权不同程度的若干阶段，分别估计这些阶段中政府竞争对出口规模的影响系数。这些估计系数的差异就体现出财政分权不同阶段中，政府竞争加强对出口的差异化影响，总体上就证明政府竞争加强对出口的影响的非线性特征。

三、实证模型设定、指标选择与数据描述

（一）面板门槛的估计步骤

根据上述机理阐释，实证研究分两个步骤。第一步是要识别出财政分权的可能门槛值，并根据门槛值划分相应的阶段；第二步是在不同阶段中，分别估计政府竞争对出口的影响。为了识别财政分权的可能门槛，传统方法是人为的根据财政分权程度来设定虚拟变量，但这种方法过于主观。当前的主流方法是 Hansen(1999)的面板门槛模型，内生识别出临界门槛值，避免人为设置虚拟变量带来的偏误。同时，为避免遗漏可能的多重门槛，Hansen(1999)先假设存在一个门槛值，然后逐步扩展到两个乃至多个门槛值。本章仅简要介绍仅存在单门槛的模型设定，多门槛的模型设定与识别以此类推。财政分权单门槛模型如式(7.1)所示，按常用处理方法，相关变量都取自然对数。

$$\ln exp_{i,t} = \beta_0 + \beta_1 \ln comp_{i,t} I(\ln fd_{i,t} \leqslant \varphi) + \beta_2 \ln comp_{i,t} I(\ln fd_{i,t} > \varphi) + \theta_c Z_c + \varepsilon_{it}$$

$$(7.1)$$

其中，财政分权 $\ln fd_{i,t}$ 是门槛变量，φ 是待识别的门槛值，它将财政分权程度划分为两个阶段。$I(\cdot)$ 为指标函数，例如 $I(\ln fd_{i,t} \leqslant \varphi)$ 的取值方式是当财政分权程度 $\ln fd_{i,t}$ 小于等于门槛值 φ 时，该函数取值为 1，否则取值为 0。$I(\ln fd_{i,t} > \varphi)$ 也类似取值。$\ln comp_{it}$ 是政府竞争变量，当财政分权处于不同阶段，即满足 $\ln fd_{i,t} \leqslant \varphi$ 或 $\ln fd_{i,t} > \varphi$ 时，政府竞争的系数分别是 β_1 和 β_2，它们就被解释为政府竞争加强对当地出口的不同影响力度。Z_c 是一系列控制变量，θ_c 为相应控制变量的系数。i、t 分别代表省份和年份。为更加直接地体现出财政分权程度不同阶段中政府竞争影响出口的非线性效应，式(7.1)可改写为式(7.2)。

$$\ln exp_{i,t} = \begin{cases} \beta_0 + \beta_1 \ln comp_{i,t} + \theta_c Z_c + \varepsilon_{it}, \ln fd_{i,t} \leqslant \varphi \\ \beta_0 + \beta_2 \ln comp_{i,t} + \theta_c Z_c + \varepsilon_{it}, \ln fd_{i,t} > \varphi \end{cases} \quad (7.2)$$

第一步是要识别财政分权的单门槛值 φ，记 $X(\varphi)=[1,\ln comp_{it}I(\ln fd_{it}\leqslant\varphi),$ $\ln comp_{it}I(\ln fd_{it}>\varphi)]$、$\mathrm{B}^T=(\beta_0,\beta_1,\beta_2)$、$Y=\ln exp$，将式（7.1）改写矩阵形式 $Y=X(\varphi)\mathrm{B}+\varepsilon$。本章采用最小二乘法估计该式，并得到估计系数 $\hat{B}(\varphi)=[X(\varphi)^TX(\varphi)]^{-1}X(\varphi)^TY$ 和相应的残差平方和 $S_1(\varphi)=\hat{e}(\varphi)^T\hat{e}(\varphi)$。通过网格搜索的方式求解残差平方和 $S_1(\varphi)$ 的最小值求出 φ 的估计值，即 $\hat{\varphi}(\varphi)=argminS_1(\varphi)$，进而求出 $\hat{\beta}=\hat{\beta}(\varphi)$。然后设定原假设 $H_0:\beta_1=\beta_2$，根据 F 检验统计量，即 $F_1=\dfrac{S_0-S_1(\hat{\varphi})}{\hat{\sigma}^2}$ 来检验门槛估计值是否显著。其中 S_0 是原假设成立下参数的残差平方和，采用 Hansen(1999)提出的"自抽样"（Bootstrap）方法来获得渐进分布的 P 值。如果原假设 $H_0:\beta_1=\beta_2$ 无法被拒绝，那就说明单门槛不存在；如果原假设被拒绝，那就说明存在单门槛，但后续还要识别是否存在双门槛、三门槛。另外，为了验证该门槛的真实性，设定原假设 $H_0:\hat{\varphi}=\varphi_0$，计算似然比统计量 $LR_1(\varphi)=\dfrac{S_1(\varphi)-\hat{S}_1(\varphi)}{\hat{\sigma}^2}$，来检验 φ 估计值是否等于其真实值。LR 的值根据 Hansen(1999)提供的公式进行计算。当 $LR_1(\varphi)\leqslant-2\ln[1-\sqrt{(1-\alpha)}]$ 时，不能拒绝原假设，其中 α 表示显著性水平。

如果仅有财政分权的单门槛，第二步就采用面板数据方法，按照估计出的财政分权单门槛值计算指标函数值，并代入式(7.1)后估计解释变量系数。为保证结果的稳健性，本章分别采用静态面板和动态面板的估计方法，静态面板估计中采用混合回归和固定效应模型，动态面板估计中采用差分 GMM 和系统 GMM 方法。由此得到估计系数 $\hat{\beta}_1$、$\hat{\beta}_2$ 就是低、高财政分权阶段中政府竞争加强对出口的影响幅度。

（二）指标选择与数据来源

本章构建了 2002—2014 年 30 个省(区、市,港澳台除外)的面板数据,由于西藏统计数据缺失较多,所以也略去。因变量出口规模($\ln ex_{i,t}$)的衡量指标有多种选择,例如出口总额、人均出口额、出口增长率等。为了消除各省人口规模不同的影响,并降低异方差,本章采用人均出口额的对数来衡量出口规模。其中各省货物出口总额按照经营单位所在地来统计,并按当年人民币年平均汇率由美元金额折算为人民币金额,单位是元/人。

核心解释变量政府竞争（$\ln comp_{i,t}$）的衡量指标有一定困难。许多学者在相关研究中存在诸多争议，他们各自构造的指标不一致。傅勇和张晏（2007）的研究中采用外资企业负担的相对实际税率来表示地区间的竞争程度，但该算法存在缺陷，可信度较低。当前地方政府官员的锦标赛式晋升竞争主要是通过良好的基础设施和优惠的经济政策吸引外商直接投资实现的，因此本章采取张军等（2007）的做法，选取人均实际利用外商直接投资额来衡量地方政府间的竞争程度。门槛变量财政分权（$\ln fd_{i,t}$）衡量采用收入法，这也符合大多数学者的做法（吴群和李永乐，2010；张宏翔、张明宗和熊波，2014；崔志坤和李菁菁，2015），构造［省级人均地方财政收入／（省级人均地方财政收入＋本级人均中央财政收入）］，该指标值越大，表明财政分权的程度越大，该省财力越雄厚。

控制变量（Z_c）包括人民币实际有效汇率（$\ln reer$）、物质资本（$\ln pfa$）、基础设施（$\ln road$）、市场规模（$\ln mar$）。汇率会改变出口产品的国外定价，显然会影响出口，因此本章选取人民币的实际有效汇率作为控制变量。要素禀赋理论强调物质资本禀赋对出口的重要影响。本章采用各地区按注册类型分全社会年末固定资产投资／各地区按三次产业分就业人员来反映各省的物质资本禀赋水平，单位是元／人。基础设施完善会提高当地出口企业竞争力，因此本章选取各省（区、市）陆地拥有的铁路里程及公路里程来控制各省的基础设施差异，单位是公里。为控制我国各省（区、市）内部市场规模差异对于出口的影响，本章选取各省（区、市）年底人口总额来衡量市场规模控制变量，单位是万人。

各省（区、市）的出口规模、年末固定资产投资额、人口规模、铁路及公路里程、年底就业人数和预算内中央财政支出与收入的数据来源于相应年份的《中国统计年鉴》；预算内各省（区、市）财政支出与收入、实际利用 FDI 数据来源于各省（区、市）的统计年鉴；人民币实际有效汇率数据来源于国际清算银行数据库。所有变量的统计描述如表 7.1 所示。

表 7.1 主要变量的统计描述

变量	含义	均值	标准差	最小值	最大值	样本数
$\ln exp$	人均出口的对数值	7.694	1.471	4.557	10.95	390
$\ln comp$	政府竞争程度的对数值	5.995	1.480	1.884	8.941	390
$\ln fd$	收入法衡量的财政分权对数值	−0.241	0.112	−0.598	−0.061 9	390
$\ln reer$	人民币实际有效汇率对数值	4.577	0.110	4.439	4.778	390
$\ln pfa$	人均固定资产投资的对数值	9.995	0.865	7.972	11.69	390
$\ln road$	铁路与公路里程和的对数值	11.34	0.876	8.786	12.66	390
$\ln mar$	各省(区、市)年末总人口的对数值	8.152	0.758	6.271	9.280	390

四、实证结果及其解释

（一）门槛识别结果

表7.2是不同门槛检验得到的 F 统计量和采用自抽样方法得到的 P 值。

表 7.2 门槛识别结果

			临界值		
	F 值	P 值	1%	5%	10%
单一门槛检验	25.426***	0.003	19.281	12.062	9.080
双重门槛检验	18.380**	0.040	28.976	15.454	11.462
三重门槛检验	0.044	0.923	27.290	16.629	10.006

注：采用 Bootstrap 反复抽样 300 次得到 P 值和临界值，且进行随机分组时，每组至少包含 80 个观测值。*、**、*** 分别表示显著性水平为 10%、5% 和 1%。

表7.2说明，财政分权依次通过单门槛和双门槛检验，分别在 1%、5% 的水平下显著，但是没通过三门槛的显著性检验，所以财政分权存在两个门槛值，分为三个阶段，本章设定双门槛模型如式(7.3)所示。

$$\ln exp_{i,t} = \beta_0 + \beta_1 \ln comp_{i,t} I(\ln fd_{i,t} \leqslant \varphi_1) + \beta_2 \ln comp_{i,t} I(\varphi_1 < \ln fd_{i,t} \leqslant \varphi_2) +$$
$$\beta_3 \ln comp_{i,t} I(\ln fd_{i,t} > \varphi_2) + \theta_c Z_c + \varepsilon_{it} \qquad (7.3)$$

相应的 φ 门槛估计值和其对应的置信区间见表7.3。该表说明财政分权第一个门槛值 φ_1 为 -1.079，第二个门槛值 φ_2 为 -0.651。财政分权可分为低分权程度($\ln fd_1 \leqslant -1.079$)、中等分权程度($-1.079 < \ln fd_1 < -0.651$)和高分权程度($\ln fd_1 \geqslant -0.651$)三个区间。

表 7.3　门槛值估计结果

	估计值	95％置信区间
门槛值 φ_1	-1.079	$[-1.079, -1.079]$
门槛值 φ_2	-0.651	$[-0.673, -0.635]$

（二）非线性效应估计

本部分在确定财政分权两个门槛时，采用面板数据模型估计式(7.3)，识别出在低、中、高三阶段内政府竞争加强对出口的具体影响。估计结果见表7.4，模型(1)、(2)是混合回归估计结果，模型(3)、(4)是固定效应估计结果，这都是静态面板数据模型的经典估计方法。模型(5)、(6)是差分 GMM 估计结果，模型(7)、(8)是系统 GMM 估计结果，这些是动态面板数据模型的估计方法。它与静态面板数据模型的差异在于，因变量出口的滞后一期项作为解释变量之一，以反映出口变动的惯性。差分 GMM 和动态 GMM 中都汇报 AR(1)、AR(2)检验的 P 值，结果表明方程误差项存在一阶自相关，不存在二阶自相关；另外 Sargan 检验 P 值都为1，说明工具变量选择满足过度识别约束条件的原假设。表7.4中每种方法都是先估计核心解释变量，然后加入控制变量重复估计，这样能更好地检验结果是否具有足够的稳定性。

表7.4虽然采取了多种估计方法，但主要结论很稳健，政府竞争对出口的影响的确体现出了非线性效应。在低财政分权阶段，即 $\ln fd \leqslant -1.079$ 时，政府竞争变量的估计系数一致显著为负，都通过了1％的显著性检验，说明政府竞争加强导致各省出口减少。政府竞争强度加强1％，各省(区、市)出口规模将缩小 0.046％—0.16％。当地方政府普遍财力有限时，彼此之间的竞争更多体现为地方保护主义，采取"以邻

表 7.4　面板门槛模型的估计结果

变量	混合回归		固定效应		差分 GMM		系统 GMM	
	(1)	(2)	(3)	(4)	(5)	(6)	(7)	(8)
$L.\ln exp$					0.453*** (0.024)	0.392*** (0.014)	0.692*** (0.020)	0.662*** (0.026)
$\ln compI$ ($\ln fd \leqslant -1.079$)	-0.160*** (0.018)	-0.125*** (0.019)	-0.122*** (0.013)	-0.059*** (0.012)	-0.059*** (0.009)	-0.053*** (0.014)	-0.057*** (0.005)	-0.046*** (0.010)
$\ln compI$ ($-1.079<\ln fd<-0.651$)	0.415*** (0.033)	0.219*** (0.038)	0.599*** (0.031)	0.181*** (0.037)	0.367*** (0.036)	0.248*** (0.038)	0.116*** (0.033)	0.052 (0.049)
$\ln compI$ ($\ln fd \geqslant -0.651$)	0.187*** (0.014)	0.154*** (0.015)	0.073*** (0.015)	0.047*** (0.012)	0.056*** (0.017)	0.059** (0.028)	0.038*** (0.010)	0.049** (0.023)
$\ln reer$		-1.377*** (0.479)		-0.924*** (0.257)		-1.217*** (0.094)		-0.925*** (0.095)
$\ln pfa$		0.652*** (0.089)		0.446*** (0.057)		0.299*** (0.037)		0.240*** (0.026)
$\ln road$		-0.428*** (0.077)		0.377*** (0.081)		0.005 (0.029)		-0.058* (0.032)
$\ln mar$		0.651*** (0.084)		0.301 (0.337)		0.674 (0.488)		0.091 (0.220)
常数	4.982*** (0.186)	5.517*** (1.685)	4.077*** (0.184)	-0.389 (2.519)	2.051*** (0.146)	0.199 (3.729)	1.788*** (0.108)	4.099*** (1.829)
AR(1)P值					0.001	0.001	0.001	0.001
AR(2)P值					0.517	0.568	0.570	0.550
Sargan P值					1.000	1.000	1.000	1.000
观测值	390	390	390	390	330	330	360	360
R 平方	0.769	0.809	0.666	0.805				

注:(1)表中依次为混合回归模型、固定效应模型、差分 GMM 以及系统 GMM 的估计结果。(2)每种估计方法的第一列为核心解释变量回归结果,第二列为加入控制变量的回归结果。(3)括号内的数字为标准差,*、**、*** 分别表示显著性水平为 10%、5% 和 1%。

为壑"式的竞争手段,不仅没有足够的财力去实施出口行业扶持政策,而且可能会掠夺当地企业,以满足其刚性公共支出的需要。在这种情况下,政府竞争程度加强不利于企业先在当地获得规模经济效益,提高自身竞争力后出口,所以当地出口规模反而下降。在中等财政分权阶段,$-1.079 < \ln fd < -0.651$ 时,政府竞争变量估计系数绝大部分都显著为正,政府竞争加强有助于促进各省出口扩张。政府竞争强度增加 1%,将使各省(区、市)出口规模增长 $0.052\% \sim 0.599\%$。这证明只有当地方政府具备财力后,政府竞争强度加强才可能使其真正实施积极促进当地经济增长的各类政策,其中也包括扶持出口行业,通过出口增长来发挥乘数效应。虽然地方政府不一定会将出口扶持作为其政策实施的首选项,但是上文的机理分析表明,无论是地方政府投资基础设施建设,还是完善当地营商环境,提高行政服务效率,都有助于当地出口行业成长,进而有助于当地实现出口增长。在高财政分权阶段,$\ln fd \geqslant -0.651$ 时,政府竞争变量系数都显著为正,政府竞争加强依然会促进各省出口增长。但与中等财政分权阶段的促进力度相比,这种促进力度有所下降,政府竞争强度提高 1%,出口将增长 $0.038\% \sim 0.187\%$。该结论与机理分析一致,在高财政分权阶段中,地方政府财力雄厚,能实施更加积极的产业政策来促进当地经济增长,但是这些政策可能导致产业同构与重复建设,反而会削弱当地企业的出口竞争力,所以政府竞争加强对出口增长的促进作用下降。总体上,随着财政分权程度从低到高的演变,政府竞争先负向影响出口增长,然后再正向影响出口增长;当财政分权处于中等程度时,政府竞争对出口的促进作用最大。

表 7.4 中,控制变量系数估计结果大多都符合理论预期。$\ln reer$ 估计系数均显著为负,人民币升值会减少各省出口规模;$\ln pfa$ 估计系数均显著为正,证明资本积累对出口的促进作用;基础设施变量 $\ln road$ 和市场规模变量 $\ln mar$ 的显著性有所下降。

(三) 我国财政分权程度的演变与地区差异

表 7.4 揭示在全国层面上,在财政分权的不同阶段中,政府竞争影响出口存在非线性效应。但在全国层面上,财政分权程度在动态变化,全国出口增速也在 2002 年后经历了高速增长,然后近年陷入增速下滑境地。这两者是否存在对应关系呢? 本章计算了从 2002—2014 年每年全国财政分权的平均程度,见图 7.1。该图采用了三

种方法计算我国历年的财政分权平均程度，分别是我国财政分权程度的简单算术平均值（$avrlnFD2$）、以各省出口额的全国占比和 GDP 的全国占比为权重的财政分权加权平均值（$wavrlnFD1$ 和 $wavrlnFD2$）。图 7.1 中，从全国层面看，2002—2014 年这三个指标值虽然有所波动，但总体上均体现出不断升高的趋势，并且大部分年份内，全国财政分权的平均程度保持在低门槛和高门槛值之间，处于中等财政分权阶段。这与我国出口高速增长的时间段相吻合，证明在该阶段中，政府竞争加强促进出口增长的效果的确非常显著。值得注意的是，以各省（区、市）出口额占比为权重计算的全国平均财政分权程度 $wavrlnFD1$ 在 2013 年超过高门槛值，另两个指标值也接

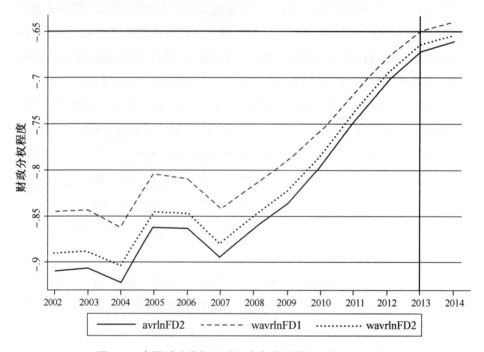

图 7.1　全国财政分权平均程度变动趋势（2002—2014 年）

注：(1) $avrlnFD2$ 是各省（区、市）财政分权的简单算术平均值；$wavrlnFD1$ 是以各省（区、市）出口额占全国比重为权重的财政分权程度加权平均值；$wavrlnFD2$ 表示以各省（区、市）GDP 占全国比重为权重的财政分权加权平均值。(2) 水平线对应财政分权高门槛值-0.651，垂直线对应财政分权达到高门槛值的年份（2013 年）。

近高门槛值,这与近年我国出口增速下滑的现象较好吻合。这可以解释为,由于我国已经逐步进入高财政分权区间,同等的政府竞争强度加强对各省(区、市)出口增长的促进作用在下滑,我国整体出口的竞争性增长机制在弱化。这种解释为理解我国近年出口增长下滑现象提供了一个新视角。

本章还分区域计算了我国东中西部地区的财政分权的平均程度。从区域的角度看,2002—2014 年我国东部地区、中部地区和西部地区财政分权的平均程度均表现出总体不断提高的趋势,三指标在不同区域都体现出了较好的一致性。但是我国不同地区的财政分权程度存在明显差异,这意味着政府竞争加剧在不同地区对出口增长的促进作用有差异。具体来看,东部地区财政分权程度一直超过高门槛值-0.651,政府竞争加强会促进东部地区省份出口增长。中部和西部地区最初的财政分权程度都

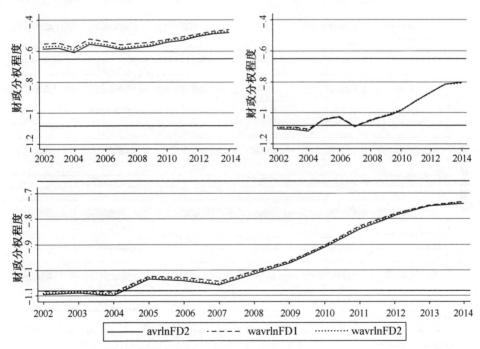

图 7.2　东中西部地区财政分权平均程度变动趋势(2002—2014 年)

注:两水平线分别表示两门槛值,低水平线对应门槛值为-1.079,高水平线对应门槛值为 -0.651。其他同图 7.1。

低于低门槛值－1.079,在 2005 年前,政府竞争加强反而会阻碍中西部地区的出口增长;但在 2005 年后,中西部地区财政分权程度超过低门槛值,保持上升趋势但没有超过高门槛值,政府竞争加强对出口增长的促进作用最大,这与中西部地区出口增速在 2005 年后超过东部地区的现象一致。

为了更加细致地分析不同省(区、市)的财政分权程度所处的阶段特征,本章分别计算了 2002—2014 年我国各省(区、市)财政分权的情况,见图 7.3。大多数省(区、市)财政分权程度在样本期内虽有波动,但总体上都不断提高。四川、贵州、甘肃、广西等少数省(区、市)的早期财政分权程度小于低门槛值,即当时地方政府竞争加强使得其出口反而下降;但是近年来所有省(区、市)的财政分权程度都已超过低门槛值,省际的政府竞争加强都会正向促进其出口扩张。当然,随着越来越多省(区、市)的财

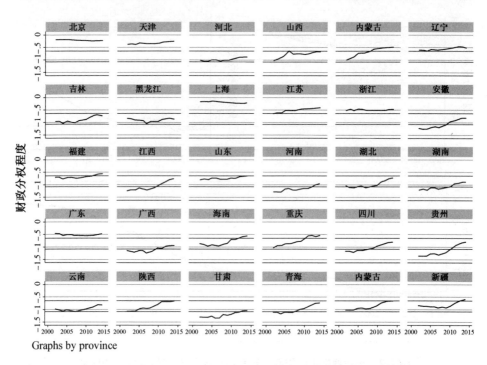

图 7.3　全国各省(区、市)2002—2014 年财政分权程度变化情况

注:两水平线分别对应两门槛值,低水平线对应的门槛值为－1.079,高水平线对应的门槛值为－0.651。

政分权程度接近乃至超过高门槛值,政府加强对当地出口增长的促进作用会削弱。北京和上海是样本期中财政分权程度出现一定下降趋势的两个省级行政单位,但它们仍处于高财政分权程度阶段,都超过高门槛值－0.651。所以,北京和上海面对政府竞争加强,也会扩大其出口规模。

为了更形象地说明我国各省(区、市)的财政分权程度的差别,并由此判断政府竞争加强对出口促进作用在不同省(区、市)的差异性,本章对各省(区、市)2014年的财政分权数据进行了总结。在2014年,我国30个省(区、市,西藏和港澳台除外)的财政分权程度均处于中等财政分权和高财政分权阶段。10个省(区、市)处于高财政分权阶段,分别为北京、天津、内蒙古、辽宁、新疆、上海、江苏、重庆、浙江、广东、福建以及海南。20个省(区、市)处于中等财政分权阶段,分别为河北、山西、吉林、黑龙江、河南、安徽、江西、广西、山东、云南、湖北、湖南、四川、贵州、陕西、甘肃、青海、宁夏。相比而言,东部省(区、市)的财政分权程度更高,基本处于高财政分权阶段,而中西部省(区、市)大多位于中等财政分权阶段。可以预期,从整体上来看,全国政府竞争强度加强在未来数年间依然会促进出口增长,但是这种促进作用会持续削弱,我国省级层面上出口的竞争性增长特征会衰退。

五、结论与启示

我国出口从高速增长逐步变为增速下滑,甚至出现负增长,对这一重要现象的原因的解释涉及多方面,本章提出可从政府竞争对出口的非线性影响的角度来加以理解。在财政分权的不同阶段中,政府竞争行为会随着其财力多少而发生差异。在低财政分权阶段,由于财力有限,甚至连满足刚性的基本公共支出都不够,地方政府更多采用以邻为壑等竞争方式,倾向于掠夺当地企业,不利于提高当地企业的出口竞争力,也没有足够的财力去扶持出口行业。政府竞争加强在此阶段中会负向影响当地出口。在中等与高财政分权阶段,地方政府有足够财力去投资基础设施,扶持出口行业,改善当代营商环境,提高行政效率,这些都会提高当地出口企业竞争力。此阶段中政府竞争加剧会促进当时的出口规模扩张。而且高财政分权阶段,地方政府由于实施更加积极的产业政策促进当地经济增长，可能导致重复建设与产业同构，削弱了政府竞争强度加剧对当地出口增长的促进作用。

本章构建了 2002—2014 年的省级面板数据，采用面板门槛模型，将财政分权设定为门槛变量，识别出财政分权具有两个门槛值－1.079 和－0.651，从而划分出财政分权低、中、高三个阶段。然后本章分别采用静态面板模型的混合回归与固定效应，动态面板模型的差分 GMM 和系统 GMM 四种方法，估计出三阶段中政府竞争变量的系数。研究结论很稳健地证明理论分析的结论。随着财政分权从低程度阶段进入中等程度阶段，再进入高程度阶段，省级政府竞争强度加强会先阻碍出口增长，再强烈促进出口增长，然后这种促进作用有所弱化。这就从总体上体现为政府竞争影响出口的非线性效应，政府竞争同等程度的加强，在财政分权不同阶段中，并不是一味促进出口增长，而是经历阶段性的变化。本章的研究结论表明，随着我国实际的财政分权程度逐步接近或超过高门槛，政府竞争加强导致地方出口竞争性增长机制弱化，过去我国出口高速增长的趋势难以维持。这是一个既解释了我国自 2002 年以来出口高速增长背后的制度因素，又较好地解释了近年来我国出口增速不断下滑的现实困境的新角度。未来我国出口要保持稳定增长，一方面我国要继续发挥政府竞争对出口增长的促进作用，该作用依然有一定的效果；更重要的是，另一方面我国要避免对出口规模增速的片面关注，应该更强调积极培育新的出口比较优势，通过产业间升级和产业内升级来推动出口结构优化。

参考文献

[1] BESLEY T, CASE A. Incumbent Behavior：Vote-Seeking，Tax-Setting，and Yardstick Competition[J]. American Economic Review，1995，85(1)：25 - 45.

[2] BRETON A. Competitive Governments：An Economic Theory of Politics and Public Finance[J]. Public Choice，1998，67(2)：223 - 227.

[3] CALDEIRA E. Yardstick Competition in a Federation：Theory and Evidence from China[J]. China Economic Review，2012，23(4)：878 - 897.

[4] HANSEN B E. Threshold Effects in Non-Dynamic Panels：Estimation，Testing，and

Inference[J]. Journal of Econometrics, 1999, 93(2): 345 - 368.

[5] LI H, ZHOU L A. Political Turnover and Economic Performance: The Incentive Role of Personnel Control in China[J]. Journal of Public Economics, 2005, 89(9 - 10): 1743 - 1762.

[6] SALMON P. Decentralisation as an Incentive Scheme[J]. Oxford Review of Economic Policy, 1987, 3(2): 24 - 43.

[7] TIEBOUT C M. A Pure Theory of Local Expenditures [J]. Journal of Political Economy, 1956, 64(5): 416 - 424.

[8] 崔志坤,李菁菁. 财政分权、政府竞争与产业结构升级[J]. 财政研究,2015(12):37 - 43.

[9] 李根生,韩民春. 财政分权、空间外溢与中国城市雾霾污染:机理与证据[J]. 当代财经, 2015(6):26 - 34.

[10] 李江. 财政分权、地方政府竞争和区域经济增长[J]. 财经问题研究,2012(2): 126 - 128.

[11] 刘建民,陈霞,吴金光. 财政分权、地方政府竞争与环境污染:基于 272 个城市数据的异质性与动态效应分析[J]. 财政研究,2015(9):36 - 43.

[12] 李勇刚,李祥. 财政分权、地方政府竞争与房价波动:中国 35 个大中城市的实证研究[J]. 软科学,2012,26(1):42 - 46.

[13] 乔坤元. 我国官员晋升锦标赛机制:理论与证据[J]. 经济科学,2013(1):88 - 98.

[14] 邱栎桦,伏润民. 财政分权、政府竞争与地方政府债务:基于中国西部 D 省的县级面板数据分析[J]. 财贸研究,2015(3):97 - 103.

[15] 任志成,巫强,崔欣欣. 财政分权、地方政府竞争与省级出口增长[J]. 财贸经济,2015(7):59 - 69.

[16] 盛丹,包群,王永进. 基础设施对中国企业出口行为的影响:"集约边际"还是"扩展边际"[J]. 世界经济,2011(1):17 - 36.

[17] 盛丹,王永进. 基础设施、融资依赖与地区出口比较优势[J]. 金融研究,2012(5): 15 - 29.

[18] 陶然,苏福兵,陆曦,等. 经济增长能够带来晋升吗? 对晋升锦标竞赛理论的逻辑挑战与省级实证重估[J]. 管理世界,2010(12):13 - 26.

［19］王文剑，仉建涛，覃成林．财政分权、地方政府竞争与 FDI 的增长效应［J］．管理世界，2007(3)：13－22.

［20］巫强，崔欣欣，马野青．财政分权和地方政府竞争视角下我国出口增长的制度解释：理论与实证研究［J］．国际贸易问题，2015(10)：142－151.

［21］吴群，李永乐．财政分权、地方政府竞争与土地财政［J］．财贸经济，2010(7)：51－59.

［22］杨大楷，汪若君，夏有为．基于竞争视角的地方政府债务研究述评［J］．审计与经济研究，2014(1)：86－94.

［23］张宏翔，张明宗，熊波．财政分权、政府竞争和地方公共卫生投入［J］．财政研究，2014(8)：33－37.

［24］张军，高远，傅勇，等．中国为什么拥有了良好的基础设施？［J］．经济研究，2007(3)：4－19.

［25］张晏，龚六堂．分税制改革、财政分权与中国经济增长［J］．经济学季刊，2005(4)：75－108.

［26］周黎安．晋升博弈中政府官员的激励与合作：兼论我国地方保护主义和重复建设问题长期存在的原因［J］．经济研究，2004(6)：33－40.

［27］周黎安．中国地方官员的晋升锦标赛模式研究［J］．经济研究，2007(7)：36－50.

［28］周业安，赵晓男．地方政府竞争模式研究—构建地方政府间良性竞争秩序的理论和政策分析［J］．管理世界，2002(12)：52－61.

第八章　我国出口增长的制度解释[①]

一、问题的提出

财政分权与地方政府竞争是我国经济转型发展中的两大典型制度特征,国内外经济学者对此展开了大量研究。这些研究成果对这两大制度特征的内涵、产生原因与经济效应等多方面进行了详细论述。一方面,缘起于二十世纪八十年代的中国特色财政分权被 Jin, Qian 和 Weingast(2005)称为"经济联邦主义"或"市场保护型联邦主义",其标志性事件是 1994 年的分税制改革。林毅夫和刘志强(2000)重点探讨了财政分权对经济增长的正面效应,而范子英和张军(2010)则讨论了其负面效应。另一方面,周黎安(2004、2007)将地方政府竞争界定为地方官员政治晋升锦标赛。地方政府竞争的经济效应也包括正反两方面,正面是它能促进经济增长,负面是它会带来经济波动、地方保护以及公共品供给扭曲等影响(傅勇和张晏,2007)。这两大制度特征同时贯穿在改革开放后我国转型发展的全过程,是我国中央政府对地方政府进行激励的两种模式(乔宝云等,2014),对我国经济运行的各方面都产生了不可忽视的重大影响,例如对 FDI 区域竞争(王文剑、仉建涛和谭成林,2007)、土地财政(吴群和李永乐,2010)、大中城市的住房价格(李勇刚和李祥,2012)。

改革开放以来我国创造了出口增长的奇迹,而对于其形成机制的解释众多。但无论是从比较优势和要素禀赋角度来解释(刘强和林桂军,2014),还是从大量机器设

①　本章以《财政分权和地方政府竞争视角下我国出口增长的制度解释:理论与实证研究》为题发表在《国际贸易问题》2015 年 10 期上,原文作者为巫强、崔欣欣、马野青。

备等资本品进口使得消费品出口扩张角度来解释(巫强和刘志彪,2009),这些研究成果都忽视了我国出口高速扩张背后的典型制度特征。财政分权作为中央政府激励地方政府的经济手段,它会直接激励后者多鼓励出口,从出口行业获取更多的财政收入;地方政府官员政治晋升赛所导致的地方政府竞争,作为中央政府激励地方政府的政治手段,会激励后者支持当地出口,获取更好的区域经济增长绩效,并获得更多的晋升机会。所以财政分权和地方政府竞争这两个制度特征都会直接促进我国各区域更多的出口,从而实现全国层面上的出口高速扩张。

　　本章构建了一个动态博弈的理论模型,研究中央政府的财政分权程度和地方政府之间的竞争程度对当地企业出口决策的影响,发现无论是中央政府给予地方政府更大的留存税收比例,还是地方政府之间的竞争更激烈,它们都会促使当地企业选择出口。本章还构建了 2002—2013 年的全国省级面板数据,利用动态面板方法估计了我国省级层面上财政分权和地方政府竞争对省级出口的影响系数,发现这种影响均显著为正。稳健性检验的结果也支持上述估计结果。

二、理论模型

　　假设一个国家存在两个地区,中央政府管辖着这两个地区的地方政府 G_1 和 G_2。每个地区内都有一家厂商,分别为 M_1 和 M_2,厂商可以从事出口活动(X)或非出口活动(D)。分税制下的财政分权意味着两个地方政府分别从这两家厂商征税,税率为 t,并将收缴税收的一定比例 β 留存在地方政府,将($1-\beta$)比例的收缴税收上交给中央政府。留存税收比例 β 就反映了中央政府和地方政府之间的财政分权程度,该比例越高,那就表明财政分权程度越大。地方政府可以从留存的税收中分配一部分用于补贴当地的厂商从事出口活动,该出口补贴占其留存税收的比例为 γ。

　　假设两地区的两家厂商完全同质,并假设非出口活动 D,即在国内市场生产经营能为厂商创造的总利润为 π_d,而出口活动 X 能为厂商带来出口总利润为 π_x。由于国外市场规模要大于国内市场规模,可合理假设出口总利润要大于非出口总利润,即 $\pi_x > \pi_d$。但按照 Melitz(2003)等新新贸易理论模型的设定,厂商出口要比在国内市场经营支付额外固定成本 f_x，即厂商出口的净利润为 $\pi_x - f_x$。假设 $\pi_x - f_x > \pi_d$ 成立，即在考虑出口付出的额外固定成本 f_x 后，厂商出口的净利润 $\pi_x - f_x$ 要大于国内市场经营的利润 π_d。这表明国际市场规模足够大，足以在抵消了出口活动的固定成本后，出口净利润依然大于国内市场的利润。另外，还假设 $\frac{\pi_x}{2} - f_x < \pi_d$ ①，这表明国际市场规模相对于国内市场规模并不是无限大，出口的总利润 π_x 存在上限为 $2(\pi_d + f_x)$。结合上述假设，这说明国际市场规模处于一定的区间，这使得出口总利润处于 $[(\pi_d + f_x), 2(\pi_d + f_x)]$ 这一区间内。

假设中央政府、两地区的地方政府和两家厂商均掌握完全信息，动态博弈分析的时序分为三个阶段：第一阶段是中央政府决定向企业征税的税率 t，并决定与地方政府的分税比例 β；第二阶段是地方政府决定是否要对当地厂商提供出口补贴，如果提供出口补贴，地方政府还需要决定出口补贴占其留存税收的比例 γ；第三阶段是厂商决定从事出口活动 X 或非出口活动 D。我们采用逆向归纳法来求解这一简单的动态博弈模型，先分析第三阶段。由于第二阶段中地方政府可能提供出口补贴，或不提供出口补贴，所以我们先分析第二阶段中地方政府不提供出口补贴的情况。该阶段中如果两家厂商同时都选择在国内经营，那它们平分 π_d，即各自利润为 $\frac{\pi_d}{2}$；如果两家厂商同时都选择出口，那它们平分 π_x，并均支付出口的额外固定成本 f_x，即各自利润为 $\left(\frac{\pi_x}{2} - f_x\right)$。假设两家厂商 M_1 和 M_2 不论是否从事哪种活动，都需要按照 t 的税率缴纳税收，由此得到它们的收益矩阵如下表 8.1 所示：

---

① 如果没有这一假设，国际市场规模巨大将吸引两家厂商都出口，任一家厂商都不会顾虑另一家厂商出口对自身出口的竞争约束，即出口会成为两家厂商的绝对占优策略。

表 8.1　地方政府不提供出口补贴时第三阶段两厂商的收益矩阵

M_1 ＼ M_2	出口 X	国内经营 D
出口 X	$(1-t)\left(\dfrac{\pi_x}{2}-f_x\right),(1-t)\left(\dfrac{\pi_x}{2}-f_x\right)$	$(1-t)(\pi_x-f_x),(1-t)\pi_d$
国内经营 D	$(1-t)\pi_d,(1-t)(\pi_x-f_x)$	$(1-t)\dfrac{\pi_d}{2},(1-t)\dfrac{\pi_d}{2}$

从表 8.1 中得出，由于上文假设 $\pi_x-f_x>\pi_d$ 和 $\dfrac{\pi_x}{2}-f_x<\pi_d$ 成立，显然分别有 $(1-t)(\pi_x-f_x)>(1-t)\dfrac{\pi_d}{2}$ 和 $(1-t)\left(\dfrac{\pi_x}{2}-f_x\right)<(1-t)\pi_d$ 成立。第三阶段的均衡解有两种情况，一是(M_1 出口，M_2 国内经营)，二是(M_1 国内经营，M_2 出口)。如果第二阶段中地方政府为出口厂商提供出口补贴，该出口补贴占其留存税收的比例为 γ[①]，即出口补贴为 $\gamma\beta t$。如果厂商不出口，那就无法获得这一出口补贴。于是第三阶段中两家厂商的收益矩阵如表 8.2 所示。

表 8.2　地方政府提供出口补贴时第三阶段两厂商的收益矩阵

M_1 ＼ M_2	出口 X	国内经营 D
出口 X	$(1-t+\gamma\beta t)\left(\dfrac{\pi_x}{2}-f_x\right),$ $(1-t+\gamma\beta t)\left(\dfrac{\pi_x}{2}-f_x\right)$	$(1-t+\gamma\beta t)(\pi_x-f_x),$ $(1-t)\pi_d$
国内经营 D	$(1-t)\pi_d,(1-t+\gamma\beta t)(\pi_x-f_x)$	$(1-t)\dfrac{\pi_d}{2},(1-t)\dfrac{\pi_d}{2}$

与表 8.1 不同，表 8.2 中均衡显然不是(M_1 国内经营，M_2 国内经营)，可能是(M_1 出口，M_2 国内经营)，也可能是(M_1 国内经营，M_2 出口)，还可能是(M_1 出口，M_2 出口)。进一步分析发现，如果 $(1-t+\gamma\beta t)\left(\dfrac{\pi_x}{2}-f_x\right)>(1-t)\pi_d$ 成立，该博弈的唯一均衡是(M_1 出口，M_2 出口)。当 $(1-t+\gamma\beta t)\left(\dfrac{\pi_x}{2}-f_x\right)>(1-t)\pi_d$ 时，由于 $(1-t+$

---

① 为简化分析，假设两个地区的地方政府对称，出口补贴占其留存税收的比例相同，均为 γ。

$\gamma\beta t)(\pi_x-f_x)>(1-t+\gamma\beta t)\left(\dfrac{\pi_x}{2}-f_x\right)$，并且$(1-t)\pi_d>(1-t)\dfrac{\pi_d}{2}$，所以显然有$(1-t+\gamma\beta t)(\pi_x-f_x)>(1-t)\dfrac{\pi_d}{2}$成立。这说明从事出口活动 X 已经成为两个厂商的占优决策，$(M_1$ 出口，M_2 出口)就是该博弈的唯一均衡。

不等式$(1-t+\gamma\beta t)\left(\dfrac{\pi_x}{2}-f_x\right)>(1-t)\pi_d$ 的经济含义可以从两个方面来理解。第一，该不等式等价于 $\pi_x>\dfrac{2(1-t)}{(1-t+\gamma\beta t)}\pi_d+2f_x$，结合假设 $\dfrac{\pi_x}{2}-f_x<\pi_d$，可得 $\dfrac{2(1-t)}{(1-t+\gamma\beta t)}\pi_d+2f_x<\pi_x<2(\pi_d+f_x)$。这意味着两地区的地方政府为厂商的出口提供补贴相当于扩大国际市场规模，从上文假设中的(π_d+f_x)提高到$\dfrac{2(1-t)}{(1-t+\gamma\beta t)}\pi_d+2f_x$，这会吸引两家厂商争相从事出口活动，所以两者同时出口成为唯一均衡。第二，该不等式可变形为 $\gamma\beta t>\dfrac{(1-t)[2(\pi_d+f_x)-\pi_x]}{(\pi_x-2f_x)}$，其经济含义是指在地方政府对厂商的出口补贴额 $\gamma\beta t$ 超过一定门槛，即大于$\dfrac{(1-t)[2(\pi_d+f_x)-\pi_x]}{(\pi_x-2f_x)}$时，这能直接激励两家厂商都放弃国内经营，出口成为它们的绝对占优策略。此时行业均衡从$(M_1$ 出口，M_2 国内经营)或$(M_1$ 国内经营，M_2 出口)转变为$(M_1$ 出口，M_2 出口)。同时，这一不等式也表明两地方政府为了引导各自厂商从事出口活动，必须给予厂商的出口补贴最低水平。

出口补贴金额 $\gamma\beta t$ 取决于三个因素，一是企业税率 t，二是地方政府留存税收比例 β，三是地方政府出口补贴占自身留存税收的比例 γ。易见这三者提高都有助于不等式 $\gamma\beta t>\dfrac{(1-t)[2(\pi_d+f_x)-\pi_x]}{(\pi_x-2f_x)}$ 成立。如果重点关注地方政府留存税收比例 β，即中央政府和地方政府之间的财政分权程度，可进一步将该不等式变形得到 $\beta>\dfrac{(1-t)[2(\pi_d+f_x)-\pi_x]}{\gamma t(\pi_x-2f_x)}$。这说明地方政府留存税收比例一旦高于$\dfrac{(1-t)[2(\pi_d+f_x)-\pi_x]}{\gamma t(\pi_x-2f_x)}$，那将导致两个地区的两家厂商均出口。由此得到实证检验的核心命题1。

命题1：中央政府和地方政府之间的财政分权程度越高，即地方政府留存税收比例越高，越将促使两个地区的两家厂商都从事出口，实现该国整体出口增长。

　　虽然该命题是从该动态博弈的第三阶段分析中推导出来的，但它在整个动态博弈过程中都成立。在完全信息假设下，地方政府也了解其在第二阶段提供足够大的出口补贴，就能在第三阶段引导当地厂商出口，实现出口增长。在地方政府竞争的条件下，为了实现更好的经济发展绩效而获得政治晋升机会，地方政府官员一定会选择为当地厂商提供出口补贴。其原因是，一方面，出口增长本身就是经济发展成就的一个组成部分；另一方面，出口增长会通过乘数效应，直接促进 GDP 更快增长，而 GDP 增长率是衡量地方经济发展绩效的核心指标。所以第二阶段中，地方政府会积极地向当地厂商提供出口补贴。同样在第一阶段中，中央政府在决定财政分权程度 β 和税率 t 时也掌握其决策对第二阶段中地方政府和第三阶段中厂商的影响。如果中央政府的目标是实现全国经济增长最大化，由于出口是我国经济增长的重要动力来源，所以中央政府也希望促进全国出口增长。在这一目标下，中央政府必然会扩大财政分权程度，提高地方政府留存税收比例 β，以满足 $\beta > \dfrac{(1-t)[2(\pi_d + f_x) - \pi_x]}{\gamma t(\pi_x - 2f_x)}$，使得两个地区的厂商都出口。

　　第二阶段中，地方政府还要决定给予厂商的出口补贴占留存税收的比例 γ，这可以看作地方政府的出口补贴率。γ 处于 $[0,1]$ 之间，γ 越趋向于 1，那就表明地方政府的出口补贴力度越大，出口补贴力度就越小。进一步假设，如果地方政府官员仅考虑在实现更好的当地经济发展绩效后获得政治晋升机会，那么地方政府 G_1 和 G_2 的目标函数就是最大化当地出口超过对方地区出口的概率，即 $MaxP_i(X_i > X_j)$，$i,j = G_1, G_2$。如果两地区对称，地方政府会将所有的留存税收都作为出口补贴返还给当地厂商，即有 $\gamma = 1$。这是将地方政府的目标函数简化后，两个对称地区之间激烈的政治晋升竞争所产生的竞次竞争（Race to the Bottom Competition）的结果。现实中由于地方政府目标函数还有其他因素，例如地方官员在职消费、提供公共设施和产品等，$\gamma = 1$ 不太可能出现。但这些分析表明，出口补贴率 γ 可作为衡量地方政府竞争程度的参数，如果 γ 越倾向于 1，那就表明地方政府竞争更为激烈，政治晋升在地方政府目标函数中的权重更大，$\gamma \beta t > \dfrac{(1-t)[2(\pi_d + f_x) - \pi_x]}{(\pi_x - 2f_x)}$ 更易成立，两个地区的厂商都倾向于出口,从而实现地区出口增长。由此得到实证检验的核心命题 2。

命题 2:地方政府之间的竞争越激烈,不同地区厂商越会倾向于出口,从而实现地区出口增长。

命题 2 的经济含义在于,基于"标尺竞争"设计的地方政府官员晋升锦标赛机制会促使地方官员在任期内努力追求当地良好的经济发展业绩,促进出口行业发展,发挥出口对当地经济增长的乘数效应,这是地方政府官员能采取的重要经济发展手段之一。如果区域间地方政府的竞争越激烈,GDP 增值率在地方政府官员政绩考核中的权重越大,那么地方政府官员就越倾向于给当地企业的出口活动提供补贴,引导后者从事出口,最终促使当地出口规模扩张。从这个角度分析,地方政府竞争成了促进我国区域出口增长的政治制度因素。这一因素和财政分权一起,共同推动我国区域出口增长,从而构成了我国整体出口增长的区域基础。

三、计量模型设定及数据处理

(一)模型设定

理论模型分析得到的命题 1 和命题 2 分别说明了财政分权程度越高,地区政府间的竞争越激烈,这将促进我国各地区出口规模扩张,这两个命题都可通过我国省级面板数据来验证。考虑到出口增长可能具有动态滞后效应,这种滞后效应在张杰等(2014)等诸多微观企业出口的研究中均得到证实,因此本章设定动态面板模型如式(8.1)所示,其中下标 i 和 t 分别代表第 i 个省份(直辖市)和第 t 年。

$$\ln ex_{i,t}=\beta_0+\beta_1\ln ex_{i,t-1}+\beta_2\ln fd_{i,t}+\beta_3\ln comp_{i,t}+\lambda_c control\_variables+\varepsilon_{i,t} \quad (8.1)$$

省级面板数据的时间范围是 2002—2013 年。由于西藏统计数据的缺失,该面板的截面为我国 30 个省(区、市,西藏、港澳台除外)。式(8.1)中的 $\ln ex_{i,t}$ 是地区出口规模变量,$\ln fd_{i,t}$ 是财政分权变量,$\ln comp_{i,t}$ 是地区竞争变量,$control\_variables$ 是多个控制变量,λ_c 是第 c 个控制变量的系数。$\varepsilon_{i,t}$ 是随机扰动项,服从独立正态分布。

(二)变量描述与定义

出口规模变量($\ln ex_{i,t}$)。衡量该指标的方法有多种,其中常见的有出口总额、人均出口额、出口增长率等。为了消除各省(区、市)人口规模不同以及异方差和偏态的影响,本章采用人均出口额的对数来衡量出口规模。其中各省(区、市)货物出口总额按照经营单位所在地来统计,并按当年人民币年平均汇率由美元金额折算为人民币金额,单位是元/人。

财政分权变量($\ln fd_{i,t}$)。目前主要有两种方法来衡量财政分权,一种是从预算收入分成率的角度,即利用省级政府在本省(区、市)预算收入的平均分成率(Ma,1997)或边际分成率(林毅夫和刘志强,2000)来衡量。但该方法更适合衡量1994年分税制前中央政府和各个地方政府间分别谈判决定财政分权程度的情况。对于1994年分税制以后的财政分权,大多数学者更认同从财政收支的角度衡量,因此本章按照大多数学者的做法,采用第二种衡量方法,选取[省级人均地方财政收入/(省级人均地方财政收入＋本级人均中央财政收入)] * 100％,该指标值越大,表明财政分权的程度越大,该省利用财政收入补贴出口发展经济的自主权越大。

地方政府竞争变量($\ln comp_{i,t}$)。寻找合适的地方政府竞争指标是较为困难的,许多学者在相关研究中存在诸多争议,很大程度上是因为他们各自构造的指标不一致。傅勇和张晏(2007)的研究中采用外资企业负担的相对实际税率来表示地区间的竞争程度,但该方法由于算法上的缺陷,可信度较低。在中国现行的政治集权和经济分权的体制下,地方政府官员的锦标赛式晋升竞争导致了地方政府之间的横向竞争,而这种竞争主要是通过良好的基础设施和优惠的经济政策吸引外商直接投资实现的,因此本章按照张军等(2007)的做法,选取人均实际利用外商直接投资额来衡量地方政府间的竞争程度。

控制变量(*control_variables*)。基于现有的研究,模型中的控制变量包括人民币实际有效汇率($\ln reer_t$)、物质资本($\ln pfa_{i,t}$)、基础设施($\ln road_{it}$)、市场规模($\ln mar_{i,t}$)。大量研究都表明一国或地区的出口会受到汇率因素的影响,另外相对于名义汇率或实际汇率而言,人民币实际有效汇率是人民币与多种货币汇率的贸易加权平均汇率,更能反映汇率因素对我国出口的实际影响,因此本章选取人民币的实际有效汇率作为控制变量。新贸易古典理论认为,要素禀赋的差异决定了不同国家的专业化分工生产。该理论同样适用于不同省(区、市)之间的关系,因此本章采用各地区按注册类型分全社会年末固定资产投资/各地区按三次产业分就业人员来反映各省(区、市)的物质资本禀赋水平,单位是元/人。在其他条件相同的情况下,企业更愿意在基础设施更好的地区设厂,基础设施越好对企业的吸引力越大,因此本章选取各省(区、市)的公路密集度指标来控制各省的基础设施差异,即单位陆地面积拥有的公路里程,单位是1/公里。新贸易理论认为内部市场规模越大,出口规模越大,为了控制我国各省(区、市)内部市场规模差异对于出口规模的影响,本章引入市场规模这一控制变量($\ln mar_{i,t}$),并选取各省(区、市)年底人口总额来衡量这一控制变量,单位是万人。

(三)数据来源与统计描述

各省(区、市)的出口规模、年末固定资产投资额、人口规模、公路里程、年底就业人数和预算内中央财政收入的数据来源于相应年份的《中国统计年鉴》;各省(区、市)的国土面积来源于中华人民共和国中央人民政府官网;预算内各省(区、市)财政收入、实际利用FDI数据来源于各省(区、市)的统计年鉴;人民币实际有效汇率数据来源于国际清算银行数据库。所有变量的统计描述如表8.3所示。

表8.3 主要变量的统计描述

变量	含义	均值	标准差	最小值	最大值	样本数
$\ln ex_{i,t}$	人均出口的对数值	7.627	1.478	4.557	10.95	360
$\ln fd_{i,t}$	财政分权程度的对数值	3.774	0.297	3.258	4.454	360
$\ln comp_{i,t}$	地方政府竞争程度的对数值	5.915	1.474	1.884	8.852	360
$\ln reer_t$	人民币实际有效汇率对数值	4.560	0.097	4.439	4.753	360
$\ln pfa_{i,t}$	人均固定资产投资对数值	9.906	0.836	7.972	11.59	360
$\ln road_{i,t}$	单位陆地面积的公路里程对数值	−0.676	0.868	−3.404	0.689	360
$\ln mar_{i,t}$	各省(区、市)总人口的对数值	8.148	0.760	6.271	9.273	360

四、实证结果与解释

本章估计方程(8.1)的解释变量中包含了被解释变量的一阶滞后项,属于动态面板模型。系统 GMM 估计不仅可以增强差分估计中工具变量的有效性、减小估计的偏差,而且还可以通过增加原始水平值的回归方程来弥补只使用回归差分方程的不足,并有助于解决弱工具变量问题,因此本章先采用系统 GMM 方法进行实证分析,经过稳健性检验再采用差分 GMM 方法和混合回归的方法来估计。系统 GMM 回归可选择一步法或两步法,比较发现两步法明显优于一步法,因此本章只汇报两步法回归的结果,估计结果如表 8.4 所示。

表 8.4 中的模型(1)是不包含控制变量的估计结果,模型(2)~(5)是依次纳入控制变量人民币实际有效汇率($\ln reer_t$)、物质资本($\ln pfa_{i,t}$)、基础设施($\ln road_{it}$)、市场规模($\ln mar_{i,t}$)的估计结果。

表 8.4　系统 GMM 方法估计结果

变量	(1) $\ln ex_{i,t}$	(2) $\ln ex_{i,t}$	(3) $\ln ex_{i,t}$	(4) $\ln ex_{i,t}$	(5) $\ln ex_{i,t}$
$L.\ln ex_{i,t}$	0.668 *** (0.007)	0.683 *** (0.009)	0.679 *** (0.008)	0.671 *** (0.015)	0.660 *** (0.013)
$\ln fd_{i,t}$	1.140 *** (0.040)	1.226 *** (0.045)	1.210 *** (0.065)	1.252 *** (0.099)	1.277 *** (0.078)
$\ln comp_{i,t}$	0.084 *** (0.010)	0.114 *** (0.007)	0.086 *** (0.019)	0.048 *** (0.016)	0.074 *** (0.023)
$\ln reer_t$		−0.522 *** (0.031)	−1.039 *** (0.067)	−0.985 *** (0.066)	−1.055 *** (0.076)
$\ln pfa_{i,t}$			0.118 *** (0.020)	0.096 *** (0.018)	0.106 *** (0.023)
$\ln road_{i,t}$				0.084 *** (0.019)	0.041 *** (0.015)

变量	(1) $\ln ex_{i,t}$	(2) $\ln ex_{i,t}$	(3) $\ln ex_{i,t}$	(4) $\ln ex_{i,t}$	(5) $\ln ex_{i,t}$
$\ln mar_{i,t}$					0.226 (0.172)
常数项	−2.148*** (0.213)	−0.384*** (0.163)	1.049*** (0.309)	1.214*** (0.249)	−0.609 (1.393)
观测值	330	330	330	330	330
Sargan 检验	1.000	1.000	1.000	1.000	1.000
AR(1)P 值	0.001	0.001	0.001	0.001	0.001
AR(2)P 值	0.816	0.566	0.543	0.687	0.605

注:(1) 括号内的数字为标准差;(2) *、**、***、分别表示显著性水平为 10%、5%、1%;(3) 控制变量作为外生变量依次纳入,出口规模的一期滞后项、财政分权变量、地区竞争变量均为内生变量并采用它们的二阶和三阶滞后项作为工具变量。

表(8.4)中,AR(1)的值均表明方程的误差项在 1% 的显著性水平上都存在一阶序列自相关,AR(2)的值均表明在 10% 的显著性水平上接受了方程的误差项不存在二阶序列相关的假设。Sargan 检验的 P 值均为 1,表明了工具变量选择的有效性以及模型设定的合理性。从表 8.4 中的模型(1)~(5)可以看出,无论是否加入控制变量,财政分权变量($\ln fd_{i,t}$)和地区竞争变量($\ln comp_{i,t}$)的系数均为正,并且通过了 1% 的显著性水平检验。财政分权程度提高 1%,我国各省(区、市)出口规模将扩大 1.140%~1.277%;地方政府竞争程度提高 1%,我国各省(区、市)出口规模将扩大 0.048%~0.114%。这表明了财政分权和地方政府竞争程度的提高均能促进我国各省(区、市)出口规模的扩大,与本章第二部分理论模型的命题一致。其原因在于财政分权制度下,地方政府会采用各种手段促进地方经济的增长,从中获取更多的财政收入;地方政府就会给予出口企业各类补贴或财税优惠政策,这就直接促进了当地出口的增长。而在地方政府竞争方面,地方官员为了在晋升锦标赛中获胜,更是纷纷出台各种优惠措施吸引外商直接投资,提高出口增长速度从而提高当地经济增长绩效。表 8.4 中，各省(区、市)出口规模的一阶滞后项($L.\ln ex_{i,t}$)对当期出口产生正向的促进作用，并且这种正向促进作用在模型(1)~(5)中均通过了 1% 的显著性水平检验，这表明我国各个省(区、市)的出口确实存在滞后效应，前期的出口增长会带动当期的出口增长，体现出我国各省(区、市)出口增长的惯性特点，这也与目前大多数学者的观点一致。

在控制变量方面，人民币实际有效汇率($\ln reer_t$)、物质资本($\ln pfa_{i,t}$)、基础设施($\ln road_{it}$)、市场规模($\ln mar_{i,t}$)的系数绝大部分显著，并且系数的正负符号均符合理论预期。人民币实际有效汇率的系数显著为负，表明了汇率升值会减少各省(区、市)的出口，这与经济理论相符。物质资本和市场规模的系数均为正，表明了资本要素禀赋越丰裕，各省出口规模越大；同时市场规模扩大有利于从中培育出具有国际竞争力的本土企业，实现当地出口规模扩张。另外，基础设施的系数显著为正，表明了各省(区、市)公路里程密度越高，即交通越便利，该省(区、市)出口的物流运输成本越低，这显然越有利于扩大当地的出口规模。

五、稳健性检验

在稳健性检验部分，本章分别采用差分 GMM 和混合回归的方法[①]来进一步验证理论模型部分的命题 1 和命题 2。表 8.5 是差分 GMM 方法估计的结果。

表 8.5　差分 GMM 方法估计结果

变量	(6) $\ln ex_{i,t}$	(7) $\ln ex_{i,t}$	(8) $\ln ex_{i,t}$	(9) $\ln ex_{i,t}$	(10) $\ln ex_{i,t}$
$L.\ln ex_{i,t}$	0.512*** (0.006)	0.565*** (0.008)	0.436*** (0.009)	0.408*** (0.013)	0.385*** (0.018)
$\ln fd_{i,t}$	1.158*** (0.030)	1.410*** (0.035)	1.042*** (0.064)	1.227*** (0.074)	1.915*** (0.084)

---

① 混合回归结果与系统 GMM 和差分 GMM 估计结果基本一致。为节省篇幅，混合回归结果省略。

变量	(6) $\ln ex_{i,t}$	(7) $\ln ex_{i,t}$	(8) $\ln ex_{i,t}$	(9) $\ln ex_{i,t}$	(10) $\ln ex_{i,t}$
$\ln comp_{i,t}$	0.209*** (0.010)	0.220*** (0.008)	0.088*** (0.018)	0.061*** (0.022)	0.084*** (0.023)
$\ln reer_t$		−0.561*** (0.032)	−1.140*** (0.056)	−1.019*** (0.060)	−1.729*** (0.088)
$\ln pfa_{i,t}$			0.321*** (0.021)	0.262*** (0.029)	0.198*** (0.025)
$\ln road_{i,t}$				0.133*** (0.014)	0.157*** (0.020)
$\ln mar_{i,t}$					2.126*** (0.518)
常数项	−1.788*** (0.135)	−0.648 (0.175)	1.947*** (0.276)	1.750*** (0.279)	−14.280** (4.030)
观测值	300	300	300	300	300
Sargan 检验	0.998	0.998	0.997	0.998	0.998
AR(1)P 值	0.001	0.001	0.001	0.001	0.001
AR(2)P 值	0.564	0.456	0.760	0.900	0.758

　　注:(1) 括号内的数字为标准差;(2) ＊、＊＊、＊＊＊、分别表示显著性水平为10％、5％、1％;(3) 控制变量作为外生变量依次纳入,出口规模的一期滞后项、财政分权变量、地区竞争变量均为内生变量并采用它们的二阶和三阶滞后项作为工具变量。

　　模型(6)～(10)中的财政分权变量($\ln fd_{i,t}$)和地方政府竞争变量($\ln comp_{i,t}$)的系数在1％的显著性水平下依然均显著为正,即差分 GMM 方法的估计结果与系统 GMM 方法的估计结果一致:财政分权程度的提高以及地方政府竞争程度的提高均会扩大我国省级出口规模,具体而言,当其他条件不变时,财政分权程度提高1％,将使出口规模平均扩大1.042％～1.915％,在财政分权程度等条件不变下,地方政府竞争强度提高1％,能促进出口规模扩大0.061％～0.220％,这也进一步验证理论模型部分的两个命题成立。控制变量人民币实际有效汇率($\ln reer_t$)、物质资本($\ln pfa_{i,t}$)、基础设施($\ln road_{it}$)、市场规模($\ln mar_{i,t}$)的系数均符合理论预期，并且通过了1%的显著性水平检验。

六、简要结论与未来研究方向

本章构建了财政分权和地区竞争促进出口增长的动态博弈模型，提出两个核心命题：第一，中央政府和地方政府之间的财政分权程度越高，即地方政府留存税收比例越高，将越会促使两个地区的厂商都从事出口，实现该国整体出口增长；第二，地方政府之间的竞争越激烈，不同地区厂商越会倾向于出口，也实现出口增长。本章采用系统 GMM 方法估计了 2002—2013 年我国 30 个省(区、市)的动态面板数据，证实了上述两个核心命题，即财政分权和地方政府竞争会促进我国出口规模的扩大。结合稳健性检验结果，系统 GMM 和差分 GMM 的估计结果还表明我国各省(区、市)的出口增长存在动态惯性增长的特点，即前一期出口增长会正向促进当期出口增长。稳健性检验中差分 GMM 和混合回归估计结果均支持以上两个核心命题。

本章的研究结论有助于从我国经济转型发展特有的制度背景角度来理解我国整体出口持续高速增长的原因，具有一定的理论意义。本章的政策意义在于，我国经济处于新常态后出口增速下降，中央政府可通过调整财税体制，进一步平衡财权和事权，赋予地方政府更多支配财政收入的权利，同时保持地方政府之间的合理竞争，这样能激励我国制造业充分利用过去出口高速扩张时代积累下的产能，保障我国出口增速稳定在中高速区间，减少出口失速下滑的系统风险。当然，本章并未关注我国出口增长中产品结构优化、产品质量提升与产品技术复杂度提升的问题，这对于未来我国出口发展可能更为重要，也应当成为本章的后续研究方向。

参考文献

[1] JIN H, QIAN Y, WEINGAST B R. Regional Decentralization and Fiscal Incentives：Federalism, Chinese style[J]. Journal of Public Economics, 2006, 89(9)：1719 - 1742.

[2] MA J. Intergovernmental Relations and Economic Management in China[M]. Springer, 1996.

[3] 范子英,张军. 财政分权,转移支付与国内市场整合[J]. 经济研究,2010,45(3):53-64.

[4] 傅勇,张晏. 中国式分权与财政支出结构偏向:为增长而竞争的代价[J]. 管理世界,2007 (3):4-12.

[5] 李勇刚,李祥. 财政分权、地方政府竞争与房价波动:中国 35 个大中城市的实证研究 [J]. 软科学,2012,26(1):42-46.

[6] 林毅夫,刘志强. 中国的财政分权与经济增长[J]. 北京大学学报:哲学社会科学版,2000 (4):5-17.

[7] 刘强,林桂军. 中国货物出口升级路径的变迁规律研究[J]. 世界经济与政治论坛,2014 (5):22-44.

[8] 乔宝云,刘乐峥,尹训东,等. 地方政府激励制度的比较分析[J]. 经济研究,2014(10): 102-110.

[9] 王文剑,仉建涛,覃成林. 财政分权、地方政府竞争与 FDI 的增长效应[J]. 管理世界, 2007(3):13-22.

[10] 巫强,刘志彪. 中国沿海地区出口奇迹的发生机制分析[J]. 经济研究,2009(6): 83-93.

[11] 吴群,李永乐. 财政分权、地方政府竞争与土地财政[J]. 财贸经济,2010(7):51-59.

[12] 张杰,郑文平,陈志远,等. 进口是否引致了出口:中国出口奇迹的微观解读[J]. 世界经济,2014(6):3-26.

[13] 张军,高远,傅勇,等. 中国为什么拥有了良好的基础设施?[J]. 经济研究,2007(3): 4-19.

[14] 周黎安. 晋升博弈中政府官员的激励与合作:兼论我国地方保护主义和重复建设问题长期存在的原因[J]. 经济研究,2004(6):33-40.

[15] 周黎安. 中国地方官员的晋升锦标赛模式研究[J]. 经济研究,2007(7):36-50.

第九章　国际贸易利益测算的研究述评[①]

一、引　言

国际贸易利益或贸易利益始终是国际贸易理论的核心研究议题,国际贸易理论的发展历史就是经济学家对贸易利益的理解逐步深化的过程。古典国际贸易理论认为,国际贸易利益产生于供给方而体现在消费方,即更为有效的国际分工提高世界产品产量,国际贸易后为各国提供更多产品消费,同时节约社会劳动。新古典贸易理论以完全竞争市场理论为基础,包括要素禀赋理论与随后的"俄林-萨缪尔森框架",从社会福利水平的角度来解释贸易利益,认为贸易利益体现为各国参与国际贸易后社会福利水平的提高。Krugman(1979、1980、1981)吸收了 Dixit 和 Stiglitz(1977)对垄断市场结构的均衡分析,随后垄断竞争贸易模型取代完全竞争贸易模型,成为近三十年间国际贸易理论的主流分析框架。这一框架虽然仍用社会福利水平衡量贸易利益,但是对贸易利益来源的认识更为深入。新贸易理论强调国际贸易利益来自进口产品种类增加后满足典型消费者对产品多样化的需求,从而提高该消费者的福利水平。而以 Melitz(2003)为代表的新新贸易理论则提出,只有高生产率厂商才能出口,低生产率厂商只能服务于国内市场,乃至被淘汰;国际贸易利益来自贸易开放后社会资源从低生产率厂商向高生产率厂商的优化配置,从而体现为该行业的总体生产率水平提高。

---

① 本章以《国际贸易利益测算问题研究动态》为题发表在《经济学动态》2013 年 9 期上,原文作者为任志成、巫强、杨帆。

随着国际分工的不断深化,贸易现象或贸易活动的特征不断演进,这带动了国际贸易理论的发展,解释了国际贸易现象演变背后所蕴含的全新贸易利益,由此促进对国际贸易利益的理解逐步深化。然而长期以来,虽然国际贸易利益始终是国际贸易理论研究中的核心问题,但令人惊讶的是,对现实经济中一国的国际贸易利益的具体测算却始终有所滞后。这可能是由于早期国际贸易理论建模大多采用各种抽象的假设前提,现实数据难以直接被运用于这些抽象数理模型的模拟运算中;另外也可能是由于数据搜集困难较大,测算方法还不成熟。

但随着近年来各国贸易数据统计更为系统精确,国际贸易理论模型与测算方法的共同发展,为实际测算一个国家的贸易利益规模提供了可能性。基于理论最新进展,利用细分贸易数据具体测算一国实际的贸易利益,这成为近年在国际贸易理论研究中的一个新兴热点。当然国际贸易理论的不断演进,或者对贸易利益理解的不同侧面导致贸易利益测算的理论基础不同。从古典贸易理论到新古典贸易理论,它们均假设市场结构为完全竞争;但是从新贸易理论开始,完全竞争市场假设被垄断竞争市场假设所替代。所以根据理论模型假设市场结构的差异,当前国内外文献测算贸易利益的体系分为两大框架,即完全竞争贸易理论框架和垄断竞争贸易理论框架。而在垄断竞争贸易理论框架内,国外已初步形成了三种测算贸易利益的方式。它们分别对应近三十年垄断竞争贸易理论发展所揭示的三种主要贸易利益,包括进口产品种类增加提高消费者效用水平、社会资源向高生产率厂商优化配置与进口竞争促使企业加成定价(mark-up)减少(Feenstra,2009)。

本章的目的在于全面综述这两大理论框架下的贸易利益测算的国内外研究进展,比较分析这些测算体系的方法和结论。本章第二部分是完全在竞争贸易理论框架下的贸易利益测算,第三部分是垄断竞争贸易理论框架下的贸易利益测算,具体包括三种主要的贸易利益测算,第四部分是对中国国际贸易利益测算的成果,第五部分是总结和展望。

二、完全竞争贸易理论框架下的贸易利益测算

Bernhofen 和 Brown(2005)提出,当一国从封闭经济迅速向开放经济转化时,其贸易利益主要来自静态比较优势,不需要考虑经济结构的动态调整与技术创新等因素,日本在十九世纪五十年代的经济对外开放符合这些假设要求,可以将其作为一次自然实验(natural experiment)。他们的测算方法来自斯拉茨基补偿(Slutsky compensation)概念,估算日本在十九世纪五十年代贸易利益 ΔW_{1850s} 的核心公式如(9.1)式所示。

$$\Delta W_{1850s} = e(p^a_{1850s}, c^f_{1850s}) - e(p^a_{1850s}, c^a_{1850s}) \tag{9.1}$$

其中 p^a_{1850s} 是该时期日本封闭经济下的价格向量,c^f_{1850s} 是如果该时期日本允许自由贸易所能获得的假想消费集合,c^a_{1850s} 是该时期日本封闭经济下实际的消费集合,而 $e(p,c)$ 表示在相应的价格向量和消费集合下的最小支出函数。所以,这种贸易利益的测算方法事实上是要计算当日本在 1851—1853 年处于自给自足的状况时,如果要享受允许国际贸易后获得的消费水平,其实际收入需要上升多少。这种实际收入的上升就可以理解为日本加入国际贸易后从静态比较优势中获得的贸易利益,测算结果表明当时日本的这种贸易利益不超过同期 GDP 的 8％或 9％。这表明,虽然一国经济从封闭迅速走向开放时,其产品价格会发生巨大变化,但是其福利增长可能并不像想象中的那么大。Huber(1971)通过对数据的描述性统计,大致匡算日本开放自由贸易使其实际收入提高 65％。Bernhofen 和 Brown(2005)使用 1851—1853 年日本在封闭经济下的细分产品价格、假想的进口产品数量和 GDP 等三类主要数据。其中相当部分的数据无法直接获得,需要从各种途径加以推算。例如当时日本还没有完善的国民收入统计制度,GDP 数据只能根据日本发达地区在十九世纪四十年代和七十年代的数据加以推测。

国内学者(梁碧波,2011)延续并简化了 Bernhofen 和 Brown(2005)的测算方法,采用总量的进出口贸易数据,测算了 1978—1985 年中国基于比较优势获得的贸易利益,该研究发现在有限开放、有限自由贸易的前提下,这种贸易利益不超过 GDP 的

1.35％；在全面开放、自由贸易的前提下,这种贸易利益不超过 GDP 的 5％。这种测算方法属于贸易静态效应的分析范畴,强调不考虑规模经济导致的贸易利益,也不考虑技术进步等动态因素;其理论基础是新古典贸易理论,采用完全竞争贸易模型,而不是当前更为主流的垄断竞争贸易模型。除此之外,该测算方法需要收集细分的产品价格数据和进出口数据,对数据质量要求较高,同时只能用于测算各个国家从封闭走向开放的特定历史阶段内获得的贸易利益,所以其应用范围有限。

三、垄断竞争贸易理论框架下的贸易利益测算

在垄断竞争理论框架下测算国际贸易利益已经成为该领域的主流研究方向,相关方法弥补了理论模型过于抽象、难以计算的不足,解决了居民效用变化难以测度的难题,使得国际贸易利益的测算成为可能。这些研究进展的共同特点是都建立在垄断竞争贸易模型上,都在引入新假设扩展基础理论模型后,提出全面的贸易利益测算框架并结合数据得到具体测算结果。

(一) 进口产品种类增加产生的国际贸易利益

1. 基本原理与测算框架

从自给自足的封闭经济转为自由贸易,消费者能从进口中获得新的产品种类(product variety),有助于提高其效用水平,从而产生国际贸易利益。这可以从两个角度来加以解释。一种直观解释是,代表性消费者具有多样化的消费偏好,所以进口的产品种类增多能提高代表性消费者的效用水平,而这种代表性消费者的效用水平提高就是贸易利益的核心体现。但是由于消费者效用函数中的参数难以直接估算,所以试图将所有产品种类纳入效用函数,并通过比较自由贸易前后消费产品的种类变化来测算贸易利益,这显然难以实现。

另一种解释是,消费者能购买新的进口产品种类,这一转变过程相当于这些产品的价格从某一极为高昂的价格下降到消费者足以购买的有限价格,这种产品降价过程使得消费者面临的价格指数下降,生活成本降低且实际工资提高,从而提高其效用水平。从 Krugman(1979、1980、1981)开始,垄断竞争贸易理论都假设劳动力是生产

的唯一要素，且名义工资水平都假设为1，所以国际贸易利益就体现为消费者面对产品价格指数的下降，即消费者生活成本的下降、消费支出的减少或实际工资的提高，国际贸易利益测算问题就转化为对自由贸易前后消费者面对价格指数或单位支出比率的测算。

正是基于后一种理解，这类贸易利益测算方法起源于 Feenstra(1994)对美国进口产品价格指数的研究，以 Broda 和 Weinstein(2006)为典型代表。当时研究一国进口产品价格指数的意义在于可以基于该指数得出该国的进口需求收入弹性，因此有助于分析该国贸易收支差额的持续性。Houthakker 和 Magee(1969)测算发现美国进口需求的收入弹性大于1并超过外国对美国出口产品的收入弹性，这就意味着当美国和外国收入同等提高时，美国会出现持续的贸易收支恶化。但是他们的测算忽略了美国进口价格指数计算中的新产品种类。Feenstra(1994)在此基础上提出了跨时期条件下新产品不断出现后的美国进口价格指数测算方法。

在测算中，Feenstra(1994)将进出口统计中的一个细分编码(例如 HS 六位编码或八位编码)视为一种产品，并将本国从特定来源国家进口的该产品视为一个产品种类，所以在同一编码下，该产品下进口来源国家增加也被定义为本国消费者面对的产品种类增加。传统的进口价格指数计算不考虑产品种类的变动，而事实上，任何一国进口的产品种类都在动态调整，所以传统方法并不能充分反映进口产品种类增加给消费者带来的福利增加。

在此理解基础上，假设消费者偏好不发生跨期变化，Feenstra(1994)修正了传统的进口产品价格指数 P_{sv}，即不考虑该产品跨期种类变动影响的消费者单位支出比率，添加了一个反映贸易前后特定产品种类变动的因子，得到 t 期对 $t-1$ 期消费者单位支出比率 $\dfrac{e(p_t, I_t)}{e(p_{t-1}, I_{t-1})}$，如(9.2)式所示：

$$\frac{e(p_t, I_t)}{e(p_{t-1}, I_{t-1})} = P_{sv}(p_{t-1}, p_t, x_{t-1}, x_t, I)(\lambda_t / \lambda_{t-1})^{1/(\sigma-1)} \tag{9.2}$$

其中，p_t、p_{t-1}分别表示第 t、$t-1$ 期购买特定产品的所有种类的价格，I_t、I_{t-1}分别为第 t、$t-1$ 期市场上特定产品的种类数目，σ 为特定产品任意两个种类之间的替代弹性，x_t、x_{t-1}为第 t、$t-1$ 期消费特定产品的种类数量，I 为该产品在两期均可消费

的共同种类集合。(9.2)式中修正因子 λ_r 如(9.3)式所示:

$$\lambda_r \equiv \sum_{i \in I} p_{i,r} x_{i,r} / \sum_{i \in I_r} p_{i,r} x_{i,r} = 1 - (\sum_{i \in I_r, i \notin I} p_{i,r} x_{i,r} / \sum_{i \in I_r} p_{i,r} x_{i,r}), r = t-1, t \ (9.3)$$

该修正因子的经济含义是在 r 期消费者花费在 r 和 $r-1$ 两期共有产品种类上的支出份额,或者是 1 减去消费者花在 r 期该产品新种类上的支出份额。(9.3)式表明"真实"进口价格指数应该等于未修正进口价格指数乘以一个产品种类变动比率。根据(9.2)式,当第 t 期市场产品种类相对第 $t-1$ 期增加时,产品种类变动比率 $(\lambda_t/\lambda_{t-1})^{1/(\sigma-1)}$ 小于 1,"真实"进口价格指数会小于未修正进口价格指数,即 P_{su} 高估了实际的价格指数;而当第 t 期市场产品种类相对第 $t-1$ 期减少时,产品种类变动比率 $(\lambda_t/\lambda_{t-1})^{1/(\sigma-1)}$ 大于 1,"真实"进口价格指数会大于未修正进口价格指数,即 P_{su} 低估了实际的价格指数。

如果将 $t-1$ 期视为自给自足的封闭经济时期,而将 t 期视为自由贸易时期,那么(9.2)式的倒数就是自由贸易带来的贸易利益。考虑到前后两期的特定产品的共同种类就是贸易前后都存在的国内该产品的种类,可以设定 P_{su} 为 1,由此将贸易利益简化为 $(\lambda_t/\lambda_{t-1})^{-1/(\sigma-1)}$。并且封闭经济时期国内生产该产品的种类数量始终不变,即 λ_{t-1} 为 1,所以测算进口产品种类增加所带来的贸易利益就最终转化为测算 $(\lambda_t)^{-1/(\sigma-1)}$ 这一指标。

Feenstra(1994)随后利用 1964—1987 年的美国进口数据,重新测算了包括便携式打字机、彩色电视机、金银条在内的八类行业产品的种类替代弹性以及进口价格指数。结论表明,这八类行业产品的种类替代弹性从 2.96～42.9 不等,均为高替代弹性行业。同时,通过将传统价格指数依次比较三种不同参照系的"真实"进口价格指数,即所有国家进口产品的价格指数 π_1、剔除发展中国家进口产品质量变动的价格指数 π_2、剔除发达国家日本和发展中国家产品质量变动的价格指数 π_3,该研究发现运动鞋、棉织衬衣、碳钢板以及便携式打印机这四种行业的三种"真实"进口价格指数均比传统进口价格指数有所下降;不锈钢棒材行业的"真实"价格指数 π_3 不仅高于传统进口价格指数,还高于其他两种"真实"价格指数 π_1、π_2;金银条行业的三种"真实"进口价格指数均与传统进口价格指数近乎相等;彩色电视机行业的三种"真实"进口

价格指数在 1983 年以前要小于传统进口价格指数,但在 1983 年以后,"真实"进口价格指数变动趋势出现分化:π_2 继续小于传统进口价格指数,π_1 变动与后者重合,π_3 则高于后者。

　　Feenstra(1994)的研究为垄断竞争贸易模型下的贸易利益测算工作奠定了基础,但其研究的主要不足在于,由于当时无法获得全部细分的贸易数据,因此他测算的进口价格指数的行业数目只有八个,不足以代表整个进口产品的价格指数变化,无法对消费者从产品种类增加中获得的效用进行全面的测算。Broda 和 Weinstein(2006)以此为基础,全面测算了美国 1972—1988 年以及 1990—2001 年从进口产品种类增加中获得的贸易利益规模。1972—1988 年差异化产品种类被定义为 TSUSA 产品分类体系下的七位编码产品,而 1990—2001 年差异化产品种类被定义为 HS 产品分类体系下的十位编码产品。如果发现某些产品种类在前后两期内没有任何共同来源国,那这些产品的种类就会被重新定位为各自体系下的五位编码产品或三位编码产品。这种方法在保证数据有效性的前提下,提升了数据的可处理性。另外,他们提出了计算总进口产品价格指数乃至消费者效用变动的方法。根据其研究,考虑产品种类增加下的总进口产品价格指数应等于各进口产品修正价格指数的连乘积,而一国消费者的效用变动应等于该国所有产品总价格指数的倒数。

　　Broda 和 Weinstein(2006)在对美国超过 3 万种产品种类的进口来源国进行研究后发现:1972—1988 年,七位、五位以及三位 TSUSA 编码下不同产品种类之间的替代弹性中位数分别为 3.7、2.8 和 2.5;1990—2001 年,十位、五位以及三位 HTS 编码下不同产品种类之间的替代弹性中位数分别为 3.1、2.7 和 2.2。根据这些替代弹性数值,他们计算出 1972—1988 年美国年平均的实际总价格指数为传统总价格指数的 0.986,1990—2001 年美国年平均的实际总价格指数为传统总价格指数的 0.992,1972—2001 年美国年平均的实际总价格指数为传统总价格指数的 0.988。所以,这一期间内美国消费者从进口产品种类增加中获得的实际收入增长了 2.82%,消费者福利增长相当于 2001 年美国全年 GDP 的 2.6 个百分点左右,即每年消费者从产品种类增加中获得相当于其收入 0.1 个百分点的收益。与消除贸易保护(Feenstra,1992;Romer,1994)所获得的贸易利益相比,这种贸易利益是前者的 3～6 倍。

2. 其他发达国家的国际贸易利益测算

Feenstra(1994),Broda 和 Weinstein(2006)为测算世界各国从进口产品种类增加获得的国际贸易利益提供了标准方法,国际经济学界随后产生了一批采用该方法来测算进口产品种类增加所产生国际贸易利益的文献。但总体看来,目前这方面的文献大多集中于对发达国家的研究,究其主要原因,一方面可能是发达国家学者更加关注本国情况,另一方面可能是由于发达国家的贸易统计数据更加全面细致,能满足该测算框架的数据质量要求,而发展中国家的贸易统计数据相对粗糙。

Mohler(2009)将瑞士作为一个开放的小型经济体代表,测算其贸易利益,并与美国对比。其结果发现,1990—2006 年,瑞士的国际贸易利益在 GDP 的 0.3%～5.0%之间,而美国的国际贸易利益在 GDP 的 0.5%～4.7%之间。Cabral 和 Manteu(2010)对葡萄牙等欧洲各国的研究表明,去除能源类进口产品,1995—2007 年,葡萄牙、法国、西班牙、意大利、奥地利、芬兰、希腊和爱尔兰获得的国际贸易利益分别是各自 GDP 的 0.7%、0.1%、0.6%、0.1%、0.3%、0.9%、1.3%、1.5%,而德国、荷兰则不足 0.1%。Minondo 和 Requena(2010)测算 1988—2006 年西班牙的该贸易利益,其结果表明,西班牙在此期间内从进口产品种类增长中所获得的贸易利益相当于其 GDP 的 1.2%,而在贸易利益的主要来源国中,来自中国的进口产品种类增加贡献了其中 12%的份额,这一比重相当于欧盟 15 国对西班牙贸易利益贡献份额的总和。

Mohler 和 Seitz(2012)测算了欧盟 27 国 1999—2008 年的这种国际贸易利益,结果显示在欧盟各国,特别是在那些新加入欧盟的国家以及小国,从新增的进口产品种类中获得了高额的贸易利润。此外,研究还发现大部分的进口产品种类增长源自欧盟的内部贸易。Chen 和 Jacks(2012)对加拿大该国际贸易利益的测算表明,1988—2007 年加拿大的进口产品种类增加了 76%,由此或福利共增长 28.2%,或年均增长 1.25%,且加拿大移民流入促进了这种进口产品种类增加和福利增长。

3. 进口产品种类与本国产品种类替代下的国际贸易利益测算

Ardelean 和 Lugovskyy(2009)提出进口产品种类与本国相似产品种类之间存在替代关系,这对准确测算一国从进口产品种类中获得的贸易利益很重要。如果一国某个行业生产率提高,使得该行业比较优势增强,那么该国对国外进口的该行业产品种类就会减少。这种情况下,如果只考虑进口产品种类中获得的贸易利益,那显然消费者福利下降,该国贸易利益减少;但该国该行业比较优势提高意味着国内生产的产品种类会增加,抵消了进口产品种类减少对消费者福利的负面影响,贸易利益并未显著减少。在这一思路下,他们采用 Broda 和 Weinstein（2006）的方法,运用美国1991—2001 年的贸易和生产数据,估计了由于忽视国内产品种类导致的贸易利益测算偏差,发现所有行业加权平均的贸易利益测算偏差为 8%,但不同行业贸易利益的测算偏差差异很大,例如机械和运输工具行业的贸易利益被高估了 41%,电子行业贸易利益被低估了 93%。

Kancs(2010)研究区域经济一体化对参与国贸易利益的影响时,也注意到了进口产品种类与本国产品种类之间的替代关系,他认为区域经济一体化会分别降低贸易固定成本、可变成本或同时降低这两种成本,这对参与国居民可消费的产品种类的影响有两方面,一是该国进口产品种类增加,居民福利提高;二是该国本土产品种类减少,居民福利下降。其研究发现,东南亚三种区域经济一体化框架下,第一种影响都大于第二种影响。以 ASEAN＋6 框架为例,它会使各国贸易产品总量增加6.52%～33.93%,并使贸易产品种类增加 4.89%～8.84%。其中,贸易自由化最大的获益方是印度和东盟自身,印度贸易产品种类增多 6.37%～14.08%,东盟贸易产品种类增多 4.96%～14.28%,而在中印自由贸易区与 ASEAN＋3 框架下的贸易收益要比 ASEAN＋6 框架下的贸易收益要小,只比市场整合前增加最多 5%左右。

4. 从市场交易数据来测算该国际贸易利益

受制于数据的可得性,测算消费更多产品种类所产生贸易利益时,一般都将一个细分编码下的所有产品作为一个产品种类,Broda 和 Weinstein(2006),Ardelean 和Lugovskyy(2009)等都这样处理产品种类。但是这种处理并不精确,对产品种类的界定和划分并不够细致,例如同一个 HS 编码下可能仍然存在多个产品种类,这就导致以上研究事实上都是在产品加总层面上测算的贸易利益,显然高估了一国对进口产品种类的需求弹性。Blonigen 和 Soderbery(2009),Sheu(2010)为解决这一不足做出了有益尝试。

　　Blonigen 和 Soderbery(2009)抛弃了单纯的进口贸易数据,采用美国汽车市场上高度细分的生产和进口数据,将不同品牌、不同尺寸、不同功能的汽车划分为不同种类,从而更为准确地衡量了新进口的产品种类。结果表明 1990—2006 年,用美国汽车市场细分数据测算的贸易利益比用美国汽车进口数据测算的贸易利益要大一倍;在此基础上,如果考虑国外厂商在美国设厂生产更多的汽车种类,美国居民的福利还要增长 70%。Sheu(2010)认为,差异化的产品体现在价格、质量和种类三个方面,产品种类是指给定价格和质量后的产品数量,新产品对消费者福利的影响应该从这三个方面展开测算。他运用 1996—2006 年印度电脑打印机市场的交易数据,包括打印机的型号、功能、交易额和价格等详细指标,将电脑打印机细分为 2006 种;采取常替代弹性和随机系数 LOGIT 两种需求函数设定,分别估算了新产品对福利增长的巨大影响,其估算结果表明,为了达到 2006 年的福利水平,在两种需求函数的设定下,1996 年的打印机价格分别需要降低 96% 和 76%。

　　测算产品种类增加导致的国际贸易利益时,市场交易数据优于国际贸易数据的根本原因是前者对产品种类的界定更为精确,但是这也带来了相应的缺陷。市场交易数据的可获得性比国际贸易数据更差,同时前者的数据量也远远超过后者,这就决定了这种研究手段只能限于对一国特定产业或特定产品市场的国际贸易利益测算研究,而无法推广到一国整体层面上。

(二) 厂商间资源优化配置提高社会平均生产率

　　从进口产品种类增加所获得的国际贸易利益是源自进口活动的国际贸易利益,而厂商间资源优化配置提高社会生产率这种国际贸易利益源于出口活动。这种国际贸易利益测算的理论基础来自 Melitz(2003),Arkolakis 等(2008),Feenstra(2009),并在 Trefler(2004)等的研究中得到验证。早期国际贸易理论的研究均假设厂商是对称的原子型企业,不存在任何差异(Krugman, 1980),显然这一假设在现实经济中很难成立。同时强调资源从低效率厂商向高效率厂商集中,从而提高社会生产率这种国际贸易利益,必然需要假设同行业个体厂商之间存在生产率差异,即需要打破同质性企业假设。

　　Melitz(2003)采用异质性企业假设,首次从理论上完整地论证了垄断竞争条件下社会资源在异质性厂商间的优化配置会产生这一全新的贸易利益。Melitz(2003)假设不同企业的成本函数存在差异,体现在其生产率水平不同,并且企业生产率水平服从特定的概率分布,在企业投资前无法获知,只有在企业投资后才可以得知。结论表明,面对行业的外生冲击,生产率低于某一水平的企业会被淘汰出市场,该生产率水平就是企业退出的临界生产率条件;开放条件下,在位企业中生产率高于某一水平的企业能成功出口,该生产率水平就是企业出口的临界生产率条件;自由贸易不仅会使得那些最有生产效率的企业从出口中获取较之封闭经济时更大的利润,而且会提高市场上在位企业退市的临界生产率条件,进而提高全体在位企业的生产率水平。这就是一国作为生产供给方参与出口活动后能获得的新型国际贸易利益。

　　Trefler(2004)在研究北美自由贸易协定签署对加拿大制造业的影响时发现,在协定签署后的八年内(1989—1996年),加拿大制造业企业出现了较为明显的资源重新配置现象,具体表现为低效率企业数量的减少以及高端制造业企业获得社会资源增加。伴随着资源的重新配置,制造行业整体单位劳动生产率年均增长0.6个百分点,个别企业劳动生产率年平均增长达到3.2个百分点。同时,制造业企业工人整体工资年均增长0.2个百分点,部分类别企业工人工资年均增长0.8个百分点。前者与Melitz(2003)模型的结论相吻合,后者则与Arkolakis等(2008),Feenstra(2009)等的预测相一致,证明了这种贸易利益测算的存在。另外,Feenstra和Kee(2008)也发现了发展中国家的这种贸易利益规模巨大,他们分析了1980—2000年间出口到美国48个发展中国家,发现这些国家每年出口到美国的产品种类会增加3.3%,这促进这些出口国二十年间生产率平均提高3.3%,这些国家的GDP将增长更快。Bernard等(2003)和Eaton等(2003、2004)分别对美国和法国制造业企业的研究也证实了这点。

　　Melitz(2003)和相关经验研究都证明了这种贸易利益的存在性,但要具体从居民福利或一国GDP角度来衡量这种贸易利益的大小还具有难度。原因之一是他并未指明市场上的在位企业生产率水平服从何种概率分布。Arkolakis等(2008),Feenstra(2009)等设定企业生产率符合帕累托分布,认为这种全新的贸易利益不同于规模经济效应所产生的贸易利益(Krugman, 1980),它本质上是一国出口行业面对国际贸易活动的摩擦成本产生的选择效应,即行业内高生产率的出口厂商挤出了低生产率厂商,从而使行业整体生产率提升(Dhingra 和 Morrow, 2009)。这将一方面提高工人工资,另一方面降低产品价格,最终体现为出口国的实际工资上升,所以从出口国实际工资指标的变化来测量这种国际贸易的利益规模是一种可行途径。具体而言,这种国际贸易利益,即参与出口前后出口国实际工资的变化取决于出口后国内消费者在本国产品上的支出与名义工资之间的比率,同时还与帕累托分布的参数有关。总体看来,在消费者对本国产品支出给定的情况下,名义工资越高,二者的比率就越小,由此该国所能获得的这种国际贸易利益就越大;反之,在名义工资给定的情况下,消费者购买本国产品的支出越高,二者的比率就越大,该国获得的这种国际贸易利益就越小。Choudhri 和 Marasco(2013)就将工资率作为测算这种国际贸易利益的核心指标,将非贸易品引入了异质性企业模型,并校准了包括世界主要发达国家在内的 8 国进口以及 FDI 数据,发现即使不可贸易产品在一国 GDP 中占有极大比重,贸易开放和 FDI 所产生的福利增长依然能达到这些国家工资收入的3.24%~6.27%,这些福利增长大多是贸易开放所产生的国际贸易利益。

原因之二是 Melitz(2003),Arkolakis 等(2008)并不关注进口产品种类增加所产生的贸易利益,难以采用 Feenstra(1994),Broda 和 Weinstein(2006)的测算框架。这种厂商间资源优化配置产生的贸易利益是来自生产供给方的贸易利益,它对进口产品种类的影响具有不确定性。随着国内低效率厂商被淘汰,国内生产的产品种类会减少;虽然进口产品种类会增加,但是进口种类增加会被国内产品种类减少所完全抵消。本国制造行业参与出口贸易后,国内消费者可获得的总产品种类可能不变,甚至下降(Baldwin 和 Forslid,2010;Arkolakis 等,2008)。

Bekkers(2012)在这种国际贸易利益的测算上做出了初步尝试,他分解了 Melitz(2003)中出口贸易的外延边际和内延边际,将内延边际视为原有的产品种类,将外延边际视为新出现的产品种类,从而按照 Feenstra(1994)的思路计算出福利增长中外延边际和内延边际的贡献率。该研究还具体利用世界投入产出表(WIOD)的数据,采用参数模拟方法初步测算了 2000—2007 年德国福利增长、外延边际与内延边际的贡献率。但总体看来,对这种国际贸易的测算工作才开始起步。

（三）竞争加剧导致厂商加价减少

进口竞争将导致企业加价减少，这种国际贸易利益在 Krugman（1979）中就被强调过。但是由于国际贸易的主流数理模型都采用常替代弹性（CES）的消费者效用函数设定，这导致厂商的加成定价幅度为常数，所以包括 Melitz（2003）在内的理论研究都有意无意地忽视了这种国际贸易利益。如果采用了企业加价为常数的假定，那么进口竞争加剧导致的国内产品种类减少将被外国进口产品种类增加完全抵消，消费者的福利状况保持不变，这意味着 Melitz（2003）所提出的贸易利益仅是生产者一方所获得的贸易利益，但并不包括消费者这方获得的贸易利益。

Feenstra（2003），Bergin 和 Feenstra（2009）等的理论分析改变了这一做法，将超越对数支出函数（translog expenditure function）引入垄断竞争贸易模型，使其能够分析厂商的加成定价幅度。对此，Feenstra（2009）提出运用超越对数支出函数测算 Melitz（2003）异质企业假设下消费者一方获得的贸易利益，在企业加成定价不是常数的情况下，进口产品数目的增加会导致相关企业产品加成定价幅度的下降，即消费者面对产品价格的下降，因此消费者的福利水平会提高。这就是进口加剧竞争后导致厂商加价减少所产生的国际贸易利益的实质。

Feenstra（2009）还设想将超越对数系统和二次效用函数（Melitz 和 Ottaviano，2008）结合起来就能解决企业加成定价为常数的缺陷，将企业加成定价内生化。这为经验分析提供了便利，将其中的产品价格替换为新出现产品种类或消失的产品种类的保留价格后，可以进行具体的贸易利益测算。虽然 Feenstra 和 Weinstein（2010）已经将该方法运用于分析全球化对美国市场与其市场上产品种类的影响，但目前对这种贸易利益的测算体系还在完善之中。虽然这种测算方法的理论基础有所突破，但是还缺乏采用各国具体数据测算贸易利益规模的实例。

四、对中国国际贸易利益的测算

由于中国外向型经济的高速成长和所取得的巨大成就，中国从进口产品种类增加中获得的国际贸易利益显然也成为国内外学界研究热点。Funke 和 Ruhwedel

(2008)运用 HS 六位码的进口数据来测算 1993—2003 年中国的贸易利益,发现中国进口增长中外延边际增长幅度大而内延边际增长幅度小,中国每年从中获得的福利增长都在 10%左右。但是他们沿着 Romer(1994)的思路,从产品的外延边际来定义产品种类,即只有出现新产品才代表产品种类的增加,所以他们对产品种类的定义不同于 Feenstra(1994),Broda 和 Weinstein(2006)。并且他们没有考虑不同产品种类之间的替代弹性存在差异,统一将其设定为 2。

Chen 和 Ma(2012)则采用 Feenstra(1994),Broda 和 Weinstein(2006)的方法测算了 1997—2008 年中国的国际贸易利益,运用了 HS 八位编码下的进口贸易数据,并将其中加工贸易的部分去掉,从而更为准确地衡量了中国消费者从进口更多种类产品中获得的国际贸易利益。中国在此期间的总贸易利益相当于 GDP 的 4.9%,即每年 GDP 比重的 0.4%;按进口国别分类研究后发现,中国的这类贸易利益主要来自日本,其次分别来自加拿大和德国;像印度尼西亚、俄罗斯、伊朗以及澳大利亚等自然资源丰富的国家也是这类贸易利益的主要贡献国。

国内学者还以"俄林-萨缪尔森框架"为基础,通过贸易条件的变动或者贸易收支的变动来测算中国的国际贸易利益规模。贸易条件越好,中国获得的国际贸易利益就越大;反之中国获得的国际贸易利益就越小。钱学锋等(2010)以 Feenstra(1994)模型为基础测算了在不完全竞争市场结构的前提下,产品种类增加导致的中国贸易条件变动,这是在垄断竞争理论框架下直接测算中国贸易条件,从而间接反映中国国际贸易利益的国内成果代表。他们发现在 1995—2004 年,用新方法算得的贸易条件比采用固定种类篮子测算的贸易条件要高 1.63%,同时,贸易条件也较过去改善了 1.36%左右,类似的研究还有宗毅君(2011)。而在采用贸易收支测度法时(李翀,2005),中国从贸易中获得的利益可以用中国在经常性项目上的顺差来测算:中国的贸易顺差越大,贸易利益就越大。

另外值得一提的是,高敬峰(2011)参照 Rodrik(2006)以及 Hausmann,Hwang 和 Rodrik(2007)等的出口收入指数,构建了一个国家的出口收入份额指标 $INPY_{jui}$,即 j 国 i 行业收入在该行业世界平均收入中所占的比重,将其作为衡量该国贸易利益的全新指标。这种做法的理由是 $INPY_{jui}$ 反映了 j 国在 i 行业中的收入对该行业世界平均收入的影响程度,如果该影响程度越大,说明 j 国在 i 行业中获得的贸易利益越大。该研究表明,2001—2009 年中国获得的贸易利益,即在世界平均收入中的份额在逐步上升,但远远赶不上中国贸易规模地位的上升速度。同时测算还表明,2009 年纺织业,纺织服装、鞋、帽制造业,文教体育用品制造业等行业是中国获得贸易利益最多的行业,它们也是世界平均收入水平较低的行业,所以中国主要依靠出口规模在这些低技术行业获得贸易利益,而中国在高科技行业获得的市场份额和贸易利益均较小。

五、总结和展望

本章综述了国际贸易利益测算的国内外研究成果,这是当前国际贸易理论研究领域的热点问题,体现了国际贸易研究从纯理论走向实证主义,从数理模型为主走向兼重数理分析和经验分析的变化趋势。根据其依据的国际贸易理论基础来划分,国际贸易利益测算体系分为两大部分:一是完全竞争贸易理论下的贸易利益测算,二是垄断竞争贸易理论下的贸易利益测算。国际经济学界对后者的研究进展非常迅速,进口产品种类增加提高消费者效用水平、社会资源向高生产率厂商优化配置与进口竞争促使企业加价减少,垄断竞争贸易模型下围绕这三种主要贸易利益展开测算方法的研究是近年来国际贸易利益测算领域的最新热点。

当前国际贸易理论研究的又一个重要进展是多产品假设的引入。Bernard 等(2007)在研究美国贸易数据时发现,40％左右的出口企业只拥有单一出口产品与出口市场,这类企业在总出口额中所占的比例不到 1％;有超过 90％的出口额是由出口多种产品、拥有多个国外市场的企业创造的,而这部分企业只占出口企业数的 12％左右。在理论上,企业可以通过调整资源配置到其出口竞争力最强的产品生产中,以此来实现厂商层面上效率提高,从而产生又一种全新的贸易利益。所以在垄断竞争贸易理论的框架内,测算多产品假设下的贸易利益将成为未来贸易利益测算研究的一个可能方向。

另外,如何利用宏观经济变量来测算国际贸易利益也是未来研究的另一个可能方向。这一思路不具体关注贸易利益的产生机制,而是强调在何种条件下相关宏观经济变量能用于衡量自由贸易或贸易成本下降带来的总体贸易利益。Burstein 和 Cravino(2012)提出假如 GDP 平减指数能反映贸易成本下降,那么实际的 GDP 和总体生产率将随着贸易可变成本下降而提高;当各国贸易收支均衡时,世界的实际消费与真实 GDP 的变化与可变贸易成本的变化相一致;并且给定贸易可变成本的变化程度和贸易比重,世界实际消费和真实 GDP 的变化程度大致相当。

参考文献

[1] ARKOLAKIS C, DEMIDOVA S, KLENOW P J, et al. Endogenous Variety and the Gains from Trade[J]. American Economic Review, 2008, 98(2): 444 - 450.

[2] ARDELEAN A, LUGOVSKYY V. Domestic Productivity and Variety Gains from Trade[J]. Journal of International Economics, 2010, 80(2): 280 - 291.

[3] BALDWIN R E, FORSLID R. Trade Liberalization with Heterogeneous Firms[J]. Review of Development Economics, 2010, 14(2): 161 - 176.

[4] BERGIN P R, FEENSTRA R C. Pass-Through of Exchange Rates and Competition between Floaters and Fixers[J]. Journal of Money Credit & Banking, 2010, 41(s1): 35 - 70.

[5] BERNARD A B, JENSEN J B, REDDING S J, et al. Firms in International Trade[J]. Scientific Management Research, 2007, 21(3): 105 - 130.

[6] BEKKER E. Decomposing Welfare into the Intensive and Extensive Margin under Firm Heterogeneity[R]. University of Linz Working Paper, 2012.

[7] BERNHOFEN D M, BROWN J C. An Empirical Assessment of the Comparative Advantage Gains from Trade: Evidence from Japan[J]. American Economic Review, 2005, 95(1): 208 - 225.

[8] BLONIGEN B A, SODERBERY A. Measuring the Benefits of Foreign Product Variety with an Accurate Variety Set[J]. Journal of International Economics, 2010, 82(2): 168 - 180.

[9] BRODA C, WEINSTEIN D E. Globalization and the Gains from Variety[J]. Quarterly Journal of Economics, 2006, 121(2): 541 – 585.

[10] BURSTEIN A, CRAVINO J. Measured Aggregate Gains from International Trade [J]. Nber Working Papers, 2012, 7(2).

[11] CABRALS MANTEU C. Gains from Import Variety: the Case of Portugal[J]. Economic Bulletin and Financial Stability Report Articles Summer, 2010: 85 – 102.

[12] CHEN B, JACKS D S. Trade, Variety, and Immigration[J]. Economics Letters, 2012, 117(1): 243 – 246.

[13] CHEN B, MA H. Import Variety and Welfare Gain in China[J]. Review of International Economics, 2012, 20(4): 14.

[14] CHOUDHRI E U, MARASCO A. Heterogeneous Productivity and the Gains from Trade and FDI[J]. Open Economies Review, 2013, 24(2): 339 – 360.

[15] DHINGRA S, MORROW J. Is Selection on Firm Productivity a Third Gain from Trade[R]. Working Paper, 2009.

[16] EATON J, BERNARD A B, JENSEN J B, et al. Plants and Productivity in International Trade[J]. American Economic Review, 2003, 93(4): 1268 – 1290.

[17] EATON J, KORTUM S, KRAMARZ F. Dissecting Trade: Firms, Industries, and Export Destinations[J]. American Economic Review, 2004, 94(2): 150 – 154.

[18] FEENSTRA R C. How Costly is Protectionism? [J]. Journal of Economic Perspectives, 1992, 6(3): 159 – 178.

[19] FEENSTRA R C. New Product Varieties and the Measurement of International Prices [J]. American Economic Review, 1994, 84(1): 157 – 177.

[20] FEENSTRA R C. A Homothetic Utility Function for Monopolistic Competition Models, Without Constant Price Elasticity[J]. Economics Letters, 2003, 78(1): 79 – 86.

[21] FEENSTRA R C. New Evidence on the Gains from Trade[J]. Review of World Economics / Weltwirtschaftliches Archiv, 2006, 142(4): 617 – 641.

[22] FEENSTRA R, KEE H L. Export Variety and Country Productivity: Estimating the

Monopolistic Competition Model with Endogenous Productivity [J]. Journal of International Economics, 2008, 74(2): 500 – 518.

[23] FEENSTRA R C. Measuring the Gains from Trade under Monopolistic Competition [J]. Canadian Journal of Economics/revue Canadienne Déconomique, 2010, 43(1): 1 – 28.

[24] FEENSTRA R C, WEINSTEIN D E. Globalization, Markups, and the US Price Level[R]. NBER Working Paper w15749, 2010.

[25] FUNKE M, RUHWEDEL R. Trade, Product Variety and Welfare: a Quantitative Assessment for Mainland China[J]. China Economic Journal, 2008, 1(2): 203 – 212.

[26] HOUTHAKKER H S, MAGEE S P. Income and Price Elasticities in World Trade [J]. Review of Economics & Statistics, 1969, 51(2): 111 – 125.

[27] HAUSMANN R, HWANG J, RODRIK D. What You Export Matters[J]. Journal of Economic Growth, 2007, 12(1): 1 – 25.

[28] HUBER J R. Effect on Prices of Japan's Entry into World Commerce after 1858[J]. Journal of Political Economy, 1971, 79(3): 614 – 628.

[29] KANCS A. Structural Estimation of Variety Gains from Trade Integration in Asia[J]. Australian Economic Review, 2010, 43(3): 270 – 288.

[30] KANCS D. Variety Gains of Trade Integration in a Heterogeneous Firm Model[J]. Licos Discussion Papers, 2010(25810).

[31] KRUGMAN P R. Increasing Returns, Monopolistic Competition, and International Trade[J]. Journal of International Economics, 1979, 9(4): 469 – 479.

[32] KRUGMAN P R. Scale Economies, Product Differentiation, and the Pattern of Trade [J]. American Economic Review, 1980, 70(5): 950 – 959.

[33] KRUGMAN, PAUL R. Intraindustry Specialization and the Gains from Trade[J]. Journal of Political Economy, 1981, 89(5): 959 – 973.

[34] MELITZ M J. The Impact of Trade on Intra-Industry Reallocations and Aggregate Industry Productivity[J]. Econometrica, 2003, 71(6): 1695 – 1725.

[35] MELITZ M J, OTTAVIANO G I P. Market Size, Trade, and Productivity[J].

Review of Economic Studies，2008，75(1)：295 - 316.

[36] MINONDO A，REQUENA F. Welfare Gains from Imported Varieties in Spain，1988 - 2006[R]. Institu-to Valenciano de Investigaciones Economicas SA（Ivie）Working Paper，2010.

[37] MOHLER L. Globalization and the Gains from Variety：Size and Openness of Countries and the Extensive Margin[R]. MPRA Paper 17592，2009.

[38] MOHLER L，SEITZ M. The Gains from Variety in the European Union[J]. Review of World Economics，2012，148(3)：475 - 500.

[39] ROMER P. New Goods，Old Theory，and the Welfare Costs of Trade Restrictions [J]. Journal of Development Economics，1994，43(1)：5 - 38.

[40] RODRIK D. What's So Special about China's Exports? [J]. China & World Economy，2006，14(5)：1 - 19.

[41] SHEU G. Price，Quality，and Variety：Measuring the Gains from Trade in Differentiated Products[J]. American Economic Journal Applied Economics，2014，6 (4)：213 - 214.

[42] STIGLITZ J E. Monopolistic Competition and Optimum Product Diversity：Reply[J]. American Economic Review，1977，67(3)：297 - 308.

[43] TREFLER D. The Long and Short of the Canada-U. S. Free Trade Agreement[J]. American Economic Review，2004，94(4)：870 - 895.

[44] 高敬峰. 中国出口贸易利益测算与行业差异分析：基于出口收入指数的方法[J]. 经济评论，2011(4)：124 - 132.

[45] 赖寒. 贸易投资一体化下的贸易利益与金融开放[J]. 学术界，2006(1)：233 - 236.

[46] 李翀. 从中美经常项目差额看国际贸易利益分配格局[J]. 北京师范大学学报：社会科学版，2005(5)：74 - 80.

[47] 梁俊伟. 劳动力比较优势、贸易利益与经济增长：基于中国的数据[J]. 经济科学，2015，Vol. 28(4)：18 - 28.

[48] 林玲，段世德. 经济全球化背景下的中美贸易利益分配研究[J]. 世界经济与政治论坛，2008(4)：1 - 6.

[49] 梁碧波.源于比较优势的贸易所得:来自中国的证据[J].国际贸易问题,2011(7):
　　　17-28.

[50] 钱学锋,陆丽娟,黄云湖,等.中国的贸易条件真的持续恶化了吗? 基于种类变化的再
　　　估计[J].管理世界,2010(7):18-29.

[51] 宋玉华,朱思敏.垂直专业化的贸易利益分配机制研究[J].世界经济研究,2008(3):
　　　13-20.

[52] 隋福民,饶鹏.开放条件下贸易利益内涵的界定及其相关理论评述[J].国际贸易问题,
　　　2007,289(1):121-126.

[53] 张二震,马野青.国际贸易学(第四版)[M].人民出版社,2009.

[54] 张建红.中澳双边贸易特点及贸易利益研究[J].世界经济研究,1996(2):31-34.

[55] 章江益,张二震.贸易投资一体化条件下贸易利益分配问题新探:兼论我国外资企业
　　　进出口贸易利益[J].世界经济研究,2003(9):48-51.

[56] 张路路,曾铮,唐宇.两国产品内贸易的利益分配:基本模型及其经验应用[J].国际商
　　　务:对外经济贸易大学学报,2008(2):28-34.

[57] 张先锋,刘厚俊.我国贸易条件与贸易利益关系的再探讨[J].国际贸易问题,2006(8):
　　　12-17.

[58] 宗毅君.出口二元边际对竞争优势的影响:基于中美1992—2009年微观贸易数据的实
　　　证研究[J].国际经贸探索,2012,28(1):24-33.

第十章　生产率异质下的我国省级
国际贸易利益的决定[①]

一、引　言

通过切入全球价值链的生产制造环节,中国实现了外贸规模的高速扩张。但由于地理位置、历史政策等因素,我国东中西部不同地区参与外贸的程度差异很大。2011 年东部、中部、西部平均进出口额分别为 2 715. 05 亿美元、261. 31 亿美元和148. 61 亿美元。但更为重要的是,它们获取的国际贸易利益差别较大,这是导致我国区域发展不平衡的根本原因之一。理解我国省级国际贸易利益的决定因素与影响机制,这不仅有助于深入理解我国区域经济发展不平衡的原因,而且有助于从国际贸易的角度对我国当前收入分配的区域差异形成机制提供一个有益的解释。

国际贸易利益是国际贸易理论研究的核心,国际贸易理论的演变逐步代表了研究者对国际贸易利益理解深入的过程。经典国际贸易理论将贸易条件或贸易收支的改善视为一国贸易利益的增加,并依此来测算国际贸易利益的变化(李翀,2005;钱学锋等,2010)。Krugman(1980)建立了新贸易理论,认为国际贸易利益集中体现为进口产品种类增加促进消费者福利上升。而新新贸易理论的代表 Melitz(2003)等将厂商异质生产率作为其核心假设,提出一国贸易利益来自贸易开放后社会资源从低生产率厂商向高生产率厂商的优化配置,提高社会总体生产率水平。虽然理论界对国

①　本章以《厂商生产率异质条件下我国省级国际贸易利益的决定因素分析》为题发表在《世界经济研究》2013 年 12 期上,原文作者为亚强、杨帆、马野青。

际贸易利益的理解在加深,但是在新新贸易理论的框架下研究我国省级层面上国际贸易利益的成果不多。在厂商生产率异质的条件下,我国的省级国际贸易利益取决于哪些因素? 它们对省级国际贸易利益的影响机制如何? 这些问题的解决有助于理解我国各省(区、市)由于开放程度不同导致经济发展不均衡的具体历史过程,并对从开放经济的角度制定政策缓解当前地区经济不平衡的格局有一定的借鉴意义。

　　基于 Melitz(2003),Arkolakis 等(2008),本章先构建了一个分析框架,归纳了决定国际贸易利益的四个主要因素,并分析其各自的影响机制。然后本章利用2001—2010年的省级面板数据验证了这些因素对我国各省(区、市)国际贸易利益的影响机制。本章的结论表明,地区内部贸易比重和市场进入成本对省级国际贸易利益具有负向影响,劳动要素供给对省级国际贸易利益具有正向影响。虽然理论上厂商固定运营成本对省级国际贸易利益存在"生产率效应"和"挤出效应"这两种不同的影响机制,但经验分析表明,"生产率效应"对省级国际贸易利益的正向影响超过了"挤出效应"的负向影响。

二、理论模型

　　Melitz(2003)将厂商生产率异质假设纳入垄断竞争市场结构的国际贸易理论模型,成为新新贸易理论的理论基础。它假设厂商生产效率为 φ 并服从分布 $G(\varphi)$,由于厂商可能遭遇到外生冲击而退出该行业,所以厂商生产率只有大于临界值 φ^* 时才能在市场上存活;同时由于面对出口的贸易成本,厂商生产率只有大于临界值 φ_x^* 时才能出口获利。在均衡状态下,出口地区 j[①] 的贸易利益表现为该地区居民福利水平 W_j,即其居民的实际收入 $\frac{\omega_j}{P_j}$。简化模型设定 j 地区名义工资率 ω_j 为 1,所以 j 地区贸易利益 W_j 具体如式(10.1)所示。

$$W_j = \frac{\omega_j}{P_j} = \frac{1}{P_j} = \frac{\sigma-1}{\sigma} \left(\frac{L_j}{\sigma f_{jj}}\right)^{1/\sigma-1} \varphi_{jj}^* (f_e, f_{jj}, f_{ji}, \tau) \tag{10.1}$$

———————

① j 地区表示本地区,i 地区表示其他地区。

(10.1)式中的 P_j 为本地区所有商品的加权价格指数，σ 为任意两种商品之间的交叉需求价格弹性并满足 $\sigma>1$，L_j 为本地区劳动力要素禀赋，f_{jj} 为 j 地区厂商在 j 地区内经营的固定成本。(10.1)式表明，一地区出口后获得的国际贸易利益与该地区的劳动力要素禀赋 L_j、该地区厂商进入本地区市场的临界生产率 φ_{jj}^* 正相关，而与厂商在本地区经营的固定成本 f_{jj} 负相关。从理论上说，φ_{jj}^* 取决于 f_{jj}、j 地区厂商在 j 地区市场的进入成本 f_e、j 地区厂商进入 i 地区市场的固定成本 f_{ji}、j 地区厂商的贸易成本 τ 这四者；并与 f_e、f_{ji}、τ 负相关，即满足下列不等式(10.2)：

$$\frac{\partial \varphi_{jj}^*}{\partial f_e}<0; \frac{\partial \varphi_{jj}^*}{\partial f_{ji}}<0; \frac{\partial \varphi_{jj}^*}{\partial \tau}<0 \tag{10.2}$$

由于没有明确行业生产效率 φ 分布，并且厂商在本地区经营的固定成本 f_{jj} 同时影响国际贸易利益 W_j 与本地区厂商进入本地区市场临界生产率 φ_{jj}^*，我们难以从 Melitz(2003)准确推导出厂商生产率异质条件下的国际贸易利益的决定机制。所以我们借鉴 Arkolakis 等(2008)拓展 Melitz(2003)，引入如下假设：第一，假设 j 地区和 i 地区厂商进入对方地区的固定成本相等，即 $f_{ij}=f_{ji}$；两地区厂商进入对方地区市场的贸易成本相等，即 $\tau_{ij}=\tau_{ji}$，同时两地区内部的贸易成本均为 1，即 $\tau_{ii}=\tau_{jj}=1$。第二，假设出口地区与进口地区厂商生产率均服从帕累托分布，即有 $G(\varphi)=1-(b/\varphi)^\theta$，其中 b、θ 为分布参数，且满足 $\theta>\sigma-1$。在这些假设下，j 地区厂商进入该地区市场要达到的临界生产率 φ_{jj}^* 如(10.3)式所示，j 地区市场均衡时在位厂商数 N_j 与地区内商品贸易总量 T_{jj} 分别为(10.4)、(10.5)式：

$$\varphi_{jj}^* = \frac{f_{jj}^{1/\sigma-1}\dfrac{\sigma}{\sigma-1}\omega_j}{\left(\dfrac{1}{\sigma}\dfrac{L_j}{P_j^{1-\sigma}}\right)^{1/\sigma-1}} \tag{10.3}$$

$$N_j = \frac{(\sigma-1)b^\theta L_j}{\theta \sigma f_e (\varphi_{jj}^*)^\theta} \tag{10.4}$$

$$T_{jj} = N_j \omega_j f_{jj} \frac{\sigma\theta}{\theta-\sigma+1} \tag{10.5}$$

利用(10.3)、(10.4)式，可得到 j 地区消费者在本地区产品上支出的收入份额 λ_{jj}，如(10.6)式所示，这实际上就是地区内部贸易比重。

$$\lambda_{jj} = \frac{T_{jj}}{\sum_v T_{vj}} = \frac{L_j b^{\theta}(\omega_j)^{-\theta} f_{jj}^{1-\theta/\sigma-1}}{\sum_v L_v b^{\theta}(T_{vj}\omega_v)^{-\theta} f_{vj}^{1-\theta/\sigma-1}} \tag{10.6}$$

其中，v 表示与本地区进行贸易的国家或地区数。将(10.6)式变形可得 j 地区名义工资率 ω_j，如(10.7)式所示：

$$\omega_j^{\theta} = \frac{1}{\lambda_{jj}} \frac{L_j b^{\theta} f_{jj}^{1-\theta/\sigma-1}}{\sum_v L_v b^{\theta}(T_{vj}\omega_v)^{-\theta} f_{vj}^{1-\theta/\sigma-1}} \tag{10.7}$$

同时，j 地区市场上的一般价格水平，即所有产品的加权价格指数 P_j 满足(10.8)式：

$$P_j^{-\theta} = \sum_v \frac{b^{\theta}}{f_e} \frac{L_v}{\left(\frac{1}{\sigma}\right)^{-\theta/\sigma-1}} \left(\frac{\sigma}{\sigma-1} T_{vj}\omega_v\right)^{-\theta} \frac{\sigma-1}{\theta-\sigma+1} \frac{(f_{vj})^{1-\theta/\sigma-1}}{(L_j)^{1-\theta/\sigma-1}} \tag{10.8}$$

结合(10.7)、(10.8)式，我们可以将 Melitz(2003)提出的厂商生产率异质条件下的国际贸易利益 W_j，即 j 地区实际工资率 $\dfrac{\omega_j}{P_j}$ 重新表述为(10.9)式：

$$W_j = \frac{\omega_j}{P_j} = \lambda_{jj}^{-1/\theta} L_j^{1/\sigma-1} \left[\frac{b^{\theta} f_{jj}^{1-\theta/\sigma-1}}{f_e \left(\frac{\sigma}{\sigma-1}\right)^{\theta}(\sigma)^{\theta/\sigma-1}} \frac{\sigma-1}{\theta-\sigma+1}\right]^{1/\theta} \tag{10.9}$$

将(10.9)式两边取对数，可得(10.10)式，其中 α 为 $\dfrac{[b(\sigma-1)]^{\theta}}{(\sigma)^{\theta(\sigma-2)/(\sigma-1)}} \dfrac{\sigma-1}{\theta-\sigma+1}$。

$$\ln W_j = -\frac{1}{\theta}\ln\lambda_{jj} + \frac{1}{\sigma-1}\ln L_j + \frac{1-\theta}{\theta(\sigma-1)}\ln f_{jj} - \frac{1}{\theta}\ln f_e + \frac{1}{\theta}\ln\alpha \tag{10.10}$$

根据(10.10)式，厂商生产率异质条件下一地区的国际贸易利益取决于以下四个方面的因素：第一，地区内部贸易比重 λ_{jj}。Arkolakis 等(2008)认为，λ_{jj} 的变动综合反映了贸易成本、外国企业进入本地区市场固定成本的变动，λ_{jj} 下降往往意味着贸易成本与外国企业进入本地区市场固定成本出现下降，这二者下降将使得本地区居民能选择获得更多种类的商品，提高本地区居民的福利水平，即为本地区的贸易利益。第二，地区劳动力要素禀赋 L_j。地区劳动力要素禀赋越丰裕，表明其供给能力越强，能生产更多种类的产品供当地居民选择，这也有助于提高其贸易利益。第三，本地区厂商在本地区市场经营的固定成本 f_{jj}。它对国际贸易利益有两种影响，一方面，f_{jj} 上升会导致厂商提高生产率以抵消这部分上升的成本，厂商生产率的提高会降低该地区一般价格水平,从而提高居民福利,该地区国际贸易利益增多。这种效应可称之为"生产率效应"。另一方面,f_{ji} 上升会提高行业进入的生产率门槛,挤出部分低生产率厂商,减少在位厂商数目与产品种类,这将导致居民福利下降和地区国际贸易利益减少。这种效应可称为"挤出效应"。所以 f_{ji} 变化对地区国际贸易利益的影响不确定。第四,本地区厂商在本地区市场的进入成本 f_e, f_e 的下降意味着有更多本地厂商能进入市场,这增加消费者可获得的产品种类,提高该地区国际贸易利益。

三、模型设定与数据描述

（一）计量模型设定

从(10.10)式出发,我们将计量模型设置如下(10.11)式,其中 i 是指地区,t 是指年份。

$$\ln wage_{it} = \beta_0 + \beta_1 \ln ratio_{it} + \beta_2 \ln labor_{it} + \beta_3 \ln operationcost_{it} + \beta_4 \ln entrycost_{it} +$$

$$\sum_{k=5}^{l} \beta_k \ln Z_{it} + \varepsilon_{it} \tag{10.11}$$

实际工资水平代表居民真实的消费购买力,无论是 Melitz(2003)还是 Arkolakis 等(2008)的理论模型都将其视为衡量国际贸易利益的变量。所以根据理论模型,我们用地区实际工资 $wage_{it}$ 来衡量该地区国际贸易利益。自变量中,$ratio_{it}$ 是地区内部贸易比重,$labor_{it}$ 表示地区劳动要素供给,$operationcost_{it}$ 表示厂商在该地区经营付出的固定运营成本,$entrycost_{it}$ 表示厂商进入该地区市场的进入成本。Z_{it} 是一系列控制变量,ε_{it} 是随机扰动项。根据理论分析结论,我们预期变量 $ratio_{it}$、$entrycost_{it}$ 系数 β_1、β_4 的符号为负;预期变量 $labor_{it}$ 系数 β_2 符号为正。对于变量 $operationcost_{it}$ 系数 β_3,理论分析表明其对国际贸易利益的影响不确定,β_3 可能为正也可能为负。

（二）变量含义与数据处理

我们收集了 2001—2010 年全国 31 省(区、市,港澳台除外)的面板数据,由于西藏地区指标数据缺失,我们将西藏从样本中剔除,形成 30 个省(区、市)的面板数据。我们用各地区在岗工人平均工资来衡量实际工资变量 $wage$,并经过消费品价格指数调整,用地区年平均就业人数来衡量地区劳动力要素禀赋 $labor$。鉴于统计数据中没有指标直接对应地区内部贸易比重 $ratio$,我们采用该地区第三产业增加值占当年地区 GDP 的比重作为替代变量。其理由是服务的流动性差,可贸易程度低,主要被当地居民所消费,因而该指标可在一定程度上反映地区内部贸易比重。要准确衡量厂商的固定运营成本 $operationcost$ 也有难度,考虑到购房成本或租金是固定运营成本的重要部分,我们用各地区办公楼的平均销售价格和商业用房的平均销售价格加权得到商业性房地产平均售价,并将其作为替代变量。我们采用各地区国有企业产值占当地工业总产值的比重作为市场进入成本 $entrycost$ 的替代变量,因为一个地区内部的国有企业比重越高,新企业进入市场的门槛往往就越高,即市场进入成本越高。由于地区内部贸易比重 $ratio$ 和市场进入成本 $entrycost$ 的取值均处于 0 到 1 之间,为保证取自然对数后变量值为正,我们作单调变换,分别用 $(1+ratio)$ 和 $(1+entrycost)$ 来表示地区内部贸易比重变量和市场进入成本变量。

我们选取三个控制因素:地区金融发展程度($finance$)、地区外资流入规模(FDI)和地理区位($location$)。首先,我们用金融相关率,即全部进入机构的存款与贷款总量与 GDP 之比来衡量地区的金融发展程度。地区的金融发展程度越高,企业融资越便利,融资成本越低,这有助于提高其生产率,对贸易利益有正面影响。其次,我们用外商投资企业年度平均投资额作为衡量地区外资流入规模的指标。外资企业的进入可能会形成对当地厂商的横向或纵向的技术溢出,可能提高当地厂商的生产率,进而提高该地区的贸易利益。再次,我们用各地区的年日照小时数作为衡量地理区位因素的指标,地理区位不同可能会影响各地区参与国际贸易并获取国际贸易利益的能力。

以上所有数据均以 2001 年为基期,按照相应的价格指数以及汇率进行了调整,并为减少数据的异方差,我们对所有变量取自然对数。其中存贷款数据、国有企业数据来自《新中国六十年统计资料汇编》,年日照小时数据、社会平均工资数据来自《中国统计年鉴》,其余数据均来自《中经网统计数据库》。各地区在岗工人平均工资的单位是元,劳动要素供给单位是万人,厂商固定运营成本单位是元/平方米,外资流入规模单位是亿美元,日照时间单位是小时/年,其他指标都是比值。

四、实证结果分析与稳健性检验

（一）总体样本回归

面板数据的 Hausman 检验发现统计量的 P 值为 0.000，拒绝原假设，因此我们选取固定效应面板数据模型进行回归。我们首先回归全体样本，通过将控制变量逐步代入计量方程得到总体样本回归的四个模型，结果如表 10.1 所示。回归结果总体支持了前面的理论模型预测，并且主要自变量的系数基本都在 1% 的置信水平上显著。首先，地区内部贸易比重每下降 1%，该省（区、市）国际贸易利益就至少增加 1.13%，最多达到 1.97%。这支持了 Arkolakis 等（2008）的观点，一个省（区、市）的内部贸易比重越低往往是由于其贸易成本和外地厂商进入本地市场的固定成本较低，这有助于该省（区、市）消费者获得更多种类和数量的商品，从而提高该省份居民的福利水平和国际贸易利益。其次，一个省（区、市）的劳动要素供给提高 1% 所引起的国际贸易利益增加最高可达 1.67%，最低也有 1.34%。这印证了新新贸易理论的观点，一个地区所拥有的劳动要素越丰裕，其能提供的产品种类就越多，从而居民可选择产品种类就越多，其获得的贸易利益也就越大。市场进入成本过高是阻碍我国各省（区、市）获取国际贸易利益的最重要因素，市场进入成本提高 1%，它对我国各省（区、市）国际贸易利益的负面影响规模为 1.40%～2.01%。市场进入成本的提高会减少进入市场的厂商数目，这一方面减少了市场上可贸易和消费者可获得的商品种类，另一方面引起市场竞争程度的降低，阻碍企业生产率的提高以及一般价格水平的降低。另外，厂商固定运营成本的回归系数全显著不为零，其对国际贸易利益的影响规模为 0.34%～0.37%。这表明在我国省级层面上的"生产率效应"要超过"挤出效应"，即厂商固定运营成本提高导致厂商生产率提高对省（区、市）国际贸易利益的正面影响要大于其导致在位厂商数目减少对后者的负面影响。

在控制变量中，我们发现外资流入规模的系数显著不为零；并且外资流入规模越大，该地区获取的国际贸易利益就越多，这表明开放程度越深有助于获取国际贸易利益。地区金融发展程度的系数不太显著，同时对省（区、市）获取国际贸易利益存在负面影响,与理论预测有所不同。这可能是由于总体上我国金融市场竞争不足,管制程度过高所导致的。地理区位变量的系数不太显著,但对我国各省(区、市)国际贸易利益的影响符合预期。

表 10.1　总体回归结果

自变量	(1)	(2)	(3)	(4)
$\ln(1+ratio)$	-1.969^{***} (0.429)	-1.962^{***} (0.478)	-1.185^{***} (0.477)	-1.129^{***} (0.479)
$\ln labor$	1.671^{***} (0.147)	1.671^{***} (0.139)	1.339^{***} (0.146)	1.342^{***} (0.146)
$\ln(1+entry\cos t)$	-2.014^{***} (0.191)	-2.014^{***} (0.192)	-1.396^{***} (0.216)	-1.404^{***} (0.216)
$\ln operationcos t$	0.374^{***} (0.050)	0.374^{***} (0.050)	0.335^{***} (0.097)	0.336^{***} (0.048)
$\ln finance$		-0.003 (0.099)	-0.125 (0.097)	-0.127 (0.096)
$\ln FDI$			0.163^{***} (0.030)	0.162^{***} (0.030)
$\ln location$				0.100 (0.087)
常数项	-4.337^{***} (0.936)	-4.342^{***} (0.936)	-2.797^{***} (0.935)	-3.596^{***} (1.160)
调整后的 R 平方值	0.854	0.853	0.867	0.867
观测值	300	300	300	300

注:*** 表示在 1% 的置信水平上显著,** 表示在 5% 的置信水平下显著,* 表示在 10% 的置信水平上显著;括号内数字为估计系数的标准差。

决定省际国际贸易利益的关键变量是地区内部的贸易比重和厂商的固定运营成本,所以我们用(1—进口贸易比重)替代衡量各地区内部贸易比重,用各地区的物质资本存量[①]替代衡量厂商固定运营成本,对总体样本进行稳健性检验。为节省篇幅,

---

① 各地区物质资本存量初始值参考张军、吴桂英、张吉鹏(2004)计算得到的数值,之后各年物质资本存量=上一年物质资本存量*0.904+当年固定资产形成总额。

总体样本稳健性检验的结果省略,但结果表明主要自变量对我国各省(区、市)国际贸易利益的影响均显著符合理论预期。

(二) 分地区回归分析

为了考察我国不同区域的各省(区、市)国际贸易利益的影响因素和机制差异,我们按照东、中、西三大区域建立面板数据回归模型。其中,东部地区包括北京、福建、广东、广西、海南、河北、江苏、辽宁、山东、上海、天津、浙江等省(区、市);中部地区包括安徽、河南、黑龙江、湖北、湖南、吉林、内蒙古、山西、江西;西部地区包括甘肃、贵州、宁夏、青海、陕西、四川、重庆、新疆、云南。东中西部各省(区、市)的回归结果分别如表 10.2、表 10.3、表 10.4 所示。

东部地区样本的回归结果与总体样本的回归结果基本一致,主要自变量的系数绝大部分都显著与理论预期相符。尽管地区内部贸易比重不完全显著,东部省(区、市)的内部贸易比重下降 1%,国际贸易利益将增加 0.77%~1.44%;劳动要素供给增加 1%,国际贸易利益将提高 1.20%~1.41%;市场进入成本降低 1%,国际贸易利益将提高 1.46%~1.97%;厂商固定运营成本上升 1%,国际贸易利益将提高 0.34%~0.38%,生产率效应在东部省(区、市)仍然大于挤出效应。在控制变量方面,外资流入规模与地理区位因素对国际贸易利益均存在显著的正向影响,前者对国际贸易利益的影响为 0.11%~0.13%,后者对国际贸易利益的影响为 0.31%。

表 10.2　我国东部省(区、市)回归结果

自变量	(5)	(6)	(7)	(8)
$\ln(1+ratio)$	−0.915 (0.692)	−1.440* (0.743)	−1.251* (0.729)	−0.769 (0.740)
$\ln labor$	1.411*** (0.164)	1.380*** (0.163)	1.211*** (0.173)	1.202*** (0.169)
$\ln(1+entrycost)$	−1.904*** (0.266)	−1.974*** (0.266)	−1.521*** (0.317)	−1.457*** (0.311)
$\ln operationcost$	0.380*** (0.066)	0.364*** (0.066)	0.337*** (0.066)	0.343*** (0.064)

（续表）

自变量	(5)	(6)	(7)	(8)
ln *finance*		0.264* (0.146)	0.127 (0.153)	0.043 (0.154)
ln *FDI*			0.112** (0.045)	0.125*** (0.044)
ln *location*				0.313** (0.129)
常数项	−3.049*** (0.989)	−2.727*** (0.995)	−2.023*** (1.011)	−4.559*** (1.440)
调整后的 R 平方值	0.867	0.870	0.876	0.882
观测值	120	120	120	120

注：*** 表示在 1% 的置信水平上显著，** 表示在 5% 的置信水平下显著，* 表示在 10% 的置信水平上显著；括号内数字为估计系数的标准差。

中部地区的回归结果与总体样本的回归结果基本保持一致，在不加控制变量的模型(9)中，除地区内部贸易比重外，其余自变量系数均显著，其系数正负号与总体样本回归结果完全一致。加入控制变量后，劳动要素供给和厂商固定运营成本系数依然显著，正负号也符合理论预期。前者对中部地区国际贸易利益的影响为 1.92%～2.73%，后者的影响为 0.29%～0.35%。市场进入成本变量的参数也依然显著为负，其对中部地区国际贸易利益的负向影响规模为−1.74%～−0.68%。地区内部贸易比重变量不显著，这可能是因为中部地区对外开放水平较低，地区内贸易与对外贸易之间的关联程度不高。

表 10.3　我国中部省（区、市）回归结果

自变量	(9)	(10)	(11)	(12)
ln(1+*ratio*)	−1.440 (0.990)	−0.997 (1.120)	0.161 (0.960)	0.141 (0.951)
ln *labor*	2.585*** (0.649)	2.734*** (0.674)	1.972*** (0.580)	1.921*** (0.575)

（续表）

自变量	(9)	(10)	(11)	(12)
$\ln(1+entrycost)$	-1.744^{***} (0.387)	-1.611^{***} (0.418)	-0.684^{*} (0.386)	-0.694^{*} (0.382)
$\ln operationcost$	0.339^{***} (0.112)	0.347^{***} (0.113)	0.299^{***} (0.095)	0.285^{***} (0.094)
$\ln finance$		-0.168 (0.198)	-0.128 (0.165)	-0.107 (0.164)
$\ln FDI$			0.281^{***} (0.049)	0.294^{***} (0.048)
$\ln location$				-0.236 (0.148)
常数项	-11.823^{**} (4.754)	-13.120^{**} (5.000)	-9.059^{**} (4.249)	-6.827 (4.434)
调整后的 R 平方值	0.870	0.870	0.908	0.910
观测值	90	90	90	90

注：*** 表示在1%的置信水平上显著，** 表示在5%的置信水平下显著，* 表示在10%的置信水平上显著；括号内数字为估计系数的标准差。

劳动要素供给、市场进入成本和厂商固定运营成本在西部地区回归中的系数均显著，其正负号与总体样本回归结果相同，它们提高1%对西部地区国际贸易利益的影响分别为3.46%～3.84%、-2.7%～-1.7%、0.26%～0.29%。与中部地区类似，地区内部贸易比重对西部地区国际贸易利益的影响不显著。

表 10.4　我国西部省（区、市）回归结果

自变量	(13)	(14)	(15)	(16)
$\ln(1+ratio)$	-0.979 (0.650)	0.830 (0.743)	0.294 (0.842)	0.308 (0.834)
$\ln labor$	3.455^{***} (0.384)	3.462^{***} (0.351)	3.815^{***} (0.425)	3.840^{***} (0.435)

（续表）

自变量	(13)	(14)	(15)	(16)
$\ln(1+entrycost)$	−1.696*** (0.423)	−2.502*** (0.434)	−2.670*** (0.447)	−2.634*** (0.459)
$\ln operationcost$	0.286*** (0.092)	0.260*** (0.084)	0.287*** (0.086)	0.286*** (0.086)
$\ln finance$		−0.711*** (0.175)	−0.619*** (0.189)	−0.627*** (0.191)
$\ln FDI$			−0.086 (0.061)	−0.085 (0.061)
$\ln location$				−0.057 (0.137)
常数项	−16.058*** (2.695)	−15.417*** (2.464)	−17.639*** (2.907)	−17.407*** (2.977)
调整后的 R 平方值	0.876	0.896	0.898	0.897
观测值	90	90	90	90

注：*** 表示在 1% 的置信水平上显著，** 表示在 5% 的置信水平下显著，* 表示在 10% 的置信水平上显著；括号内数字为估计系数的标准差。

五、结　论

基于 Melitz(2003)和 Arkolakis 等(2008)，本章构建了厂商生产率异质条件下我国省级国际贸易利益决定的分析框架，认为地区内部贸易比重、市场进入成本、劳动要素供给和厂商固定运营成本是决定特定国家或地区获取国际贸易利益的主要因素。地区内部贸易比重和市场进入成本越低，劳动要素供给越多，一国或地区获取国际贸易利益就越多；但是厂商固定运营成本对该国或地区国际贸易利益的影响有双重性，取决于"生产率效应"和"挤出效应"的比较。本章还运用我国 2001—2010 年的省级面板数据，具体验证了这四个自变量对我国省际国际贸易利益的决定机制。结果表明,无论是总体样本回归,还是分东中西部的省(区、市)样本回归,地区内部贸易比重、市场进入成本、劳动要素供给均对国际贸易利益存在显著影响,其影响方向符合理论预期;同时在我国省级层面上,厂商固定运营成本对国际贸易利益存在一致的正向影响,这表明生产率效应超过挤出效应。稳健性检验的结果也支持以上结论。除此之外,地区外资流入规模、地区金融发展程度与地理区位因素等也会对省际国际贸易利益产生一定的影响。

参考文献

[1] ARKOLAKIS C, DEMIDOVA S, KLENOW P J, et al. Endogenous Variety and the Gains from Trade[J]. American Economic Review, 2008, 98(2): 444-450.

[2] KRUGMAN P. Scale Economies, Product Differentiation, and the Pattern of Trade[J]. American Economic Review, 1980, 70(5): 950-959.

[3] MELITZ M J. The Impact of Trade on Intra-Industry Reallocations and Aggregate Industry Productivity[J]. Econometrica, 2003, 71(6): 1695-1725.

[4] 李翀. 从中美经常项目差额看国际贸易利益分配格局[J]. 北京师范大学学报:社会科学版,2005(5):74-80.

[5] 钱学锋,陆丽娟,黄云湖,等. 中国的贸易条件真的持续恶化了吗? 基于种类变化的再估计[J]. 管理世界,2010(7):18-29.

[6] 张军,吴桂英,张吉鹏. 中国省际物质资本存量估算:1952—2000[J]. 经济研究,2004(10):35-44.

[7] 张杰,李勇,刘志彪. 出口与中国本土企业生产率:基于江苏制造业企业的实证分析[J]. 管理世界,2008(11):50-64.

第十一章　美国反倾销立案调查对我国制造业
上市公司影响的度量[①]

一、问题的提出

反倾销是我国对外贸易发展中遭遇的主要贸易壁垒,我国已经是全球遭受反倾销调查的重灾区。据 WTO 统计,1995—2012 年世贸组织成员国在全球范围内共发起反倾销调查 4 125 起,实施最终措施 2 649 起,中国遭遇的反倾销调查共 884 起(远高于共 229 起排在第二位的韩国),实施最终措施 643 起,分别占全球总数的 21.43%、24.27%。美国是对华反倾销最主要的发起国家之一[②],中国也是美国对外反倾销最多的国家。在该期间,美国共对我国发起了 112 起反倾销调查,实施最终措施 92 起,占美国对外发起反倾销调查和实施最终措施总数的 23.44%、29.77%。

近年来,美国对华反倾销更加频繁,被调查产品的行业分布也极其广泛,涵盖了钢铁、化工、纺织、五金、家电、食品等多个制造业部门。作为我国制造业部门的代表企业,制造业上市公司逐步成为美国反倾销立案调查的重点调查对象,2001 年至今,有 39 家上市公司直接遭到了美国的反倾销指控[③]。美国反倾销立案调查是其反倾销程序的第一个重大环节,毫无疑问,该事件会对我国制造业上市公司的经营造成重

---

① 本章以《美国反倾销立案调查对我国制造业上市公司影响的度量研究》为题发表在《国际贸易问题》2014 年 8 期上,原文作者为巫强、姚志敏、马野青。

② 1995—2012 年,印度对华共实施了 150 起反倾销调查,居各国之首。美国虽然从对华反倾销调查数量上排第二,但考虑其在世界经济体系中的核心地位和强大经济实力,其对华反倾销具有显著的示范效应和扩散效应,所以美国是对华反倾销调查的最主要发起国之一。

③ 根据 USITC 公布的反倾销数据整理所得,网址 http://www.usitc.gov/trade_remedy/。

大冲击,并导致其股价在资本市场上发生异常波动。这就为研究美国反倾销对我国制造业的影响提供了一个新的定量分析途径,即在事件分析法的框架内,用美国反倾销立案调查这一事件前后相应上市公司股价收益率的异常波动来定量衡量该事件的影响。

反倾销问题早已引起国内外学者的高度关注和细致研究,在反倾销的经济效应和影响反倾销的因素这两大问题上已涌现出丰硕成果,本章主题更接近反倾销的经济效应研究。反倾销的经济效应分为贸易效应和非贸易效应两类(Blonigen 和 Prusa, 2003),所谓"贸易效应"是指反倾销会影响相关国家的进出口数量和价格,包括贸易调查效应(Staiger 和 Wolak, 1994;Krupp 和 Pollard, 1996;沈国兵,2011)、贸易限制效应(Prusa, 2001;Vandenbussche 和 Zanardi, 2006)和贸易转移效应(Irwin, 2005;鲍晓华,2004);而"非贸易效应"是指反倾销对相关国家的产业结构、就业水平、投资区位、市场供求、社会福利等的影响(鲍晓华,2007;沈国兵,2008;冯宗宪、向洪金,2010)。

总结起来,现有研究都普遍认同反倾销会导致受调查的对象国受到负向影响,即产生各种经济效应,这些对反倾销各类经济效应的细致研究有助于揭示反倾销负面影响受调查国经济运行的不同机制。但这类研究大多是从宏观或从产业层面来研究反倾销的影响,很少有研究定量衡量美国反倾销立案调查这一事件对企业的直接影响。本章采用事件研究法,选取美国反倾销立案调查这一事件,试图在我国上市公司层面上度量美国对华反倾销的重大负面影响。这是从新的分析视角来研究美国对华反倾销的经济效应,并为阐明美国反倾销的经济效应提供了新的微观证据。

二、事件研究法原理与研究分析步骤

事件研究法是基于有效市场假设来衡量经济事件对企业影响的一种定量分析方法,它能准确度量并检验特定经济事件造成影响的程度和持续时间,目前被广泛应用于金融、会计研究等领域。关于该方法的研究最早可追溯到二十世纪三十年代,其理论基础认为在理性有效的资本市场上,特定外部事件对企业的影响会集中反映在其股价的短期变动上,产生不同于市场正常收益的异常收益率①。该异常收益率就是对特定经济事件影响的定量测度,其是否显著就表明特定事件对企业的影响是否显著,其正负则表示该事件对企业的影响是正向还是负向,而其大小则衡量了该事件对企业影响力度的强弱。通常来说,对事件的研究过程包括四个步骤:定义事件和窗口期、估计正常收益率、计算异常收益率和累积异常收益率、检验研究结果的显著性。

　　第一步是定义事件和窗口期。美国商务部宣布反倾销立案并在美联邦公报上发布反倾销调查通知,这是美国启动反倾销程序的第一个重要时点,对接受反倾销调查国家的相应行业和企业产生实质性冲击。本章就选取该时点来衡量美国宣布反倾销立案调查这一事件对我国制造业上市公司所产生冲击的大小及其显著程度。随后要确定窗口期,包括界定估计窗(estimation window)与事件窗(event window)。估计窗的作用在于估计正常收益模型中的参数;事件窗则用于计算异常收益以度量事件对企业的影响。为剔除事件对估计模型参数的可能影响,估计窗与时间窗不宜重叠。各窗口期的选取十分关键,不宜太长也不宜太短。以事件窗为例,如果窗口期过长,则在该时期内很可能会出现其他影响公司股价的因素,导致"信息污染",这会使我们很难判断到底是反倾销调查还是所谓的其他因素造成了公司股价的波动;窗口期过短也不利于我们的研究,容易导致分析的片面性。以往的研究大都针对不同的事件选取不同的窗口期,通常的做法是将估计窗界定为 100 个交易日,而把事件窗界定在 15 个交易日至 40 个交易日之间。参照美国反倾销调查的程序,同时考虑到相关数据的可获得性,本章对各类窗口期的划分如下:以反倾销调查的立案日期作为事件日;事件日前后各 15 个交易日为事件窗,即事件窗共有 31 个交易日;事件窗的前 100 个交易日为估计窗。具体如图 11.1 所示。图中 $t=0$ 表示事件日,$[T_0,T_1)$ 为估计窗,本章设定为 $[-115,-15)$,其长度为 $L_1=T_1-T_0$,即 100 天。$[T_1,T_2]$ 代表事件窗,设定为 $[-15,15]$,其长度为 $L_2=T_2-T_1+1$,即 31 天。

---

　　① 当然在金融市场的不同有效性假设下,特定事件这一信息可能在资产价格上有提前或延迟反应,反应存在不足或过度两种情况。但这信息最终会反映在资产价格波动上,这就会被事件研究法所捕捉。

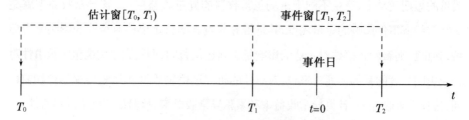

图 11.1　美国反倾销立案调查事件的窗口期

第二步是估计正常收益率(expected return)，即假定该事件没有发生时公司股价的预期收益率。常用于计算正常收益率的模型包括均值调整模型、市场调整模型、市场模型、CAPM 模型、三因素模型等，其中市场模型运用得最为广泛。学界对各类模型的优劣有争论，考虑到本章采用上市公司的日数据，故采用对于日数据具有很强有效性的市场模型来估计正常收益。另外市场模型假设证券正常收益率与同期市场收益率之间存在稳定的线性关系，其优点是剔除了证券正常收益率中与市场收益率波动相关的部分，降低了估计误差。

市场模型是在估计窗 $[T_0,T_1)$ 内设定回归模型式(11.1)，估算正常收益模型的参数 $\hat{\alpha_i}$ 和 $\hat{\beta_i}$。其中 R_{it} 与 R_{mt} 分别为上市公司 i 和市场 m 在第 t 期的收益率[①]，分别根据 $\dfrac{P_{it}-P_{i,t-1}}{P_{i,t-1}}$ 和 $\dfrac{P_{mt}-P_{m,t-1}}{P_{m,t-1}}$ 计算。P_{it} 为上市公司 i 在第 t 期的收盘价，P_{mt} 为市场指数在第 t 期的收盘点位。ε_{it} 为随机扰动项，假设服从均值为零的正态分布。

$$R_{it}=\alpha_i+\beta_i R_{mt}+\varepsilon_{it},t=T_0,\cdots,T_1-1 \tag{11.1}$$

假设在整个事件发生前后模型参数 $\hat{\alpha_i}$、$\hat{\beta_i}$ 的值始终保持稳定，那就根据式(11.2)计算事件窗 $[T_1,T_2]$ 内的正常收益率。

$$ER_{it^*}=\hat{\alpha_i}+\hat{\beta_i}R_{mt^*},t^*=T_1,T_1+1,\cdots,T_2 \tag{11.2}$$

第三步是计算异常收益率与累积异常收益率。异常收益率是指事件窗内的实际收益率与正常收益率之差，定义 AR_{it^*} 为上市公司 i 在第 t 期的异常收益率，R_{it^*} 为同

---

　　①　由于本章样本公司的上市地涵盖上交所、深交所、纳斯达克以及纽交所，故需要针对不同公司选择不同的大盘指数，如上证指数、深证成指、纳斯达克指数、道琼斯指数等。

期实际收益,则 $AR_{mt} \cdot = R_{mt} \cdot - ER_{it} \cdot$ 。市场模型下的异常收益率表示为式(11.3)。

$$AR_{it^*} = R_{it} \cdot - (\hat{\alpha}_i + \hat{\beta}_i R_{mt} \cdot), t^* = T_1 + 1, \cdots, T_2 \qquad (11.3)$$

为了消除事件窗内公司个别因素对各自股价的影响,通常将横截面样本的异常收益率简单平均,即 $\frac{1}{N} \sum_{i=1}^{N} AR_{it} \cdot$,从而得到平均异常收益率 AAR_t 。其中 N 为样本公司数量。为了更好地刻画某一事件对上市公司造成的累积影响,通常还需按时期加总各家公司的异常收益率,测算出各公司的累积异常收益率。令 $T_1 < t_1 < t_2 < T_2$,定义上市公司 i 在 $[t_1, t_2]$ 期间的累积异常收益率 $CAR_i(t_1, t_2)$ 为 $\sum_{t=t_1}^{t_2} AR_{it} \cdot$ 。同样为剔除公司个别因素的影响,我们也将累积异常收益率简单平均,得到平均累积异常收益率 $ACAR(t_1, t_2)$,定义为式(11.4)。

$$ACAR(t_1, t_2) = \frac{1}{N} \sum_{i=1}^{N} CAR_i(t_1, t_2) = \frac{1}{N} \sum_{i=1}^{N} \sum_{t=t_1}^{t_2} AR_{it} \cdot = \sum_{t=t_1}^{t_2} AAR_t \quad (11.4)$$

第四步是检验异常收益率的显著性。主流方法包括参数检验以及非参数检验,但考虑到在短期事件研究中参数检验的结果更加可靠,故本章选择参数检验法。原假设 $H_0 : AR_{it} \cdot = 0$;备择假设 $H_1 : AR_{it} \cdot \neq 0$ 。我们将异常收益率 $AR_{it} \cdot$ 标准化为 $A\hat{R}_{it} \cdot$,即 $\frac{AR_{it} \cdot}{\sqrt{\mathrm{Var}(AR_{it} \cdot)}}$ 。假设 $\varepsilon_{it} \sim N(0, 1)$,则 $A\hat{R}_{it} \cdot$ 服从自由度为 $L_1 - 2$ 的 T 分布,故 $A\hat{R}_{it} \cdot$ 的均值为零,方差为 $\frac{L_1 - 2}{L_1 - 4}$ 。当估计窗的长度足够大时, $A\hat{R}_{it} \cdot$ 将服从正态分布。由中心极限定理可得异常收益率 $AR_{it} \cdot$ 的检验统计量 J_1 ,如式(11.5)所示。

$$J_1 = \left[\frac{N(L_1 - 2)}{L_1 - 4} \right]^{\frac{1}{2}} \frac{1}{N} \sum_{i=1}^{N} A\hat{R}_{it} \cdot \qquad (11.5)$$

原假设 $H_0 : CAR_i(t_1, t_2) = 0$;备择假设 $H_1 : CAR_i(t_1, t_2) \neq 0$ 。类似构建累积异常收益率 $CAR_i(t_1, t_2)$ 的检验统计量 J_2 ,如式(11.6)所示。

$$J_2 = \frac{ACAR(t_1, t_2)}{\sqrt{t_2 - t_1 + 1}} \left[\frac{N(L_1 - 2)}{L_1 - 4} \right]^{\frac{1}{2}} = \frac{1}{\sqrt{t_2 - t_1 + 1}} \sum_{t^*=t_1}^{t_2} \frac{1}{N} \sum_{i=1}^{N} S_{it} \cdot \quad (11.6)$$

统计量 J_1 、 J_2 均服从均值为 0、方差为 1 的正态分布,即 $J_1 \sim N(0, 1)$ 、 $J_2 \sim$

$N(0,1)$。令 $p=\varphi^{-1}(J_n),n=1,2$,在显著性水平 α 下,当 $p\leqslant\frac{\alpha}{2}$ 或 $p\geqslant1-\frac{\alpha}{2}$ 时,统计量显著不为零,则原假设被拒绝,这意味着美国对华反倾销立案调查对上市公司的股价波动具有显著影响,即表明从资本市场角度分析,该事件对我国制造业企业产生了显著影响,并且从 AR_{it}· 和 $CAR_i(t_1,t_2)$ 的正负、绝对值大小可以定量判断这种显著影响的正负、幅度强弱。

三、样本选取与数据来源

加入 WTO 是中国贸易史上的里程碑,我国的对外贸易由此进入高速发展期,但贸易摩擦也频繁出现,因此本章研究 2001—2012 年 6 月的美国对华反倾销调查事件。按照 USITC 公布的反倾销数据,2001—2012 年美国对华出口商品发起的反倾销调查共 89 例,但考虑部分反倾销立案调查不涉及上市公司,本章最终选取其中 60 例反倾销调查事件(见附表 11.1)。根据涉案商品的 HS 编码以及上市公司披露的年报,本章将商品与上市公司一一配对,最终筛选出 483 家样本企业,其概况如表 11.1 所示。样本筛选原则包括:第一,考虑涉案商品在上市公司中的业务占比及出口比重,按顺序挑选出比重较大的企业;第二,剔除样本期内还未上市或上市时间短于样本期的企业;第三,若同一家企业连续多次牵涉反倾销调查,则每两次的时间间隔必须大于 3 个月;第四,ST(或 ST*)公司以及金融企业不纳入研究范畴。我们还选取核心样本 39 家(见附表 11.2),其余均为参照样本。本章原始数据来源于东方财富 Choice 资讯、Wind 数据库、全球反倾销数据库、USITC 和 WTO 官方网站等。

表 11.1 483 家样本公司概况

分组依据	子样本类别	样本数量(家)	样本百分比(%)
是否遭受直接指控	核心样本	39	8.07
	参照样本	444	91.93

（续表）

分组依据	子样本类别	样本数量(家)	样本百分比(%)
反倾销立案调查的行业分布①	贱金属及其制品行业	175	36.23
	化工行业	85	17.60
	机电及运输设备	49	9.94
	纸及纸制品	45	8.70
	纺织品	29	6.42
	食品、饮料、烟草、酒等	18	3.73
	塑料橡胶	21	4.55
	矿产品	35	7.25
	木制品	19	3.93
	杂项制品	4	1.66
样本公司的上市地	上海	245	50.72
	深圳	230	47.62
	美国	8	1.66

数据来源:作者根据 USITC 统计资料及 Wind 数据库整理所得。

四、美国对华反倾销立案调查事件的总体影响

我们测算了 60 例美国对华反倾销立案调查中 483 家样本公司的异常收益率,并计算该事件前后各 15 个交易日内全部样本的平均异常收益率 AAR 和平均累积异常收益率 $ACAR$(见图 11.2),来反映美国对华反倾销事件对我国制造业上市公司的总体影响力度。我们还通过区分核心样本和参照样本来反映该事件对不同制造业企业的影响差异,以及该事件影响的扩散效应。结合附表 11.3,美国反倾销立案调查

---

① 其他行业涉及的样本公司数量相对较少,占比均低于 10%,故本章仅研究涉案企业数量排在第一、第二位的行业。

对我国制造业上市公司的总体影响特征如下：

第一，美国反倾销立案调查总体上对我国制造业上市公司造成了实质性的持续负面影响。所有样本公司的平均异常收益率 AAR 在事件窗内有 21 个交易日为负，其中有 19 个交易日通过显著性检验，反倾销调查的负面影响覆盖率达 61.29％。与事件日后的波动相比，AAR 在事件日附近的波动幅度更大；而且在立案调查的当天，AAR 更是跌至历史最低值－0.67％，检验结果表明该负值显著不为零。平均累积异常收益率 $ACAR$ 的变化情况也证明了这种实质性负面影响的存在。在整个事件窗内，$ACAR$ 保持持续下跌趋势，从立案宣布前第 11 个交易日开始，$ACAR$ 就一路下跌并于立案后第 12 个交易日滑至谷底，达到最低值－2.51％。随后出现小幅回升，最后稳定在－2％左右，全部 31 个交易日的 $ACAR$ 为显著负值－2.37％。同时，$ACAR$ 持续下跌的趋势充分表明美国反倾销立案调查对我国制造业上市公司的负向影响较为持久。上市公司累积收益率在事件发生日后平均需要 13 天才能停止下滑，事件的负向冲击才会被逐步抵消，但完全消化该负向冲击的影响需要更长时间。

第二，美国反倾销立案调查事件对我国制造业上市公司的负面总体影响有提前反应。市场投资者对反倾销立案调查事件有敏感的提前预判，该事件可能发生的信息在真正发生前就已经被市场投资者所捕获。如图 11.2 所示，早在立案前第 10 个交易日，AAR 就出现了接近 0.6％的显著负值，虽然随后出现小幅回升，但在立案的前 10 个交易日内绝大多数 AAR 都小于零且保持在－0.2％左右。同时在立案调查的前 15 个交易日中，有一半以上的 $ACAR$ 显著为负；截止到事件日前一天，总体样本公司的 $ACAR$ 为－1.31％。对此可能的解释是资本市场总体有效，在美国商务部正式宣布立案调查之前，资本市场投资者对于美国实施反倾销立案调查存在相对一致的预期，普遍将可能出现的反倾销调查视为利空事件，投资者的一致卖出使得总体样本公司的股价被拉低，以致在事件日之前就出现了显著为负的平均异常收益率和平均累积异常收益率。

按照上市公司是否直接遭遇美国的反倾销指控，我们将总体样本划分为核心样本和参照样本两大子样本组来比较分析。该分析有两方面的意义，一方面，这能说明美国反倾销立案调查事件对不同上市公司的差异化影响。我们猜想由于核心样本公

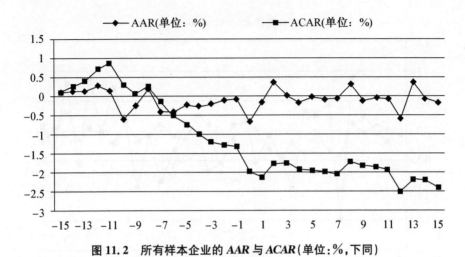

图 11.2　所有样本企业的 *AAR* 与 *ACAR*（单位：％，下同）

数据来源：东方财富 Choice 资讯、Wind 数据库。

司是反倾销立案的直接调查对象，其对核心样本公司造成的负面影响更持久、幅度更大；另一方面，如果参照样本公司也受到该事件的负面冲击，那就表明美国反倾销立案调查的影响具有扩散效应，会对没有直接受到调查的上市公司产生类似的负面影响。图 11.3a 是核心样本与参照样本每日的 *AAR* 变化，比较后得出结论如下：

第一，核心样本 *AAR* 的波动幅度明显大于参照样本，这表明核心样本受到美国反倾销立案调查的影响更为直接、更为强烈。

第二，资本市场总体上有效，美国反倾销立案调查事件对我国制造业上市公司的负向影响已在资本市场上被提前充分预期。核心样本 *AAR* 在立案调查前已出现负值，接近立案调查公布日时核心样本 *AAR* 基本为负值。参照样本公司 *AAR* 在立案调查前的变化规律类似于核心样本，但区别在于其 *AAR* 负值的绝对值小于核心样本，*AAR* 负值出现次数也少于核心样本。这证明美国反倾销调查对参照样本的影响相对小于对核心样本的影响。

第三，核心样本 *AAR* 值在立案调查后表现出缓慢上升的变化趋势，从立案前一日的－1.18％升至立案后一日的－0.55％。这表明资本市场在逐步消化美国反倾销立案调查的负面消息影响，但不可忽视的是，核心样本在立案后的第 5、7、12 个交易

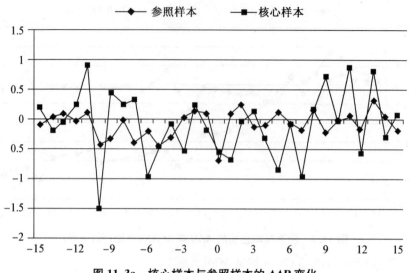

图 11.3a　核心样本与参照样本的 *AAR* 变化

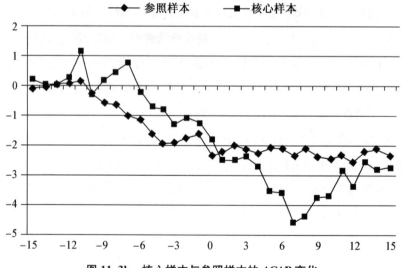

图 11.3b　核心样本与参照样本的 *ACAR* 变化

数据来源：东方财富 Choice 资讯、Wind 数据库。

日又分别出现了三次较大幅度的显著负收益,这可看作反倾销立案调查影响的延续和反复。而参照样本也受到美国反倾销立案调查消息公布的负向冲击,其 AAR 在公布日急剧下降,从立案前一日的 0.10% 跌至立案当天的 -0.67%。但此后参照样本 AAR 便开始逐步回升,保持在 0 附近小范围波动。由于参照样本公司不是美国反倾销调查的直接对象,反倾销调查对参照样本虽然也有负面影响,且在短时间内集中爆发,但是这种负面影响缺乏持续性。

图 11.3b 是核心样本与参照样本每日的 $ACAR$ 变化,体现出以下特征:第一,核心样本在立案调查前后大多数天的 $ACAR$ 都为负值,且在事件窗口内总体呈现持续下跌趋势,从窗口期初的 0.20% 下降到窗口期末的 -2.74%。最明显的是,核心样本公司在立案调查公布日当天获得的 $ACAR$ 为 -1.81%,在立案后第一个交易日继续降至 -2.48%,之后持续下跌。这种下跌趋势直到立案后第 8 个交易日才有所扭转,开始小幅回升。但此时 $ACAR$ 依然小于 -4%,到立案公布日后第 15 天,核心样本公司的 $ACAR$ 依然低于 -2%。核心样本窗口期末的平均累积异常收益率为 -2.74%,统计检验结果显著不为零。如果投资者在整个事件窗内投资核心样本公司,将平均非预期地损失 2.74%。这也再次证明美国反倾销立案调查对我国制造业的巨大负向冲击。

第二,参照样本 $ACAR$ 在整个事件窗内也始终保持下降态势。从窗口期初的 -0.10% 持续下降到窗口期末的 -2.32%,窗口期末参照样本的 $ACAR$ 显著不为零。这也意味着投资者在此期间投资这类参照公司会由于美国反倾销调查损失 2.32%。另外,窗口期内参照样本公司平均累积收益损失比核心样本公司少 0.42 个百分点;而且在立案调查后的每一个交易日,参照样本 $ACAR$ 曲线均位于核心样本 $ACAR$ 曲线之下(见图 11.3b)。从 $ACAR$ 分析,同行业上市公司即参照样本不直接被美国反倾销立案调查,受到的负向冲击小于被直接立案调查的核心样本公司。同时参照样本虽然比核心样本受到的负向冲击稍弱,但前者也还是承受了较强的负向冲击,美国反倾销调查的负面冲击具有明显的扩散效应。

第三,美国宣布立案调查这一事件日前后两个子样本的降幅存在差异,两条 $ACAR$ 曲线在事件日相交。在立案调查日前的 15 个交易日内,核心样本 $ACAR$ 降幅为 1.46％，略比同期参照样本 $ACAR$ 降幅小 1.55％；在立案调查日后的 15 个交易日内，核心样本 $ACAR$ 降幅为 0.20％，大于参照样本 $ACAR$ 降幅 0.07％。这就导致核心样本和参照样本两者的 $ACAR$ 线在事件公布日相交。其原因可能是，在事件发生前，投资者虽然预计到美国可能会对我国特定行业出台反倾销措施，但并不能准确判断哪些上市公司会受到美国的直接指控，他们只能大致认为该行业所有相关企业都可能被牵涉。在这种一致预期下，参照样本在事件日前的 $ACAR$ 降幅也和核心样本相似。一旦美国开始正式公布立案调查的上市公司，投资者获得的信息就会变得更加完备，核心样本受冲击程度要大于参照样本，因此在事件窗后半期参照样本的 $ACAR$ 波动性较小。

以上对两类样本 AAR 和 $ACAR$ 的分析表明，美国反倾销立案调查对它们都有"事前"和"事后"的显著负面影响，但是对核心样本的负向影响更为直接、更为强烈、更具持续性。并且美国反倾销立案调查对参照样本有扩散影响。

五、美国反倾销立案调查影响的行业差异

美国反倾销立案调查是针对特定的产品，这些产品都隶属于相应的行业，我们试图辨别美国反倾销立案调查的负面影响是否在不同行业中存在差异。由于在样本选取以及"产品—企业"的配对过程中，公司的经营范围、主营业务都是首要标准，故将上市公司所属的行业分类近似等同于对应涉案产品的行业分类。按照 HS 编码的分类标准，在本章重点研究的 60 起美国对华反倾销调查中，贱金属及其制品行业（以下简称贱金属行业）、化工行业的涉案次数最多，分别有 22 起和 15 起；涉及的样本公司多达 260 家（贱金属行业、化工行业分别有 175 家、85 家），占样本总数的 53.83％。相比之下，其他行业的涉案企业样本数量有限，均小于 10％，缺乏研究的代表性。因此我们重点研究贱金属、化工行业两大样本组间是否存在反倾销调查影响的行业差异，结果详见附表 11.4。

图 11.4a 是窗口期内贱金属行业与化工行业上市公司每个交易日 AAR 的变化。不难发现，两类行业样本组的 AAR 变动表现出了一定相似性。第一，贱金属和化工

行业都受到了美国反倾销调查立案的负面冲击。在反倾销立案事件公布日都出现了平均收益率的明显下降,贱金属行业当天平均异常收益率降为-0.85%,化工行业当天平均异常收益率下降为-0.51%。第二,两者的 AAR 几乎都是在立案调查前第11个交易日左右达到最低值。这说明资本市场上的投资者对重点行业会再次面临反倾销调查持有一致预期,市场对那些曾经频繁遭遇美国反倾销指控的行业的反应时间较为一致。

尽管如此,这两大子样本组的 AAR 差异也很明显。在立案调查日,贱金属行业收益率的负向降低幅度更大,从前一日的 0.18% 大幅跌至-0.85%($p<0.01$),绝对降幅达到 1.04%。虽然随后两个交易日的 AAR 出现了部分回升,但统计结果并不显著。相比之下,同期化工行业的 AAR 变动就显得更为温和,从立案前一日的 -0.26% 降至-0.51%($p<0.01$),绝对跌幅仅约为贱金属行业的 1/4。另外,反倾销立案调查对贱金属及化工行业的负面影响都具有延续性,但在前者持续的时间更长。在立案后的窗口期内,贱金属行业出现了四次较大的显著负异常收益,甚至在第14、15个交易日 AAR 还有继续下降之势;化工行业也分别在立案调查后的第6、11、12个交易日出现了类似现象,但此后便逐步恢复正常,在零值上方小幅波动。

图 11.4b 是贱金属和化工行业样本组的 $ACAR$ 时间序列图。在整个窗口期贱金属行业样本组的 $ACAR$ 曲线始终位于化工行业样本组之下,这直接表明美国反倾销立案调查对贱金属行业的持续负向影响幅度更大。

在贱金属行业样本组,其 $ACAR$ 从立案前第10个交易日开始就出现-0.54%这样的负值,在 5% 的显著性水平上显著不为零,到立案调查当天更是低至 -2.35%,同样在 5% 的显著性水平上显著不为零。贱金属行业立案调查公布当天的累积异常收益率比前一交易日下降了约 0.9 个百分点。在事件窗口最后一个交易日,贱金属行业的 $ACAR$ 为-2.98%,在 1% 的显著性水平上显著不为零。这说明平均而言,美国反倾销立案调查在资本市场上对我国贱金属行业的投资者造成了约 3% 的异常收益损失。

在化工行业样本组,其 $ACAR$ 在事件窗口早期都保持为正,直到事件日前 3 天才开始出现显著负值。正式立案当天的 $ACAR$ 为-1.239 8%,在 1% 的显著性水平上显著不为零，较前一日下降了约 0.5 个百分点，降幅明显小于贱金属行业样本组。化工行业样本组整个窗口期的 $ACAR$ 为 $-1.345\,8\%$，表明化工行业投资者在该期限内因反倾销调查蒙受的累积收益损失约为 1.3%，不及贱金属行业损失的一半。

　　以上分析表明，虽然反倾销立案调查对我国贱金属和化工行业都产生了显著的消极影响，但前者的受影响幅度更大。可能有三个原因能解释这一差异：第一，一直以来我国贱金属行业遭遇反倾销的次数最多、频率最高，美国对其征收的反倾销税率都在 130% 以上，手段极其严苛。这导致我国贱金属行业遭受反倾销这一个外部负向冲击的力度更大。第二，我国贱金属行业始终未能摆脱"产品品种单一、技术含量过低"的困境，而初级产品或低档产品恰恰更易招致反倾销，更难以成功应对反倾销。第三，我国贱金属行业产能过剩严重，多数企业的发展不容乐观，盈利水平较低，一旦遭遇反倾销，就很难投入足够的人力、物力和财力积极应诉。资本市场投资者对该类企业能否成功应对反倾销的预期不甚乐观。这三个原因共同导致在资本市场上体现为贱金属行业的 $ACAR$ 下跌幅度更大。

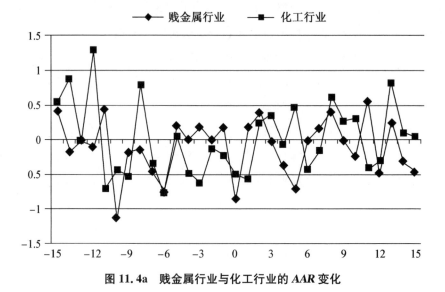

图 11.4a　贱金属行业与化工行业的 AAR 变化

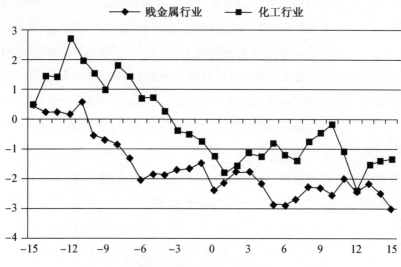

图 11.4b　贱金属行业与化工行业的 *ACAR* 变化

数据来源：东方财富 Choice 资讯、Wind 数据库。

六、美国反倾销立案调查影响的市场差异

　　我们是以资本市场股票价格交易数据为基础来测算美国反倾销立案这一事件对我国制造业上市公司的影响的，但这些上市公司的上市地点不同。这些不同证券交易所的市场有效程度可能存在差异，可能导致美国反倾销立案调查这一外部事件在不同市场上出现系统性差异，这种差异就是美国反倾销立案调查影响的区位差异，如前所述，全部 483 家样本公司中，在上交所上市的有 245 家，占比 50.72％；在深交所上市的有 230 家，占比 47.62％。我们通过比较分析上交所与深交所这两大子样本组①的 *AAR* 与 *ACAR* 变化趋势，以验证美国反倾销立案调查对我国制造业上市公司的影响是否存在区位差异，结果详见附表 11.5。

　　直观比较图 11.5a 中的两条曲线，即对比上交所与深交所这两大样本组的 *AAR*

————————————

　　①　在美国上市的企业仅有 8 家，样本数量太少，故不纳入本章的研究范围。

曲线图，我们发现以下特征：第一，在事件日当天，反倾销调查对上交所和深交所的样本公司都造成了实质性的负面影响。上交所上市公司的平均异常收益率小于深交所上市公司的平均异常收益，影响程度分别为－1.09％、－0.85％。第二，在事件日之前，上交所样本组的 AAR 的波动性相对更大，但临近事件日，两大样本组 AAR 的变动方向与变动幅度趋于一致。这说明在美国正式宣布立案调查之前，上交所的投资者对该事件可能更加敏感，且市场反应比深交所更加迅速；但总体上两个市场都有效，都能正确提前预判该事件发生的可能性。第三，在事件日之后，深交所样本组 AAR 的波动变得更加激烈，而同期上交所样本组的 AAR 却逐步恢复正常，在 0～0.5％ 的范围内波动。显著性检验结果显示，深交所样本组的 AAR 在立案后第 6、9、12、15 个交易日都出现了较大的显著负值，但同期上交所样本组的 AAR 仅出现过一次显著负值。这表明立案过后，反倾销调查的负面效应在深交所的持续时间更长。

我们再观察这两大样本组每日 $ACAR$ 的变化趋势。由于立案调查前上交所的市场反应更早、更敏感，上交所样本组的 $ACAR$ 曲线在立案前后的一段时间内均位于深交所样本组的 $ACAR$ 曲线之下（见图 11.5b），其 $ACAR$ 于立案后第 9 个交易日达到最低值－3.30％，在 1％ 的显著性水平下显著不为零。此后上交所样本组的 $ACAR$ 曲线便开始逐步回升，在整个区间内获得的 $ACAR$ 为－2.039 8％，在 5％ 的显著性水平下显著不为零。

深交所样本组的 $ACAR$ 始终保持下降走势，且随着时间的推移越来越突出。立案当天的 $ACAR$ 为－1.79％，在 5％ 的显著性水平下显著不为零，其绝对值是上交所同天 $ACAR$ 绝对值的 1/2 多；但到事件窗末期，其 $ACAR$ 已经跌至－2.588 4％，深交所样本公司因此而产生的损失超出上交所样本公司的损失约 0.5 个百分点。这些都说明，事件发生前，美国反倾销调查对上交所样本公司的负面影响更明显，但事件发生后，深交所上市公司受影响的程度可能会更大。

总体看来，美国反倾销立案调查对上交所和深交所的上市公司都产生了负面冲击，导致它们的平均异常收益率和平均累积异常收益率都为负。这种负面影响在反应敏感度和持久期限上会因为样本公司上市地不同而存在差异。在美国反倾销立案调查前,上交所上市公司对美国反倾销调查事件更为敏感;而美国反倾销立案调查后,反倾销调查的这种负面效应在深交所上市公司中的持续时间更长,故影响程度也会更深。

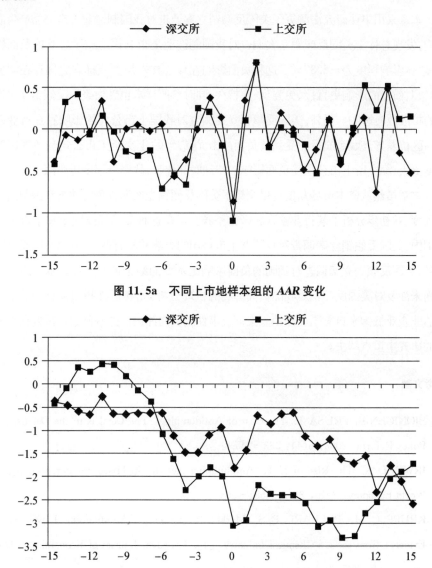

图 11. 5a　不同上市地样本组的 *AAR* 变化

图 11. 5b　不同上市地样本组的 *ACAR* 变化

数据来源:东方财富 Choice 资讯、Wind 数据库。

七、结论与未来研究方向

本章采用事件研究法测算了美国反倾销立案调查对我国制造业上市公司产生的影响,发现总体上美国反倾销立案调查对我国制造业上市公司造成了显著的负面影响,总体影响程度为-2.37％。这种负面影响在核心样本与参照样本之间存在明显差异,对前者的影响更直接、更强烈、更持久;同时参照样本也受到美国反倾销立案调查的扩散效应影响。另外,美国反倾销立案调查对我国上市公司的影响存在行业差异与区位差异。贱金属行业受到其负面冲击尤其严重;上交所上市公司受负面影响程度更大,深交所上市公司受负面影响的持续时间更长,故影响程度也更深。

本章虽然从资本市场角度定量测算了美国反倾销立案调查负向冲击我国制造业的程度,并初步分析了其行业差异和区位差异。但是这种测算只能限定在上市公司范围内,美国反倾销立案调查对我国非上市公司的影响并没有被包括在内,所以可以预见,美国反倾销立案调查对我国的负面影响比本章的结论还要严重。本章的分析还尚未涉及对美国反倾销对我国负面影响的机理分析,尤其是哪些因素有助于我国制造业企业抵御来自美国反倾销立案调查事件的负向冲击。这些问题都需要在下一步的研究中重点解决。

参考文献

[1] BIONIGEN B, PRUSA T. The Cost of Antidumping：The Devil is in the Details[J]. Policy Reform, 2003, 6(4)：233 - 245.

[2] IRWIN D A. The Rise of U. S. Antidumping Activity in Historical Perspective[J]. World Economy, 2010, 28(5)：651 - 668.

[3] KRUPP C M, POLLARD P S. Market Responses to Antidumping Laws：Some Evidence from the US Chemical Industry, [J]. Canadian Journal of Economics, 1996, 29(1)：199 - 227.

[4] PRUSA T J. On the Spread and Impact of Antidumping[J]. Canadian Journal of

Economics，2001，34(3)：591－611.

[5] STAIGER R W，WOLAK F A，LITAN R E，et al. Measuring Industry-Specific Protection：Antidumping in the United States[J]. Brookings Papers on Economic Activity Microeconomics，1994(1)：51－118.

[6] VANDENBUSSCHE H，ZANZRDI M. The Global Chilling Effects of Antidumping Proliferation[J]. Social Science Electronic Publishing，2006，12(3)：1－36.

[7] 鲍晓华.中国实施反倾销措施的经济效应分析[J].经济纵横，2004(1)：16－19.

[8] 鲍晓华.反倾销措施的贸易救济效果评估[J].经济研究，2007(2)：71－84.

[9] 冯宗宪,向洪金.欧美对华反倾销措施的贸易效应：理论与经验研究[J].世界经济,2010(3)：31－55.

[10] 沈国兵.美国对中国反倾销的贸易效应：基于木制卧室家具的实证分析[J].管理世界,2008(4)：48－57.

[11] 沈国兵.单一起诉和多重起诉下美国对中国反倾销的贸易效应：经验研究[J].世界经济文汇,2011(6)：57－72.

附　表

附表 11.1　美国对华反倾销调查的涉案商品汇总
（2001—2012.6）

序号	商品名称	立案调查日期	序号	商品名称	立案调查日期
1	聚乙烯醇	2002 - 9 - 5	16	聚酯纤维	2006 - 7 - 13
2	碳酸钡	2002 - 10 - 25	17	六偏磷酸钠	2007 - 3 - 1
3	精炼棕刚玉	2002 - 11 - 18	18	圆形焊接碳钢管件	2007 - 6 - 28
4	熨衣板	2003 - 6 - 30	19	钢钉	2007 - 7 - 9
5	聚乙烯零售包装袋	2003 - 7 - 16	20	薄壁矩形钢管	2007 - 7 - 18
6	四氢糠醇	2003 - 7 - 18	21	复合编织袋	2007 - 7 - 19
7	木制卧室家具	2003 - 12 - 17	22	非公路用轮胎	2007 - 7 - 31
8	咔唑紫颜料	2003 - 12 - 19	23	亚硝酸钠	2007 - 11 - 29
9	冷冻暖水虾	2004 - 1 - 20	24	电解二氧化锰	2007 - 9 - 12
10	薄页纸、皱纹纸	2004 - 3 - 8	25	未加工橡胶磁铁	2007 - 10 - 12
11	金属镁	2004 - 3 - 25	26	聚对苯二甲酸乙二酯膜、片和条	2007 - 10 - 19
12	三氯乙氰尿酸	2004 - 6 - 10			
13	盒装铅笔	2005 - 1 - 31	27	低克重热敏纸	2007 - 10 - 29
14	文具纸	2005 - 9 - 30	28	非封闭内置弹簧部件	2008 - 1 - 22
15	活性炭	2006 - 4 - 4	29	小直径石墨电极	2008 - 1 - 17

(续表)

序号	商品名称	立案调查日期	序号	商品名称	立案调查日期
30	不锈钢焊接压力管	2008 - 2 - 21	46	标准钢制紧固件	2009 - 10 - 14
31	钢制螺杆	2008 - 3 - 26	47	使用单张纸印刷机适用于高质量打印图形的涂料纸	2009 - 10 - 14
32	羟基亚乙叉二膦酸	2008 - 4 - 9
33	空调用截止阀	2008 - 4 - 9
34	环形碳素管线管	2008 - 4 - 24	48	钾磷酸盐和钠磷酸盐	2009 - 10 - 15
35	柠檬酸和柠檬酸盐	2008 - 5 - 5	49	无缝精炼铜管	2009 - 10 - 21
36	厨房用搁板和网架	2008 - 8 - 21	50	钻管	2010 - 1 - 27
37	石油管材	2009 - 5 - 5	51	铝挤压材	2010 - 4 - 21
38	预应力混凝土用钢绞线	2009 - 6 - 16	52	草甘膦	2010 - 4 - 22
			53	多层木地板	2010 - 11 - 12
39	钢格板	2009 - 6 - 19	54	钢制轮毂	2011 - 4 - 20
40	钢丝层板	2009 - 6 - 26	55	镀锌钢丝	2011 - 4 - 21
41	编织电热毯	2009 - 7 - 21	56	造纸用荧光增白剂	2011 - 4 - 21
42	窄幅梭织缎带	2009 - 7 - 30	57	高压钢瓶	2011 - 6 - 1
43	镁碳砖	2009 - 8 - 19	58	太阳能光伏电池及发电板	2011 - 11 - 8
44	铜版纸	2009 - 10 - 14
45	无缝碳钢和合金钢标准管、管线管和压力管	2009 - 10 - 14	59	风塔	2012 - 1 - 19
			60	不锈钢拉制水槽	2012 - 3 - 22

数据来源:根据 WTO 反倾销数据库和 USITC 公布的资料整理所得。

附表 11.2　核心样本概况(2001—2012.6)

产品名称	股票代码	上市地点	核心样本公司
风塔	002531	深圳	天顺风能(苏州)股份有限公司
	601558	上海	华锐风电科技(集团)股份有限公司
太阳能光伏电池及发电板	STP	美国纽约证交所	尚德电力控股有限公司
	CSIQ	美国纳斯达克	常熟阿特斯阳光电力科技有限公司
	HSOL	美国纳斯达克	韩华新能源(启东)有限公司
	LDK	美国纽约证交所	赛维 LDK 太阳能高科技有限公司
荧光增白剂	002010	深圳	浙江传化股份有限公司
镀锌钢丝	600992	上海	贵州钢绳股份有限公司
	000890	深圳	江苏法尔胜股份有限公司
钢制轮毂	002355	深圳	山东兴民钢圈股份有限公司
	002488	深圳	浙江金固股份有限公司
	600006	上海	东风汽车股份有限公司
钻管	600019	上海	宝山钢铁股份有限公司
无缝碳钢和合金钢标准管、管线管和压力管	000898	深圳	鞍钢股份有限公司
铜版纸	002078	深圳	山东太阳纸业股份有限公司
预应力混凝土用钢绞线	000890	深圳	江苏法尔胜股份有限公司
石油管材	600028	上海	中国石油化工股份有限公司
	600019	上海	宝山钢铁股份有限公司
	600010	上海	内蒙古包钢钢联股份有限公司
	000898	深圳	鞍钢股份有限公司
	000652	深圳	天津泰达股份有限公司

（续表）

产品名称	股票代码	上市地点	核心样本公司
柠檬酸及柠檬酸盐	000930	深圳	中粮生物化学(安徽)股份有限公司
	600981	上海	江苏汇鸿股份有限公司
空调用截止阀	002050	深圳	浙江三花股份有限公司
	002011	深圳	浙江盾安人工环境股份有限公司
小直径石墨电极	600516	上海	方大炭素新材料科技股份有限公司
	000928	深圳	中钢集团吉林炭素股份有限公司
低克重热敏纸	600433	上海	广东冠豪高新技术股份有限公司
聚对苯二甲酸乙二酯膜、片和条	FFHL	美国纳斯达克	富维薄膜(山东)有限公司
电解二氧化锰	600367	上海	贵州红星发展股份有限公司
非公路用轮胎	000425	深圳	徐工集团工程机械股份有限公司
	000589	深圳	贵州轮胎股份有限公司
钢钉	601002	上海	晋亿实业股份有限公司
六偏磷酸钠	600141	上海	湖北兴发化工集团股份有限公司
文具纸	600963	上海	岳阳林纸股份有限公司
盒装铅笔	600612	上海	老凤祥股份有限公司
木制卧室家具	600337	上海	美克国际家具股份有限公司
三氯异氰尿酸	600301	上海	南宁化工股份有限公司
	600618	上海	上海氯碱化工股份有限公司

附表 11.3　总体样本、核心样本以及参照样本的平均
异常收益率与平均累积异常收益率

时间 t	总体样本		参照样本		核心样本	
	AAR_t	$ACAR_t$	AAR_t	$ACAR_t$	AAR_t	$ACAR_t$
−15	0.123 50	0.123 50	−0.102 99	−0.102 99	0.201 49	0.201 49
−14	0.158 90	0.282 40	0.049 59	−0.053 40	−0.169 57	0.031 92
−13	0.152 20	0.434 60	0.092 34	0.038 93	−0.031 83	0.000 09
−12	0.308 62	0.743 21	−0.004 90	0.034 04	0.251 10	0.251 19
−11	0.171 79	0.915 00	0.108 81	0.142 85	0.927 27	1.178 46
−10	−0.581 00***	0.334 00	−0.419 70	−0.276 85	−1.494 36**	−0.315 90*
−9	−0.261 77**	0.072 23	−0.328 12	−0.604 97	0.468 15	0.152 25
−8	0.181 93	0.254 17	−0.037 32	−0.642 30	0.280 01	0.432 27
−7	−0.384 87**	−0.130 70*	−0.370 77**	−1.013 07	0.329 06	0.761 33
−6	−0.389 09**	−0.519 79*	−0.197 03*	−1.210 10*	−0.957 76**	−0.196 44*
−5	−0.212 27	−0.732 06**	−0.445 97**	−1.656 06*	−0.494 72*	−0.691 15
−4	−0.250 76**	−0.982 82*	−0.304 76*	−1.960 83*	−0.082 21*	−0.773 36*
−3	−0.193 00*	−1.175 82**	0.047 39	−1.913 43	−0.546 92*	−1.320 28**
−2	−0.083 45**	−1.259 27***	0.152 21	−1.761 22*	0.236 24	−1.084 05
−1	−0.050 64***	−1.309 92**	0.103 67	−1.657 55*	−0.181 00	−1.265 05
0	**−0.674 35*****	**−1.984 27****	**−0.678 53*****	**−2.336 08****	**−0.553 26****	**−1.818 31*****
1	−0.136 48**	−2.120 75	0.086 25	−2.249 83	−0.662 49***	−2.480 80**
2	0.353 25	−1.767 51	0.257 06	−1.992 77	−0.029 39*	−2.510 19**
3	0.004 99	−1.762 51	−0.118 84	−2.111 61	0.134 38	−2.375 81
4	−0.169 78**	−1.932 29	−0.122 90*	−2.234 50**	−0.328 22*	−2.704 03**
5	−0.006 74	−1.939 03	0.131 11	−2.103 39	−0.840 94***	−3.544 97**

(续表)

时间 t	总体样本		参照样本		核心样本	
	AAR_t	$ACAR_t$	AAR_t	$ACAR_t$	AAR_t	$ACAR_t$
6	−0.051 32*	−1.990 35	−0.041 61	−2.145 00	−0.068 53*	−3.613 50**
7	−0.065 74**	−2.056 10	−0.176 30**	−2.321 31**	−0.975 38**	−4.588 88*
8	0.325 97	−1.730 13	0.188 16	−2.133 15	0.169 50	−4.419 37
9	−0.089 52**	−1.819 65	−0.222 18*	−2.355 33***	0.712 13	−3.707 25
10	−0.029 92**	−1.849 57	−0.049 66	−2.404 99	−0.012 66*	−3.719 91
11	−0.062 52***	−1.912 09	0.043 62	−2.361 37	0.899 21	−2.820 70
12	−0.594 32*	−2.506 41***	−0.166 49*	−2.527 87*	−0.556 14***	−3.376 84**
13	0.345 63	−2.160 79*	0.347 97	−2.179 90	0.828 70	−2.548 14
14	−0.035 50*	−2.196 28**	0.053 70	−2.126 20	−0.284 11*	−2.832 25*
15	−0.175 13*	**−2.371 41*****	−0.202 14**	**−2.328 34***	0.085 54	**−2.746 71*****

注：***、**、*分别表示在1%、5%、10%的显著性水平下显著。

附表 11.4　贱金属行业样本组、化工行业样本组的异常收益与累积异常收益

时间 t	贱金属行业样本组		化工行业样本组	
	AAR_t	$ACAR_t$	AAR_t	$ACAR_t$
−15	0.393 85	0.393 85	0.560 43	0.560 43
−14	−0.161 24*	0.232 61	0.886 62	1.447 05
−13	−0.001 14	0.231 47	−0.021 16	1.425 89
−12	−0.094 68	0.136 79	1.286 13	2.712 01
−11	0.455 02	0.591 81	−0.710 49***	2.001 53
−10	−1.131 91**	−0.540 10**	−0.442 14*	1.559 39
−9	−0.185 83*	−0.725 93**	−0.522 31***	1.037 07

（续表）

时间 t	贱金属行业样本组		化工行业样本组	
	AAR_t	$ACAR_t$	AAR_t	$ACAR_t$
-8	$-0.136\ 31^*$	$-0.862\ 24^*$	$0.798\ 00$	$1.835\ 07$
-7	$-0.475\ 55^{***}$	$-1.337\ 79^{***}$	$-0.349\ 90^{**}$	$1.485\ 17$
-6	$-0.726\ 66^{***}$	$-2.064\ 45^{***}$	$-0.773\ 14^{***}$	$0.712\ 02$
-5	$0.202\ 15$	$-1.862\ 29^*$	$0.027\ 77$	$0.739\ 79$
-4	$-0.023\ 07^*$	$-1.885\ 36^{**}$	$-0.497\ 32^*$	$0.242\ 47$
-3	$0.188\ 58$	$-1.696\ 79^*$	$-0.635\ 48^*$	$-0.393\ 00^{***}$
-2	$0.010\ 82$	$-1.685\ 97$	$-0.114\ 99^{**}$	$-0.507\ 99^{**}$
-1	$0.187\ 31$	$-1.498\ 66^{**}$	$-0.216\ 10^*$	$-0.723\ 99^{**}$
0	$\mathbf{-0.854\ 79^{***}}$	$\mathbf{-2.353\ 45^{**}}$	$\mathbf{-0.515\ 70^{***}}$	$\mathbf{-1.239\ 79^{***}}$
1	$0.190\ 43$	$-2.163\ 02^{***}$	$-0.573\ 52$	$-1.813\ 31^{**}$
2	$0.396\ 91$	$-1.766\ 11$	$0.261\ 38$	$-1.551\ 94$
3	$-0.014\ 84$	$-1.780\ 95$	$0.366\ 61$	$-1.185\ 33$
4	$-0.371\ 18^*$	$-2.152\ 13^{**}$	$-0.077\ 54$	$-1.262\ 87$
5	$-0.721\ 83^{**}$	$-2.873\ 96^*$	$0.494\ 08$	$-0.768\ 79$
6	$0.004\ 65$	$-2.869\ 31$	$-0.430\ 38^{***}$	$-1.199\ 17^*$
7	$0.159\ 86$	$-2.709\ 45$	$-0.165\ 97$	$-1.365\ 14$
8	$0.412\ 34$	$-2.297\ 11$	$0.627\ 67$	$-0.737\ 46^*$
9	$-0.018\ 60$	$-2.315\ 71$	$0.284\ 99$	$-0.452\ 46$
10	$-0.263\ 46^*$	$-2.579\ 17^{**}$	$0.308\ 43$	$-0.144\ 04$
11	$0.578\ 94$	$-2.000\ 23$	$-0.418\ 19^*$	$-1.062\ 23^{**}$
12	$-0.480\ 44$	$-2.480\ 67$	$-0.306\ 07^{***}$	$-2.368\ 29^{***}$
13	$0.279\ 43$	$-2.201\ 24$	$0.858\ 82$	$-1.509\ 48$
14	$-0.330\ 32^{**}$	$-2.531\ 56$	$0.101\ 13$	$-1.408\ 34$
15	$-0.452\ 32^{***}$	$\mathbf{-2.983\ 88^{***}}$	$0.062\ 59$	$\mathbf{-1.345\ 75^{**}}$

注：***、**、* 分别表示在 1%、5%、10% 的显著性水平下显著。

附表 11.5 上交所样本组、深交所样本组的
异常收益与累积异常收益

时间 t	上交所样本组		深交所样本组	
	AAR_t	$ACAR_t$	AAR_t	$ACAR_t$
−15	−0.438 73	−0.438 73	−0.383 70	−0.383 70
−14	0.343 45	−0.095 28	−0.059 32	−0.443 01
−13	0.449 09	0.353 81	−0.131 13	−0.574 14
−12	−0.075 65	0.278 16	−0.055 43	−0.629 57
−11	0.182 20	0.460 36	0.347 59	−0.281 98
−10	−0.026 80	0.433 56	−0.387 01*	−0.668 99**
−9	−0.258 37*	0.175 19	0.015 47	−0.653 52
−8	−0.309 39***	−0.134 20	0.052 50	−0.601 02
−7	−0.237 28*	−0.371 48	−0.025 44	−0.626 46
−6	−0.700 47***	−1.071 95	0.046 53	−0.579 93
−5	−0.526 48**	−1.598 43	−0.557 29***	−1.137 22***
−4	−0.653 92*	−2.252 35	−0.344 24*	−1.481 46*
−3	0.254 61	−1.997 74	0.012 41	−1.469 04
−2	0.217 86	−1.779 88	0.370 16	−1.098 89
−1	−0.179 14	−1.959 02	0.156 96	−0.941 93
0	**−1.091 73*****	**−3.050 75**	**−0.851 83****	**−1.793 76****
1	0.104 87	−2.945 88	0.371 60	−1.422 16
2	0.810 39	−2.135 48	0.775 59	−0.646 58
3	−0.233 45	−2.368 93	−0.193 70*	−0.840 27**
4	0.022 53	−2.346 40	0.196 08	−0.644 19
5	−0.017 58	−2.363 98	0.023 31	−0.620 88

（续表）

时间 t	上交所样本组		深交所样本组	
	AAR_t	$ACAR_t$	AAR_t	$ACAR_t$
6	−0.174 61	−2.538 58	−0.496 03 ***	−1.116 91 ***
7	−0.517 36 **	−3.055 94	−0.244 42	−1.361 33
8	0.130 07	−2.925 87	0.150 75	−1.210 57
9	−0.376 58	−3.302 44 ***	−0.427 36 **	−1.637 94 *
10	0.012 04	−3.290 41	−0.043 08	−1.681 01
11	0.537 43	−2.752 97	0.145 41	−1.535 60
12	0.218 96	−2.534 02	−0.764 45 *	−2.300 06 **
13	0.541 86	−1.992 17	0.520 90	−1.779 16
14	0.108 98	−1.883 19	−0.297 77	−2.076 93
15	−0.156 61	**−2.039 80 ****	−0.511 46 ***	**−2.588 39 ****

注：*** 、** 、* 分别表示在 1％、5％、10％的显著性水平下显著。

第十二章　美国反倾销立案调查对我国上市公司影响的决定因素[①]

一、问题的提出

反倾销已经成为我国外向型经济发展中遭遇的主要贸易障碍。据 WTO 统计，1995—2012 年，世贸组织成员国在全球范围内共发起反倾销调查 4 125 起，实施最终措施 2 649 起。其中，涉及我国产品的反倾销调查共 884 起[②]，涉及的反倾销调查最终实施措施的有 643 起，分别占全球总数的 21.43%、24.27%[③]。截至 2012 年，我国已连续 18 年成为全球最大的反倾销指控对象国，是全世界反倾销的重灾区。反倾销也是中国和美国这两个世界主要经济体在经济交往中无法回避的重点议题。1995—2012 年，美国共发起 112 例对华反倾销调查，实施最终措施 92 例，分别占其对外反倾销调查和实施最终措施总数的 23.44%、29.77%，均居美国对外反倾销的第一位。在中国遭遇的所有反倾销指控中，由美国发起的反倾销约占 1/3(谢建国,2006)[④]。

国内外学者在反倾销领域已经产生了大量研究成果，尤其侧重对反倾销的经济效应和影响反倾销的因素分析这两个方面。本章的主题更接近反倾销的经济效应这

① 本章以《美国反倾销立案调查对我国上市公司影响的决定因素分析》为题发表在《国际贸易问题》2015 年 3 期上，原文作者为巫强、马野青、姚志敏。

② 这一数据远远超过以 229 起位居第二的韩国。

③ 数据来源：WTO 反倾销数据库 http://www.wto.org/english/tratop_e/adp_e/adp_e.htm。

④ 印度是对我国实施反倾销调查最多的国家，1995—2012 年，印度对华共实施了 150 起反倾销调查。美国排名第二，但是考虑到美国在世界经济格局中的核心地位以及中美经济关系对我国外向经济发展的重要意义，本章集中研究了美国对华的反倾销立案调查事件。

一领域,贸易效应和非贸易效应是反倾销经济效应的两种体现(Blonigen 和 Prusa, 2003)。现有文献认为,贸易效应是指反倾销影响贸易参与国的进出口商品数量和价格,具体可以分为贸易调查效应(Staiger 和 Wolak,1994;沈国兵,2011)、贸易限制效应(Prusa,2001)和贸易转移效应(Irwin,2005)。而非贸易效应则更为广泛,是指反倾销会影响贸易参与国的产业结构、就业水平、社会福利等众多方面(鲍晓华,2007;冯宗宪和向洪金,2010)。总体上,理论研究都表明反倾销对于被调查的出口国在宏观或产业层面有明显的负面冲击,但从企业微观层面上来研究这种负面冲击的成果相对较少。由于企业异质性,不同企业面对反倾销立案调查所能采取的措施不同,能否成功应对反倾销的可能性不同,这就导致反倾销这一外部宏观事件对不同企业产生的影响不同。在微观企业层面上,这种差异化影响究竟取决于哪些因素? 即哪些因素有助于遭受反倾销调查的企业抵御反倾销调查这一外部宏观事件的冲击,甚至能成功应对反倾销? 对这一问题的研究能有助于从微观层面更好地总结企业应对反倾销的经验,有助于我国制定更有针对性的政策来增加企业成功应对反倾销的可能性。

本章以 2001—2012 年美国对我国发起的 60 起反倾销立案调查事件为研究背景,搜集了这些反倾销立案调查中涉及的 475 家制造业上市公司数据,以事件研究法为框架,定量计算了美国反倾销立案调查这一事件对这些上市公司的影响,即事件窗口期的累积异常收益率。然后本章重点从企业自身特征的角度选取自变量,通过实证分析解释决定这种影响大小的具体因素。本章的研究发现,上市公司的企业规模增大、经营业绩改善、股权集中度提高都有助于削弱美国反倾销立案调查的负面影响,企业劳动密集程度越高,其受到美国反倾销立案调查的负面影响就越大。同时上市公司上市交易所不同,隶属区域不同也会导致这种影响有所差异。

二、美国反倾销立案调查对我国上市公司影响的度量

本章以事件研究法为基础,选择上市公司累计异常收益率 CAR 作为因变量,衡量美国对华反倾销立案调查事件对我国上市公司产生的影响。事件研究法被广泛应

用于金融、会计研究等领域,该方法通过计算特定外部事件发生前后一段时期内,该上市公司股价波动导致的异常收益率来定量分析该外部事件对上市公司产生的影响。该方法起源最早可追溯到二十世纪三十年代(Dolley, 1933),后经 Fama 等(1969),Binder 和 Hashem(1998)等人的发展日益完善。为了计算上市公司的异常收益率,事件研究法的第一步是要定义事件和窗口期,本章就选取了美国商务部宣布反倾销立案并在美联邦公报上发布反倾销调查通知这一事件。窗口期的确定包括界定估计窗与事件窗,这两个窗口期不宜重叠。估计窗要选取事件发生之前较早的一段时期,用于估计不受该事件影响的正常收益模型中的参数,事件窗要选取事件发生前后的一段时期,用于计算事件对企业产生的异常收益。本章选取事件日前后各 15 个交易日为事件窗,即事件窗共有 31 个交易日;事件窗的前 100 个交易日为估计窗[①]。事件研究法的第二步是在估计窗内估计决定上市公司正常收益率的参数,本章采用上市公司的日数据,故采用对于日数据具有很强有效性的市场模型来估计正常收益[②]。定义 R_{it} 与 R_{mt} 分别为上市公司 i 和市场 m 在第 t 期的收益率,采用估计窗内上市公司和市场整体的每日收益率数据,按照式(12.1)得到正常收益模型中总体参数 α_i 和 β_i 的估计参数 $\hat{\alpha_i}$ 和 $\hat{\beta_i}$。

$$R_{it} = \alpha_i + \beta_i R_{mt} + \varepsilon_{it} \qquad\qquad (12.1)$$

第三步就是估计窗口期内上市公司的正常收益率。本章将估计参数 $\hat{\alpha_i}$ 和 $\hat{\beta_i}$ 代入式(12.2),利用事件窗内市场整体的每日收益率数据 $R_{mt'}$ 来计算事件窗内上市公司 i 的正常收益率 $ER_{it'}$。

$$ER_{mt'} = \hat{\alpha_i} + \hat{\beta_i} R_{mt'} \qquad\qquad (12.2)$$

第四步是计算事件窗内上市公司 i 的异常收益率 $AR_{it'}$。它就等于事件窗内该公司每日的实际收益率 $R_{it'}$ 减去正常收益率 $ER_{it'}$,即 $AR_{it'} = R_{it'} - ER_{it'}$。该异常收

---

①　以往的研究大都针对不同的事件选取不同的窗口期,通常的做法是将估计窗界定为 100 个交易日,而把事件窗界定在 15 个交易日至 40 个交易日之间(刘玉敏、任广乾,2007)。

②　常用于计算正常收益率的模型包括均值调整模型、市场调整模型、市场模型、CAPM 模型、三因素模型等,其中对市场模型的运用最为广泛。市场模型假设证券正常收益率与同期市场收益率之间存在稳定的线性关系,其优点是剔除了证券正常收益率中与市场收益率波动相关的部分,降低了估计误差。

益率 AR_{it}. 是资本市场上的该外部事件在事件窗内第 t 天对上市公司 i 产生影响的定量体现。为了更完整地衡量该外部事件在整个事件窗中 $[t_1,t_2]$ 期间对上市公司 i 产生的整体影响，本章加总 $[t_1,t_2]$ 期间内每天的异常收益率 AR_{it}. ，得到上市公司 i 在 $[t_1,t_2]$ 期间的累积异常收益率 $CAR_i(t_1,t_2)$ ，即为 $\sum_{t=t_1}^{t_2} AR_{it}$. 。 $[t_1,t_2]$ 可选择设定为整个事件窗 $[-15,15]$ ，也可选择事件窗内的一个较短时期。本章计算了2001—2012年6月473家上市公司在遭遇美国反倾销立案调查的事件口期内每天的异常收益率，并根据研究需要分别计算不同时间段的累积异常收益率。总体上，我国制造业的上市公司的累积异常收益率都普遍为负，这表明美国对华反倾销立案调查事件对我国制造业的上市公司造成了负面冲击。

三、实证模型设定

美国对华反倾销立案调查毫无疑问会对我国制造业上市公司产生重大负面冲击，这种负面影响集中体现为在立案调查公布事件的窗口期内，上市公司股价在资本市场上会发生异常波动，从而产生负的异常收益率。但是这种负向影响的规模取决于哪些因素呢？从理论上看，企业的自身特征是决定这种负面影响规模的主要因素，而企业所处的行业特征和区位特征也都可能会对其产生影响。

对于企业自身特征，如果企业规模较大、实力较强、经营状况较好，那就有助于其抵御美国反倾销立案调查这一负面事件的冲击，该事件所造成的负面影响就较小。一方面，这是由于这类企业可能具备或能够调动更多的内部或外部资源去积极应诉，包括高薪聘请专业的高水平律师，进而甚至可能成功应诉，免受美国实施的反倾销税。即使应诉失败，这类企业也可能只需支付相对较少的反倾销税。另一方面，这类企业的研发能力越强，在面临针对特定商品的反倾销时越可能积极创新，通过开发新产品或改变原有的商品属性等方式来规避反倾销。

反倾销的理论研究表明，发展中国家的劳动密集型行业更容易受到发达国家的反倾销调查，并且受到反倾销调查的冲击更大。劳动密集型行业往往是发展中国家的比较优势行业,是发达国家的比较劣势行业,发达国家出于保护国内就业等目的,通过反倾销等手段抵消来自发展中国家大量劳动密集型产品的进口。与此同时,发展中国家的劳动密集型企业大多利润率不高,一旦受到反倾销调查或被征收反倾销税,这类企业由于缺乏足够的手段来应对这一事件,就会陷入危机。所以本章预期劳动密集程度更高的企业会受到反倾销立案调查事件更大的负面冲击。

　　上市公司的股权集中度这一企业特征也可能会使企业抵御美国反倾销立案调查这一负面事件冲击的能力不同。对于上市公司而言,如果股权较为集中,该负面外部事件对大股东的冲击将越大,从而大股东有更强的激励动机去积极统筹调动资源应对反倾销立案调查,资本市场投资者对其成功应对美国反倾销立案调查的预期也会更为乐观。除此之外,如果该公司是直接被美国反倾销立案调查的对象公司,那么这种负向冲击显然会更加直接。而如果该公司不是被直接调查的公司,仅是相同行业的上市公司,那么该公司受到的负向冲击就相对较小。

　　企业所处的行业差异,例如行业竞争结构、行业发展阶段等因素也可能影响该负向影响的大小。在本章搜集的475家受到美国反倾销立案调查的上市公司中,贱金属和化工行业的上市公司就占到所有上市公司样本数的53.8%。这表明贱金属和化工行业的上市公司遭遇美国反倾销立案调查的次数最为频繁,不同行业的上市公司受到反倾销立案调查的频率和严重程度差别较大。所以本章采用行业虚拟变量来控制行业差异。

　　另外,企业的区位因素,包括企业上市的交易所地点和企业所隶属的区域,也可能导致该负向影响有差异。企业上市交易所的差异可能导致美国对华反倾销立案调查的负面影响有所区别,这是出于两方面的考虑:一是不同交易所的上市公司在获取成功应对反倾销诉讼所需资源的能力或途径等方面可能存在系统性差别,这可能会使它们在应对美国反倾销立案调查的能力上存在差异;二是不同交易所中的投资者对外部事件的敏感度不同,以致其对美国反倾销立案调查这一负面时间的判断有所区别。巫强、姚志敏和马野青(2014)的分析表明,美国对华反倾销立案调查事件发生前对上交所上市公司的负面影响更为明显,但事件发生后深交所上市公司受到的负面影响更大。虽然上交所和深交所这两个证券交易市场总体上都有效,但上交所的投资者对该负面事件可能更为敏感，市场反应比深交所更为迅速；而美国对华反倾销立案事件发生后，深交所的投资者消化这一负面事件需要更长的时间。

企业隶属的区域不同也会使美国对华反倾销立案调查的负面影响不同。这是由于不同企业所在地的制度环境和经济发展水平存在差异，这种差异会使企业利用外部资源抵御反倾销立案调查这一负向冲击的能力高低不同，为获取这些外部资源所需付出的成本高低不同。一般而言，东部发达地区的上市公司由于所处地区经济发展水平更高，获取国际法律咨询等生产者服务的难度和成本较小，所以可能在应对反倾销立案调查上能获取的内外部资源更为充裕。本章采用虚拟变量来分别控制企业上市的交易所地点和企业隶属的区域。

根据以上理论分析，本章设定计量回归模型如式(12.3)。其中，因变量 CAR_i 是上市公司在事件窗口期内的累积异常收益率，以此来衡量美国对华反倾销立案调查对我国上市公司所造成的影响。在自变量中，上市公司 i 的企业规模 $size_i$、经营业绩 $perf_i$、要素密集度 fac_i 三个自变量采用自然对数形式，$conc_i$ 是上市公司 i 的股权集中度，D_1 是上市公司 i 是否遭遇反倾销立案调查直接指控的虚拟变量；ind_j，$j=1,2\cdots10$ 是行业虚拟变量，表示公司所处的行业分类；loc_1 是公司上市地点的虚拟变量，loc_2、loc_3 是上市公司隶属区域的虚拟变量。C 是常数项，u_i 为随机误差项。

$$CAR_i = C + \gamma_1 \ln size_i + \gamma_2 \ln perf_i + \gamma_3 \ln fac_i + \gamma_4 conc_i + \gamma_5 D_1 + \varphi_1 ind_1$$
$$+ \varphi_2 ind_2 + \cdots + \varphi_{10} ind_{10} + \delta_1 loc_1 + \delta_2 loc_2 + \delta_3 loc_3 + u_i \qquad (12.3)$$

四、指标选取与数据处理

本章研究我国加入 WTO 后，从 2001—2012 年 6 月美国对华的反倾销调查事件。按 USITC 的公布数据，该期间美国对华出口商品发起 89 例反倾销调查，排除部分反倾销立案调查不涉及上市公司，本章选取 60 例反倾销立案调查事件。本章根据涉案商品的 HS 编码以及上市公司披露的年报，将商品与上市公司配对，筛选出了 483 家样本企业。本章遵循以下原则筛选样本：第一，不考虑样本期内还未上市或上市时间短于样本期的企业；第二，ST(或 ST*)公司以及金融企业不纳入研究范畴；第三,若同一家企业连续多次牵涉反倾销调查,则每两次的时间间隔必须大于 3 个月;第四,对于涉案商品所属行业中的多家上市公司,本章选择涉案商品业务占比及出口比重较高的企业;第五,由于 8 家在美国上市的公司数据严重缺失,故本章只考虑沪深两市受到美国反倾销立案调查影响的 475 家上市公司。本章的原始数据来源于东方财富 Choice 资讯、Wind 数据库、全球反倾销数据库、USITC 和 WTO 官方网站等。

在因变量指标上,本章就分别选取[-15,15]、[-10,10]、[-5,5]、[-1,1]这四段时期,计算得到 $CAR_i(-15,15)$、$CAR_i(-10,10)$、$CAR_i(-5,5)$、$CAR_i(-1,1)$四种累积异常收益率,并将其依次作为因变量纳入回归分析,由此得到四组回归结果。在自变量指标上,关于上市公司的自身特征主要研究企业规模、经营绩效、要素密集度和股权集中度这四个方面。本章选取资产规模、营业收入这两个指标来衡量企业规模变量 $size$,选取营业利润和现金流量净值这两个指标来衡量企业的经营绩效变量 $perf$,选取员工人数来衡量企业要素密集度变量 fac,选取第一大股东持股比例指标来衡量股权集中度变量 $conc$。由于上市公司不提供该事件发生时的即时数据,我们无法获取美国反倾销立案调查公布日上市公司自变量的即时数据。为了保证自变量指标的时期和因变量上市公司累计异常收益率的时期相对应,本章选择反倾销立案调查日前最近一季度末的上市公司数据。其理由是资本市场上投资者只可能根据美国反倾销立案调查事件发生日所能获得的公开数据,即事件发生日前最近一季度末的数据来判断该公司是否有足够能力和资源来抵御该事件的外部冲击[①]。

为了反映上市公司是否直接受到美国反倾销立案调查的指控,本章设定虚拟变量 D_1。当该虚拟变量 D_1 取值为 1 时,这表明该上市公司在该反倾销立案调查中直接受到指控,否则 D_1 就取值为 0,表明该上市公司没有在反倾销立案调查中直接受到指控。在上市公司的区位属性上,本章考虑了两种区位属性,一是上市公司的上市地,二是上市公司隶属的区域。公司上市地点采用虚拟变量 loc_1 加以衡量,如果该公司在上交所上市,那么 loc_1 就取值为 1,如果该公司在深交所上市,loc_1 则取值为

---

① 由于反倾销立案调查日所处季度末的上市公司数据晚于事件的发生日,所以本章不采取该事件发生所处季度末的上市公司数据。

0。本章将上市公司所隶属的区域划分为东中西部①三类,采用虚拟变量 loc_2 和 loc_3 衡量上市公司的隶属区域,以控制因上市公司所处区域不同而使其反倾销立案调查事件对其影响的系统差异。如果该上市公司位于我国东部,则 loc_2 取值为 1, loc_3 取值为 0;如果该上市公司位于我国中部,则 loc_2 取值为 0, loc_3 取值为 1;如果该上市公司位于我国西部,则 loc_2 和 loc_3 均取值为 0。

由于受美国反倾销立案调查影响的上市公司处于不同行业,按照行业分类标准,本章将上市公司所处的行业分为 11 种,具体包括贱金属及其制品行业、化工行业、造纸和纸制品业、纺织业、农副食品加工业、批发零售业、非金属矿物制品、家具制造业、橡胶和塑料制品业、机电及运输设备制造业、其他制造业。为了控制上市公司的行业差异,本章设定行业虚拟变量 ind_1、ind_2、$\cdots$、ind_{10},这实际上是设定了行业的固定效应。这些虚拟变量代表的行业与上文对应,例如该上市公司属于贱金属及其制品行业,则其 ind_1 取值为 1, ind_2、$\cdots$、ind_{10} 均取值为 0,以此类推。当某家上市公司的行业虚拟变量 ind_1、ind_2、$\cdots$、ind_{10} 取值全部为零时,表示该上市公司属于其他制造业。

五、实证结果与解释

（一）多重共线性的处理

由于模型设定的自变量较多,本章首先通过计算各自变量的方差膨胀因子 VIF 来考察多个自变量之间是否存在多重共线性。一般认为,当 $VIF > 10$ 时,各自变量之间存在较强的多重共线性,且 VIF 越大,模型的多重共线性就越严重;而当 $0 < VIF < 10$ 时,模型不存在多重共线性。本章先对所有自变量的指标,包括衡量企业规模的两个指标、衡量经营业绩的两个指标、企业要素密集度的指标、第一大股东持股比例的指标和其他所有虚拟变量进行初步的方差膨胀因子检验,其结果表明,资产

---

① 东部地区包括北京、天津、河北、辽宁、上海、江苏、浙江、福建、山东、广东、海南;中部地区包括山西、吉林、黑龙江、安徽、江西、河南、湖北、湖南;西部地区包括内蒙古、广西、重庆、四川、贵州、云南、西藏、陕西、甘肃、青海、宁夏、新疆。

规模、营业收入、营业利润以及现金流量净值这四个指标的 VIF 均大于 10,分别为 12.885、29.252、30.702 和 21.312,所有自变量之间存在较强的多重共线性。这种多重共线性主要是由于本章分别采用了两个指标来衡量企业规模和经营业绩自变量,所以本章逐个删除企业规模和经营业绩的指标并依次计算方差膨胀因子,以此决定用哪个指标来衡量这两个自变量。在分别剔除了营业收入和现金流量净值之后,本章得到剩余自变量的 VIF,如表 12.1 所示[①]。该表中所有自变量的 VIF 值均小于 10,本章由此解决自变量之间的多重共线性问题,并决定用资产规模、营业利润来分别衡量 $size$、$perf$ 这两个自变量。

表 12.1　自变量之间的多重共线性检验结果

		B	Std. Error	t	Sig.	Tolerance	VIF
常数项		−0.430	3.107	−0.138	0.890		
企业规模 $size$		0.004	0.003	1.560	0.120	0.147	6.802
经营绩效 $perf$		−0.038	0.022	−1.688	0.092	0.372	2.688
要素密集度 fac		0.000	0.000	−0.969	0.333	0.235	4.258
股权集中度变量 $conc$		0.047	0.045	1.042	0.298	0.797	1.255
是否直接受反倾销立案调查虚拟变量	D_1	−0.868	2.727	−0.318	0.750	0.955	1.047
公司上市地点虚拟变量	loc_1	−0.239	1.431	−0.167	0.867	0.875	1.143
上市公司隶属地域虚拟变量	loc_2	0.493	1.834	0.269	0.788	0.542	1.847
	loc_3	0.553	2.100	0.263	0.793	0.584	1.713

（二）异方差的处理

本章数据类型为截面数据,需要重点讨论对异方差的处理。本章先采用 OLS 回归,并利用 Glejser 检验法判断其是否存在异方差。如表 12.2 第二列所示,当因变量分别是[−15,15]、[−10,10]、[−5,5]、[−1,1]内的四种累积异常收益率时,其

---

① 由于篇幅限制,表 12.1 省略了 10 个行业虚拟变量的 VIF 值。

OLS 回归结果均没有通过异方差检验,卡方显著性概率分别为 0.084 8、0.000 8、0.031 7、0.027 7,均小于 10%,所以本章在 10%的显著性水平下拒绝原假设,即其存在异方差问题。

表 12.2　不同窗口期下的模型异方差检验

窗口期	OLS 回归的结果	WLS 回归后的结果
	Prob. Chi-Square(18)	Prob. Chi-Square(18)
[−15,15]	0.084 8	0.472 5
[−10,10]	0.000 8	0.152 1
[−5,5]	0.031 7	0.174 0
[−1,1]	0.027 7	0.426 9

为解决 OLS 回归中的异方差问题,本章采取加权最小二乘回归(WLS),以残差项绝对值的倒数作为权重重新估计式(12.3),并再次进行 Glejser 检验,其结果如表 12.2 中第三列所示。不同因变量 WLS 回归结果的卡方显著性概率分别为 0.472 5、0.152 1、0.174 0、0.426 9,均大于 10%,即在 10%的显著性水平下拒绝原假设,消除了模型的异方差。

（三）WLS 回归结果与解释

本章采用 WLS 方法的回归结果如表 12.3 所示,表 12.3 中四个时间段因变量的模型拟合优度均较高,R^2 均在 0.9 以上;这些模型的整体显著性很好,所有 F 统计量的显著性概率均小于 1%;它们的 DW 值表明均不存在自相关。同时,四个模型均采用行业虚拟变量控制了行业差异[①],主要解释变量的系数正负基本保持不变,并且基本都通过了显著性检验,这意味着本章的回归结果较为稳健。

---

① 由于篇幅限制,表 12.3 省略了 10 个行业虚拟变量的系数回归结果。

表 12.3   四个时间段上市公司累积异常收益率的 WLS 回归结果

自变量		因变量:四个时间段的上市公司累积异常收益率			
		$CAR_i(-15,15)$	$CAR_i(-10,10)$	$CAR_i(-5,5)$	$CAR_i(-1,1)$
C		52.42***	16.51***	31.91***	1.61***
		(4.63)	(3.98)	(0.00)	(0.42)
$\ln size_i$		3.12***	1.99***	1.52***	0.16***
		(0.36)	(0.31)	(0.19)	(0.03)
$\ln perf_i$		1.07***	0.24*	0.59***	0.10***
		(0.34)	(0.30)	(0.18)	(0.03)
$\ln fac_i$		−8.40***	−3.52***	−4.81***	−0.07*
		(0.43)	(0.36)	(0.22)	(0.03)
$conc_i$		0.33***	0.15***	0.06***	−0.009***
		(0.03)	(0.02)	(0.01)	(0.00)
是否直接受反倾销立案调查虚拟变量	D_1	−1.26***	−2.77***	−4.89***	−0.25**
		(0.00)	(0.00)	(0.74)	(0.12)
公司上市地点虚拟变量	loc_1	−4.62***	−2.09***	−1.33***	−0.85***
		(0.86)	(0.73)	(0.45)	(0.07)
上市公司隶属区域虚拟变量	loc_2	3.83***	2.62***	−0.00	0.18*
		(1.11)	(0.96)	(0.59)	(0.10)
	loc_3	1.68***	1.41***	−1.27**	−0.05***
		(0.98)	(0.84)	(0.52)	(0.09)
R^2		0.97	0.97	0.95	0.93
$F\text{-}Statistics$		617.89	530.85	384.15	246.71
$prob(F\text{-}Statistics)$		0.00	0.00	0.00	0.00
$Durbin\text{-}Watson\ stat$		1.91	1.93	1.97	1.88

注:***、**、*分别表示在1%、5%、10%的显著性水平下显著。括号内数字为估计系数的标准差。

表 12.3 的结果总体上都符合理论预期,上市公司的企业规模 $\ln size_i$、经营业绩

$\ln perf_i$、股权集中度 $conc_i$ 均正向显著提高了上市公司的累积异常收益率，而上市公司的要素密集度 $\ln fac_i$ 负向显著降低了上市公司的累积异常收益率。这些结论对于不同时间段的因变量都成立。平均而言，企业规模扩大 1%，能显著提高美国对华反倾销事件发生前后一天的累积异常收益率 0.16 个百分点。如果时间段扩展到事件发生前后 5 天、10 天和 15 天，则企业规模扩大 1% 将分别显著提高累积异常收益率 1.52%、1.99%、3.12%。这支撑了上文的理论预期，企业规模增大有助于抵御由于美国对华反倾销事件对上市公司产生的负向冲击。当大企业受到美国反倾销立案调查时，资本市场上的投资者会对其更具信心。

上市公司在反倾销立案调查事件发生前的经营业绩越好，该事件对上市公司的负向冲击就越小。这体现在上市公司经营业绩改善 1%，其在 $[-15,15]$、$[-10,10]$、$[-5,5]$、$[-1,1]$ 内的四种累积异常收益率会依次显著上升 1.07%、0.24%、0.59%、0.1%。在面临美国的反倾销调查时，投资者对经营业绩更好的企业的应对能力持正面预期。如果上市公司经营业绩越好，当前利润越多，一方面，它就有更充足的资源直接应对美国的反倾销调查，包括高薪聘请专业律师，成功应对反倾销调查的可能性越大；另一方面，它也可以投资新产品开发，减小美国对其特定现有产品征收反倾销税带来的收入或利润的下降幅度。

股权集中度提高也大多有助于提高我国制造业上市公司抵御美国反倾销立案调查的负面冲击。在股权集中度提高 1% 时，$[-15,15]$、$[-10,10]$、$[-5,5]$ 这三个时间段上市公司的累积异常收益率将平均显著提高 0.33%、0.15%、0.06%。但是当时间段是美国对华反倾销立案调查前后 1 天时，股权集中度对上市公司累积异常收益率的显著影响为 -0.009%。这可能说明投资者对高股权集中度的上市公司在反倾销立案调查事件发生前后的短期内反应不是很乐观，但是随着时间段的拉长，投资者依然相信高股权集中度有助于上市公司集中决策，制定合适的措施来应对美国的反倾销立案调查。

制造业上市公司的劳动要素密集程度越大，美国反倾销立案调查对该公司的负向冲击就越大。这体现在，上市公司劳动要素密集度上升 1%，这将分别导致在 $[-15,15]$、$[-10,10]$、$[-5,5]$、$[-1,1]$ 内的四种累积异常收益率会依次显著下降

8.4％、3.52％、4.81％和0.07％。劳动密集型上市公司存在技术含量较低、缺乏自主创新能力、出口定价偏低等内在缺陷，更容易遭受美国反倾销调查；并且一旦被判定反倾销成立，其可能遭遇高额的反倾销税。劳动密集型上市公司抵御美国反倾销立案调查的负向冲击的能力不足，资本市场投资者对这类上市公司的投资前景普遍持较为悲观的态度。

是否直接受反倾销立案调查虚拟变量 D_1 的系数在不同因变量的模型中均显著为负。这也证实了直接受到美国反倾销立案调查的指控会对上市公司产生负向影响。相比较没有受到直接指控的上市公司而言，它们遭遇的该事件外部负向冲击更为强烈。在[−15,15]、[−10,10]、[−5,5]、[−1,1]内，直接受到指控的上市公司比没有直接受到指控的上市公司的累积异常收益率要分别在1％或10％的置信水平下显著低1.26％、2.77％、4.89％、0.25％。

在上市公司的区位属性上，对于不同时间段的因变量模型，公司上市地点的虚拟变量 loc_1、上市公司隶属区域的虚拟变量 loc_2、loc_3 的系数大多显著。在[−15,15]、[−10,10]、[−5,5]、[−1,1]内，loc_1 的系数均在1％的置信水平下显著为负，分别为−4.62、−2.09、−1.33、−0.85。这说明平均而言，上交所的上市公司比深交所的上市公司抵御美国对华反倾销事件负向冲击的能力更弱，而且这种两个交易所上市公司的系统差异随着累积异常收益率计算的时间段拉长而更为明显。上市公司隶属地域不同，它们受到美国反倾销立案调查事件负向冲击的影响也有所差异。loc_2 的系数在[−15,15]、[−10,10]、[−1,1]三个时间段内都显著为正，与西部的上市公司相比，东部上市公司体现出了更强的抵御美国反倾销立案调查的能力。平均而言，东部上市公司比西部上市公司的累积异常收益率要显著大3.83％、2.62％、0.18％。loc_3 的系数也都显著，在反倾销立案调查事件发生前后15天、10天和1天的时间段内，该虚拟变量系数显为正，在事件发生前后5天的时间段内，系数显著为负。与西部上市公司相比，中部上市公司总体上受美国对华反倾销立案调查的负向影响较小。表12.3中大部分行业的虚拟变量都显著不为0，这也证明行业差异会使美国对华反倾销立案调查对上市公司的影响也产生差异。

六、简要结论与政策建议

本章的研究表明在上市公司的层面上，美国对华反倾销的影响大小取决于企业规模、经营业绩、要素密集度、股权集中度等企业的自身特征。上市公司的企业规模增大、经营业绩改善、股权集中度提高会削弱美国反倾销立案调查这一事件对上市公司的负面影响。上市公司的劳动密集程度越高，它会受到该事件更大程度的负面影响。计量结果还表明，直接受到美国反倾销立案调查的指控也会导致上市公司受到的负面影响加剧，在不同窗口期内的累积异常收益率会下降更大。另外，上交所的上市公司比深交所的上市公司抵御美国对华反倾销事件负向冲击的能力更弱。与西部的上市公司相比，东部上市公司体现出了更强的抵御美国反倾销立案调查的能力，中部上市公司总体上受美国对华反倾销立案调查的负向影响也小于西部上市公司。

虽然本章是通过对上市公司的研究得到相应结论的，但是这些结论为我国企业成功应对反倾销调查提供了可行思路。首先我国企业需要从做大做强的角度来提升自身实力，做大是指扩大企业规模，做强是指提高企业经营业绩。面对反倾销调查这一负面外部事件，只有充分发挥市场作用，鼓励优势企业采取兼并收购的手段在出口行业内重组整合行业资源，迅速提升企业规模并改善经营业绩，这是我国出口制造行业提高抵御反倾销负面冲击的关键途径。其次，企业需要加大研发投入促进创新，一方面加快产品升级，提高产品的性能和质量水平，另一方面融合信息化手段改造传统制造业的流程和环节，提高生产效率。这是通过推动企业产品的劳动密集型特征向资本、技术密集型特征转变来实现企业自身要素密集度的转变，这有助于显著减少其产品受到国外反倾销立案调查的可能性。再次，鼓励股份有限制公司通过股权结构调整适当集中企业所有权，降低企业所有权的分散程度，从而激励大股东积极应对反倾销。

参考文献

[1] BINDER M, PESARAN M H. Decision Making in the Presence of Heterogeneous

Information and Social Interactions[J]. International Economic Review，1998，39(4)：1027 - 1052.

[2] BLONIGEN B，PRUSA T. The Cost of Antidumping：the Devil is in the Details[J]. Journal of Policy Reform，2003，6(4)：233 - 245.

[3] DOLLEY J C. Characteristics and Procedure of Common Stock Split-Ups[J]. Harvard Business Review，1933,11(3)：316 - 326.

[4] FAMA E F，FISHER L，JENSEN M C，et al. The Adjustment of Stock Prices to New Information[J]. International Economic Review，1969，10(1)：1 - 21.

[5] IRWIN D A. The Rise of U. S. Antidumping Activity in Historical Perspective[J]. World Economy，2010，28(5)：651 - 668.

[6] PRUSA T J. On the Spread and Impact of Antidumping，[J]. Canadian Journal of Economics，2001，34(3)：591 - 611.

[7] STAIGER R W，WOLAK F A，LITAN R E，et al. Measuring Industry-Specific Protection：Antidumping in the United States[J]. Brookings Papers on Economic Activity Microeconomics，1994(1)：51 - 118.

[10] 鲍晓华.反倾销措施的贸易救济效果评估[J].经济研究,2007(2):71 - 84.

[11] 冯宗宪,向洪金.欧美对华反倾销措施的贸易效应:理论与经验研究[J].世界经济,2010(3):31 - 55.

[12] 沈国兵.单一起诉和多重起诉下美国对中国反倾销的贸易效位:经验研究[J].世界经济文汇,2011(6):57 - 72.

[13] 刘玉敏,任广乾.股权分置改革的效率及其影响因素[J].中国工业经济,2007(7):103 - 110.

[14] 巫强,姚志敏,马野青.美国反倾销立案调查对我国制造业上市公司影响的度量研究[J].国际贸易问题,2014(8):102 - 112.

[15] 谢建国.经济影响、政治分歧与制度摩擦:美国对华贸易反倾销实证研究[J].管理世界,2006(12):8 - 17.

第十三章 制度环境与交易历史对出口结算方式选择的影响[①]

一、问题的提出

2002—2014年,我国出口总额由2.69万亿元增加到14.39万亿元,年平均增速达到13.75%,出口升级主要体现在数量维上(刘强和林桂军,2014)。外贸公司作为出口中介组织,在我国出口增长中产生了积极的促进作用。它熟悉世界市场和进出口交易流程,其典型的经营模式是先与国外客户达成出口合同,接着在国内寻找合适的供应商完成生产并负责交货给国外客户,并从中赚取差价。外贸公司在出口合同中要考虑的最重要条款之一就是结算方式,这甚至成为了国际市场竞争中重要的非价格竞争手段(王茜,2008)。按进口商付款时间从近到远,结算方式可分为预付、信用证、托收和赊销四类。对外贸公司而言,不同出口结算方式的付款时间的远近差异直接意味着交易信用风险的不同。预付方式下,外贸公司在交货前甚至采购货物前就已经获得了进口商的货款,不承担后者违约拒付的风险。信用证是银行信用,信用等级高于商业信用,只要外贸公司按照信用证要求交付货物并向商业银行提交单据就可以获得支付,外贸公司承担进口商违约拒付的风险不大[②]。托收和赊销方式下,外贸公司获得付款的周期更长,仅依赖进口商的商业信用来抵御交易信用风险。外

贸公司根据什么因素来识别进口商潜在的交易信用风险,并根据识别结果来选择合适的结算方式,从而规避出口的交易信用风险呢? 基于 Antras 和 Foley(2015),本章认为外贸公司主要根据进口商所处的制度环境和交易历史这两者来评价其交易信用风险。具体而言,进口商所处的国家或地区的制度环境是体现进口商交易信用风险的间接宏观因素,而进口商与外贸公司的交易历史是体现进口商交易信用风险的直接微观因素,两者共同成为外贸公司识别进口商交易信用风险的主要因素。

现有理论关注制度环境对国际贸易活动的影响最早可追溯到 Kletzer 和 Bardhan(1987),他们认为除了资本、劳动等传统的要素禀赋外,在不完全信息的市场环境下,制度环境会影响企业融资成本,从而影响南北贸易分工。比利时出口企业 1995—2008 年的交易数据也证明制度环境改善会扩大贸易量(Araujo, Mion 和 Ornelas,2012),对我国主要进口国的分析也表明我国的出口贸易偏向于经济发展水平高、制度环境好的国家(谢孟军,2013)。当然,进出口国间的制度差距也会增加贸易成本,不利于双边贸易的发展(魏浩、何晓琳和赵春明,2010)。交易历史对国际贸易的影响也得到了研究者的关注,例如 Macchiavello 和 Morjaria(2015)认为进口商通过交易历史建立商誉,从而扩大其交易规模。从理论上看,交易历史对国际贸易的促进作用符合 Olsen(2015)的观点,在重复博弈下,未来的惩罚机制形成了对交易双方的约束,促进双方多交易。这些研究大多是将制度环境、交易历史与宏观层面上的国际贸易活动联系起来,企业乃至交易层面的分析相对较少。

近年来,出口结算方式的选择这一微观决策行为也引起了国外学者的关注。Schmidt(2013)的理论模型证明,金融市场发展程度、契约环境,尤其是进口国的制度环境对结算方式的选择具有重要影响。Hoefele, Schmidt 和 Yu(2016)的后续研究用世界银行对出口企业的抽样调查数据证实了该结论。由于企业出口的结算数据较难获得,国内关于结算方式选择的实证研究很少,以定性描述和操作实务层面的经验探讨居多(刘白玉,2006;匡增杰,2009;赵越,2013)。本章则搜集了江苏省一家外贸公司 1999—2011 年近 7 万笔出口交易数据,用更为细致的交易层面的数据来研究它如何选择出口结算方式。在此意义上,本章的研究角度最接近 Antras 和 Foley(2015),都是利用交易层面的数据来研究出口结算方式的选择。但 Antras 和 Foley(2015)的数据中采用的美国外贸公司仅经营肉制品出口业务，而本章选择的江苏外贸公司的业务经营以纺织服装类产品出口为主，除此之外，该公司还出口精细化工产品、轻工产品、机电产品、太阳能光电产品等多种产品。而且本章揭示了我国与美国外贸公司选择出口结算方式的一系列差异，例如法律体系这一制度环境对我国外贸公司选择预付还是信用证产生显著影响，而对美国外贸公司不存在这种影响；交易历史增加对前者是否选择信用证方式产生显著影响，而对后者同样不存在显著影响。

二、制度环境、交易历史对外贸公司出口结算方式的影响

（一）影响机理与模型设定

外贸公司在出口合同中选择结算方式时，会尽可能避免交易信用风险。这直接源于出口合同的履约时间长，无法采取现货交易的"一手交钱、一手交货"的方式进行交易，货款回收周期也相应较长。更为根本的原因是外贸公司对进口商的信息掌握不完全，不确定进口商是否会违约；而且外贸公司难以对进口商形成有效的约束力，即使后者违约，外贸公司事后对进口商的跨国索赔、仲裁或司法诉讼都会产生高额成本。所以，在合同签订之初，外贸公司会主动评价进口商的交易信用风险等级，对应选择合适的结算方式，这是从源头控制其交易信用风险的有效方式。对于交易信用风险较小的进口商，外贸公司可采用回款时间长的结算方式，例如托收与赊销等装运后收款的结算方式。这相当于推迟进口商的付款时间，给予其一定的交易优惠，有助于交易合同的达成。反之，对于交易信用风险较高的进口商，外贸公司将尽可能缩短回款时间，更倾向于选择预付现金等装运前收款的结算方式，以此来约束进口商可能存在的违约行为。

第一，按照 Antras 和 Foley（2015），外贸公司会先根据进口商所在国家或地区的制度环境，评价进口商的交易信用风险等级，再决定相应的结算方式。制度环境首先是指法律体系，不同的法律体系对商业契约的保护程度不同。英美法系（Common Law）和大陆法系（Civil Law）起源于十九世纪，是全球各国普遍采用的两种法律体系。英美法系倾向于通过保护私有产权和契约权利来改善市场绩效，大陆法系更关

注市场失灵,并支持借助降低私人合同效力的方式来实现国家期望的分配。相对而言,英美法系对商业契约的保护程度更完善,在这种法律体系中的进口商更加尊重合同约定(La Porta,Lopez 和 Shleifer,2008)。即使进口商违约,外贸公司向其跨国追索的难度也相对较小。所以,外贸公司会认为英美法系国家的进口商的交易信用风险相对较小,可对其采用回款时间长的结算方式;对大陆法系国家的进口商则倾向于采取回款时间短的结算方式。除了法律体系外,制度环境还包括该国或地区的商业信用环境,例如市场交易活动中的交易方是否严格遵守合同,货款支付是否及时等。法律体系是显性的制度环境,而这些商业信用环境是隐性的制度环境。如果特定国家或地区的商业信用环境更好,对合同的遵守程度更高,货款支付更加及时,那么外贸公司对来自该地的进口商,可采用回款时间长的结算方式。为检验上述制度环境对结算方式的影响机理是否成立,本章设定计量模型如式(13.1)所示。

$$ft_j^i = \alpha_0 + \alpha_1 inst_i + \lambda_c Z_c + \epsilon_j^i \tag{13.1}$$

式(13.1)的因变量都是出口交易的结算方式 ft_j^i,即外贸公司与进口商 i 进行第 j 次交易时采用的结算方式。核心解释变量是制度环境 $inst_i$,即进口商 i 所处的国家或地区的制度环境。α_1 是其待估计系数,代表制度环境改变对结算方式的边际影响。Z_c 是多个控制变量,λ_c 是其相应系数。这些控制变量包括外贸公司与进口商 i 进行第 j 次交易的商品均价($aprice_j^i$)、进口商 i 所在国家或地区的人均地区生产总值($pgdp_i$)与出口额(ex_i),分别控制不同交易商品的自身价值或质量高低差异、进口国经济规模差异和经济开放度差异对制度环境估计系数的影响。ϵ_j^i 是随机扰动项,假设其服从独立正态分布。

　　第二,外贸公司根据与进口商的交易历史来选择结算方式。外贸公司通过评价上述制度环境来选择结算方式,这是假设进口商所处的制度环境会决定其是否履约。但在重复交易的前提下,外贸公司还能通过观察与进口商的交易历史来决定结算方式,这种方法对进口商交易信用风险等级的评定更为直接,也更为准确。如果过去的多次交易表明,特定进口商一贯及时履约,具备守约的好声誉,它的信用等级就更高,那么外贸公司就可对其采用回款时间长的结算方式,甚至能接受赊账销售。本章设定式(13.2),验证交易历史是否会影响结算方式的选择。

$$ft_j^i = \beta_0 + \beta_1 tran_j^i + \beta_2 tran_j^i * inst_i + \beta_3 inst_i + \gamma_c Z_c + \varepsilon_j^i \tag{13.2}$$

式(13.2)的因变量依然是出口交易的结算方式 ft_j^i，核心解释变量是交易历史 $tran_j^i$，即外贸公司与进口商 i 进行第 j 次交易前的交易历史，还包括制度环境变量 $inst_i$。式(13.2)还将交易历史与制度环境的交叉项 $tran_j^i * inst_i$ 作为核心解释变量，其理由是制度环境与交易历史两者可能对结算方式选择产生复杂的交互影响。如果通过交易历史能在制度环境差的国家和地区中识别出具备守约声誉、信用等级高的进口商，外贸公司也可能愿意对其采用回款时间长的结算方式。β_1 反映交易历史对结算方式选择的直接影响，β_2 反映交易历史与制度环境对结算方式选择的交互影响。式(13.2)控制变量设定和式(13.1)相同。

第三，在研究交易历史对结算方式选择的影响时，有一类进口商值得关注，即新进口商。它们是第一次与外贸公司交易的进口商，不存在交易历史。本章样本中有5.53％的交易是新客户的第一次交易，对于这类新进口商而言，外贸公司无法依据交易历史准确判断其交易信用风险等级。出于对交易信用风险的规避，外贸公司就倾向采取回款时间短的结算方式，以此来控制新进口商不履约的风险。同时，本章的样本期限中发生了 2008 年世界金融危机这一重大事件，金融危机可能会改变外贸公司的结算方式选择。Ahn(2011)，Ahn 和 Weinstein(2011)认为，经济危机期间进口商融资短缺，融资成本上升，违约风险加大；出口商为了规避风险，更愿意选择预付或信用证结算，而不是托收、赊销等回款时间长的结算方式。如果外贸公司在经济危机时期遇到新进口商，那会更倾向于采取回款时间短且有保障的结算方式。为验证在不存在交易历史的条件下，外贸公司如何对新进口商采用合适的结算方式，并根据经济危机而调整其选择，本章设定式(13.3)如下：

$$ft_j^i = \phi_0 + \phi_1 new_i + \phi_2 crisis_j + \phi_3 new_i * crisis_j + \gamma_c Z_c + \varepsilon_j^i \tag{13.3}$$

式(13.3)的因变量也是出口交易的结算方式 ft_j^i，核心解释变量分别是新进口商虚拟变量 new_i 和经济危机虚拟变量 $crisis_j$，待估计系数 ϕ_1、ϕ_2 就分别代表新进口商和经济危机对外贸公司结算方式选择的影响。为了捕捉这两者可能的交叉影响，式(13.3)还设定交叉项 $new_i * crisis_j$，其系数 ϕ_3 就反映两者对结算方式选择产生的间接影响。式(13.3)控制变量的设定与前面两式都相同。

（二）数据来源、指标选取与统计描述

本章收集了江苏省一家典型外贸公司1999—2011年所有的出口交易数据,以该交易层面的数据来估计式(13.1),共计69 160次出口交易。该外贸公司是江苏省属国有大型集团的下属子公司,从二十世纪七十年代开始从事外贸出口业务,现已成长为资产规模达十多亿元的大型综合国际贸易企业,年出口额达数亿美元。它并不直接生产其出口的产品,其经营模式是先接收国外客户的订单,在国内寻找合适供应商完成生产,然后它负责完成出口交货收款等交易环节。它出口的产品主要是纺织纱线、毛衣、针梭织服装、袜子等纺织服装,还涵盖精细化工产品、轻工产品、机电产品、太阳能光电产品等多种产品。该外贸公司的每一笔出口交易都记录了合同的主要条款信息,既包含进口商所在的国家,又包括交易数量、交易金额、交易总价、货物HS编码、运输方式、贸易术语、结算方式等出口合同的关键条款。该数据与海关贸易数据的差别在于,它记录了每笔交易的具体进口客户、采用的出口结算方式等信息,能帮助我们识别交易历史对出口结算方式选择的影响,而海关贸易数据并不提供这些信息①。结算方式一般分为四大类,分别是预付、信用证、托收和赊账。本章数据中,该外贸公司选择预付和赊销的交易次数占比分别为34.51%、36.55%,而信用证、托收占比分别为23.61%和5.33%,这符合当前信用证结算占比逐步下降的全球趋势。

在衡量因变量出口结算方式 ft_j^i 的方面,由于托收在样本中占比较低,仅为5.33%,所以本章将结算方式划分为三类:预付、信用证、装运后付款,其中装运后付款包括托收和赊销②。结算方式 ft_j^i 设定为多元虚拟变量,预付方式赋值为0,信用证方式赋值为1,装运后付款方式赋值为2。因变量结算方式是多值分类变量,采用

---

① 该数据的不足在于仅为一家外贸公司的出口数据,不像海关贸易数据那样覆盖我国所有出口数据。这使得本章结论的可靠性可能会受到该外贸公司代表程度的影响。但鉴于该外贸公司的长期经营历史和良好的经营业绩,本章认为其经营水平处于外贸行业的领先位置,其对出口结算方式的选择也较为科学合理,能较好地反映出口结算方式选择的一般规律。

② 这三类出口结算方式在样本中还包含各种变形。预付包括T/T B4、T/T B_D。L/C主要包括L/C At Sight、LC120、LC150、LC180、LC30、LC30 Af BL、LC45、LC60、LC90。装运后付款包括D/A、D/A15、D/A30、D/A45、D/A60、D/A90、D/P、D/P30、D/P60、O/A10、O/A120、O/A150、O/A20、O/A25、O/A30、O/A45、O/A5、O/A60、O/A75、O/A90。

最小二乘法估计系数容易造成较大偏差。因此本章借鉴 $Antras$ 和 $Foley$(2015)的做法，式(13.1)采用 $McFadden$(1981)的多元 $Logit$ 模型进行估计。式(13.2)和(13.3)采用 $Probit$ 模型进行估计，对结算方式分别定义三个虚拟变量，$dum\_cia_j^i$、$dum\_lc_j^i$ 和 $dum\_post_j^i$。其中 dum_cia 在预付时取值为1，否则为0；dum_lc 在信用证时取值为1，否则为0；dum_post 在装运后付款时取值为1，否则为0。

式(13.1)中的核心解释变量制度环境 $inst_i$ 采用两个指标来衡量。一是法律体系虚拟变量 law_i，英美法系国家该变量取值为1，大陆法系国家取值为0；二是商业信用环境 $busien_i$ 用国家风险国际指南（ICRG）中的投资概况（Investment Profile）值来衡量[①]。投资概括指标包括合同的可行性、延期支付程度和利润汇出限制三方面情况，能较好地对应于商业信用环境的内涵。该指标来自样本对应年份的《国家风险国际指南》报告，取自然对数。控制变量商品均价($aprice_j^i$)用每一笔出口交易的总金额除以出口数量得到；进口国的人均地区生产总值 $pgdp_i$ 和出口总额 ex_i 数据来源于世界银行统计数据库，原始数据单位分别是美元、亿美元。控制变量都取自然对数。

式(13.2)中的交易历史变量 $tran_j^i$ 采取两个衡量指标，一是历史累计交易金额($tran\_amount_j^i$)，二是历史累计交易次数($tran\_num_j^i$)。这两个指标通过分别加总外贸公司对进口商 i 第 j 次交易之前的所有交易金额和交易次数得到，均取自然对数。历史累计的交易金额和交易次数越大，就为外贸公司提供了解进口商的更多机会，对进口商更熟悉，更加信任。可以推测，历史累计交易金额大、交易次数多的进口商往往是外贸公司认定的高信用等级客户，否则就不会与其产生大额、多次交易。

式(13.3)中的新客户变量 new_i 是虚拟变量，如果外贸公司与进口商 i 是第一次交易，该变量取值为1，否则为0。经济危机变量 $crisis_j$ 也用虚拟变量来衡量，第 j 次交易只要属于经济危机时期，即处于2008年第4季度或者2009年前2个季度中，该虚拟变量就取值为1，否则取值为0。本章变量的衡量指标统计描述见表13.1。

---

① ICRG 评估指标是由美国国际报告集团发布的评价世界各国风险的指标体系，其中每项指标每年均有具体数值。

表 13.1 变量衡量指标的统计描述

变量	含义	均值	标准差	最小值	最大值	中位数	样本数
ft_j^i	结算方式多元虚拟变量	1.073 7	0.870 9	0	2	1	67 545
$dun\_cia_j^i$	预付方式虚拟变量	0.337 1	0.472 7	0	1	0	69 160
$dum\_lc_j^i$	信用证方式虚拟变量	0.230 6	0.421 2	0	1	0	69 160
$dum\_post_j^i$	装运后付款方式虚拟变量	0.409 0	0.491 7	0	1	0	69 160
law_i	法律体系虚拟变量	0.447 8	0.497 3	0	1	0	69 139
$busien_i$	商业信用环境的对数	2.417 0	0.122 8	0	2.484 9	2.442 3	68 632
$tran\_amount_j^i$	历史累积交易金额的对数	13.570 7	2.239 6	1.545 4	18.470 9	13.768 0	69 160
$tran\_num_j^i$	历史累积交易次数的对数	2.581 1	1.567 8	0	6.456 8	2.565 0	69 160
new_i	新客户虚拟变量	0.055 3	0.228 6	0	1	0	69 160
$crisis_j$	经济危机虚拟变量	0.084 1	0.277 6	0	1	0	69 160
$qprice_j^i$	出口商品均价的对数	1.606 4	1.596 1	−4.605 2	11.184 4	1.579 0	69 158
$pgdp_i$	进口国人均地区生产总值的对数	10.376 3	0.779 0	5.125 2	12.775 0	10.602 7	68 854
ex_i	各国出口总额的对数	8.384 3	1.205 2	−4.605 2	9.603 9	8.666 9	69 059

（三）制度环境影响出口结算方式的实证结果

本章采用多元 Logit 模型估计式(13.1)的系数。该方法弥补了当因变量属于多元分类变量时,线性模型估计的预测值可能超出其定义区间的缺陷,估计结果见表 13.2。模型(1)~(3)是预付相对于装运后付款的估计结果,模型(4)~(6)是信用证相对于装运后付款的估计结果,模型(7)~(9)是信用证相对于预付的估计结果。表 13.2

表 13.2　进口国制度环境对出口结算方式影响的估计

	预付 VS. 装运后付款			信用证 VS. 装运后付款			信用证 VS. 预付		
	(1)	(2)	(3)	(4)	(5)	(6)	(7)	(8)	(9)
law_i	−0.6431*** (0.0424)	−0.6360*** (0.0426)	−0.6438*** (0.0425)	−1.0032*** (0.0486)	−0.9931*** (0.0488)	−0.9976*** (0.0488)	−0.3601*** (0.0487)	−0.3571*** (0.0488)	−0.3538*** (0.0488)
$aprice$	0.2362*** (0.0077)	0.2355*** (0.0077)	0.2361*** (0.0077)	−0.0080 (0.0092)	−0.0089 (0.0092)	−0.0073 (0.0092)	−0.2442*** (0.0086)	−0.2444*** (0.0086)	−0.2434*** (0.0086)
$pgdp_i$	0.4574*** (0.0312)	0.4506*** (0.0312)	0.4536*** (0.0312)	−0.1511*** (0.0334)	−0.1553*** (0.0335)	−0.1568*** (0.0335)	−0.6085*** (0.0337)	−0.6059*** (0.0338)	−0.6105*** (0.0338)
ex_i	0.0599*** (0.0180)	0.0663*** (0.0180)	0.0656*** (0.0180)	0.1650*** (0.0227)	0.1757*** (0.0228)	0.1741*** (0.0228)	0.1050*** (0.0227)	0.1094*** (0.0228)	0.1085*** (0.0228)
观测值	67 218	67 218	67 218	67 218	67 218	67 218	67 218	67 218	67 218
$busien$	−4.3960*** (0.2374)	−4.3483*** (0.2378)	−4.3870*** (0.2375)	−5.3788*** (0.2555)	−5.3899*** (0.2560)	−5.3939*** (0.2558)	−0.9828*** (0.1814)	−1.0416*** (0.1818)	−1.0069*** (0.1817)
$aprice$	0.2436*** (0.0077)	0.2428*** (0.0078)	0.2436*** (0.0077)	0.0085 (0.0092)	0.0074 (0.0092)	0.0092 (0.0092)	−0.2350*** (0.0086)	−0.2355*** (0.0086)	−0.2334*** (0.0086)
$pgdp_i$	0.8875*** (0.0384)	0.8769*** (0.0384)	0.8830*** (0.0384)	0.2782*** (0.0416)	0.2743*** (0.0417)	0.2736*** (0.0417)	−0.6092*** (0.0385)	−0.6026*** (0.0386)	−0.6094*** (0.0386)
ex_i	0.1247*** (0.0185)	0.1311*** (0.0186)	0.1309*** (0.0186)	0.2777*** (0.0242)	0.2891*** (0.0243)	0.2876*** (0.0243)	0.1530*** (0.0239)	0.1581*** (0.0241)	0.1567*** (0.0240)
观测值	66 539	66 539	66 539	66 539	66 539	66 539	66 539	66 539	66 539
国家固定效应	是	是	是	是	是	是	是	是	是
产品固定效应	是	是	是	是	是	是	是	是	是
年份固定效应	是	是	否	是	是	是	是	是	是
月份固定效应	否	是	否	否	是	否	否	否	否
季度固定效应	否	否	是	否	否	是	否	否	是

注：括号内的数字为标准误，*，**，***分别表示显著性水平为10%，5%和1%。

的实证次序都是先控制国家、产品、年份固定效应,再分别控制月度和季度固定效应,以保证结果足够稳健。该表的上半部分是以法律体系 law_i 来衡量制度环境得到的估计结果,下半部分是以商业信用环境 $busien_i$ 来衡量制度环境得到的估计结果。

　　表13.2中进口国的法律体系 law_i 和商业信用环境 $busien_i$ 这两个制度环境变量的估计系数均显著为负,都通过了1%的显著性检验;在逐步纳入月度/季度固定效应后,其系数的正负号和显著性不发生改变,仅系数大小略有变化。这说明制度环境对外贸公司结算方式选择的影响非常稳健。需要注意的是,表13.2中的估计系数是选择两种结算方式概率相对比例的自然对数值,不能直接解释为解释变量对因变量产生的边际影响。更为关键的是估计系数的正负号,正负号能反映自变量变化对两种结算方式选择相对概率的影响方向。例如模型(1)中,法律体系和商业信用环境的估计系数分别为−0.643 1、−4.396 0,其含义是当其他条件不变时,进口国的法律体系从大陆法系变为英美法系,或商业信用环境值提高1单位,它们将分别导致外贸公司选择预付的概率相对于选择装运后付款概率的比例的自然对数值下降−0.643 1、−4.396 0。这两个系数均为负,表明相对于采用装运后付款的概率而言,当进口国从大陆法系国家变为英美法系国家,或商业信用环境改善时,外贸公司采用预付方式的概率在下降。模型(1)～(3)中,进口国的法律体系和商业信用环境的估计系数均为负,表明当外贸公司在预付和装运后付款这两类结算方式中进行选择时,他如果观察到进口商所处国家或地区的制度环境更好,会认为进口商的交易信用风险更小,愿意对其采用装运后付款这种回款时间更长的结算方式,这也有助于交易磋商顺利完成。

　　模型(4)～(6)中,两个制度环境衡量指标的估计系数也均显著为负,说明和使用信用证相比,随着进口国的制度环境改善,外贸公司更倾向于选择装运后付款的结算方式。信用证结算方式属于银行信用,开证银行承担第一性的付款义务。外贸公司按照银行信用证要求提交相应单据,银行审单后就支付货款。因此与装运后付款相比,信用证能较好保障外贸公司的利益,但信用证结算手续更复杂,费用更高,且审单等环节技术性更强,增加了业务成本。因此当进口商的交易信用风险较小时,外贸公司愿意采取赊销或托收等装运后付款的结算方式,以节省交易费用且简化手续。这与 Antras 和 Foley(2015)的估计结果相同。在模型(7)～(9)中,制度环境的估计系数也均为负,且通过了 1%的显著性检验。这说明在使用信用证和预付这两种结算方式的比较选择中,随着进口国制度环境的改善,外贸公司更倾向于采用预付方式。这区别于 Antras 和 Foley(2015)的结论,他们认为制度环境改善对外贸公司在预付和信用证结算方式的选择上没有显著影响。本章认为这恰恰说明中美两国样本企业的差异。对于外贸公司而言,预付与信用证结算方式在规避交易信用风险方面都优于装运后付款,但前者是商业信用,交易手续更为简单,相应费用也更为低廉,后者是银行信用,信用等级高于商业信用,交易手续相对复杂,相应费用相对更高。随着进口国制度环境的改善,美国外贸公司综合分析规避交易信用风险和费用,认为这两类结算方式差异不大,不受进口国制度环境的影响。而我国外贸公司可能更关注结算方式的手续费用,在进口国的制度环境改善后,他能接受预付这种商业信用下的结算方式,并出于降低交易成本的动机而倾向于选择预付①。我国与美国外贸公司的这种差别可能是源于前者的定价能力相对薄弱,选择以低成本低价作为其主要竞争手段。

(四) 交易历史影响出口结算方式的实证结果

为验证交易历史对外贸公司出口结算方式选择的影响,本章采用 Probit 模型估计式(13.2),结果分别见表 13.3～表 13.5。表 13.3 是因变量为预付虚拟变量的估计结果,当结算方式为预付时,其取值为 1,否则取值为 0。表 13.4 的因变量为信用证虚拟变量,表 13.5 的因变量为装运后付款虚拟变量,取值方式与预付虚拟变量相似。对于交易历史变量的衡量指标,模型(10)～(12)、(16)～(18)、(22)～(24)是历史累积交易金额 $tran\_amount^i_j$,模型(13)～(15)、(19)～(21)、(25)～(27)是历史累积交易次数 $tran\_num^i_j$。表 13.3～表 13.5 中的所有模型均控制国家固定效应、产品固定效应和年份固定效应,并分别依次控制月份和季度固定效应,其中制度环境采用法律体系虚拟变量来衡量。

---

①　虽然从结算实务来看,信用证费用由进口商向开证行支付,但外贸公司依然在交易信用风险不大的前提下倾向于减少相关手续的交易费用,这有助于双方交易的顺利达成。而且进口商如果在信用证方式下承担开证费等交易费用,他也有动机去降低外贸公司的报价,这就意味着信用证的交易费用也可能被转嫁给外贸公司。

表 13.3 进口商交易历史对预付结算方式影响的估计

	预付虚拟变量					
	(10)	(11)	(12)	(13)	(14)	(15)
$tran\_amount_j^i$	−0.068 6 *** (0.003 75)	−0.070 3 *** (0.003 8)	−0.069 5 *** (0.003 8)			
$tran\_amount_j^i$ * inst	−0.025 9 *** (0.005 37)	−0.025 6 *** (0.005 4)	−0.026 0 *** (0.005 4)			
$tran\_num_j^i$				−0.077 2 *** (0.005 2)	−0.077 5 *** (0.005 2)	−0.077 1 *** (0.005 2)
$tran\_num_j^i$ * $inst_i$				−0.037 9 *** (0.007 7)	−0.038 4 *** (0.007 7)	−0.038 5 *** (0.007 7)
$inst_i$	−1.162 9 *** (0.366 9)	−1.141 3 *** (0.366 4)	−1.149 4 *** (0.366 8)	−1.609 2 *** (0.360 7)	−1.584 4 *** (0.360 3)	−1.590 8 *** (0.360 7)
$aqrice_j^i$	0.162 0 *** (0.004 0)	0.162 2 *** (0.004 0)	0.162 2 *** (0.004 0)	0.158 9 *** (0.004 0)	0.158 6 *** (0.004 0)	0.158 7 *** (0.004 0)
$pgdp_i$	0.378 8 *** (0.058 6)	0.372 0 *** (0.058 6)	0.376 3 *** (0.058 6)	0.375 7 *** (0.058 4)	0.368 4 *** (0.058 5)	0.371 3 *** (0.058 5)
ex_i	−0.209 6 *** (0.054 1)	−0.206 6 *** (0.054 1)	−0.205 2 *** (0.054 1)	−0.245 4 *** (0.054 2)	−0.244 9 *** (0.054 2)	−0.243 2 *** (0.054 2)
国家固定效应	是	是	是	是	是	是
产品固定效应	是	是	是	是	是	是
年份固定效应	是	是	是	是	是	是
月份固定效应	否	是	否	否	是	否
季度固定效应	否	否	是	否	否	是
观测值	68 605	68 605	68 605	68 605	68 605	68 605

注:括号内的数字为标准误,*、**、*** 分别表示显著性水平为 10%、5% 和 1%。

　　表13.3中，模型(10)～(12)累计历史交易金额 $tran\_amount_j^i$ 的估计系数均为负，且通过了1%水平的显著性检验，说明交易历史增加会直接减少外贸公司选择预付的可能性，且这种直接减少效应非常稳健。表13.3中的Probit模型估计系数的正负号反映解释变量对因变量的影响方向，但该估计系数值并不是解释变量对因变量的边际影响。以模型(10)为例，$tran\_amount_j^i$ 的估计系数−0.068 6经换算后得到边际影响值为−0.021 1，当其他条件不变时，历史累计交易金额增加对外贸公司采用预付的边际影响。这是历史累计交易金额增加对外贸公司选择预付的直接影响，交叉项 $tran\_amount_j^i * inst_i$ 则代表前者对后者的间接影响。模型(10)～(12)中的交叉项估计系数均显著为负，这说明制度环境更好，即进口国为英美法系，法律体系虚拟变量取值为1时，交易历史增加，外贸公司进一步减少采用预付方式。同样以模型(10)为例，综合直接影响和间接影响，并将模型(10)的系数换算成边际影响，本章发现当进口国为英美法系国家，即法律体系虚拟变量取值为1时，历史累计交易金额增加1%，对外贸公司采用预付的边际影响是−0.029 0。综合起来，累计历史交易金额增加不仅会直接减少外贸公司使用预付结算方式的可能性，而且这种减少效应在进口国为英美法系国家时更加明显。这种直接和间接的减少效应在控制更多固定效应时保持稳健。模型(13)～(15)中的历史累计交易次数 $tran\_num_j^i$ 及其与制度环境的交叉项估计系数也均显著为负，说明历史累计交易次数增加会使外贸公司直接减少使用预付的可能性，且对于来自英美法系的进口商，外贸公司会进一步减少采用预付方式。历史累计交易次数增加同样直接和间接减少外贸公司对预付结算方式的使用可能性。另外，表13.3中制度环境的估计系数也均显著为负，与表13.2的结论保持一致，进口国制度环境改善时，外贸公司直接减少使用预付结算方式的可能性。

表 13.4 进口商交易历史对信用证结算方式影响的估计

	信用证虚拟变量					
	(16)	(17)	(18)	(19)	(20)	(21)
$tran\_amount_j^i$	0.055 5***	0.053 1***	0.053 6***			
	(0.004 2)	(0.004 2)	(0.004 2)			
$tran\_amount_j^i$ * inst	−0.072 5***	−0.071 7***	−0.072 2***			
	(0.006 3)	(0.006 3)	(0.006 3)			
$tran\_num_j^i$				−0.016 9***	−0.017 7***	−0.017 1***
				(0.005 9)	(0.005 9)	(0.005 9)
$tran\_num_j^i$ * $inst_i$				−0.057 5***	−0.056 8***	−0.057 8***
				(0.009 0)	(0.009 1)	(0.009 0)
$inst_i$	3.341 7***	3.295 0***	3.325 3***	2.951 6***	2.893 0***	2.922 7***
	(0.483 1)	(0.483 0)	(0.483 5)	(0.473 6)	(0.473 5)	(0.474 1)
$aprice_j^i$	−0.099 6***	−0.099 7***	−0.099 2***	−0.082 8***	−0.083 2***	−0.082 7***
	(0.004 7)	(0.004 8)	(0.004 8)	(0.004 8)	(0.004 8)	(0.004 8)
$pgdp_i$	−1.088 4***	−1.083 3***	−1.091 3***	−1.140 5***	−1.133 6***	−1.141 8***
	(0.068 9)	(0.069 0)	(0.068 9)	(0.068 8)	(0.068 9)	(0.068 8)
ex_i	0.082 8	0.080 2	0.084 3	0.123 9*	0.120 3*	0.124 3*
	(0.065 3)	(0.065 6)	(0.065 5)	(0.064 4)	(0.064 7)	(0.064 5)
国家固定效应	是	是	是	是	是	是
产品固定效应	是	是	是	是	是	是
年份固定效应	是	是	是	是	是	是
月份固定效应	否	是	否	否	是	否
季度固定效应	否	否	是	否	否	是
观测值	67 865	67 865	67 865	67 865	67 865	67 865

注:括号内的数字为标准误,* 、** 、*** 分别表示显著性水平为 10%、5% 和 1%。

　　表 13.4 中估计了交易历史增加对外贸公司是否选择信用证结算的影响,因变量是信用证虚拟变量 $dum\_lc_j^i$,当结算方式为信用证时,其取值为 1,其他结算方式下取值为 0。信用证结算是收款保障程度较高的银行信用,但会产生更高的手续费用。历史累计交易金额与历史累计交易次数两个指标衡量的交易历史增加对是否选择信用证结算方式的直接影响不同,但总体影响相同。模型(16)~(18)中,累计历史交易金额的估计系数显著为正,说明其增加会直接导致外贸公司更多选择信用证;但交叉项系数显著为负,为 -0.072 5,而历史累计交易金额变量的估计系数为 0.055 5,两者加总后为 -0.017 0,表明累计历史交易金额对外贸公司选择信用证的总体影响为负。模型(19)~(21)中,历史累计交易次数的估计系数显著为负,其增加对外贸公司选择信用证的直接影响为负;交叉项估计系数也显著为负,与历史累计交易次数的估计系数加总后依然为负,表明其增加对外贸公司选择信用证的总体影响为负。Antras 和 Foley(2015)的估计结果则认为,交易历史增加对于美国外贸公司是否选择信用证不产生显著影响,本章估计结果与其不同。第一,对于来自大陆法系的进口商,法律体系衡量的制度环境变量取值为 0,所以交易历史增加对外贸公司是否选择信用证的影响仅取决于上述直接影响,即 $tran\_amount_j^i$ 和 $tran\_num_j^i$ 的估计系数。历史累计交易金额增加直接导致外贸公司提高使用信用证的概率,而历史累计交易次数增加则直接导致其减少使用信用证的概率。这意味着,外贸公司认为大陆法系国家的制度环境相对弱于英美法系国家,而历史累计交易金额大也可能只是由于过去某一笔交易的金额较大,不一定完全代表外贸公司对该进口商的全面了解,不能抵消该进口商处于大陆法系的制度环境所带来的违约风险。而历史累计交易次数增加才有助于外贸公司准确评价进口商的交易风险等级,提高其信用等级且减少信用证的使用,以节省信用证的相关费用。第二,对于来自英美法系的进口商而言,由于以法律体系衡量的制度环境变量取值为 1,所以无论是累计交易金额增加,还是累计交易次数增加,外贸公司都减少信用证的使用。这充分证明外贸公司更加信任来自英美法系国家的进口商,只要与后者的交易历史增多,他就减少使用信用证结算方式。模型(16)~(21)中,制度环境的估计系数均始终为正,且通过了 1% 水平的显著性检验,说明进口国的制度环境改善时,信用证结算方式的占比会提高。信用证是进口商

与进口国开证银行之间的契约,出口商采用信用证结算是希望从开证银行顺利获得货款,但仍然面临进口商伪造信用证、开证行拒付等风险。当进口国的制度环境改善时,信用证的可信程度提高,其风险降低,出口商更愿意采用信用证结算的方式。

表 13.5　进口商交易历史对装运后付款结算方式影响的估计

	装运后付款虚拟变量					
	(22)	(23)	(24)	(25)	(26)	(27)
$tran\_amount_j^i$	0.038 3*** (0.004 1)	0.041 3*** (0.004 1)	0.040 3*** (0.004 1)			
$tran\_amount_j^i$ $* inst$	0.049 6*** (0.005 6)	0.049 6*** (0.005 7)	0.050 3*** (0.005 7)			
$tran\_num_j^i$				0.105 5*** (0.005 6)	0.106 3*** (0.005 7)	0.105 3*** (0.005 7)
$tran\_num_j^i$ $* inst_i$				0.051 6*** (0.007 9)	0.052 6*** (0.007 9)	0.053 3*** (0.007 9)
$inst_i$	−0.109 7 (0.399 8)	−0.089 0 (0.401 2)	−0.115 9 (0.400 2)	0.423 9 (0.393 9)	0.451 5 (0.395 5)	0.423 5 (0.394 4)
$aprice_j^i$	−0.100 6*** (0.004 4)	−0.101 0*** (0.004 4)	−0.101 3*** (0.004 4)	−0.108 9*** (0.004 4)	−0.108 7*** (0.004 4)	−0.109 0*** (0.004 4)
$pgdp_i$	−0.062 2 (0.065 1)	−0.066 0 (0.065 3)	−0.060 1 (0.065 1)	−0.036 1 (0.065 3)	−0.039 3 (0.065 4)	−0.032 4 (0.065 3)
ex_i	0.090 9* (0.055 1)	0.090 2 (0.055 2)	0.084 3 (0.055 1)	0.110 3** (0.055 3)	0.111 7** (0.055 4)	0.105 2* (0.055 3)
国家固定效应	是	是	是	是	是	是
产品固定效应	是	是	是	是	是	是
年份固定效应	是	是	是	是	是	是
月份固定效应	否	是	否	否	是	否

（续表）

	装运后付款虚拟变量					
	(22)	(23)	(24)	(25)	(26)	(27)
季度固定效应	否	否	是	否	否	是
观测值	68 511	68 511	68 511	68 511	68 511	68 511

表 13.5 估计了交易历史增加对外贸公司选择装运后付款可能性的影响。当外贸公司选择装运后付款时，因变量装运后付款虚拟变量 $dum\_post_j^i$ 取值为 1，否则为 0。$tran\_amount_j^i$、$tran\_num_j^i$ 及这两者与制度环境交叉项的估计系数均显著为正，并在增加控制月份或季度固定效应后依然稳健为正。这说明，由于装运后付款的回款时间比预付和信用证更长，只有当历史累计交易金额和次数衡量的交易历史增加时，外贸公司才能增加对进口商的信任程度，愿意在与其交易时采用装运后付款的结算方式；当进口商来自英美法系国家时，由于其制度环境更好，交易历史增加会进一步提高外贸公司对进口商的信任程度，从而进一步增加赊销与托收等装运后付款结算方式的使用。制度环境变量的估计系数不显著，这说明由于装运后付款结算的风险相对较大，在考虑到交易历史后，进口商所处制度环境的改善不会直接改变外贸公司使用装运后付款的可能性。由于交易历史与制度环境交叉项的估计系数均显著为正，这表明进口商所处制度环境的改善要通过交易历史增加来间接促进外贸公司更多使用装运后付款的方式。

（五）新客户影响出口结算方式的实证结果

本章采用 Probit 模型估计式(13.3)，研究外贸公司如何对新客户采取合适的结算方式，同时分析经济危机对结算方式选择的影响，结果见表 13.6。模型(28)～(30)中的因变量是预付虚拟变量，模型(31)～(33)中的因变量是信用证虚拟变量，模型(34)～(36)中的因变量是装运后付款虚拟变量，赋值方式与表 13.3 相同。表 13.6 中的所有结果都控制进口国的国家固定效应、产品固定效应和年份固定效应，模型(29)、(32)、(35)还控制月份固定效应，模型(30)、(33)、(36)还控制季度固定效应。

表 13.6　新客户、经济危机对出口结算方式影响的估计

	预付虚拟变量			信用证虚拟变量			装运后付款虚拟变量		
	(28)	(29)	(30)	(31)	(32)	(33)	(34)	(35)	(36)
new_i	0.283 7*** (0.024 5)	0.288 0*** (0.024 5)	0.285 4*** (0.024 5)	−0.049 8* (0.028 4)	−0.040 9 (0.028 5)	−0.041 8 (0.028 5)	−0.302 4*** (0.027 5)	−0.315 0*** (0.027 6)	−0.311 2*** (0.027 6)
$crisis_j$	0.134 0*** (0.023 1)	0.160 2*** (0.024 0)	0.161 2*** (0.023 9)	−0.052 7* (0.027 0)	−0.045 9 (0.028 1)	−0.045 4 (0.028 0)	−0.107 0*** (0.022 9)	−0.144 0*** (0.023 9)	−0.144 1*** (0.023 8)
$new_i * cri$	0.013 2 (0.092 0)	0.024 6 (0.092 2)	0.016 1 (0.092 1)	0.002 7 (0.117 1)	0.022 9 (0.117 2)	0.016 9 (0.117 1)	0.099 9 (0.098 2)	0.083 7 (0.098 4)	0.094 1 (0.098 3)
$aqprice_j$	0.144 6*** (0.003 9)	0.144 3*** (0.003 9)	0.144 5*** (0.003 9)	−0.084 1*** (0.004 6)	−0.084 8*** (0.004 6)	−0.084 1*** (0.004 6)	−0.091 9*** (0.004 3)	−0.091 7*** (0.004 3)	−0.092 1*** (0.004 3)
$pgdp_i$	0.455 5*** (0.058 4)	0.445 7*** (0.058 5)	0.449 3*** (0.058 4)	−1.083 4*** (0.068 6)	−1.076 0*** (0.068 8)	−1.083 8*** (0.068 7)	−0.153 3** (0.065 0)	−0.155 2** (0.065 2)	−0.149 0* (0.065 0)
ex_i	−0.256 8*** (0.054 7)	−0.255 3*** (0.054 8)	−0.253 7*** (0.054 7)	0.091 0 (0.064 9)	0.087 3 (0.065 2)	0.091 5 (0.065 1)	0.138 5** (0.055 8)	0.138 4** (0.055 9)	0.132 1** (0.055 8)
国家固定效应	是	是	是	是	是	是	是	是	是
产品固定效应	是	是	是	是	是	是	是	是	是
年份固定效应	是	是	是	是	是	是	是	是	是
月份固定效应	否	是	否	否	是	否	否	是	否
季度固定效应	否	否	是	否	否	是	否	否	是
观测值	68 605	68 605	68 605	67 865	67 865	67 865	68 511	68 511	68 511

注：括号内的数字为标准误，*、**、***分别表示显著性水平为10%、5%和1%。

在模型(28)～(30)中,新客户虚拟变量的估计系数始终显著为正,这表明对于来自同一国家的进口商,虽然制度环境相同,但外贸公司对于第一次交易的新客户会更倾向于选择预付的结算方式。当进口商为新客户,new_i 取值为 1 时,其估计系数分别为 0.283 7、0.288 0 和 0.285 4,对应的边际影响依次为 0.095 2、0.089 3 和 0.088 6。这是由于外贸公司对新客户缺乏交易历史的了解,在出口结算方式上对其更加谨慎,采用预付的方式来规避新客户的违约风险。经济危机虚拟变量的估计系数也始终显著为正。当出口交易发生在 2008 年 10 月—2009 年 6 月时,$crisis_i$ 取值为 1,这使外贸公司更多地采取预付的结算方式,说明由于经济危机导致进口商违约风险加大,外贸公司选择结算方式时更加警惕。在模型(31)～(33)中,新客户和经济危机虚拟变量的估计系数均显著为负。结合模型(28)～(30)的结果可认为,信用证虽然是银行信用的体现,但是外贸公司在面对新客户,或面对发生在经济危机时期的交易时,它依然会减少信用证使用,而倾向于要求进口商采用预付的方式。在出口贸易实务中,信用证结算方式中依然存在进口商联合开证行诈骗外贸公司货物的可能性;经济危机期间,金融市场面临流动性短缺风险,开证行或保兑行的资信能力出现问题,出口商的收汇权利得不到保障,加之信用证较高的手续费用,这两种情况下外贸公司减少使用信用证也符合预期。在模型(34)～(36)中,新客户和经济危机虚拟变量的估计系数也始终显著为负。其经济含义是,与其他结算方式相比,装运后付款对于外贸公司的风险最大,所以对于新客户,外贸公司会减少装运后付款的使用;基于同样理由,对于经济危机期内的交易,外贸公司也减少使用装运后付款。表 13.6 中新客户与经济危机变量的交互项估计系数均未通过显著性检验,说明新客户与经济危机这两者之间不存在交互影响,两者没有通过对方来实现对结算方式的选择的间接影响。控制变量的估计系数大多符合预期,且都通过 5% 水平上的显著性检验。

三、简要结论与政策启示

结算方式是出口合同的核心条款,出口结算方式的选择是外贸公司决策的重要内容。本章从制度环境、交易历史两个角度分析外贸公司对结算方式的选择机制,同时结合经济危机的因素,研究外贸公司对于没有交易历史的新客户如何选择结算方式。本章分别采用多元 Logit 模型和 Probit 模型,实证研究了江苏一家典型外贸公司1999—2011 年近 7 万笔出口交易的数据,得到以下结论:第一,进口商所处的制度环境是外贸公司选择出口结算方式的首要因素。用进口商所处的法律法系、商业信用环境作为制度环境的衡量指标,本章发现进口国制度环境改善后,与装运后付款(包括赊销和托收)相比,外贸公司会减少预付和信用证的使用;与预付相比,外贸公司会减少信用证的使用。第二,外贸公司还会根据交易历史来选择出口结算方式。以历史累计交易金额和交易次数衡量的交易历史不仅直接影响出口结算方式选择,而且通过法律体系这一制度环境间接影响结算方式选择。结合直接影响和间接影响,总体上交易历史增加会促进外贸公司更有可能采用装运后货款结算,减少预付和信用证的使用。第三,新客户由于不存在交易历史,外贸公司为降低风险,倾向于使用预付,减少信用证和装运后付款的使用。外贸公司对于经济危机时期发生的交易也更为谨慎,同样更多使用预付,而减少使用其他两类结算方式。

　　本章研究的政策启示包括下列三个层面:第一,在我国整体出口增速放缓甚至负增长的大背景下,我国政府要引导外贸公司合理选择出口结算方式,要进一步完善国际结算的相关法律法规,帮助外贸公司更好地控制交易信用风险。第二,商业银行要大力发展国际结算业务,既要紧随 UCP600 等出口结算方式国际惯例的更新,优化结算流程,提高结算效率并降低结算成本,又要积极开发国际结算新方式以服务出口。这些都需要商业银行向国际结算领域投入更多的资源,培养更多优秀的结算人才。第三,包括外贸公司在内的出口企业都需要进一步提高经营水平,充分理解不同结算方式在控制交易信用风险上的差异,在交易磋商中要能够根据客户所在国家的制度环境、交易历史等具体信息而选择合适的结算方式。从当前结算方式的发展趋势来看,混合结算方式和保理等附属结算方式应该引起出口企业的关注。

参考文献

[1] AHN J B. A Theory of Domestic and International Trade Finance[J]. Social Science Electronic Publishing,2011,11(262):1-35.

[2] AHN J，AMITI M，WEINSTEIN D E. Trade Finance and the Great Trade Collapse [J]. American Economic Review，2011，101(3)：298 - 302.

[3] ANTRÀS P，FOLEY C F. Poultry in Motion：A Study of International Trade Finance Practices[J]. Journal of Political Economy，2015，123(4)：853 - 901.

[4] ARAUJO L，MION G，ORNELAS E. Institutions and Export Dynamics[J]. Journal of International Economics，2016，98：2 - 20.

[5] HAUSMAN J，MCFADDEN D. Specification Tests for the Multinomial Logit Model. [J]. Econometrica，1981，52(5)：1219 - 1240.

[6] HOEFELE A，SCHMIDTEISENLOHR T，YU Z. Payment Choice in International Trade：Theory and Evidence from Cross-country Firm Level Data[J]. Canadian Journal of Economics，2016，49(1)：296 - 319.

[7] KLETZER K，BARDHAN P. Credit Markets and Patterns of International Trade[J]. Journal of Development Economics，1986，27(1)：57 - 70.

[8] MACCHIAVELLO R，MORJARIA A. The Value of Relationships：Evidence from a Supply Shock to Kenyan Rose Exports[J]. American Economic Review，2015，105(9)：2911 - 2945.

[9] MCFADDEN D L，MANSKI C F. Structural Analysis of Discrete Data and Econometric Applications[M]. MIT Press，1981.

[10] OLSEN M. How Firms Overcome Weak International Contract Enforcement：Repeated Interaction，Collective Punishment and Trade Finance[J]. Social Science Electronic Publishing，2013.

[11] PORTA R L，LOPEZDESILANES F，SHLEIFER A. The Economic Consequences of Legal Origins[J]. Journal of Economic Literature，2008，46(2)：285 - 332.

[12] SCHMIDT-EISENLOHR，TIM. Towards a Theory of Trade Finance[J]. Journal of International Economics，2013，91(1)：96 - 112.

[13] 匡增杰. 论金融危机对我国贸易结算方式的影响[J]. 商业时代，2009(33)：40 - 41.

[14] 刘白玉. 出口企业国际结算方式的最佳策略分析[J]. 特区经济，2006(3)：215 - 216.

[15] 刘强，林桂军. 中国货物出口升级路径的变迁规律研究[J]. 世界经济与政治论坛，2014

(5):22 - 44.

[16] 魏浩,何晓琳,赵春明.制度水平、制度差距与发展中国家的对外贸易发展:来自全球
　　31 个发展中国家的国际经验[J].南开经济研究,2010(5):18 - 34.

[17] 王茜.国际结算方式的收汇风险及其防范[J].财会研究,2008(6):78 - 80.

[18] 谢孟军.基于制度质量视角的我国出口贸易区位选择影响因素研究:扩展引力模型的
　　面板数据实证检验[J].国际贸易问题,2013(6):3 - 15.

[19] 赵越.国际结算中常用支付方式的比较与选择[J].山西财经大学学报,2013(s2):
　　14 - 15.

第三编　长三角经济改革发展

第十四章　长三角三次产业间的协调发展研究[①]

一、引　言

协调发展是我国特色社会主义进入新时代的五大发展理念之一,是要求在牢牢把握我国特色社会主义事业的总体布局下,争取处理发展中的重大关系。协调发展理念需要在产业层面加以落实。其理由是:第一,产业发展本身就是一个系统性工程,多个产业共同构成一个生态体系才能共同壮大(刘烈宏和陈治亚,2017);产业彼此之间存在的紧密联系必然意味着产业发展也需要贯彻协调发展的新理念,要处理好不同产业发展过程中的重大关系,要求诸多产业在发展过程中保持协调,或者发展过程中不断提高协调程度。第二,协调发展的新理念重点体现在区域协调、城乡协调、精神文明与物质文明协调、经济建设与国防建设融合四大方面,而产业协调发展是这四方面的物质基础。产业活动在不同区域空间、城乡之间的合理分布与正向互动反馈分别促进区域协调、城乡协调,精神文明与物质文明协调必然要求文化产业与非文化产业之间的协调,而经济建设与国防建设融合更需要军工行业和民品行业的融合。长三角要走在全国高质量发展的前列,就离不开以产业协调为抓手和切入点,真正落实协调发展的新发展理念。在此意义上,产业协调对长三角的重要意义不言而喻。

2018 年以来,在贯彻习总书记推动长三角更高质量一体化发展的重要指示下,长三角一体化进入了全面提升的新阶段。当前以上海为主导,三省一市政府共同强

---

　　①　本章以《长三角三次产业协调发展程度测算及其影响机理研究》为题发表在《上海经济研究》2018 年 11 期上,原文作者为巫强、林勇、任若琰。

力推动长三角一体化更多是在政府层面上的合作，以基础设施互通、公共服务共享等为实施重点，尽力破除彼此之间的市场壁垒。更高质量的长三角一体化离不开以市场力量推动区域价值链在长三角内部跨地区的形成与壮大，需要产业链上下游的不同环节在长三角内多地区间实现合理配置。这就要求各地区自身的产业协调发展程度先达到中高水平，其产业结构要符合自身要素禀赋并体现出足够的差异度，减少过去政府人为干预当地产业发展而导致的产业结构扭曲与产业同构。由此，长三角各地区才能更加发挥各自的产业优势，寻找各自在产业链中的差异化定位，避免过度拥挤到区域价值链的某个环节。各地区自身的产业协调程度提高意味着它们能以更高的资源配置效率加入区域价值链，后者创造的整体效率提升，创造更多价值，最终实现长三角更高质量的一体化。所以在新的历史背景下，长三角更高质量的一体化发展也要求充分探讨长三角的产业协调发展问题。

但遗憾的是，产业协调发展问题目前在国内理论界的探讨中相对较少。部分文献重点研究产业结构与就业结构之间的协调发展。沈滨和李许卡(2014)研究我国产业结构与就业结构的协调发展，认为我国就业结构调整滞后于产业结构调整。与此类似，戴志敏和罗燕(2016)研究长三角16个城市的产业结构与就业结构的协调发展，发现长三角的就业变动水平较产业发展相对滞后。也有文献直接研究三次产业之间的协调发展。赵明亮(2015)率先从产业关联的角度分析新常态下中国产业协调的发展路径。郭晓刚(2013)则提出东北老工业基地的三次产业之间存在着产业发展层次不高、支柱产业单一和产业之间发展不平衡等问题。当前直接针对长三角三次产业协调发展的定量研究相对很少，以定性描述居多。例如白鹤松(2008)认为长三角三次产业结构中第一产业偏低，第二产业偏高，第三产业偏低。

总体上，无论是对产业协调概念的剖析，还是对我国当前产业协调程度的衡量与分析，国内研究当前都存在一定空白。这与我国产业发展贯彻协调发展新理念的整体要求还有较大距离。首先，产业协调发展应落实在三次产业层面，即要求第一、第二和第三产业的协调发展。直接分析三次产业的各自比重与由此形成的三次产业结构，有助于初步了解三次产业的协调发展，但并不能准确度量三次产业发展的协调程度及变动情况。在理论内涵上，三次产业是否协调发展，首先要与经济发展的阶段特征相符合。随着一国经济发展水平的提高,第三产业占比在持续上升,第一产业占比迅速下降,第二产业占比逐步下降。其次,三次产业是否协调发展,需要从供给和需求的匹配角度来理解。尤其在细分产业层面,其产业供给和需求也要动态均衡。再次,三次产业是否协调发展,尤其需要从资源配置效率的角度来理解(Hsieh 和Klenow,2009)。每一个产业的发展都离不开资源和要素的投入,如果社会资源配置能在三次产业之间合理配置,降低资源错配,减少资源的无谓消耗,那三次产业的发展必然符合其资源禀赋,必然体现协调。最后,三次产业是否协调发展,还需要结合具体地区的经济特征加以理解。每个地区的三次产业及其结构都是在其经济发展过程中内生演化而成的(Brock,1983),其经济发展路径的其他特征,例如政府干预、对外开放等诸多因素都会对其产业发展产生作用,从而影响其三次产业发展的协调程度。

长三角的三次产业协调发展究竟经历了什么样的历史演变? 当前处于什么样的水平? 其受到哪些因素的影响? 本章试图从贡献度、拉动度和耦合协调度等多方面,测算并评估长三角三次产业的协调发展程度,判断其协调发展的阶段,并重点实证研究推动长三角三次产业协调发展的重要因素,分析这些因素对长三角三次产业协调发展的影响机理。

二、长三角三次产业协调发展的初步评估

本章所指的长三角地区包括三省一市,即浙江、江苏、安徽和上海,它们三次产业发展的协调程度评估可从多个方面展开。简单的评估指标包括三次产业贡献度①和拉动度②。如表 14.1 所示,2016 年全国第一、第二、第三产业贡献度依次为 5.1%、26%、69%。与全国相比,上海的第三产业贡献度高达 99.87%,第一产业为负,第二产业仅为 0.14%,其 GDP 增量基本靠第三产业来提供。浙江的第三产业贡献度高于全国水平 4.8 个百分点,第一、第二产业则低于全国,其经济增长的动力来源已经

---

① 产业贡献度是指各产业增加值增量与 GDP 增量之比。
② 产业对经济增长的拉动度是指 GDP 增长速度与各产业贡献率之乘积。

从第一和第二产业逐步向第三产业转变。而江苏和安徽的第三产业贡献度仍低于全国水平,第二产业分别高于全国水平 5 个百分点和 9.7 个百分点。

表 14.1　2016 年长三角地区与全国三次产业贡献度对比

地区 ＼ 产业类别	第一产业	第二产业	第三产业
全国	0.051 0	0.257 8	0.691 3
上海	−0.000 1	0.001 4	0.998 7
浙江	0.037 0	0.224 1	0.738 9
江苏	0.015 5	0.303 4	0.681 1
安徽	0.052 6	0.340 8	0.606 7

数据来源：wind 资讯。

表 14.2 是 2016 年全国和长三角的三次产业对经济增长的拉动度。全国第一、第二和第三产业拉动度依次为 0.41%、2.06% 和 5.53%。与全国相比,上海依然远远走在前列,其第三产业拉动度为 9.31%,第一产业接近 0,第二产业仅为 0.01%。浙江、江苏和安徽的第三产业拉动度也都超过全国,但三者中,浙江保持领先。江苏和安徽的第二产业拉动度都要高于全国,而上海和浙江则低于全国。这也说明,江苏和安徽尚未完全进入以现代服务业为新动能的发展阶段。安徽的第一产业拉动度还高出全国 20%。

表 14.2　2016 年长三角与全国三次产业拉动度对比

地区 ＼ 产业类别	第一产业	第二产业	第三产业
全国	0.004 1	0.020 6	0.055 3
上海	0.000 0	0.000 1	0.093 1
浙江	0.003 1	0.018 8	0.062 0
江苏	0.001 3	0.025 8	0.058 0
安徽	0.005 0	0.032 7	0.058 2

数据来源：wind 资讯。

从工业化阶段特征可判断三次产业协调发展的程度,三次产业的产值结构应符合人均GDP水平。表14.3中两者的对应关系是否满足,就可用于判断三次产业是否协调(陈佳贵等,2006;王小刚和鲁荣东,2012)。

表14.3 人均GDP与三次产业产值结构的对应关系

指标	前工业化阶段	工业化初期	工业化中期	工业化后期	后工业化阶段
2004年美元	720~1 440	1 440~2 880	2 880~5 760	5 760~10 810	10 810以上
三次产业的产值结构(以三次产业的GDP占比来衡量)	第一产业大于第二产业	第一产业大于20%,且第一产业小于第二产业	第一产业小于20%,且第二产业大于第三产业	第一产业小于10%,且第二产业大于第三产业	第一产业小于10%,且第二产业小于第三产业

资料来源:陈佳贵等(2006)。

上海的三次产业协调程度完全符合后工业化阶段的特征。经换算,2016年上海的人均GDP为10 224.08美元,达到后工业化阶段的人均GDP,同时其三次产业的产值结构也符合后工业化的阶段特征,第一产业的GDP占比小于10%,且第二产业占比小于第三产业。安徽的三次产业协调发展程度完全符合工业化中期的特征。安徽2016年的人均GDP为3 466.09美元,第一产业占比10.6%,小于20%,第二产业占比要高于第三产业。上海和安徽虽然处于不同的工业化阶段,但其三次产业结构特征都符合其所处工业化阶段的标准,处于三次产业协调发展的状态。

另外两省的三次产业发展略不协调。2016年江苏的人均GDP为8 498.31美元,浙江为7 448.29美元,人均GDP均达到工业化后期水平。从三次产业占比来分析,这两省虽然第一产业比重都低于10%,但第二产业占比均低于第三产业占比,并不符合工业化后期阶段第二产业占比大于第三产业占比的特征。

三、长三角三次产业的耦合协调度测算

耦合协调度模型在复杂系统协调程度研究中被广泛运用,例如陈秧分和何琼峰

(2016)用其分析了我国各省(区、市)城镇化、工业化与城乡收入差距这三者之间的协调发展程度；姜磊等(2017)用其分析了我国各省(区、市)经济、资源和环境的协调发展程度；李豫新和李金军(2016)则用其评价新疆人口系统与区域经济系统之间的协调程度。如果将这三大产业分别看成三个系统，那就可采用耦合协调度模型，测算这三个子系统之间的协调发展程度。

该方法分为四个步骤：第一步，分别对三次产业的时间序列指标进行标准化处理，这是考虑到不同经济指标的计量单位不同，标准化处理使得我们对这些经济指标能进行直接处理。标准化的方法参照式(14.1)。其中 $\min(l_t)$、$\max(l_t)$ 分别为该时间序列指标 l_t 的最小值、最大值。这种标准化处理使得 L_t 的取值范围处于[0,1]之间。

$$L_t = [l_t - \min(l_t)]/[\max(l_t) - \min(l_t)] \tag{14.1}$$

第二步，测算三次产业在 t 年的耦合度 C_t。姜磊等(2017)比较分析了多种耦合度的计算方式，提出如式(14.2)所示的三系统耦合度计算公式更为合适。它遵循耦合度的初始定义，且取值范围在[0,1]之间，能较好地反映三系统之间作用的强弱。其中 L_{1t}、L_{2t}、L_{3t} 分别是第一、第二、第三产业标准化后的时间序列指标。

$$C_t = \left[\frac{L_{1t} \cdot L_{2t} \cdot L_{3t}}{\left(\frac{L_{1t} + L_{2t} + L_{3t}}{3} \right)^3} \right]^{\frac{1}{3}} \tag{14.2}$$

第三步，利用第一步标准化后的三次产业指标，按式(14.3)所示，计算三大产业这三个系统的综合评价得分 TE_t。其中，β_1、β_2 和 β_3 分别是三个系统的权重。参照姜磊等(2017)的做法，考虑到三大产业之间虽然存在规模大小的差异，但从国民经济整体来看，这三大产业同等重要，所以本章对于这三个权重的处理采用两种办法。一是全部取值为 1/3；二是分别取对应年份中的三大产业产值占比。

$$TE_t = \beta_1 L_{1t} + \beta_2 L_{2t} + \beta_3 L_{3t} \tag{14.3}$$

第四步，按照式(14.4)计算三次产业在 t 年的协调发展度 Y_t。协调发展度比耦合度更进一步，能更准确显示三个系统之间的协调程度，其取值范围在[0,1]之间。

$$Y_t = \sqrt{C_t \cdot TE_t} \tag{14.4}$$

本章选取上海、浙江、江苏和安徽第一、第二和第三产业的年度增加值和就业这

两个基础的时间序列指标,年度增加值跨度为 2002—2016 年,年度就业跨度为
2003—2015 年,数据均来自 Wind 资讯。按照上文介绍的测算方法,分别利用年度增
加值和就业这两个时间序列指标,本章分别得到这三省一市在相应年份的四种协调
发展度 Y_{it},其中 i 表示这三省一市,t 表示年份。在计算出三省一市的三次产业协调
发展度后,本章采用客观的四分位,将[0,1]从高到低平均分为四个区间,对应于低水
平、中等水平、较高水平和高水平四个阶段的协调发展水平。

　　图 14.1 是以三次产业的年度增加值为基础指标计算的耦合协调度,其中上图的

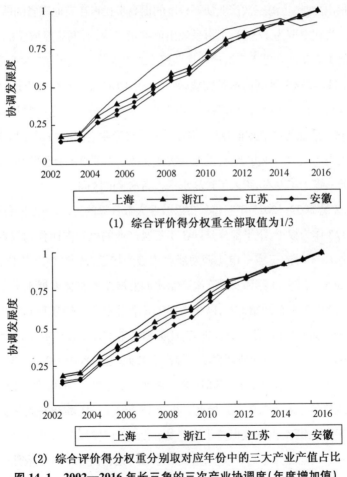

(1) 综合评价得分权重全部取值为1/3

(2) 综合评价得分权重分别取对应年份中的三大产业产值占比
图 14.1　2002—2016 年长三角的三次产业协调度(年度增加值)
数据来源:wind 数据库。

综合评价得分权重为1/3,下图权重为对应年份的三次产业产值占比。

三省一市三次产业的协调程度增长稳定,基本上保持每年增加5.5个百分点左右的速度。按照客观四分位来划分协调发展度的四个阶段,得到低水平、中等水平、较高水平和高水平四个阶段,三省一市在2002—2003年处于三次产业协调发展的低水平阶段,接下来三年则上升到中等水平阶段,然后自2007年左右踏入较高水平,并在2016年达到高水平的协调程度。这说明整体而言,长三角三次产业的协调程度保持稳步上升的趋势。

需要指出的是,上海三次产业协调程度的提高步伐走在其他三省的前面,领先于其他三省。当权重取为1/3时,上海呈现出前期增长快,后期速度放缓的趋势,比其他三省提前1.5年左右踏入三次产业协调程度的更高阶段。上海三次产业的协调度在2002—2011年这个区间内增长较快,平均每年增加6.8个百分点;但自2011年后,其增速放缓,在2015年协调度甚至下降了4.4个百分点。这主要是由于上海在2014年后第一产业的产值规模持续下降,影响三次产业之间的协调性和稳定性。但当权重取为当年三次产业占比时,上海三次产业协调发展度的整体趋势与三省一致,但还是提前三省1年左右,跨入了较高水平和高水平的区间。

图14.2是2003—2015年三省一市以就业人数计算的三次产业协调程度。上半部分是以1/3作为权重,下半部分是以各年三次产业的就业占比作为权重。图中的两部分在2013年时的三省一市协调发展度均极为接近,故将2013年作为分界点。在2013年之前,上海、江苏和安徽三次产业协调发展度的整体发展水平和趋势比较相近,均在2005年左右开始上升,以平均每年5个百分点左右的速度,从中低水平阶段逐步提升至较高水平阶段。具体而言,江苏和安徽上升比较稳定,而上海的上升则带有波动性。浙江三次产业协调程度明显高于其他地区,2004—2011年以平均每年增加6.8个百分点的速度提升至高协调发展水平,而2011年后则开始下降,到了2013年已经与其他地区水平十分接近。在2013年之后,江苏和安徽三次产业协调度开始小幅下降,浙江也继续保持下降趋势,三省协调发展度趋于一致。上海却在2013—2014年大幅提升至0.9以上,达到高水平阶段,并在2015年依然处于高水平阶段,与其他三省的三次产业协调度拉开差距。总体来说,上海在2003—2015年迅

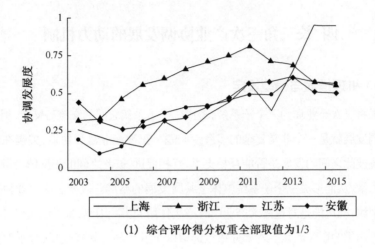

（1）综合评价得分权重全部取值为1/3

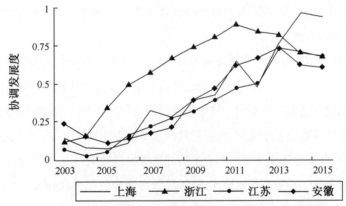

（2）综合评价得分权重分别取对应年份中的三大产业就业占比

图 14.2　2003—2015 年长三角的三次产业协调度（就业数）

数据来源：wind 数据库。

速从低水平发展到了高水平阶段，虽在个别年份有所下降，但整体的三次产业协调度不断提高；而其他三省则在经历了 2013 年前的逐步提高后，近年来的三次产业协调度略有下降，这可能源于第一产业和第二产业就业人数的回落。

四、长三角三次产业协调发展的动力机制

（一）机理推演与模型设定

如果将三次产业作为三个子系统，考虑三个子系统之间的交流与反馈，那么三次产业协调发展就是一个非常复杂的多系统问题。三次产业是否协调，关键在于这三个子系统彼此之间的发展是否能互相支撑，互相促进，彼此之间的正反馈力量要超过负反馈力量，从而形成三个子系统整体上共同发展的格局。改变三次产业协调程度的动力来源，既可能是对这三大产业同时产生作用的影响因素，也可能是对其中某些产业产生作用的影响因素。本部分重点选取以下五个核心解释变量，分别对应影响三次产业协调度的五个维度，分别是经济发展水平、基础设施建设规模、城镇化水平、政府干预和经济开放。

第一个核心解释变量是经济发展水平 edep。尽管现有研究大多强调产业结构变动对我国经济发展的影响，但也认为经济发展水平提高会导致产业结构变动(干春晖等，2011)，这主要是由于不同经济发展阶段的主导产业不同，随着经济发展进入新阶段，其主导产业也会发生变化，从而导致产业结构变动并体现为三次产业结构的调整。经济可持续发展还需要新兴产业不断涌现并发展壮大，社会资源必须要能有效地持续流向新技术、新业态和新模式，这将导致经济服务化、集约化、生态化，并反映为产业结构的相应调整。另外在社会需求层面上，经济发展提高居民收入水平，居民消费在升级，需求类型更多元化，这些都直接拉动相应产业的发展，导致产业结构发生调整(Reeve，2006)。所以在供求较为均衡的经济发展模式下，经济发展将导致三次产业结构调整，更有可能体现为其协调程度的提高。本章预计当地经济发展水平提高会促进三次产业之间的协调发展，提高其三次产业的协调度。

第二个核心解释变量是基础设施建设规模 infr。基础设施建设提供桥梁、道路等交通设施、通信设施和水利、城乡供排水供气等公共设施。这些基础设施建设会直接产生对建筑业，材料与通信设备等多个制造业的大规模需求，从而带动这些产业的发展。同时，这些基础设施建设还将间接促进其他产业的发展，例如第一产业的农产

品需要通过交通设施,才能进行深加工并获取更多的附加值,交通基础设施的发展显然将拉动第一产业的发展;基础设施建设还将便利服务业的发展,通信基础设施和高铁等交通设施的完善显著促进服务业信息和人员流动,办公商用建筑为各类服务业提供经营场所,并为生产性服务业从制造业中独立出来提供基础条件。从国内外的经验来看,基础设施改善还有助于吸引国外直接投资(崔岩和于津平,2017)。无论是直接作用,还是间接作用,基础设施建设便利了社会资源在各区域、各行业中的流动,要素在各行业中的配置效率提高,这显然会促进三次产业的协调发展。所以本章预计基础设施建设规模变大,将促进三次产业协调发展程度提高。

第三个核心解释变量是城镇化水平 urb。城镇化是农村人口向城镇集中,转变为城镇人口的过程。魏敏和胡振华(2017)综述了城镇化演进与产业结构演变协调发展的文献,认为人口向城镇集中必然要求发展相应的产业,以留住涌入城镇的人口,这尤其会体现为第二、第三产业加速发展,其比重增大。从产业结构升级的角度分析,这也需要城镇化的空间支撑,城镇空间扩展和城镇职能体系完善都有助于产业结构升级。浙江省分县数据证明城镇化水平提高可以刺激当地的消费需求,有利于促进产业转型(韩瑾,2013)。在此意义上,城镇化能够促进第二和第三产业比重增大,第二和第三产业壮大也会对第一产业产生带动作用,这都是三次产业协调发展的体现,即城镇化会提高三次产业的协调度。但还需要指出,吴宏洛和王来法(2004)认为,尽管城镇化水平提高有利于产业结构升级,但是城镇化也提高了非农就业比率,明显降低了农业就业比率。三次产业就业比重差距变大,尤其是农业就业的绝对规模下降,这将负面影响就业层面的三次产业协调度。鉴于本章分别采用三次产业年度增加值和就业数衡量其协调度,所以本章预计城镇化水平提高将促进三次产业增加值层面的协调度,但可能降低三次产业就业层面的协调度。

第四个核心解释变量就是政府干预 gov。各级地方政府的有形之手在长三角产业发展中起到了无法替代的重要作用,政府干预会从多个渠道影响三次产业的协调发展。在事实层面,新苏南经济就是典型的"强市场"和"强政府"并举,政府对产业的规划和引导直接促进当地产业的发展与转型。在理论层面,政府干预显著促进两化融合的耦合程度,而两化融合的增值能力对产业结构高级化和产业结构合理化产生正向作用(焦勇和杨蕙馨,2017)。但也有相反意见认为地方政府干预属地的金融业运行导致金融功能抑制与市场机制扭曲,削弱了区域金融化对产业结构升级的促进作用(徐云松和齐兰,2017)。更进一步,政府对信贷资本配置的干预,严重扭曲信贷资本的配置,致使产能过剩行业产生较强的路径依赖惯性,严重阻碍我国的产业结构优化(李敬和王朋朋,2017)。综合分析,政府干预对三次产业协调发展的影响具有双面性,既有正面积极影响,也有负面消极影响,所以政府干预对三次产业协调发展的影响难以事先预计。

第五个核心解释变量是经济开放 open。经济开放程度提高,无论是进出口规模扩张,还是引进外资或走出去,这些都会对当地产业产生影响。安礼伟和张二震(2010)在研究昆山产业结构升级的案例时,就发现对外开放促进当地产业沿着价值链攀升,获得更多国际分工利益;对外开放推动新产业发展,提升产业竞争力。邓娜等(2016)论证对外开放能有效改变地区固有的产业结构,刺激产业的转型升级,发掘新产业的潜能,使得产业结构更加合理化、效益最大化。这些都是经济开放程度提高促进三次产业协调度上升的直接证据,本章预计经济开放程度提高将提升三次产业协调度。但也有文献表明,对外开放导致进口竞争部门失业,出口部门就业扩张,进出口对第一、第二和第三产业产生不同的就业效应,从而导致三次产业的就业失衡(吴进红,2005;李小萌等,2016)。所以对外开放程度提高可能负面影响就业层面上的三次产业协调度。

针对以上机理推演,本章构造以下回归模型对其进行实证检验(因变量为地区三次产业协调发展程度):

$$Cor = \alpha + \beta_1 edep + \beta_2 infr + \beta_3 urb + \beta_4 gov + \beta_5 open + \varepsilon \qquad (14.5)$$

(二) 指标选取、数据来源与统计描述

因变量三次产业协调发展程度使用耦合协调度作为衡量指标。由于权重的处理存在两种办法,一是全部取值为 1/3;二是分别取对应年份中的三大产业占比,同时基础指标分别为三次产业年度增加值和就业数,所以因变量三次产业协调度的衡量指标共包括四个:按三次产业年度增加值为基础指标计算的两个产业协调度,即2002—2016 年分别以1/3、当年各产业产值占比作为权重的 ind_cor1、ind_cor2;按三

次产业就业数为基础指标计算的另两个产业的协调度,即 2003—2015 年分别以 1/3、当年各产业就业人数占比作为权重的三次产业协调度 job_cor1、job_cor2。这四个指标分别从增加值和就业层面来度量三次产业发展的协调程度。

在核心解释变量的衡量指标选择中,本章使用人均可支配收入来衡量当地经济发展水平 edep,选用地区等级公路里程与地区总面积的比值来衡量基础设施建设规模 infr,选取城镇居民占总人口的比重衡量城镇化水平变量 urb,选取政府公共财政支出占 GDP 的比重来衡量政府干预变量 gov,选取进出口总额占 GDP 的比重衡量经济开放变量 open。上述衡量指标均来自 wind 数据库和历年长三角各地的统计年鉴,其衡量指标及统计描述如表 14.4、表 14.5 所示:

表 14.4 变量定义和衡量

变量类型	变量符号	中文名称	衡量指标
被解释变量	ind_cor1	产业协调度 1	用三次产业年度增加值计算的协调度(使用 1/3 作为各产业权重)
	ind_cor2	产业协调度 2	用三次产业年度增加值计算的协调度(使用各产业当年产值占比作为权重)
	job_cor1	就业协调度 1	用三次产业就业数计算的协调度(使用 1/3 作为各产业权重)
	job_cor2	就业协调度 2	用三次产业就业数计算的协调度(使用各产业当年就业人数占比作为权重)
解释变量	edep	经济发展水平	城镇居民人均可支配收入(千元)
	infr	基础设施建设规模	地区等级公路里程与地区总面积比值
	urb	城市化水平	城镇居民占总人口比重
	gov	政府干预程度	政府预算支出占 GDP 比重
	open	经济开放程度	进出口总额占 GDP 比重

表 14.5　变量衡量指标的统计描述

变量符号	样本量	均值	标准差	最小值	最大值	中位数
ind_cor1	60	0.619	0.280	0.140	1	0.645
ind_cor2	60	0.615	0.273	0.140	1	0.635
job_cor1	52	0.470	0.193	0.120	0.950	0.465
job_cor2	52	0.449	0.272	0.030	0.960	0.450
edep	60	24.120	12.560	6.032	57.690	21.875
infr	60	1.164	0.470	0.420	2.096	1.126
urb	57	60.300	17.440	30.700	89.600	57.200
gov	60	0.151	0.049	0.081	0.252	0.132
open	60	0.731	0.472	0.098	1.668	0.694

注：就业协调度 1(job_cor1)和就业协调度 2 指标(job_cor2)样本量少 8 个，是因为上海、江苏、浙江和安徽 2002、2016 年的就业数数据缺失；城镇人口指标(urb)样本量少 3 个，原因是上海 2002—2004 年的城镇人口数据缺失。

(三) 实证结果解释

本章构造长三角三省一市的平衡面板数据，并采用静态面板模型来估计系数。静态面板模型常见的估计方法包括混合回归、固定效应和随机效应三种，本章依次采用 F 检验判断使用混合回归方法还是固定效应方法，采用 Hausman 检验判断使用固定效应方法还是随机效应方法。表 14.6 和表 14.7 中的所有回归结果(1)～(16)均先进行 F 检验，P 值均为 0，所以固定效应方法明显优于混合回归方法。其次进行 Hausman 检验，P 值均小于 5%，所以固定效应方法依然要优于随机效应方法。这也符合区域面板数据处理的常见特点，固定效应方法能更好地控制区域间的差异。为简便起见，表 14.6 和表 14.7 均仅汇报固定效应方法的估计结果。

表 14.6 将以三次产业年度增加值为基础指标计算的协调度作为因变量，具体包括 ind_cor1 和 ind_cor2 两个衡量指标。前者计算中的权重是 1/3，后者计算中的权重是三次产业占比。模型(1)～(4)的因变量指标是 ind_cor1，而模型(5)～(8)的因

表 14.6 三次产业协调影响因素的实证分析结果（ind_cor1 和 ind_cor2 为因变量）

	ind_cor1					ind_cor2		
	(1)	(2)	(3)	(4)	(5)	(6)	(7)	(8)
edep	0.010 1*** (0.001 7)	0.008 2*** (0.001)	0.007 8*** (0.001 1)	0.009 9*** (0.001 4)	0.011 0*** (0.001 5)	0.009 3*** (0.000 9)	0.008 2*** (0.000 9)	0.010 9*** (0.001)
infr	0.499 2*** (0.054 9)	0.254 6*** (0.044 6)	0.244 9*** (0.045 5)	0.207 1*** (0.047 1)	0.453 8*** (0.050 5)	0.257 4*** (0.038 7)	0.234 3*** (0.036 5)	0.185 3*** (0.034 6)
urb		0.019 7*** (0.002 0)	0.019 2*** (0.002 1)	0.018 4*** (0.002 0)	0.017 3*** (0.001 7)	0.016 0*** (0.001 7)	0.015 0*** (0.001 5)	
gov			0.422 (0.402 6)	0.538 9 (0.391 4)			1.003 0 (0.323 3)	1.154 7*** (0.287 5)
open				0.113 2** (0.051 5)				0.146 9*** (0.037 8)
观测值	60	57	57	57	60	57	57	57
Hausman 统计量	43.82	46.1	45.27	43.87	45.37	47.15	47.15	46.89
P 值	0.000 0	0.000 0	0.000 0	0.000 0	0.000 0	0.000 0	0.000 0	0.000 0

注：括号内的数字为标准误，*、**、***分别表示显著性水平为 10%、5%和 1%。模型(2)～(4)、(6)～(8)观测值少于模型(1)和模型(2)，是因为上海 2002—2004 年城市化水平指标(urb)的数据缺失。

变量是 ind_cor2。鉴于影响三次产业协调度的解释变量有五个，该表采取分步逐次添加解释变量的估计策略。模型(1)～(4)是在添加了经济发展 edep 和基础设施建设规模 infr 之后，逐步添加 urb、gov 和 open。各解释变量的估计系数结果如表 14.6 所示。

表 14.6 中经济发展变量 edep 的估计系数始终为正，且都通过了 1％的显著性检验，说明长三角各地的经济发展水平提高会促进三次产业协调度提升。当经济发展水平提高 1 个单位，即人均可支配收入每增加 1 000 元，三次产业协调度上升约 0.1％。这说明经济发展内部存在对三次产业发展的纠错机制，这种机制主要表现为收入水平上升带来的更加旺盛而多元化的社会需求，需求侧的变化会调整并优化三次产业之间的资源配置，最终使得三次产业发展更为协调。

基础设施建设规模变量 infr 的估计系数也始终为正，处于 0.185 3～0.499 2 之间；虽然随着其他解释变量的加入，该估计系数逐步变小，但模型(1)～(8)中的估计系数均通过了 1％的显著性检验。以模型(4)中的估计系数 0.207 1 为例，这说明地区等级公路里程与地区总面积比值提高 1％，将提高三次产业协调度 0.207 1，基础设施建设改善对三次产业协调度发展的促进作用比经济发展的促进作用普遍更大。基础设施的完善不仅直接带动和促进相关产业的发展，而且为国民经济中的各行各业都提供了必要条件，便利资源在各行各业的流动，从而提高资源在三次产业间的配置效率。在此意义上，长三角地区的政府应该继续加大对基础设施建设的投资力度，发挥基础设施建设对三次产业协调程度的巨大提升作用。

城镇化水平提高也有助于提高长三角三次产业的协调度。该变量的估计系数处于 0.015 0～0.019 7 之间，均通过了 1％的显著性检验。长三角是全国城镇化水平最高的地区之一，人口向城镇不断集中，这不仅导致了产业活动空间上的再布局，还会带动产业结构的巨大调整。人口集中后产生的庞大生活需求将首先带动生活服务业的快速扩张，各类新兴的生活服务蓬勃涌现；随后生产服务业和高端制造业能获得足够的高素质劳动力供给，也会进入快速发展的阶段。整体上，三次产业结构将更加服务化，也更加协调。

政府干预的估计系数均为正，但显著性不强，仅模型(8)中的估计系数通过了 1％的显著性检验。这与前文的机理分析一致，政府干预对三次产业协调度的影响机理包括两方面：一方面，通过科学规划促进产业结构高级化和合理化；另一方面，扭曲金融资源的配置，会阻碍产业结构的协调发展。所以在长三角的实证结果中，这两种机理互相影响，使得政府干预的估计系数大多不显著为正。当然，由于模型(8)中政府干预的估计系数通过了显著性检验，可以认为政府干预对三次产业协调度的正向影响机理要稍强于负向影响机理。

对外开放水平提升会显著提高长三角三次产业的协调度。模型(4)、(8)中对外开放变量的估计系数分别为 0.113 2、0.146 9，即进出口总额占 GDP 比重提高 1%，长三角三次产业的协调程度将提高 0.113 2 或 0.146 9。这证明，无论是进口增加还是出口增加，地区对外开放程度的提高都有利于地区发挥比较优势，使资源流向更加高效的部门，创造更大的社会价值；这就提升了产业价值链，促进当地产业转型升级，当地产业发展的协调程度就会上升。长三角在地理、政策等多方面具备对外开放的优势条件，始终处于全国对外开放的最前沿，这对于其三次产业协调发展具有极为重要的推动作用。

表 14.7 将以每年就业数为基础指标计算的三次产业协调度作为因变量，具体包括 job_cor1 和 job_cor2 两个衡量指标。前者计算中的权重是 1/3，后者计算中的权重是三次产业占比。模型(1)~(4)、(5)~(8)的因变量指标分别是 job_cor1、job_cor2。与表 14.6 类似，表 14.7 也采取分步逐次添加解释变量的估计策略，具体添加次序也与表 14.6 相同。各解释变量的估计系数结果如表 14.7 所示。

该表中的因变量指标 job_cor1、job_cor2 是从就业层面去衡量长三角三次产业发展的协调程度的，虽然衡量指标发生变化，但总体上该表的结论与表 14.5 中的一致。长三角经济发展依然正向促进其三次产业的协调程度提高。模型(9)~(16)中 edep 的估计系数处于 0.010 9~0.017 4 之间，绝大多数通过了 1% 的显著性检验，只有模型(12)的估计系数 0.010 9 通过了 5% 的显著性检验。与表 14.6 中经济发展变量的估计系数相比，此处的估计系数总体上更大，说明经济发展对三次产业就业层次协调度的影响更大。这可能是由于人均收入水平提高时，居民基本生活保障得到满足后，会追求更高层次的就业机会，寻求更多的发展机遇，进而促进劳动力在不同产业间的流动，加速三次产业间就业结构的合理化。而三次产业的产值变化还一定程

表 14.7　三次产业协调影响因素的实证分析结果（job_cor1 和 job_cor2 为因变量）

	job_cor1				job_cor2			
	(9)	(10)	(11)	(12)	(13)	(14)	(15)	(16)
edep	0.012 3*** (0.003)	0.013 7*** (0.002 9)	0.013 5*** (0.003 2)	0.010 9** (0.004 3)	0.0174*** (0.003 1)	0.017 1*** (0.003 2)	0.016 6*** (0.003 4)	0.015 7*** (0.004 7)
infra	0.101 6 (0.097 4)	0.322 5*** (0.117 1)	0.318 9** (0.120 8)	0.353 2*** (0.127 1)	0.237 2** (0.1)	0.333 2** (0.127 3)	0.321 5** (0.131)	0.332 7** (0.139)
urb		−0.015 3*** (0.005 5)	−0.015 6** (0.006)	−0.015 1** (0.006 1)		−0.002 9 (0.006)	−0.004 (0.006 5)	−0.003 8 (0.006 6)
gov			0.173 7 (1.133 7)	0.138 8 (1.137)			0.557 3 (1.229 2)	0.545 9 (1.243 7)
open				−0.142 8 (0.159 3)				−0.046 6 (0.174 3)
观测值	52	50	50	50	52	50	50	50
Hausman 统计量	10.86	10.89	13.11	13	14.25	13.55	16.72	14.84
P 值	0.012 5	0.004 3	0.004 4	0.004 6	0.002 6	0.001 1	0.000 8	0.002

注：括号内的数字为标准误，*、**、*** 分别表示显著性水平为 10%、5% 和 1%。模型(10)～(12)、(14)～(16)的观测值少于模型(13)和模型(9)，是因为上海 2003、2004 年的城市化水平指标数据缺失。

度上取决于劳动力在不同产业的就业选择,所以相对而言,经济发展对就业层面的三次产业协调度的影响更为直接,影响力度更大。

基础设施建设规模变量 infr 的估计系数也都为正,并表现出较好的显著性,绝大多数估计系数都通过了 5% 的显著性检验,证明基础设施建设规模扩大能提高长三角三次产业的协调程度。公路交通建设对各产业的发展均具有推动作用。便利的交通能够对地区产业薄弱的环节产生更大的刺激作用,促进三次产业结构合理化。该结论与表 14.6 一致,基础设施建设对三次产业协调的促进作用不仅体现在增加值层面上,还体现在就业层面。

表 14.7 中,城镇化变量 urb 的估计系数在模型(10)～(12)中均显著为负,－0.015 3 通过了 1% 的显著性检验,其他两个估计系数通过了 5% 的显著性检验。模型(14)～(16)中该变量估计系数保持为负,但均未通过显著性检验。该结果与表 14.6 不同,后者城镇化变量的估计系数均显著为正。上文的理论机制推演中已经预测了这一结果,表 14.6 中的因变量衡量指标是以年度增加值为基础指标计算的三次产业协调度,而表 14.7 中的因变量衡量指标是以就业数为基础指标计算的三次产业协调度。城镇化促进第二和第三产业比重增大,但同时也促进三次产业规模的扩张,所以依然会提高三次产业的协调度。但城镇化提高非农就业比率,降低农业就业比率,导致农业就业规模绝对萎缩,劳动力不断从第一产业流出,流入第二、第三产业。三次产业的就业规模差距变大,这显然对于就业层面的三次产业协调度产生负面影响(吴宏洛和王来法,2004)。

政府干预变量 gov 的估计系数均为正,但没有通过显著性检验。这也再次证明了政府干预对三次产业的协调发展具有两面性。一方面,通过积极地规划引导支柱产业的发展,制定明确的发展目标和详尽的推进措施体系,吸引社会资源加速流入这些产业,而这些产业的成长也会带动相关产业的发展,从而提升三次产业协调度。另一方面,政府的有形之手在引导资源配置中会扭曲价格信号,导致资源错配,这虽然在短期内可能促进特定产业的发展,但并不符合产业之间内在的合理关系,从而导致三次产业协调度下降。这两种不同的效应综合起来,使得政府干预对三次产业协调度的影响不显著。

对外开放变量的估计系数为－0.142 8、－0.046 6,均为负且没通过显著性检验。吴进红(2005)发现,一方面,进出口贸易能够引进先进技术,优化当地的商品结构,增强产品质量,使区域产业更加稳定,因而能平衡三次产业协调发展;但另一方面,进出口贸易冲击当地就业市场,这可能导致三次产业就业结构出现失调。李小萌等(2016)发现出口贸易显著促进第二产业就业,部分促进第三产业就业,对第一产业就业的促进作用很有限;进口贸易还对第二产业就业存在抑制作用。当然,进出口对三次产业就业结构的长期影响还要更聚焦于进出口的内部结构,例如魏浩和张二震(2004)指出进口短期内会挤压当地竞争产业就业,但通过引进先进设备会催生新兴企业,长期内带动就业。这些文献说明对外开放程度提高对就业层面上的三次产业协调度的影响存在不确定性,表14.6中该变量估计系数不显著也符合这种影响较为复杂的情况,并不是简单的单向关系。

五、简要结论

产业协调是协调发展新发展理念的应有之义,且长三角更高质量一体化发展也需要各地区提升产业协调程度,差异化定位于产业链,以更高的资源配置效率加入区域价值链的不同环节。这两者都要求长三角重新梳理其产业协调发展的历程、影响因素与演变机理。本章在三次产业层面上,从三次产业的贡献度、拉动度、工业化阶段特征,初步描述其协调发展水平,重点采取耦合协调度指标,测算长三角产业协调发展的程度,判别长三角产业协调发展的演变阶段。总体上,上海的三次产业协调度在长三角内部处于领先位置,浙江和江苏处于第二层次,而安徽则落后于其他两省一市。长三角内部省市三次产业协调度的排序基本与经济社会发展水平相一致。

本章还从宏观层面重点分析了影响长三角三次产业协调程度的五个因素,即五大动力来源。在详细阐述经济发展水平、基础设施建设、城镇化水平、政府干预与经济开放对三次产业协调度的影响机理后,本章构建了长三角平衡面板数据,分别以产业增加值和就业数为基础数据衡量三次产业协调度,并采用静态面板估计模型估计了这五大因素对长三角三次产业协调度的影响。结论表明,长三角各地经济发展水平提高,或基础设施建设规模扩大均始终能够促进三次产业协调度提升。政府干预加强对三次产业协调度的影响有两面性,一方面,科学干预并提高三次产业协调度,另一方面,错误干预导致资源错配,降低三次产业协调度。如何处理好政府与市场之间的关系,在长三角产业协调发展中依然是一个核心问题,需要长三角的各地政府去积极探索。城镇化水平提高能提升产业增加值层面上的长三角三次产业协调度,但会降低就业层面上的长三角三次产业协调度。长三角各地政府之间的合作,以及区域要素市场的融合,都有助于避免城镇化进程降低就业层面上的三次产业协调度的负面影响。对外开放程度提高对三次产业协调度的影响类似于城镇化水平提高,但对就业层面上的长三角三次产业协调度的负向影响不显著。

参考文献

[1] BROCK W A. Contestable Markets and the Theory of Industry Structure: A Review Article[J]. Journal of Economic Literature,1983,21(6): 1055 - 1066.

[2] HSIEH C T, KLENOW P J. Misallocation and Manufacturing TFP in China and India [J]. Quarterly Journal of Economics,2009,124(4): 1403 - 1448.

[3] REEVE T A. Factor Endowments and Industrial Structure[J]. Review of International Economics,2006,14(1): 30 - 53.

[4] 安礼伟,张二震. 对外开放与产业结构转型升级:昆山的经验与启示[J]. 财贸经济,2010 (9):70 - 74.

[5] 白鹤松. 长三角地区产业结构协调发展[J]. 商场现代化,2008(10):330 - 331.

[6] 陈佳贵,黄群慧,钟宏武. 中国地区工业化进程的综合评价和特征分析[J]. 经济研究, 2006(6):4 - 15.

[7] 陈秧分,何琼峰. 城镇化、工业化与城乡收入差距的耦合特征及其影响因素[J]. 经济问题探索,2016(10):113 - 120.

[8] 崔岩,于津平."一带一路"国家基础设施质量与中国对外直接投资:基于面板门槛模型的研究[J]. 世界经济与政治论坛,2017(5):135 - 152.

[9] 戴志敏,罗燕. 长江三角洲16地市产业结构与就业变动的协调度分析[J]. 经济经纬,

2016(2)：125 - 130.

[10]邓娜,董志勇,陈丹.对外开放领域推进供给侧结构性改革的几点思考[J].国际贸易,
    2016(12)：35 - 38.

[11] 干春晖,郑若谷,余典范.中国产业结构变迁对经济增长和波动的影响[J].经济研究,
    2011(5)：4 - 16.

[12] 郭晓刚.东北老工业基地三次产业协调发展研究：以吉林市为例[J].人民论坛,2013
    (20)：230 - 231.

[13] 韩瑾.城镇化水平、城乡收入差距与消费增长：来自浙江省分县数据的经验验证[J].经
    济地理,2013(10)：61 - 67.

[14] 姜磊,柏玲,吴玉鸣.中国省域经济、资源与环境协调分析：兼论三系统耦合公式及其
    扩展形式[J].自然资源学报,2017(5)：788 - 799.

[15] 焦勇,杨蕙馨.政府干预、两化融合与产业结构变迁：基于 2003—2014 年省际面板数据
    的分析[J].经济管理,2017(6)：6 - 19.

[16] 李敬,王朋朋.政府干预、信贷资本配置效率与工业发展转型[J].经济经纬,2017(1)：
    81 - 87.

[17] 刘烈宏,陈治亚.电子信息产业链竞争力评价模型构建及分析：基于 SEM 和 FAHP 方
    法[J].世界经济与政治论坛,2017(1)：153 - 169.

[18] 李小萌,陈建先,师磊.进出口贸易对中国就业结构的影响[J].国际商务：对外经济贸
    易大学学报,2016(3)：36 - 43.

[19] 李豫新,李金军.新疆人口系统与区域经济系统协调性评价及影响因素研究：基于
    PSR 分析框架的实证分析[J].石河子大学学报(哲学社会科学版),2016(5)：69 - 75.

[20] 沈滨,李许卡.我国产业结构与就业结构协调发展路径选择[J].财经理论研究,2014
    (2)：1 - 7.

[21] 王小刚,鲁荣东.库兹涅茨产业结构理论的缺陷与工业化发展阶段的判断[J].经济体
    制改革,2012(3)：7 - 10.

[22] 魏浩,张二震.对我国现行外贸政策的反思与重新定位[J].国际贸易问题,2004(11)：
    5 - 9.

[23] 魏敏,胡振华.城镇化演进与产业结构演变协调发展研究述评[J].经济问题探索,2017

(8):178 - 184.

[24] 吴宏洛,王来法. 城市化与就业结构偏差的相关性分析[J]. 东南学术,2004(1):77 - 83.

[25] 吴进红. 对外贸易与长江三角洲地区的产业结构升级[J]. 国际贸易问题,2005(4):58 - 62.

[26] 徐云松,齐兰. 区域金融化、地方政府干预与产业结构升级[J]. 贵州社会科学,2017(11):124 - 132.

[27] 赵明亮. 新常态下中国产业协调发展路径:基于产业关联视角的研究[J]. 东岳论丛,2015(2):123 - 129.

第十五章 长三角统一市场的内外开放与有序竞争①

一、引　言

统一市场建设是全面深化改革背景下长三角先行先试的核心任务。党的十八届三中全会《中共中央关于全面深化改革若干重大问题的决定》中提出,经济体制改革是全面深化改革的重点,其核心是处理好政府和市场的关系,使市场在资源配置中起决定性作用,从而更好地发挥政府作用。在纷繁复杂的改革任务中,长三角统一市场建设能直接面对全面深化改革的核心,即通过建设并完善统一开放、竞争有序的现代市场体系来发挥市场在资源配置中的决定性作用。同时,在长三角区域经济一体化走过三十多年的今天,统一市场建设是进一步推进长三角区域经济一体化进程,提高其一体化水平的必然要求。统一市场建设需要长三角的各级政府在更深层次上推进对内开放,在更高水平推进对外开放,并加强有序竞争,尤其是弱化并减少发展导向的地区产业政策,以消除广泛存在的行政垄断壁垒。

二、全面深化改革先行先试下的长三角统一市场建设

长三角区域要在全面深化改革的原则指引下先行先试,要在全国范围内走在全面深化改革实践的前列,必须以统一市场建设来促进区域经济一体化。其理由在于,

———————————

　　①　本章以《长三角统一市场的内外开放与有序竞争》为题发表在《现代经济探讨》2014 年 12 期上,原文作者为巫强、刘志彪。

在全面深化改革的框架下,长三角区域经济体制改革中的核心必然也是处理好政府和市场的关系,尤其是率先全国,让市场能在长三角区域内部的资源配置中真正起到决定性作用,以区域内的现代市场体系建设来引领、示范和推动全国范围的现代市场体系建设。这就意味着长三角区域必须首要考虑进一步构建完善的区域内现代市场体系,以市场原则来引导区域内资源配置,在市场自由运行过程中实现资源的最优配置,从而真正让市场在资源配置中起到决定性作用。从历史来看,长三角区域市场体系是在长三角区域经济一体化的过程中逐步建立起来的;作为目前我国东部沿海经济最发达的地区,长三角区域是我国市场体系发育最为完善的区域之一。但是长三角内部由于行政地域界限和地方利益的限制,还存在着对商品服务流动和要素资源流动的有形或无形壁垒,与真正的现代市场体系相比还有一定差距。未来长三角区域市场体系的建设就是要进一步推动长三角区域经济一体化的进程,以此整合实现长三角范围内的区域大市场。所以在全面深化改革先行先试的条件下,长三角经济体制改革的重心就落实在区域经济一体化上。

统一市场建设是现代市场体系的基本要求和应有内涵,洪银兴(2004)就认为现代市场体系中统一市场特征要求竞争和开放,竞争有序则依赖于统一市场,所以建设统一市场是建设现代市场体系的关键环节。同时区域经济理论表明,统一市场建设是区域经济一体化的基础,是实现区域经济一体化的必然路径。经过三十多年的改革开放,有形的市场分割已经在长三角逐步消失,但是各类无形的、隐性的市场分割还在长三角内部普遍存在(李善山,2005)。商品流动的自由程度高于要素流动的自由程度,地方利益导致地方政府在对外开放过程中过度竞争,整体缺乏有力的区域内协调机制,这些都是长三角在统一市场建设中需要面对的难题。总体看来,当前长三角区域的经济一体化需要以统一市场建设为抓手,通过进一步大规模的对内开放和对外开放(刘志彪,2013)来积极探索统一市场建设的具体思路步骤,并逐步推进统一市场建设的重点方向。这不仅能为该区域的经济一体化提供现实基础,而且将为在全国范围内推行统一开放、竞争有序的现代市场体系建设提供可供参考的模板,在全国范围内有非常重大的现实示范效应。

三、长三角统一市场构建：对内开放与对外开放

我国市场既存在政府主管部门从上到下的条条分割，又有各个地方政府的块块分割，长三角区域内也是如此。针对这一普遍情况，早期学界普遍认为长三角要建设统一市场，除了要政府之间加强合作外，企业应该是长三角统一市场的建设主体；企业要通过产权链（即企业总部和生产基地或营销体系跨地区分布和跨地区并购）和供应链（即上下游企业之间按原料、投入品、生产、销售的生产链条）在更大范围内合作这两种途径来推进长三角一体化（洪银兴，2004）。

随着商品市场上画地为牢的市场分割行政手段逐步减少，长三角建设和完善统一市场的内涵已经发生了变化。尤其是在十八届三中全会提出全面深化改革的条件下，长三角统一市场建设体现出更深层次的含义（刘志彪，2013），需要从更深层次的改革角度来推进当前的长三角统一市场建设。这其中包括从商品市场开放到要素市场开放的深入改革，涵盖信息、技术、人力和资本等市场的开放；包括长三角的地方政府职能改革，改革阻碍统一市场建立的行政权力；包括围绕上海自贸区的建立，长三角统一市场建设要从制造业的开放深入到现代服务业的开放；包括消除改革中普遍实施的双轨制导致的利益群体固化和社会歧视等问题。

尤其在要素市场中，长三角至少要消除以下三种市场分割现象：首先，要消除劳动力生产要素流动的社会分割，由于身份、户籍不同导致劳动者在收入消费水平、社会公共福利方面的巨大差异，这阻碍了劳动力要素流动。其次，要消除资本等要素流动的区域分割。GDP 导向下的政绩观使得地方利益主导了长三角内部的行政管理体系，阻碍了资本要素在长三角内部的流动，企业去异地兼并收购其他企业，受制于当地政府的保护，企业所有权流转不顺畅；同时，长三角内部跨地区的基础设施不配套、不衔接，信息要素也存在跨地区流动不畅通的问题。再次，要消除文化习俗、地方法规条例等制度因素对生产要素跨地区流动的阻碍作用。

面对当前长三角统一市场建设的更深内涵，长三角内部各地区的市场主体要以竞相开放的态度来深化统一市场建设。长三角统一市场不是一蹴而就的，需要区域

内市场主体,尤其是各级地方政府逐步清理造成市场壁垒的社会、区域和制度因素,相互对别人开放。这样就能形成长三角统一市场的基础和前提。显然,如果长三角内各地区能彼此竞相开放,这就形成了长三角统一市场。

(一) 更深层次的对内开放推动长三角统一市场构建

长三角内市场主体的竞相开放还要把握住大规模对内开放和进一步对外开放的双重要求。三十多年的改革开放过程中,长三角走在对外开放的全国前沿,外向型经济发展水平高,区域内的对外开放程度普遍较高,其主要表现形式就是以国际代工的方式积极融入全球价值链,通过吸引外商直接投资并实现对外出口增长。但是长三角内部的对内开放水平还落后于其对外开放水平,所以市场主体的竞相开放更多是要强调对内开放,在长三角区域内率先全国实现统一的大市场,形成各类资源要素顺畅流动的环境,并实现各类资源要素在区域内最优配置的机制。长三角内部市场主体的对内开放不仅是区域内各类市场主体彼此开放,还应该包括区域内的各类市场主体向国内的长三角区域外地区开放。这是长三角作为全国的经济发达地区之一,率先在区域内实现统一市场的过程中必须承担的对内开放的另一层含义。这是以长三角的主动行动来打破长三角与其他区域间彼此开放僵局的必要举措,长三角对内开放的第二层含义能保证在长三角区域内的统一市场逐步成形的同时,长三角与其他区域之间的统一市场也在积极推进,从而为中远期内全国统一大市场的建立奠定坚实的基础。

长三角对内开放的本质是要求在处理政府与市场的关系时,政府要减少行政权力对市场活动的干预。政府行政权力对市场活动干扰的具体形式包括政府行政审批、投资管理、专项资金使用等诸多方面。例如政府行政审批往往采用许可方式给予企业或个人从事相应活动的资质,限定了企业等微观市场主体从事相应生产、经营活动的资格,甚至影响了其投资运营等重大决策。大量烦琐的行政审批分布在各级政府的不同部门,往往还伴有相应的行政事业收费。这些程序和收费增大了微观市场主体从事相应经济活动的起始成本,相当于在进入环节设置了相应的行政壁垒。这类在进入环节的行政壁垒如果不取消,长三角统一市场就不可能建成。近年来长三角各级政府已经在积极取消和调整行政审批事项,例如2014年5月,上海公布了第七批取消行政审批事项 113 项,调整行政审批事项 614 项。但尽管如此,取消和调整行政审批的空间依然很大,例如江苏省在 2013 年取消下放行政审批项目 126 项,目前在省级层面上依然有审批事项 600 多项,非行政许可审批事项 200 多项。

深入分析以长三角为代表的我国各地现在推进的各项简政放权措施,行政审批事项的取消是以横向分权的方式将政府的经济管理职能转移给非政府的社会主体,行政审批事项的调整是以纵向分权的方式在政府内部将经济活动管理权力从上向下进行配置的。这种横向分权和纵向分权将贯穿我国全面深化改革中处理好政府和市场关系、建立现代市场体系的全过程。随着目前行政审批事项的取消和调整进程,未来还需要着力解决以下问题:第一,事前审批被取消后如何加强事中和事后监督管理。简政放权不意味着政府不发挥作用,而是要求政府改变简单的审批管理模式,尤其需要取消事前审批的行政机关建立全新的事中和事后监管模式。第二,审批事项下放给下级政府机关后如何提高后者的审批能力和效率。审批事项下放不是撂摊子,而是要发挥下级政府机关贴近基层、贴近企业的优势,发挥其对基层实际情况掌握更为全面、更为透彻的优势,在减轻企业等市场主体办事难的前提下,更科学合理地完成审批。审批事项下放尤其要避免陷入一放就乱、一乱就收的恶性循环。第三,如何建立长效机制,保证行政审批事项不会反弹。这需要限制地方政府机关的自身利益冲动,防止部门利益作祟导致新的行政审批事项出现,这样才能保证各级政府有所为有所不为,放开不该管的事,管好该管的事。

（二）更高水平的对外开放推动长三角统一市场构建

长三角对外开放是要在现有外向型经济发展的较高水平上,改变单一的出口导向格局,通过扩大内需来实现更高水平下的对外开放。过去三十多年的对外开放充分利用了外部市场的庞大空间,发挥了我国低端要素丰裕的禀赋优势,建立了完善的制造业产业体系,使得包括长三角在内的我国东部沿海地区成为世界加工厂。但是全球经济危机后,世界经济再均衡的需要使得出口导向的对外开放道路难以为继,对外开放不能完全依赖外部市场,而需要通过挖掘内部市场来保持持续增长。扩大内需下的对外开放水平提升不是国内经济的封闭化或内部循环化,而是要充分利用本国国内市场的潜在庞大规模来虹吸全球先进的创新要素,通过创新来实现从世界加工厂向世界工厂乃至世界总部的转变,实现从中国制造向中国智造的转变。

长三角统一市场的建设与扩大内需下的对外开放水平提升的要求内在统一。只有在长三角内部实现统一市场,长三角区域内部市场的潜在需求才能被充分释放出来。长三角区域作为我国经济最为发达、最为富庶的地区,其市场潜力被充分挖掘后,首先会产生对国外创新产品的进口需求,这将直接改变我国开放型经济发展中单一出口导向的不足,向进口和出口协调发展转变。一方面,这种改变有助于缓解我国持续贸易顺差导致外汇占款过多的状况,有助于减轻国内由于外汇占款过多导致的被动货币发行的压力;另一方面,国外创新产品的大量进口会对本土制造业和企业家提供强烈的市场需求信号,激励后者从事模仿创新活动。而且本土制造业企业通过模仿创新切入创新产品的行业后,往往可以充分发挥制造业配套网络齐全、熟悉本土市场需求特征、劳动力成本相对较低等众多优势,构建在创新产品行业的竞争优势。最终本土制造业企业不仅可能在国内市场上实现对进口产品的替代,还有可能在长期内实现走出国门,通过出口或对外直接投资占领国际市场。我国个人电脑、智能手机和平板电脑等行业近些年来的快速发展态势充分验证了这条路径的可行性。目前,我国在消费类电子产品上已经从纯粹的进口国发展为部分出口的国家,本土企业在与国外跨国公司的竞争中逐步成长,通过模仿创新等各种手段先在低端细分市场上建立自身的竞争优势,然后积累实力向中高端市场逐步渗透。在这一过程中,本土消费类电子企业中涌现了一批拥有自身技术专利、具备一定品牌效应的知名企业;本土品牌已经部分开始出口国外,收入水平类似的发展中国家是其主要的出口目的地。这种从进口创新产品向出口的转变过程可以界定为在消费品领域的进口引致型出口。

其次,我国出口导向下的对外开放是利用本国低端的要素资源生产制造并出口后占领外国的需求市场,与此相对应,我国扩大内需下的对外开放需要转变为吸引国际高端的要素资源投入生产制造业,在满足国内市场需求的基础上实现更高层次上的出口。长三角内需市场潜力的挖掘将产生对全世界各类高端要素和人才资源的巨大吸引力,吸引它们向长三角集聚。大量全球高端要素和人才的集聚将为长三角制造业的转型升级提供有利条件,有利于长三角本土制造业从模仿创新转变为原始创新，一方面提升产品质量和开放新产品，另一方面促进传统制造业通过信息化、自动化向现代制造业转型，从而构筑本土制造业的全新国际竞争力，而不是简单依赖低成本低价的价格优势。从这个角度分析，这些全球高端要素和人才资源的集聚能为本国市场效应或母国市场效应真正在我国出口增长和升级中发挥作用提供现实条件。按照新贸易理论的经典论述，在规模报酬递增和垄断竞争的市场结构下，由于国际贸易成本的存在，国内市场需求规模更大的国家能生产更多种类的差异化产品，从而出口规模更大、种类更丰富的差异化产品。长三角统一市场的建设不仅让市场潜力充分发挥，满足了本国市场效应发挥作用的第一个前提条件，而且通过虹吸国际高端要素和人才资源，以原始创新代替学习模仿，增强了本国市场效应的作用。

四、长三角统一市场构建：有序竞争

经济学基本理论表明，竞争是实现资源有效配置的必须手段，能保证各种稀缺资源配置到各类产品和服务的生产活动中，并满足社会各类需求，从而实现供给和需求的均衡。竞争实现资源有效配置的关键在于价格信号。价格信号决定了企业对产品和服务的供给，并决定了消费者对产品和服务的需求，所以价格信号引导企业的供给与消费者的需求相等。这就是在现代市场体系下，统一市场运行决定资源配置的领域和数量，并实现统一市场均衡的过程。而价格信号是否准确的关键在于竞争是否充分、有效和规范，所以长三角统一市场的建设也需要从竞争入手，以竞争为手段促进统一市场的形成。

所谓竞争是否充分是指竞争激烈程度是否足够高，是否能保证价格信号真实反映了企业的供给成本和消费者的需求效用，从而价格信号能否真正引导社会资源配置的过程。所谓竞争是否有效是指价格机制运行是否有效率，是否市场机制本身的运行和维持耗费了大量的社会资源。所谓竞争是否规范是指竞争机制是否符合社会公众的普遍价值准则，是否符合社会公共的价值准则的规范性要求，其中关键在于竞争是否公平。概括起来，竞争充分、有效和规范的根本保障应该是竞争要有秩序，即竞争有序。合理的竞争秩序能保证竞争充分和有效，并且竞争规范本身就是竞争秩序的体现。金碚和刘戒骄(2003)就强调,建立有效的竞争秩序会促进强化市场在资源配置中发挥基础性作用,并且提出政府需要在形成有效竞争秩序的过程中发挥重要作用,即在市场自身形成有效竞争秩序的基因外,政府需要因势利导地培育有效的市场竞争秩序,其中主要包括产权制度建立、应对市场失灵和反垄断等众多方面的措施。总体看来,长三角统一市场的建设需要的不仅是竞争,而应该是有序竞争。

现实中,长三角的内部竞争也体现出一定程度的无序特征,例如长三角内部地区间的恶性竞争(张彩娟,2004),具体表现在招商引资政策恶性竞争、港口等基础设施重复建设、支柱产业高度同构、商品和要素自由流动受阻挠、环境治理以邻为壑等诸多方面。对于长三角内部地区间的产业同构现象,洪银兴(2004)提出了不同观点,认为垄断竞争就是差异化的同类产品之间的竞争,而集群效应表明生产经营相同或相关产品的企业聚集在同一地区和区域,必然带来信息的聚集、市场的聚集、交易成本的降低,企业集聚引起的激烈竞争对企业提升竞争力是强有力的推动。长三角内部的恶性竞争需要地区间政府协调制度的强化,要进一步做实"长三角地区主要领导座谈会""长三角地区经济合作与发展座谈会"和"长三角城市经济协调会"等现有的多层次协调机制,通过配套相应的利益分享和补偿制度来落实这些协调机制的成果。

关于长三角有序竞争,更要重视的问题是垄断问题,这是市场经济运行到当前阶段必须解决的主要的无序竞争形式。西方成熟经济体的产业发展规律说明,市场经济发展到一定阶段,在技术、营销等环节具备核心竞争力的企业自然会拥有垄断地位,企业垄断地位是随着市场经济发展而自然产生的现象。企业垄断并不可怕,令人担心的是这些具有垄断地位的企业有可能会滥用其垄断地位,采取垄断行为,导致消费者福利和社会福利的损失,这就需要竞争政策或反垄断法发挥作用。所以竞争政策或反垄断法反的并不是"垄断地位",而是"垄断行为"。

西方成熟经济体中的企业垄断行为都属于市场经济自然发展过程中产生的经济垄断,是企业等市场主体凭借其垄断地位,在生产、流通或服务领域限制和妨碍市场竞争而形成的以经济为内容和目的的垄断行为。而我国的情况则更为复杂,不仅有经济垄断,而且还有行政垄断,后者比前者更为广泛。行政垄断是各级政府的经济主管部门凭借其行政权力排斥、限制或妨碍市场竞争的行为,其实质是行政权力的滥用

(刘奕,2008)。这种行政垄断体现为政府按照其倾向,偏好某些企业而以行政规定来排斥特定企业,或者偏好某些行业而限制其他行业,从而对本来市场地位平等的主体人为造成不平等待遇,扭曲或排除了竞争。行政垄断企业的垄断地位获得就源自政府的行政规定条例,而当其获得垄断地位后又有可能产生损害社会福利的垄断行为。例如部分行业内国有企业的垄断,表面上看起来是经济垄断,但实际上这种经济垄断是以行政垄断为基础的,是行政垄断在背后主导国有企业的经济垄断。所以经济垄断和行政垄断是目前长三角反垄断面临的两大挑战,部分情况下,这两种垄断甚至交织在一起,增大了反垄断的难度。

实现长三角有序竞争要解决经济垄断,这有赖于国家发改委、工商总局和商务部等中央政府层面上的竞争政策执行部门加大反垄断力度。以 2013 年对我国奶粉企业、三星和 LG 等外资企业的处罚为开端,这些竞争政策当局已经显著加快加大对竞争政策的执行力度。今年以来,竞争政策当局对进口汽车行业、微软、高通等企业的反垄断调查持续了这一趋势。有理由相信,国家层面上的对《反垄断法》这一经济宪法执法力度的加强会逐步有效治理经济垄断现象。

在有序竞争方面,长三角能更有所作为的领域在于消除行政垄断。事实上,行政垄断应当成为我国当前反垄断的重心,其涉及范围比经济垄断更为广泛。行政垄断的产生与普遍化有其路径依赖,在计划经济时代政企不分,政府对经济运行的指令直接代替市场机制运行,这些是我国目前行政垄断的制度起源。三十多年的改革开放后,市场经济的发育还不足以全面抵消这种路径依赖的影响。这集中体现在我国《反垄断法》对行政垄断的管辖不足,虽然第八条规定了行政机关和公共事务职能组织不能滥用行政权力排除限制竞争,但是第五十一条规定,行政机关和公共事务职能组织的行政垄断需要由上级机关责令改正。

长三角消除行政垄断的重要途径就是减少地方层面上的产业政策。产业政策是政府指向性选择重点发展的行业,并试图引导企业投资行为,从而人为决定行业竞争的赢家和输家的政策。这在一定条件下满足了地方经济发展的需要,实现了地方GDP 的增长,长三角各级地方政府也因此对产业规划和产业政策情有独钟,频繁使用这类发展导向的产业政策。但是产业政策实施带来的严重问题就是地方政府要按照所有制、规模和地区等非市场化原则来差别化对待企业,导致不同行业享受不同的政策待遇,同行业内的不同企业享受不同的政策待遇,企业之间无法真正有序竞争。

发展导向的产业政策还导致长三角内出现明显的产业过剩现象。其内在逻辑在于,当地方政府通过指向性的产业规划提出特定产业的发展目标,并选择符合若干特定条件的企业给予财税、土地、资金等方面一系列的优惠条件时,当地企业就会为了追逐这些优惠条件而积极游说地方政府,在获得优惠条件后通过迅速扩张规模来实现产业规划的增长目标,这就直接导致短期内这些地区的产业生产能力迅速扩张。同时,地方政府还会在产业规划实施过程中设定较多的行政审批手续,行政壁垒很高,这进一步刺激了当地企业对突破该壁垒后对未来利润的预期。加之行政壁垒条件下,即使发生产能过剩、经营不善的问题,企业也难以顺利破产重组,这进一步导致产业过剩的状况在长三角地区难以消化。

长三角地区减少内部各级政府层面的产业政策,这需要大力推行"负面清单"管理方式。地方政府不扮演挑选竞争赢家和输家的角色,而是放开行政权力对市场竞争的限制;按照"只要法律没有规定不能放开,那就全部放开"的原则,大幅减少政府的行政管理范围,精简政府的行政管理机构,缩减现有行政管理机构的行政管理权力。政府放开权力,这就能减少政府对微观市场主体竞争决策的扭曲,为微观市场主体决定自身的竞争决策提供公平的环境,由此释放企业和民间主体的活力和创新能力。这一过程中,长三角可能遭遇的最大阻力在于地方利益。为了提高地方政府发展经济的积极性,中央政府设计了让地方政府分散竞争,以 GDP、财政收入等经济增长指标考核地方政府官员并决定其晋升的机制。这种运行机制导致长三角的各级地方政府企业化,地方政府官员企业家化,地方利益成为地方政府行为决策的首要因素。要让地方政府的行为模式脱离地方利益的束缚,这需要长三角地区在下级地方政府官员考核制度、财税制度改革等方面先行先试。

参考文献

[1] 洪银兴.论我国转型阶段的统一市场建设:兼论区域经济一体化的路径[J].学术月刊,
　　2004(6):83 - 91.

［2］金碚,刘戒骄. 构建现代市场体系有效竞争秩序若干问题探讨［J］. 东南学术,2003(5):
　　　50－51.

［3］刘志彪. 建设统一市场是中国经济"开放的第二季"［J］. 学习与探索,2013(12):1－7.

［4］刘奕. 打破行政垄断是健全现代市场体系的前提［J］. 探索与争鸣,2008,1(7):40－42.

［5］李善山. 以科学发展观为指导推进长三角区域经济一体化［J］. 现代经济探讨,2005
　　　(11):15－18.

［6］张彩娟. 论内部恶性竞争对"长三角"一体化发展的影响［J］. 河海大学学报(哲学社会科
　　　学版),2004,6(2):34－37.

第十六章　扩大内需条件下的长三角对外开放的新战略选择[①]

一、长三角对外开放:历史演变与前提条件转变

我国的对外开放政策始于十一届三中全会,自十二届三中全会后成为我国改革开放的基本国策,是关系到国家命运前途的长期重大战略和根本政策之一(栾文莲,2009;唐任伍和马骥,2008)。经历了三十余年的开放历程,我国已经超过日本成为世界第二大经济体,成为世界第一出口大国,取得了举世瞩目的经济成就。在我国对外开放的格局演变中,长三角充分利用其优越的地理条件,紧抓住国家对外开放的优惠政策机遇,在外贸发展、吸引外资与企业"走出去"等方面居于全国最前列。2010 年,苏浙沪两省一市的进出口额、出口额、进口额分别占全国的 37％、40％、33％[②],而其实际吸引外资额、对外承包工程与劳务合作营业额分别占全国的 47.9％、17.8％[③]。与此对应的是,苏浙沪两省一市的 GDP 达到了 8.5 万亿元,已占全国的 21.4％,所以长三角已经成为中国经济对外开放水平最高、外向型经济发展最为成熟、经济综合实力最强的地区之一。其对外开放水平提高及其经济成长作为中国经济对外开放三十多年以来所取得的最主要成就之一,同时由此形成的长三角经济圈也是我国实施沿海区域经济一体化发展战略与渐进式区域开放战略的重要成果之一(王晓红和李

---

①　本章以《扩大内需条件下长三角提高对外开放水平的新战略选择》为题发表在《上海经济研究》2011 年 10 期上,原文作者为巫强、刘志彪、江静。

②　数据来源:中经网。

③　数据来源:2010 年全国、江苏、上海与浙江国民经济和社会发展统计公报。

计广,2009;全毅,2009)。

长三角对外开放的历程是以 1984 年 14 个沿海港口城市的对外开放为起点的。无论是将该过程分为三个阶段(高耀松和刘迪玲,2008)还是四个阶段(尤宏兵,2009),无法否认的是,1992 年浦东开发开放成为带动长三角对外开放进入高速发展通道的重要契机。同时,长三角对外开放的重要经验还在于借助二十世纪七八十年代后全球制造业生产体系扩散的历史机遇,充分融入发达国家跨国公司所主导的全球价值链(刘志彪和张杰,2007;张少军和刘志彪,2009),建立并完善以出口导向战略为核心的对外开放模式,以吸引外商直接投资流入来带动出口增长,尤其是通过机器设备大规模进口来推动终端消费品的出口规模高速扩张(巫强和刘志彪,2009),最终实现区域经济腾飞。另外,在对外开放过程中,外向型经济迅速发展带动地区经济高速增长,苏浙沪形成各自特色的经济发展模式,产业结构逐步升级,集群效应明显,同时区域经济合作循序渐进(高耀松和刘迪玲,2008);长三角内部已形成省、市、县三层次核心—外围结构,各层次上内外经济互动、多级政府对长三角经济的干预、不同所有制企业的非对称博弈等因素共同促进长三角蓬勃的经济活力(赵伟,2007)。毫无疑问,长三角已然成为集中反映中国过去三十余年来对外开放与经济成长历程的典型缩影与代表地区。

但 2007 年,在以美国次贷危机为开端的国际经济危机的影响下,我国以出口导向战略为核心的对外开放模式遭遇外需萎缩的严重困境。外部危机也凸显出长三角对外开放中存在的种种弊端,例如服务业比重偏低、过度依赖外资(高耀松和刘迪玲,2008)、外贸依赖程度高、产品缺乏独立品牌与核心技术、"引进来"与"走出去"不匹配、区域内吸引外资竞争激烈(汪素芹和胡玲玲,2007)。

2008 年 11 月,以"四万亿投资"为标志,国务院制定进一步扩大内需、促进经济增长的十项措施。自此以后,"扩大内需"频现于我国自上而下各级政府的经济政策纲领中,已成为国家经济战略决策中的核心目标之一。"十二五"规划也令人瞩目地将"坚持扩大内需战略,保持经济平稳较快发展"作为单章论述,提出建立扩大内需,特别是消费需求的长效机制作为国家政策制定中的战略重点,通过各种方式增强居民消费能力、改善居民消费预期、促进消费结构升级,并通过释放城乡居民消费潜力逐步使我国国内市场总体规模位居世界前列。张幼文(2009)将扩大内需理解为国家的要素培育战略,意味着我国从要素引进、要素释放的发展模式提升到要素培育的发展模式;它是对开放战略的深化,是将"引进外资—扩大出口—拉动发展"转变为"内需开发—吸引外资—拉动发展"。在扩大内需成为我国经济发展的长期方针与经济发展基本立足点的背景下,长三角显然需要重新理解并调整其对外开放模式;其关键在于充分认识到随着国家战略的转变,长三角对外开放的前提条件也发生了根本转变。

本质上,过去三十余年中取得了辉煌业绩的长三角乃至全国的对外开放都是在出口导向条件下的对外开放,而未来相当长时期内的对外开放将是在扩大内需条件下的对外开放。这种前提条件下的转变意味着中国已经从供给因素的改革开放转向需求因素的改革开放,从单一的扩大生产能力、出口创汇转变为释放消费潜力、提升消费能力,转变为以消费水平的提升优化生产能力、提高生产效率、促进产品创新,实现中国制造业向价值链高端攀升。

很显然,前提条件的根本转变将极大影响中国的对外开放进程,需要包括政策制定者在内的各类对外开放主体重新思考扩大内需条件下对外开放的内涵,尤其是需要从比较研究的角度分析两种前提条件下对外开放的异同,从而为新条件下的对外开放提供全新的政策思路。长三角一直以来处于中国对外开放的排头兵位置,一方面是迫切需要深化对扩大内需条件下对外开放的理解,继续保持其自身的区域领先地位;另一方面是可以充分利用自身改革开放后经济高速发展所获得的雄厚积累,为对外开放模式调整提供良好的物质基础和先进的制度环境。结合长三角的现实条件,率先探索与实践在扩大内需条件下的对外开放道路,这将是长三角在前提条件根本转变后为我国对外开放的模式调整与水平提升而提供的最大支持。

二、长三角对外开放产业重心的转移:从制造业到服务业

三十余年来,出口导向条件下的长三角对外开放的重点产业选择是制造业,通过迅速融入跨国公司所主导的全球价值链,本土制造业产能迅速提高,以欧美等地区的发达国家为主的国际市场为目标市场选择,为出口而生产,使国内大量产能为国际市

场服务。所以出口导向条件下的对外开放基本可以被认为是制造业的对外开放，而服务业虽然同样面对全球市场的旺盛需求，但其对外开放的步伐总体上还落后于制造业。2010年，苏浙沪三地实际利用外资中服务业所占比重为41.7％，但以江苏为例，2010年其服务业实际利用外资额及其占实际利用外资总额的比重分别为81.5亿美元与28.6％，而浙江的数据分别为41.4亿美元、37.7％。唯一的例外是上海，上海借助其在长三角对外开放中的核心地位吸引大量服务业外资，实际利用外资中服务业比重达到79.4％。

服务业的对外开放水平低于制造业的根本原因有两方面：第一，各自产品属性的差异导致服务业贸易开展难度大，即服务业的无形产品与制造业的有形产品相比较，前者的贸易成本，尤其是运输成本相对较高。由于传统服务的生产和消费难以分割的特点，服务长期以来被归为非贸易品。而二十世纪六十年代后，集装箱陆海联运技术的出现促进国际多式运输的发展，并与现代物流技术的发展相结合，它们共同促使全球贸易的运输成本加速降低。这些虽然极大减少了有形的制造业产品跨国流动所面对的运输障碍，但并未能有效克服无形的服务业产品跨国流动的运输障碍。本地化、服务于本地需求是服务业发展的必然特征，高容量的本地消费市场是服务业发展的必要前提。第二，长三角参与国际分工的方式导致其难以获取制造业成长所带来的服务业发展机遇。长三角以承接生产加工组装环节来切入跨国公司主导的全球价值链，其扮演的是价值链上制造业外包的承包者角色。虽然当地制造业获得了充分的成长空间，但是生产过程中所需要的生产者服务仍然由价值链的主导者即跨国公司来供给。所以，发达国家作为发包方在将生产制造环节发包的同时为自身生产者服务业的发展创造了庞大的市场需求；而长三角的生产服务业还游离于这一体系之外，当地制造业与生产服务业发展之间的天然联系被切断，后者难以获得成长必需的市场空间，从而发展缓慢（刘志彪，2011）。所以，出口导向条件下以外需为支撑的对外开放必然导致长三角的制造业比重远远高于服务业，长三角制造业充分全球化，而服务业全球化不足。

但是，在全球进入服务经济时代的今天，服务业取代制造业成为经济中的产业支柱已经成为必然，上海已提出"十二五"期间服务经济比重达到65％，到2020年基本建成与我国经济实力和国际地位相适应、具有全球资源配置能力的国际经济、金融、贸易、航运中心。在该背景下,长三角对外开放的下一轮目标将是在制造业全球化的基础上实现服务业全球化,而扩大内需战略的实施对于实现该目标极为重要。鉴于服务业的本地化特征,没有内需的拉动,服务业难以成长,所以扩大内需条件下的对外开放是要将经济发展的产业重心从制造业转移到服务业,充分发挥"本地市场效应",以本地消费的提升来带动服务业进入迅速发展的轨道。

需要重点指出的是,扩大内需条件下对外开放的产业重心虽然发生了转移,但并不意味着长三角经济走上了内向型发展道路。虽然扩大内需能显著拉动当地服务业成长,但在以通信技术为代表的第三次科学技术革命之后,服务的可贸易程度在不断提升。一方面是由于信息通讯技术的发展和运输成本的降低逐步削弱空间距离对服务流动和服务业人员流动的障碍;另一方面是由于服务被固化到有形产品中,有形产品中的服务含量在提高。这两方面的因素使得作为非贸易品的服务越来越多地成为可贸易品,服务业的出口增速超过制造业,已成为世界贸易发展的重要特征(见表16.1)。

表 16.1　　2007—2009 年世界服务业出口与制造业出口的年增长率(%)

年份	服务业	运输服务业	旅游业	其他服务业	制造业
2007 年	20	20	15	23	15
2008 年	13	17	10	12	10
2009 年	−12	−23	−9	−9	−20

数据来源:WTO 网站。

上表将服务业分为运输服务业、旅游业和其他服务业等三个子行业,它们的出口增长速度大多超过制造业;即使在 2009 年全球贸易衰退的背景下,服务业出口规模的缩减程度也基本上都小于制造业[①]。服务贸易在全球贸易中的比重持续上升,

---

① 　由于运输服务业与制造业关系极为紧密,所以受到制造业出口下降的影响,全球运输服务业出口下降更为明显。

2009 年全球服务贸易出口额为 3.35 万亿美元,已占全球出口额的 22.1%;同时,服务外包成为全球生产分工与产业转移的主流趋势。长三角扩大内需条件下的对外开放将产业重心转移到服务业上,尤其是要充分利用制造业对生产者服务业的巨大"潜在需求",以制造业的市场需求来带动当地生产者服务业的发展。服务业的成长能进一步促进长三角服务贸易规模扩大与结构改善,进一步带动 ITO、BPO、KPO 等各种形式服务外包的发展,也能为服务业 FDI 创造更多的投资机遇。所以,以服务业为产业重心并没有改变对外开放的本质,只是服务业的对外开放将要取代制造业的对外开放,成为扩大内需条件下对外开放的主要特征。

服务业的对外开放还必须借鉴制造业对外开放的全球化思路,让服务业深度参与到全球服务业的分工体系中。为了充分把握发达国家在制造外包后服务外包的又一战略机遇,长三角需要创建优越的基础设施与良好的制度环境来吸引服务业外资,承接服务外包,大力引进服务业高端人才。最终目标是要使长三角服务业的发展突破当地市场需求的限制,充分融入全球市场中,实现从当地市场向全球市场的跨越。

三、对外开放中的一体化道路与率先实现现代化

根据《长江三角洲地区区域规划》,到 2015 年,长三角要率先实现全面建设小康社会的目标;到 2020 年,长三角要力争率先基本实现现代化。在率先实现现代化的过程中,长三角对外开放的目标将不仅仅限于经济方面,尤其不能仅限于对经济总量的扩张和增长速度的追求,而应该扩展到经济社会发展的各层面。出口导向条件下的对外开放模式在长三角乃至全国大行其道的原因在于其大量吸引外商直接投资,以投资、出口带动地方 GDP 高速增长,满足以 GDP 为主的单一政绩考核体系的需要。但是,这种对外开放以满足国际市场需求为目标,忽视本地居民需求,本地潜在消费倾向被压制,内需对经济发展的贡献力度有限。长三角继续依赖于出口导向条件下的对外开放难以满足其率先实现现代化的发展目标,所以强调扩大内需条件下的长三角提高对外开放水平意味着要率先放弃单纯关注经济增长指标的单一政绩考核体系,取而代之的将是包含结构调整、民生保障、节能环保与公共服务等方面指标

的综合考核体系。政绩考核体系的转变并不意味着长三角各级政府不关注经济增长,而是应当适度弱化对 GDP 的评价考核,选择以 GNP、生态国内产出与国民幸福指数等指标来替代 GDP;应当不仅仅关注出口和外资的规模及增长,还要衡量其在环境资源等方面的收益与成本;不仅仅关注对外开放带动的就业规模扩大和地方税收增长,还要分析就业质量、公共服务和社会福利的提升。综合性政绩考核体系在长三角的试点与推广将成为其在扩大内需条件下提升对外开放水平,从而率先实现现代化的基本前提。

长三角要率先实现的现代化是整个地区的现代化,而不是个别城市或区域的现代化;长三角经济社会整体发展的战略定位就是要成为亚太地区重要的国际门户、全球重要的现代服务业和先进制造业中心,具有较强国际竞争力的世界级城市群。虽然长三角内部的不同地区可以在率先实现现代化的步伐上有先后,可以在对外开放中所扮演的角色、对外开放的重点领域与侧重产业上有区别,但是在 2020 年率先基本实现现代化是长三角整体的目标。成为亚太地区重要的国际门户、全球重要的现代服务业和先进制造业中心,具有较强国际竞争力的世界级城市群,这一战略定位仅依赖上海、南京与宁波等国际大都市或特大城市是难以实现的,而需要在长三角内部全面采取一体化发展思路;具体到对外开放,长三角要通过对外开放方式和内容的转变来落实一体化思路,建立紧密的区域内的联系机制来实现内部不同区域对外开放水平的共同提升。

在出口导向条件下,长三角内部各区域之间在对外开放中的竞争大于合作,竞相吸引外资,竞相扩大出口实现地方经济快速增长。因此,各区域内招商引资的竞争白热化、重复建设投资、产业结构同质化等问题始终难以解决。总体看来,长三角内经济同步程度的提高有助于推行一体化发展思路(李磊等,2011),而在扩大内需条件下,为了以一体化思路来率先实施现代化,长三角对外开放需要在企业"走出去"的对外投资过程中探索企业联合的新道路。正如裴长洪、彭玉榴(2007)所言,无论是在理论上还是实践上,"走出去"是提升对外开放水平的转折点,长三角在扩大内需条件下对外开放水平的提升需要以企业"走出去"为切入口。改革开放三十余年来,虽然长三角企业在资金、技术、市场等方面具备了一定积累,但在各行业涌现出的世界范围内的领先企业不多，单独对外兼并收购的能力还有欠缺。所以充分利用此次世界金融危机创造的国际并购机遇，长三角企业需要以"抱团"的方式走出去，共同兼并收购国外企业，迅速获取并分享各类稀缺资源，尤其是价值链中关键环节的核心要素，例如研发部门、营销渠道、品牌管理经验等。"抱团"走出去的重要意义在于：一方面，能提高长三角企业在跨国并购中的谈判实力，减少长三角同行业的企业在跨国并购中的"内耗"行为；另一方面，共同分担并购风险，提高风险承受能力，通过合作来提高对外投资决策的成功概率。

另外，长三角企业将是实现这一过程的核心微观主体，它是构成长三角在对外开放中一体化发展的重要微观基础。为协助长三角企业实现这一目标，各级政府一方面要坚持政府引导，但必须尊重市场规律，着重为同行业本土优势企业间的交流与合作提供更为便利的条件；另一方面在协助长三角企业获取国际市场并购信息、提供国际并购的政策扶持外，还要善于通过地方政府层面的平等合作来推动企业间完善合理公平的利益分享和风险共担机制。

四、高铁时代下长三角内城市间的对外开放竞争新准则

2008 年后，长三角的铁路建设进入了快速发展的高潮期，当年拟动工的建设项目达 18 项，大多为客运专线或城际铁路。在长三角内部，以沪宁城际铁路、沪杭城际铁路和宁杭铁路为代表，加上杭甬客运专线、沪通铁路等，长三角地区将形成总里程超过 1 500 公里的快速铁路网；而沪宁城际铁路甚至实现了公交化运营。这些表明长三角已经步入"高铁时代"，一小时城市圈正式形成。而在长三角外部，以京沪高铁、温福铁路、宁合铁路等为代表，长三角对周边地区的辐射力也随之加强，泛长三角之间的经济联系将更为便利，长三角对全国的辐射力显著提升。高铁时代的到来本身就是扩大内需战略的重要体现，泛长三角范围内被分割的消费市场融合为统一市场的趋势将更为明显，市场融合为消费潜力的释放创造了巨大的空间。

随着覆盖长三角全境并连接周边地区的快速客运网的建成，长三角日益"变平"，地理空间对要素流动的阻碍影响将被极大化减弱。而要素空间流动的便利将从根本

上改变长三角内部与周边城市的对外开放竞争格局,这将迫使长三角内部各城市重新界定自身的区位优势。在出口导向条件下的对外开放模式中,长三角的各城市依赖其自身区位优势来吸引外资,带动各城市的制造业发展与出口成长,由此形成"以上海为核心、以苏浙为两翼"的产业分布格局。以全球 500 强企业为代表,发达国家跨国公司的研发基地、地区总部纷纷入驻上海,包括全球顶级投行、管理咨询公司、会计师事务所等各类高端生产者服务要素集聚上海,而跨国公司的制造生产业务向江苏、浙江扩散。这一产业扩散机制本质上是在要素空间流动成本的约束下,选择以上海为原点,将各城市距离上海的空间远近作为投资选址的重要原则。这种产业扩散机制意味着长三角内部各城市吸引外资的最大区位优势就是与上海的空间距离,由此沪宁沿线各城市的招商引资体现出显著的梯度递减格局。距离上海越远的城市,不仅是外资规模逐步缩减,而且外资质量、产业定位也有所下降。表 16.2 充分说明了外资选址在苏锡常三市之间的梯度递减格局,同时这种梯度递减与当地的外贸进出口金额的梯度递减也高度一致,这成为在出口导向条件下长三角对外开放模式的一个重要特征。

表 16.2　2010 年苏锡常三市对外开放水平比较

	实际利用外资额 (亿美元)	在当地投资的全球 500 强企业数	进出口额 (亿美元)	出口额 (亿美元)	进口额 (亿美元)
苏州	85.33	138	2 740.8	1 531.1	1 209.7
无锡	33	75	612.23	362.72	249.51
常州	26.7	51	222.8	155.6	67.2

数据来源:2010 年苏锡常三市国民经济与社会发展统计公报。

但在高铁时代,长三角各城市的区位优势将被拉平,城市竞争力将不再主要取决于区位优势,开放型经济中国际贸易所带来的经济地理效应被削弱,外资寻址决策不再以其与上海之间的空间距离远近为重要标准,而是取决于各城市自身的创新能力,取决于各城市在创新活动中付出的努力。从历史发展的角度看,长三角城市间的竞争已经经历了两个阶段,分别是二十世纪八九十年代的制度竞争和二十一世纪前十年出口导向型经济体的竞争，现在将进入城市创新能力的竞争阶段。对外开放前提条件的转变就是要在扩大内需的过程中建立完善的城市创新体系，实现城市创新能力的突破提升，这是长三角各城市在未来竞争中获取竞争优势的核心渠道，也是长三角整体实现对外开放水平提高无法绕开的关卡。对于长三角各城市而言，其创新速度的快慢、创新力度的大小将直接决定今后自身在长三角、我国乃至世界经济格局中的地位。

具体而言，长三角区域内的城市需要以探索开放型经济条件下促进创新的制度体系为重点，坚持以企业为创新主体，充分利用长三角地区丰富的科研机构与高等院校资源，推进长三角内的科技创新合作制度。这不仅仅要提供优惠的税收政策等激励措施来引导企业加大 R&D 经费投入，更要利用制度创新吸引创新要素，尤其是创新人才在长三角内部的流动，以"人才高地"的建设来实现"创新高地"的建设。可以预见，人才，尤其是高端人才要素在长三角经济发展中的重要程度将不断提升，现代服务业、先进制造业和战略性新兴产业的振兴无一不需要人才，尤其是高端高层次复合型人才的支撑。只有真正实现在人才拥有量以及人才配置水平上接近世界主要经济区，长三角的经济发展水平才有可能追赶上它们。所以，从资本、技术、设备引进转移到人才引进，这将成为扩大内需条件下的长三角对外开放水平提升的重要方向。

全球范围内优秀人才的引进与区域内人才的自由流动是扩大内需条件下的长三角对外开放水平提升中人才工作的主要内容。从区域经济发展的最终动因来看，长三角与世界主要经济区的最大差距就在于在人才拥有量上的规模相对小，并且各层次人才在区域内的分布不平衡，配置效率并未实现最大化。扩大内需条件下的对外开放是要通过在长三角乃至泛长三角内部形成统一市场来实现全球人才的大规模流入，即以内部市场优势吸引外部各类人才。长三角需要在引进全球人才的过程中积极创新人才引进方式，在双方可接受的范围内灵活采取各种人才引进方式。同时，长三角要充分尊重人才的自由流动选择权，在区域内构建统一且自由的人才流动体系，让人才充分流动到其最能发挥自身价值的地方；减少人才流动中产生的信息不对称现象，构建公平透明的区域人才市场，发挥市场对人才的自发选择与淘汰机制，从而尽可能消除"怀才不遇"与"滥竽充数"这两类现象发生的可能性。

五、从全球价值链到国家价值链的对外开放新主线

出口条件下的长三角对外开放是要以代工方式充分融入全球价值链,在全球生产分工网络体系中承接国际大买家发包的订单,并在生产流程、工艺等各方面接受其指导,获取技术外溢后实现自身在制造环节的生产率水平的提高,从而推动当地经济增长。但是在前期高速发展后,发展中国家的代工厂商在全球价值链内大多困守在低端低附加值的加工组装环节,从而陷入"被俘获"的境地,全球价值链主导者利用其市场势力压制其向价值链高端环节的攀升。所以如何突破全球价值链内"被俘获"的境地,这是长三角在下一步的对外开放中必须解决的核心问题。显然,解决这一问题的主要途径在于在扩大内需条件下构建由本土企业所主导的国家价值链。长三角产业配套体系完善,一批领先企业已经在制造业,尤其是终端消费品制造行业中涌现,这为构建国家价值链提供了良好的基础。

扩大内需条件下的从全球价值链向国家价值链的转变可分为两个步骤:第一步是以我国庞大的内部市场的潜在需求为基础,一些长三角企业成长为在国际市场上具备一定市场势力的知名企业,形成主导价值链的中国大买家。这一步实现后,国家价值链将初步形成,长三角的价值链主导企业虽然可以实现在全球范围采购,但主要是在国内发包或布局生产后供应全国或世界,其核心价值链环节都位于国内。第二步是长三角的价值链主导企业成长为世界性企业,其基本特征是全球采购、全球生产并全球销售;制造外包将不仅仅限于国内,还将拓展到海外,长三角企业将从制造外包的承包方转变为发包方,对外直接投资的水平和规模将更上一层楼。此时,以长三角为代表的国内市场将真正成为国际市场,长三角企业主导的国家价值链本质上也就是新的全球价值链,这是从全球价值链向国家价值链转变,再向全球价值链转变的螺旋式上升的过程。当然在这一阶段,内需和外需、内部市场和外部市场的界线将基本消失,实现真正意义上的统一大市场。

近期看来,伴随着长三角企业对外发包程度的提高,其微观组织结构将发生重大调整,生产制造环节在企业中的地位将会下降,而研发、营销等微笑曲线两端环节在

企业中的地位将逐步上升。由此"留下公司,转移工厂"将成为未来长三角内部的各级政府制定招商引资政策的重要导向。

在长三角实现价值链的转变对于我国整体经济发展还有重要的区域均衡发展的含义。出口导向条件下的对外开放要求长三角企业积极融入全球价值链,在"进口引致型出口"的机制作用下,一方面,出口规模快速扩大的目标得以实现,外汇短缺难题被破解,但另一方面,我国本土装备制造业的市场空间被压缩,尤其是高端设备市场基本被进口设备所占领,这导致地区间发展差距拉大,区域发展不平衡。中西部以及东北等地区在计划经济时代是我国装备制造业的摇篮,但是随着本土装备制造业的市场份额被国外竞争者所挤占,这些地区的支柱产业衰退,经济发展缺乏强有力的产业支撑。所以由长三角企业主导的国家价值链将充分利用东中西部之间产业发展水平上的梯度落差,将越来越多的组装制造环节转移到中部或西部地区,实现东中西部之间的产业大转移与大投资。这一方面有效缩小我国东部沿海和中西部地区之间的差距,另一方面还能促进国内市场的进一步融合,释放中西部地区潜在的消费市场,最终实现我国区域间经济发展的收敛。

参考文献

[1] 高耀松,刘迪玲."长三角"对外开放 30 周年的发展历程与展望[J]. 国际贸易,2008(6):16-19.

[2] 李磊,刘斌,郑昭阳. 长三角一体化与经济同步性[J]. 江苏社会科学,2011(2):104-109.

[3] 刘志彪,张杰. 全球代工体系下发展中国家俘获型网络的形成、突破与对策:基于 GVC 与 NVC 的比较视角[J]. 中国工业经济,2007(5):39-47.

[4] 刘志彪. 为什么我国发达地区的服务业比重反而较低? 兼论我国现代服务业发展的新思路[J]. 南京大学学报(哲学·人文科学·社会科学),2011,48(3):13-19.

[5] 裴长洪,彭玉榴. 实现"走出去"是提升开放经济水平的转折点[J]. 红旗文稿,2007(15):7-9.

[6] 全毅. 经济全球化与中国沿海区域经济一体化[J]. 亚太经济,2009(5):75-79.

［7］栾文莲.我国对外开放基本国策的理论基础和实践经验［J］.马克思主义研究,2009(5)：
　　　134－141.

［8］唐任伍,马骥.中国对外开放 30 年回顾及争论解析［J］.改革,2008(10):19－33.

［9］王晓红,李计广.我国区域开放战略的转变与深化［J］.国际贸易,2009(7):25－30.

［10］汪素芹,胡玲玲.对长三角开放型经济增长模式转型的思考［J］.上海经济研究,2007
　　　(7):43－49.

［11］巫强,刘志彪.中国沿海地区出口奇迹的发生机制分析［J］.经济研究,2009(6)：
　　　83－93.

［12］尤宏兵.长三角经济国际化:历程、现状与经验［J］.山西财经大学学报,2009(s2)：
　　　5－6.

［13］张少军,刘志彪.全球价值链模式的产业转移:动力、影响与对中国产业升级和区域协
　　　调发展的启示［J］.中国工业经济,2009(11):5－15.

［14］张幼文.扩大内需与对外开放:论生产要素从引进、释放到培育的战略升级［J］.毛泽东
　　　邓小平理论研究,2009(2):7－15.

［15］赵伟.长三角经济:一个多层次核心—外围综合框架［J］.浙江社会科学,2007(6)：
　　　16－24.

第十七章　外商直接投资在长三角内的扩散研究[①]

一、问题的提出

吸引外商直接投资,积极加入全球价值链是长三角地区经济高速发展的重要经验(原小能,2016),外商的直接投资在长三角地区经济起飞过程中扮演了不可替代的重要角色。一直以来,外商直接投资在长三角地区经济发展过程中所产生的各类影响是理论研究的热点。外商直接投资促进了长三角区域的创新能力(顾冰和幸勇,2008),促进了长三角制造业结构的高级化(王志华、陈圻和刘彬,2006),带动国内投资(毛新雅和王桂新,2006),促进人力资本形成(崔到陵和任志成,2006),显著推动地区外贸发展(毛新雅、章志刚和王桂新,2006)。外商直接投资所产生的这些影响汇总起来,最终促进了长三角的经济增长(潘爱民,2006)。当然,外商直接投资在长三角的经济发展中也不是都起到积极的推动作用,也有其负面影响(张立,2012)。例如,各地区招商引资的无序竞争导致产业结构趋同(谢浩和张明之,2016)、技术关联性不强、区位投资环境不完善等问题(朱向红和王丽娜,2011)。在中观层面上,部分行业的外商直接投资存在挤出效应,导致国内投资不足,并且外资也倾向于投资那些挤出效应较大的行业(司言武和万军,2007),形成行业垄断地位。

也有少数文献研究外商在长三角地区直接投资的选址决策,蒋伟和刘牧鑫(2011)认为劳动力成本、人力资本、市场规模、产业结构以及集聚等因素决定外资在

---

　　① 本章以《外商直接投资从上海向苏南扩散吗?》为题发表在《华东经济管理》2017 年 9 期上,原文作者为巫强、徐子明、黄南。

长三角城市的区位选择。王方和全伟(2004)则提出长三角各城市距离上海的远近和经济实力的强弱是影响外资在长三角分布的主要因素。这类文献大多从静态视角来分析长三角内部外资的分布取决于哪些因素,本章的研究主题与它们相关,但本章进一步提出,外商直接投资在长三角内部的分布经历了一个动态演变的过程,即外资以上海为中心,向苏南外围扩散。这一过程分为两步:第一步是上海成为外资进入长三角进行产业布局的第一站。这主要是由于上海独特的历史文化、地理位置和政策优势。第二步是外资以上海为基地,向周边地区逐步扩散,完善其产业布局。这种扩散尤其体现为向苏南的扩散,主要是制造业外资价值链环节在长三角内的空间分离;但由于空间分离带来的协调成本,这种扩散呈现衰减特征。综合起来,外资先进入上海,然后向苏南扩散,这不仅是历史演变的事实,而且背后蕴含了经济演变的逻辑。

二、外资以上海为中心向苏南扩散的机理阐释

(一) 上海是外资进入长三角第一站的必然选择

从历史发展的角度分析,在中国近代史上,上海一直是中国对外开放的前沿城市。最早在1842年《南京条约》签订后,上海就成为了我国对外开放的通商口岸之一,并很快因而成为东西方贸易交流的中心。到二十世纪三十年代,上海就已经成为跨国公司在华开展贸易和商务的枢纽,是亚太地区最繁华的商业中心,被誉为"东方巴黎"。虽然在新中国建立后的一段时间内,上海失去了在全球经济中的核心城市地位,但是改革开放后,随着浦东开发等国家经济重大战略的实施,上海又开始成为中国对外开放的最前沿阵地,成为外资进入中国的第一站,成为目前中国最大的经济中心和全球最大的贸易港口。

从区位优势的角度分析,上海成为外资进入长三角的第一站与上海不可替代的区位优势有关。如果跨国公司要将货物运输到日本、韩国、上海、北京、台湾、香港中的一个,需要选择其中一个城市,使其到其他城市的中转距离最小,运费最低,这个城市毫无疑问是上海。在跨国公司的全球布局中,上海由于其地理位置优势,必然成为远东业务的中心,东太平洋上的物流中心。如果将上海和新加坡相比,上海不仅与日

本、韩国、朝鲜、台湾、俄罗斯远东地区等距离，而且上海还有新加坡所没有的优势，就是长江和京杭大运河贯通北京、杭州和上海、重庆这四个我国的中心城市。上海还有铁路、公路网络，能覆盖全国所有的内陆地区，跨国公司能通过上海进入我国广大的国内市场。上海提出"四大中心"，即国际经济、国际金融、国际贸易和国际航运中心，它们的建设也正是基于其区位优势。上海正是在这一核心区位优势的保障下，成为全球跨国公司进入中国的最佳选择，也往往被国家赋予了对外开放最前沿的重要角色。

从政策优势的角度分析，上海始终具备吸引外资的先发政策优势。上海经历了包括浦东大开发、上海自贸区成立、世博会召开等多个具有历史重大意义的政策机遇，全国对外开放政策的重大改革大多是在上海先试点，成熟后再向全国复制推行。与全国其他地区相比，上海不仅在吸引制造业外资方面具备政策优势，而且已经走在吸引服务业外资的开放政策前列。例如2009年国务院颁布的《关于推进上海加快发展现代服务业和先进制造业，建设国际金融中心和国际航运中心的意见》，明确提出上海加快发展现代服务业和先进制造业，建设国际金融中心和国际航运中心，这不仅是上海又好又快发展的需要，也是更好服务全国发展的需要；这为上海获得吸引包括金融业、航运业外资提供了更为优越的政策环境。

（二）外资从上海向苏南扩散

改革开放后，上海迅速成为外资登陆长三角，乃至进入我国市场的第一站，其后它就按照产业分工与转移的空间布局规律，逐步向周边地区衰减式扩散。制造业外资是这种衰减式扩散的典型，它进入中国市场的首要目的是在其全球空间布局最优化的前提下，寻求成本更为低廉的生产基地，实现国际制造业的产能转移。而上海由于地域有限，土地成本和商务成本高，无法承接一般制造业的国际转移。除了少数高价值的先进制造业外，上海只能作为一般制造业跨国公司的研发中心和区域总部。据统计，跨国公司在沪设立研发中心近370家，约占全国总数的1/4，其中来自世界500强企业的研发中心占比更是达全国1/3左右，上述两比例在全国领先。2013年全年在上海新增跨国公司研发中心 15 家,平均月增 1 家以上①。浦东自贸区也已成为跨国公司地区总部的集聚区,上海从 2002 年开始认定跨国公司地区总部,到 2015 年为止,跨国公司地区总部已超过 500 家,平均每两年增加 100 家,其中来自欧洲、美国和日本的跨国公司在增多②。

　　制造业外资将研发中心和区域总部布局在上海后,苏南就成为其布局制造生产和组装基地的理想地区。尽管按照 Baldwin 和 Venebles(2013)的观点,信息通讯技术的进步使得制造业的生产组装环节可与总部环节发生空间分离,但是协调成本依然存在,并且该协调成本会随着空间距离增加而增多。在以上海为研发中心和区域总部的前提下,生产组装环节离上海越远,其区域总部与生产组装基地之间的协调成本就越高。为了节约该协调成本,在长三角的地理空间格局下,苏州就成了跨国公司转移生产组装环节的第一选择。从地理上说,苏州紧邻上海,市区直线距离 80 公里,甚至昆山就可以被看成是上海的一部分。如果跨国公司将生产组装环节布局在苏州,研发中心和区域总部布局在上海,这两者之间的协调成本与两者同在一地的协调成本大致相同。如果跨国公司将生产组装环节布局在无锡、常州,由于这两个城市距离上海更远,那么研发中心、区域总部与生产组装环节间的协调成本更高。这就导致制造业跨国公司在无锡、常州布局生产组装环节的可能性下降,从而使得制造业外资向苏州、无锡、常州通过布局生产组装环节而扩散的过程会逐步衰减。而从苏南三市的角度来分析,由于苏州、无锡、常州与上海的距离依次递增,它们能吸引到的制造业外资就逐步递减。

　　这种衰减式扩散是长三角地区开放经济发展中的重要特征之一,苏南三市历年吸引外商直接投资的现实数据也体现出了这一特征。2016 年苏州市实际使用外资 60 亿美元,无锡市为 34.13 亿美元,常州市为 25 亿美元。苏南外资布局的空间特征是,距离上海越远,苏南城市吸引外资规模越少。这背后就是制造业外资从上海向苏

---

　　①　数据来源:《上海离全球科技创新中心有多远》,http://news. focus. cn/sjz/2014－08－18/5409581. html,2014 年 8 月 18 日。

　　②　数据来源:《外资撤离中国另一面:上海今年新增跨国公司总部 32 家》,http://www. yicai. com/news/4686763. html,2015 年 9 月 16 日。

南地区衰减式扩散的规律在发生作用。制造业外资将其全球价值链环节向中国转移时，将上海作为"桥头堡"、布局研发中心和区域总部；为了节省生产组装环节与研发中心、区域总部之间的协调成本，必然先选择距离上海更近的苏南城市，例如苏州，布局制造生产和组装基地。苏南城市与上海之间的距离成为阻碍制造业外资从上海向苏南扩散的主要因素，距离上海更远的无锡、常州依次成为外资向苏南扩散的第二、第三选择。

相比于其他地区而言，苏南地区也具备承接从上海扩散出的制造业外资的优越产业基础。众所周知，以华西村为典型代表，苏南农村自二十世纪八十年代起就走上了工业化道路(张震，2005)。其具体做法是通过办社队企业，保存集体经济中的制造业企业，同时借助上海"星期日工程师"的技术辐射，提升自身的技术水平。这就是历史上著名的"苏南模式"，其是制造业外资从上海向苏南扩散的必要前提。在这一过程中，苏南乡镇企业快速奠定了工业化基础。在苏南模式下，苏南地区建立起扎实的制造业基础和生产体系，形成了较为雄厚的技术、人才等方面的积累。这些优越的制造业产业基础使得苏南与上海周边的其他地区相比，成为从上海扩散出来的制造业外资的首选地区①。

另外需要强调的是，服务业外资从上海向苏南扩散不一定体现衰减特征，甚至服务业外资并不需要从上海向外扩散，其在上海集聚的程度反而可能上升(顾卫平和冯彦 2008)。制造业外资从上海向苏南扩散的前提是由于上海地域范围有限，土地成本高，跨国公司生产和组装基地无法布局在上海，需要向周边地区扩散；同时制造业外资价值链的空间分离会产生协调成本，所以呈现衰减式扩散的现象。但服务业外资并不符合这种衰减式扩散的前提。这首先是由于服务业虽然也有生产环节，但服务生产环节对用地规模要求低，上海土地资源有限对服务业外资的限制并不大，这无法形成服务业外资向外扩散的动力。其次，服务业价值链的纵向专业化程度远低于制造业。服务业研发中心、区域总部与生产环节往往分离程度不高，而且服务业的生

产环节与消费环节往往不能空间分离,服务生产地就是其消费地。这些决定服务业外资必须选址并集聚在城市内部。尽管上海商务成本高于苏南地区,但高附加值的现代服务业,包括投行信托、咨询管理、信息服务等生产服务业都集聚上海的核心金融商务区,并不需要向外扩散。长三角内日益变平,其内部完善的交通和通信设施、便捷而频繁的人员流动都使得上海生产服务业形成对整个长三角制造业的强大辐射力(巫强、刘志彪和江静,2011)。这些生产服务业不需要通过经营实体的空间布局转移来扩散,而是通过人员流动方式来服务于长三角,甚至全国制造业的发展。零售批发、餐饮娱乐等生活服务业选址也必须在城市内部,邻近城市居民住宅,或集聚在大中型商圈。再次,部分服务业外资会从上海往苏南扩散,但衰减式扩散的特征不强。从服务业外资获取中国国内市场份额的动机分析,在其进入上海后,的确也会向周边地区扩散,以开设分支机构等方式,寻求更多的市场份额,例如外资商业银行等。但由于其扩散动机不同于制造业外资,内部价值链专业分工和空间分离程度也低于制造业外资,服务业外资从上海向苏南扩散的过程中更关注当地市场经济发展水平、人口规模结构、人均收入与制造业基础等因素。这种扩散后形成的苏南服务业外资与上海服务业外资之间的关系并不是制造业外资生产组装环节与研发中心、区域总部之间的关系,彼此之间不存在制造业价值链不同环节间的高协调成本。所以苏南城市与上海之间的距离也不会成为阻碍部分服务业外资从上海向苏南扩散的因素,服务业外资就不会呈现从上海向苏南的衰减式扩散。

三、计量模型设定、指标选择与统计描述

(一) 模型设定

按照上文的论述,外资从上海向苏南扩散,会受到距离因素的影响而呈现衰减式扩散特征。为验证外资从上海向苏南的扩散是否随着距离而衰减,本章构建了苏南城市 2002—2015 年的面板数据模型,基本实证方程设定如式(17.1)和(17.2)所示:

$$fdi_{it} = \beta_0 + \beta_1 dis_{it} + \beta_2 \inf ra_{it} + \beta_3 emp_{it} + \lambda X + \varepsilon_{it} \tag{17.1}$$

$$fdi_{it}=\beta_0+\beta_1 dis_{it}+\beta_2 \inf ra_{it}+\beta_3 emp_{it}+\beta_3 L.\ fdi_{it}+\lambda X+\varepsilon_{it} \qquad (17.2)$$

其中, i 是指苏南城市, 即苏州、无锡和常州; t 为年份。式(17.1)、式(17.2)分别为静态、动态面板估计模型, 式(17.2)中加入被解释变量的滞后一期项 $L.\ fdi_{it}$, 以捕捉外商直接投资可能存在的路径依赖效应。该两式的因变量 fdi_{it} 是苏南 i 市在 t 年吸引外商直接投资的规模。核心解释变量 dis_{it} 是苏南 i 市在 t 年与上海的距离变量, 由于各市到上海的地理空间距离不随时间变化, 这为面板模型的估计带来难题。所以本章构造了一个随年份变化的距离变量[①]。本章用 i 市到上海的地理距离与该市 t 年客运量在苏南三市当年客运总量占比相乘, 得到乘积定义为经济距离变量 dis_{it}。该变量不仅包括苏南三市到上海的绝对空间距离, 而且反映了以人员流动来衡量的经济外向程度, 所以它能作为衡量苏南三市与上海间经济联系紧密程度的距离的替代变量。该变量估计系数 β_1 就可以衡量当 i 市到上海的经济距离增加一单位时, 其吸收外资规模受到的边际影响。如果上文所述的外资从上海向苏南衰减式扩散机制成立, 那么 β_1 的估计结果预计为负。

外资以上海为中心向苏南扩散时, 还可能考虑除了地理因素之外的其他因素。根据黄肖奇和柴敏(2006)的结论, 完善的基础设施有利于节约运输成本, 促进要素流动和资源配置。这显然对于外资向苏南扩散也同样重要。另外, Fu(2000)认为当地的劳动力供给也是外资在东道国进行投资决策时的重要考虑因素。因此, 本章加入了 $\inf ra_{it}$ 和 emp_{it} 两个核心解释变量, 其中 $\inf ra_{it}$ 是苏南 i 市在 t 年的基础设施变量, emp_{it} 是其劳动力供给变量。ε_{it} 为随机误差项, 代表不可观察的各类影响因素。

X 是控制变量, 本章采用面板数据模型, 为了控制各市在经济发展水平系统差异对核心解释变量系数估计带来的不利影响, 根据 Leung(1990), Cheng 和 Kwan(2000)等, 本章控制地区产业基础 ind_{it}、ser_{it} 和居民人均可支配收入 $income_{it}$ 两个变量。考虑到不同行业外资样本估计的差异, 下文对全行业外资和制造业外资的估计中, 地区产业基础控制变量均为地区工业生产总值 ind_{it}, 在服务业外资的估计中, 地

---

　　① 本章也尝试将苏南各市与上海的市中心距离作为解释变量, 采用截面数据估计模型去估计其系数, 结果发现这种"纯"空间意义上的距离变量显著性较弱。

区产业基础控制变量为服务业增加值 ser_{it}[①]。

（二）指标选择、数据来源与统计描述

2002—2015 年,苏锡常三市的外商直接投资数据指标包括批准外商投资企业合同数、合同外资金额和实际利用外资金额,其中实际利用外资金额的相关数据最能反映地区当年吸引外资的实际规模。因此,本章选定各市历年实际的外商直接投资金额来衡量因变量 fdi_{it},数据主要来源于 2003—2016 年《苏州统计年鉴》《无锡统计年鉴》和《常州统计年鉴》。

核心解释变量为各市到上海的经济距离变量 dis_{it},其构造使用的苏南三市与上海的空间距离是各市市中心到上海市中心的地理距离,来自百度地图查询。各市客运量数据来自各年苏南三市的统计年鉴。本章选取各市历年公路总里程数来衡量其基础设施变量 $infra_{it}$,当地越重视基础设施建设,越能吸引外商直接投资,因此预期其估计系数为正。下文在全行业外资估计中选择各市总从业人数衡量该地区的劳动力供给变量 emp_{it}。从业人数越多,该地区的劳动力供给越充裕,劳动力成本就相对更低,这有利于吸引外资进入,因此预计该变量的估计系数为正。在制造业外资和服务业外资估计中,为了更准确地度量不同行业的就业规模差异,本章分别采用制造业从业人数 emp_mnu_{it} 和服务业从业人数 emp_ser_{it} 衡量劳动力供给变量 emp_{it}。

控制变量 ind_{it}、ser_{it}、$income_{it}$ 的数据均来自各市历年统计年鉴。ind_{it} 和 ser_{it} 分别选取各市历年的工业总产值和第三产业增加值来衡量。$income_{it}$ 用居民人均可支配收入来衡量,并根据《中国统计年鉴》中历年 CPI 进行平减调整。表 17.1 是所有指标的描述性统计。

---

① 由于下文将根据不同产业范围分别回归检验地理因素对苏南三市吸引外商直接投资的作用,所以不同产业范围中控制变量的选用将按照产业特点而有所差异。

表 17.1　指标的描述性统计结果

变量	均值	中位数	标准误	最小值	最大值	样本数	单位
fdi_{it}	41 0146.8	323 423.5	255 277.7	56 102	916 490	42	万美元
dis_{it}	55.75	54.561 74	22.74	20.66	118.39	42	——
$infra_{it}$	7 077.05	6 225.85	3 707.10	1 260	13 238.8	42	千米
emp_{it}	374.01	335.71	152.63	192.14	695.2	42	万人
emp_mnu_{it}	215.59	189.29	101.06	88.47	427.9	42	万人
emp_ser_{it}	128.24	106.35	55.47	57.45	253.1	42	万人
ind_{it}	1 967.85	1 573.649	1 634.38	140.99	5 841.63	42	亿美元
$income_{it}$	3 829.84	3 483.313	2 053.41	1 199.99	7 815.31	42	美元
ser_{it}	339.45	251.3045	291.98	33.86	1 123.40	42	亿美元

四、实证结果与经济解释

　　为更加完善细致地验证外资是否从上海向苏南扩散，且这种扩散是否为衰减式，本章采用三组样本依次进行实证分析，即全行业样本、第二产业样本和第三产业样本。同时考虑到行业特征差异，每组样本分析中的控制变量随不同产业特征而略有差异。在估计方法上，本章首先采用静态面板回归方法，按照式(17.1)的设定，在分别混合回归、固定效应和随机效应估计的基础上，通过 F 检验和 Hausman 检验，确定最优的估计方法，并且只汇报最优估计方法的结果。然后，本章进一步采取动态面板估计，将因变量外商直接投资的滞后一期纳入解释变量，即考虑外商直接投资的滞后效应，估计式(17.2)。在动态面板估计中，本章采用系统 GMM 方法，这是将差分方程和水平方程作为一个方程系统进行广义矩估计。和差分 GMM 相比，系统 GMM 的优点在于可提高估计效率，并且可估计不随时间变化的变量系数，因此应用范围更为广泛。另外，系统 GMM 估计量满足一致性条件的一个重要前提是：一次差分以后的扰动项不存在二阶序列相关，但允许一阶序列相关。本章以一阶、二阶序列相关检验 AR(1)、AR(2)来判断随机扰动项是否存在序列相关，并通过 Sargan 检验判断工具变量的有效性。

（一）全行业实际外商投资的实证结果

表 17.2 是全行业样本的系数估计结果，被解释变量是包括三次产业在内的全行业实际外商投资总额。模型(1)～(3)是静态面板模型的估计结果。根据 F 检验和 Hausman 检验结果，这三个模型汇报的最优估计方法都是固定效应模型，结果见表 17.2。模型(4)～(6)考虑被解释变量滞后一期项 $L.fdi_{it}$，是动态面板模型的估计结果。其中，模型(1)、(4)仅包含距离、基础设施和劳动力供给三个核心解释变量，模型 (2)、(3)和模型(5)、(6)是分别在模型(1)、(4)的基础上，依次加入地区工业总产值和人均居民可支配收入两个控制变量。表 17.2 中 AR(1)和 AR(2)的值表明，系统 GMM 的估计结果不能拒绝模型干扰项没有序列二阶相关的原假设，因此该估计量是一致的。另外，该表中的 Sargan 检验不能拒绝原假设，因此工具变量的选择可靠，从而系统 GMM 估计量有效。

表 17.2　全行业实际外商直接投资的估计结果

变量	(1) 固定效应	(2) 固定效应	(3) 固定效应	(4) 系统 GMM	(5) 系统 GMM	(6) 系统 GMM
dis_{it}	−2 087.41 (1945.99)	−2 092.77 (1967.08)	−3 334.67 (1992.60)	−385.34 (610.39)	−1 154.32** (465.10)	−2 914.73*** (785.11)
$\inf ra_{it}$	31.07 (11.85)	29.73 (10.71)	32.91 (13.64)	8.75 (7.32)	14.15* (7.49)	14.17** (6.04)
emp_{it}	316.16 (212.83)	195.69 (407.55)	−153.82 (417.20)	136.50* (75.23)	981.17*** (60.17)	422.59*** (91.12)
ind_{it}		11.24 (18.31)	61.55 (34.87)		−74.39*** (2.57)	13.22 (27.15)
$income_{it}$			−19.83 (17.14)			−27.01** (12)
$L.fdi_{it}$				0.72*** (0.08)	0.66*** (0.11)	0.61*** (0.16)
常数	146 424.66** (25 975.10)	179 012.70** (35 501.99)	308 448.46* (83 397.03)	47 036.54 (34 849.59)	−130 405.4220*** (20 683.75)	100 062.78 (96 530.92)

(续表)

变量	(1) 固定效应	(2) 固定效应	(3) 固定效应	(4) 系统 GMM	(5) 系统 GMM	(6) 系统 GMM
观测值数	42	42	42	39	39	39
R 平方 /Wald-chi²	0.73	0.73	0.75	0.07	0.00	0.00
AR(1)	—	—	—	−1.43 (0.15)	−1.55 (0.12)	−1.64 (0.10)
AR(2)	—	—	—	−0.59 (0.55)	−1.01 (0.31)	−1.10 (0.27)
Sargan	—	—	—	67.48 (0.14)	57.23 (0.39)	52.41 (0.55)

注：*** 、** 、* 分别代表在 1％、5％、10％的水平上显著。

在对全行业实际外商投资的实证分析中，本章最核心的解释变量是经济距离变量 dis_{it}，它反映了苏锡常三市到上海的经济距离。在所有模型中，该变量的系数均保持为负，符合预期。模型(1)～(3)静态面板估计中的经济距离变量估计系数没有通过显著性检验，但在模型(4)～(6)的动态面板估计中，该变量估计系数显著性要强于模型(1)～(3)中静态面板估计的结果，模型(5)、(6)中经济距离变量估计系数均通过5％以上的显著性检验，分别为−1 154.32、−2 914.73。这说明，在考虑经济距离变量的滞后效应后，外资从上海向苏南的衰减式扩散更为明显。虽然模型(1)～(4)中该变量估计系数均未通过显著性检验，但这也与上文的机理解释并不矛盾，原因在于表 17.2 是全行业外资估计，其中包含了制造业和服务业等诸多行业，而上文机理解释中已经提出外资从上海向苏南的衰减式扩散特征主要体现在制造业外资中，对于服务业可能并不明显。当然，为了验证这种衰减式扩散是否在制造业中更加明显，本章还需进一步细分行业后进行验证。

另外，表 17.2 中的基础设施变量估计系数始终为正，模型(5)、(6)的估计系数也通过了显著性检验。这证实了基础设施改善有助于苏南三市吸收更多的外商直接投资。这也符合田素华、杨烨超(2012)在全国层面上研究 FDI 进入中国区位决定因素的结论。劳动力供给变量的估计系数也大多为正,并且在动态面板估计的模型(4)~(6)中均通过了显著性检验,这基本证实了劳动力供给增加有利于苏南三市吸收更多的外商直接投资。在动态面板模型(4)~(6)中,被解释变量的滞后一期 $L.fdi_{it}$ 的系数均为正,且都通过了 1% 水平上的显著性检验,表明全行业外资的滞后效应存在,苏南三市上年吸收的外商直接投资对其当年吸收外商直接投资具有促进作用。

(二)制造业实际外商投资的实证结果

按照本章的机理分析,制造业外资从上海向苏南扩散应该体现出衰减式特征。本章选取了制造业实际利用外资总额作为因变量再次实证分析。但苏南三市直到 2008 年才公布制造业实际利用外资总额数据,为了三市统计指标的一致性,这部分实证结果基于 2008—2015 年苏南三市的制造业实际外商投资额,其中解释变量中劳动力供给的衡量指标调整为制造业从业人数,与因变量保持一致。表 17.3 的估计方法选择、估计步骤与表 17.2 相同,仍采用混合回归等三种方法进行静态面板回归,并通过 F 检验和 Hausman 检验确定最优的估计方法,汇报其估计结果;然后本章采用系统 GMM 估计方法估计动态面板模型,并通过序列自相关检验和 Sargan 检验保证估计系数的有效性。

表 17.3　制造业实际外商直接投资的估计结果

变量	(1) 固定效应	(2) 固定效应	(3) 固定效应	(4) 系统 GMM	(5) 系统 GMM	(6) 系统 GMM
dis_{it}	−4 156.04** (1 894.66)	−3 330.55* (1 831.29)	−3 132.03* (1 613.61)	−1 203.26* (641.09)	−1 311.32 (939.72)	−2 197.26*** (524.75)
$infra_{it}$	−40.58 (28.04)	−3.95 (32.84)	77.10* (44.03)	−4.29 (6.1)	7.63 (8.31)	13.64*** (3.3)
emp_mnu_{it}	117.91 (544.36)	1 202.82 (774.67)	200.78 (795.89)	335.80* (185.99)	1 690.86* (949.94)	940.01 (1 125.57)
ind_{it}		−82.81* (44.47)	23.87 (58.68)		−95.79 (58.28)	−23.77 (86.51)
$income_{it}$			−63.60** (26.07)			−28.7 (21.34)

（续表）

变量	（1） 固定效应	（2） 固定效应	（3） 固定效应	（4） 系统 GMM	（5） 系统 GMM	（6） 系统 GMM
$L. fdi_{it}$				0.81*** (0.16)	0.58*** (0.16)	0.43*** (0.04)
常数	811 492.57*** (233 465.64)	423 186.66 (302 371.74)	8 779.24 (315 687.21)	45 915.24** (19 018.87)	−42 557.61 (56 070.45)	131 642.17 (165 291.35)
观测值数	24	24	24	21	21	21
R 平方 /Wald-chi²	0.26	0.38	0.55	0.05	0.00	0.00
AR(1)	—	—	—	−1.52 (0.13)	−1.44 (0.15)	−1.61 (0.11)
AR(2)	—	—	—	−0.61 (0.54)	−1.13 (0.26)	−1.57 (0.12)
Sargan	—	—	—	29.22 (0.30)	17.58 (0.86)	18.33 (0.79)

注：***、**、*分别代表在 1%、5%、10%的水平上显著。

从表 17.3 可以看出,核心解释变量 dis_{it} 的估计系数都为负,且绝大多数估计系数都通过了 10%的显著性检验。与表 17.2 中的结果相比,表 17.3 中经济距离变量估计系数的显著性明显提高,不仅是动态面板估计模型(4)～(6)中绝大多数估计系数都通过了显著性检验,而且静态面板估计模型(1)～(3)的估计系数全部通过了显著性检验。这直接证实了,苏南三市吸收制造业的外商直接投资受到其与上海经济距离的直接显著影响,与上海的经济距离越远,它们吸收制造业的外商直接投资就越少。这就说明制造业外资从上海向苏南扩散时,由于价值链内部环节空间分离产生不同环节之间的协调成本,而且该协调成本会随着分离空间距离变远而增大,所以制造业外资的这种扩散呈现衰减式特征。以模型(3)、(6)为例,与上海的经济距离每增加一单位,制造业实际外商投资额平均减少 3 132.03、2 197.26 万美元。上海作为长三角的中心城市,其对于制造业外资而言,更多是发挥研发中心和总部经济的作用,跨国公司将生产组装等环节放在其周边城市,并接受上海总部的生产者服务。从地缘优势上说,苏州紧邻上海,毫无疑问其吸引制造业外资的规模受上海制造业外资空间溢出效应的影响更显著。而无锡和常州就因为与上海的空间距离变远,制造业外资价值链内协调成本上升,导致其吸引制造业外资的规模下降。这就是制造业外资从上海向苏南的衰减式扩散。

模型(3)、(6)中核心解释变量基础设施 $infra_{it}$ 的系数显著为正,与表 17.2 的结果一致。这再次证明基础设施越完善,越有利于吸引制造业外资的流入。制造业劳动力供给变量 emp_mnu_{it} 估计系数的显著性不强,但是通过显著检验的估计结果为正,支撑了劳动力供给丰裕有利于吸收制造业外商直接投资的结论。模型(4)～(6)中制造业外资滞后一期项 $L.fdi_{it}$ 的估计系数均显著为正,再次证明了制造业外资的滞后效应。

(三)服务业实际外商投资的实证结果

从苏南三市总体来看,服务业实际利用的外商投资比重均较低。以 2015 年为例,苏南服务业实际利用外资仅为制造业实际利用外资总额的 2/3。为了进一步验证服务业外资从上海向苏南扩散是否也存在衰减特征,本部分继续实证分析经济距离变量对苏南服务业实际外商直接投资的影响。同样由于苏南三市直到 2008 年才全部公布服务业实际利用外资的金额数据,所以本部分依然构建从 2008—2015 年的面板数据。

表 17.4 中的因变量为服务业实际利用外资金额,核心解释变量也为经济距离 dis_{it}、基础设施投资 $infra_{it}$,但劳动力供给变量用服务业从业人数 emp_ser_{it} 来衡量。控制变量中制造业生产总值改为服务业地区增加值 ser_{it},人均居民可支配收入 $income_{it}$ 依然纳入控制变量。表 17.4 的估计方法和估计步骤与表 17.2、表 17.3 相同。模型(1)～(3)采用静态面板估计,经 Hausman 检验和 F 检验确定采用固定效应模型得出的结果最优。模型(4)～(6)采用系统 GMM 方法估计动态面板模型,结果表明扰动项不存在序列相关,同时模型中的工具变量有效。

表 17.4　服务业实际外商直接投资的估计结果

变量	(1) 固定效应	(2) 固定效应	(3) 固定效应	(4) 系统 GMM	(5) 系统 GMM	(6) 系统 GMM
dis_{it}	1 183.12 (850.89)	1 240.12 (916.59)	240.15 (907.75)	892.8 (544.95)	922.71** (449.54)	903.72* (526.21)
$infra_{it}$	28.91* (14.94)	31.19 (18.88)	72.12*** (23.73)	3.55 (4.59)	1.77 (6.49)	1.88 (6.37)
emp_ser_{it}	947.90** (413.61)	1 028.51* (575.87)	293.63 (591.66)	674.58*** (258.72)	824.69** (396.41)	807.47** (406.73)
ser_{it}		−16.25 (78.33)	413.48** (190.49)		−50.01 (57.35)	−44.12 (79.51)
$income_{it}$			−62.67** (25.89)			−0.57 (9.6)
$L.fdi_{it}$				0.24*** (0.07)	0.37 (0.24)	0.37* (0.21)
常数	−266 240.14** (110 398.21)	−292 196.51 (168 887.68)	−382 436.49** (153 530.87)	−31 564.51** (14 413.64)	−36 594.30** (18 348.19)	−33 613.28 (32 268.07)
观测值数	24	24	24	21	21	21
R 平方 /Wald-chi²	0.64	0.64	0.74	0.00	0.00	0.00
AR(1)	—	—	—	−1.49 (0.14)	−1.41 (0.16)	−1.41 (0.16)
AR(2)	—	—	—	−0.96 (0.34)	−0.83 (0.41)	−0.82 (0.41)
Sargan	—	—	—	21.52 (0.72)	17.75 (0.85)	16.33 (0.88)

注：***、**、*分别代表在 1%、5%、10%的水平上显著。

在表 17.4 中，核心解释变量 dis_{it} 的估计系数均为正，但大部分结果都没有通过显著性检验，说明苏南地区服务业的外商直接投资与其到上海的经济距离之间不存在明显的因果关系，离上海更远并不会影响服务业外资到苏南城市的投资。这证实了上文中对服务业外资的分析。首先，服务业外资不一定是从上海向苏南扩散，反而可能会向上海集聚。其次,即使在部分服务业的外资投资中存在这种扩散效应,由于服务业外资更多以获取当地市场份额为主要动机,所以服务业外资进入更多考虑的是是否有足够的当地需求,更看重苏南当地的市场潜力和消费水平,而不是考虑与上海总部之间的协调成本。所以,与表 17.3 制造业外资的实证结果不同,苏南服务业实际外商投资与距上海距离的负向关系不成立。表 17.4 中 emp_ser_{it} 的估计系数大多数显著为正,充分说明外资向苏南扩散时,受当地服务业从业人员规模的影响更为明显。

五、结　论

本章系统阐述了在长三角范围内,外资以上海为登陆入口进入中国市场的必然性,同时重点分析了外资以上海为中心向苏南扩散的具体机理。由于上海无法提供足够的土地资源用于配置生产组装环节,制造业外资将研发中心和区域布局在上海后,只能向周边地区寻找合适的地点布局生产组装环节。这就产生了制造业外资内部价值链不同环节的空间分离,这种空间分离导致制造业外资需要承担协调成本,而且空间分离的距离越远,该协调成本就会越高。为了节省协调成本,制造业外资就会将离上海最近的苏州作为布局其生产组装环节的首选地点,而距离上海更远的无锡和常州就会成为第二和第三选择。这种制造业外资从上海向苏南扩散的过程就呈现出衰减式特征,即苏南城市距离上海越远,其吸引的制造业外资越少。但由于服务业外资与制造业外资的行业差异与价值链分工程度差异,服务业外资不一定会从上海向苏南扩散,甚至高附加值的生产服务业会加速集聚在上海。

本章采取苏南 2002—2015 年的面板数据,分别构建静态和动态面板模型,对静态面板数据采用混合回归、固定效应和随机效应三种估计方法,对动态面板采用系统 GMM 估计方法,实证检验外资从上海向苏南的扩散机制。本章构造苏南与上海的经济距离,并将其作为实证方程的核心解释变量,估计其系数,判断经济距离变远是否会减少苏南的外资,从而验证外资从上海向苏南是否存在衰减式扩散的现象。结果发现,对于全行业外资而言,经济距离变量估计系数均为负,即经济距离变远会减少相应苏南的外资流入，但静态面板模型中的经济距离变量估计系数显著性不强，动态面板估计中该变量的估计系数大多数显著为负。这主要是源于全行业外资包括制造业和服务业外资，而后者从上海向苏南扩散的趋势不明显。对制造业外资的实证检验表明，经济距离变远会一致地显著减少苏南的制造业外资流入，这就证实了制造业外资从上海向苏南的确体现为衰减式扩散。而对服务业外资的实证检验说明，与上海之间的经济距离变远大多不会显著影响苏南的服务业外资流入，苏南服务业外资流入受到当地服务业从业人员规模的影响更大。

参考文献

[1] BALDWIN R, VENABLES A J. Spiders and Snakes：Offshoring and Agglomeration in the Global Economy[J]. Journal of International Economics，2013，90(2)：245 - 254.

[2] FU J. Institutions and investments：Foreign Direct Investment in China During an Era of Reforms[M]. University of Michigan Press，2000.

[3] LEUNG C K. Locational Characteristics of Foreign Equity Joint Venture Investment in China，1979 - 1985[J]. The Professional Geographer，1990，42(4)：403 - 421.

[4] CHENG L K, KWAN Y K. What Are the Determinants of the Location of Foreign Direct Investment? The Chinese Experience[J]. Journal of International Economics，2000，51(2)：379 - 400.

[5] 原小能. 在第二波经济全球化中实现中国产业升级：刘志彪教授新著《经济全球化与中国产业发展》评析[J]. 世界经济与政治论坛，2016(4)：169 - 172.

[6] 顾冰，辛勇. 外商直接投资对于长三角区域创新能力的影响[J]. 经济论坛，2008(4)：16 - 19.

[7] 王志华，陈圻，刘彬. 外商直接投资对长三角制造业结构高级化的影响[J]. 现代经济探讨，2006(3)：80 - 83.

[8] 毛新雅，王桂新. 长江三角洲地区外商直接投资的资本形成及经济增长效应：基于面板数据的研究[J]. 世界经济研究，2006(1)：65 - 71.

[9] 崔到陵，任志成. 外国直接投资与中国人力资本成长的实证分析：以"长三角"为例[J].

国际贸易问题,2006(3):87-93.

[10] 毛新雅,章志刚,王桂新.长江三角洲地区外商直接投资的对外贸易效应[J].国际贸易
问题,2006(3):73-80.

[11] 潘爱民.外商直接投资与区域经济增长的关系研究:基于长三角数据的经验实证[J].
财经理论与实践,2006,27(3):91-95.

[12] 张立.外商直接投资对长三角经济发展的影响研究[J].贵州社会科学,2012(1):
52-57.

[13] 谢浩,张明之.长三角地区产业同构合意性研究:基于产业中类制造业数据的分析[J].
世界经济与政治论坛,2016(4):156-168.

[14] 朱向红,王丽娜.长三角地区外商直接投资存在的问题与对策[J].经济纵横,2011(1):
66-69.

[15] 司言武,万军.外商直接投资与国内资本形成关系研究:以长三角地区为例[J].经济问
题探索,2007(2):119-122.

[16] 蒋伟,刘牧鑫.外商直接投资在长三角城市的区位决定:基于地理加权回归模型的实
证分析[J].华东经济管理,2011,25(8):12-17.

[17] 王方,全伟.“长三角”地区外商直接投资的区域分布及产业结构分析[J].华东经济管
理,2004,18(1):7-10.

[18] 张震.苏南经济发展的历史考察[J].现代经济探讨,2005(11):19-22.

[19] 顾卫平,冯彦,苏巧勤.上海服务业利用外商直接投资分析[J].上海经济研究,2008
(3):59-63.

[20] 巫强,刘志彪,江静.扩大内需条件下长三角提高对外开放水平的新战略选择[J].上海
经济研究,2011(10):21-28.

[21] 黄肖琦,柴敏.新经济地理学视角下的 FDI 区位选择:基于中国省际面板数据的实证
分析[J].管理世界,2006(10):7-13.

[22] 田素华,杨烨超.FDI 进入中国区位变动的决定因素:基于 D-G 模型的经验研究[J].
世界经济,2012(11):59-87.

第十八章　长三角与珠三角基本实现现代化的比较研究[①]

一、引　言

基本实现现代化是我国现代化进程中不可逾越的重要阶段,它既是对全面小康社会的质的超越,又是全面现代化的早期特殊形态与表现(刘志彪,2011)。近年来,在我国大多数地区已经基本建成全面小康社会的历史背景下,基本实现现代化已成为下一阶段我国经济社会发展的必然迫切任务。基本实现现代化不仅表现为经济发展水平的进一步提升和人民生活水平的进一步提高,而且要更加强调经济社会的协调发展与民生指向(江建平,2011),更加关注经济结构的转换能力和发展的可持续性,综合考虑物质文明、精神文明、政治文明、生态文明和社会文明的全面协调发展,尤其更加重视人的现代化。

当前学界已基本达成共识,在中国区域经济发展不平衡的背景下,特定区域完全可能率先基本实现现代化,这符合世界经济发展和中国社会主义建设的发展规律(徐之顺和邵军,2012)。十八大报告也提出鼓励有条件的地区在现代化建设中继续走在前列,为全国改革发展做出更大贡献。长三角与珠三角是我国经济的两大增长极,在我国经济发展中一直扮演着"领头羊"的重要角色,也必然是最有可能、最有条件率先

---

① 本章以《长三角与珠三角基本实现现代化的测算与比较》为题发表在《科技与经济》2013 年 4 期上,原文作者为巫强、姚志敏。

基本实现现代化的区域。以长三角和珠三角为龙头,我国东部沿海地区率先基本实现现代化将能从体制、技术、人才、信息等多方面加强对中西部地区的辐射带动作用,能在加强东中西部的交流合作中实现优势互补、共同发展,东部带动中西部,从而成为全国基本实现现代化的重要引擎(陈柳钦,2010)。当然,东部沿海发达地区率先基本实现现代化还面临着诸多挑战,要实施"创新驱动战略"来跨越"中等收入陷阱"(刘志彪,2011;徐之顺和邵军,2012;储东涛,2012),要充分发挥高新技术产业对实现基本现代化的推动作用(张球和胡实秋,2002),要从经济转型升级和公共财政目标转变等角度来规划率先基本实现现代化的创新路径(陈柳,2012)。

　　一直以来,长三角和珠三角的比较研究都是学界的热点研究主题(刘华和蒋伏心,2007),这方面的研究涉及区域经济增长的空间相关性(苏良军和王芸,2007;孙洋,2009)、制造业结构效率与区域竞争力(胡彬、董波和赵鹏飞,2009;王晓东,2011)、区域一体化与体制改革进程(邹卫星和周立群,2010;保建云,2007;樊纲和张泓骏,2005)、公共物品供给(柳春慈,2011)等诸多方面,两区域之间的竞争合作关系也得到了高度关注(刘丹鹭,2005)。虽然它们共同承担了在全国率先基本实现现代化的历史重任,但这两个大尺度空间区域当前的现代化进程走到了哪一步?它们各自的现代化水平距离全面现代化还有哪些差距?它们未来走向全面现代化还需要注意哪些重要因素?目前学界还缺乏对这些问题的全面分析。其原因可能是,虽然二十一世纪以来,学界陆续提出了一系列测评现代化水平的评价指标体系(姜玉山和朱孔来,2002;方和荣,2003;张浩瀚,2004;陈柳钦,2010),但社会普遍公认的程度较高的现代化指标体系尚未形成,并且现代化的理论研究基础还有待加强。

　　这一情况在 2012 年初发生了根本改变,江苏省在今年初正式发布的《江苏基本实现现代化指标体系(试行)》在国内外引起了极大反响。这套指标体系由经济发展、人民生活、社会发展、生态环境四大类共 30 项指标组成,其中经济发展指标 9 项,人民生活 7 项,社会发展 8 项,生态环境 6 项。这套指标体系产生的背景是近年来我国学界逐步加深了对基本实现现代化这一特定历史发展阶段内涵的理解,在现代化理论研究中产生了一系列的重要成果。总体看来,这套指标体系较好地综合反映了基本实现现代化的本质内涵,在兼顾指标体系可比性的同时充分体现了东部沿海地区的经济特色;并且它的可操作性较强,已经在江苏省内颁布实施,是江苏率先实现基本现代化的重要保障条件。这也为我国东部沿海其他发达地区测算并提高现代化水平提供了富有意义的可参照体系。

本章以江苏省发布的基本实现现代化指标体系为基础,选取长三角 16 个城市与珠三角 9 个城市为研究对象[①],采用主成分分析寻找长三角与珠三角基本实现现代化进程中的关键决定因素,并通过聚类分析揭示两区域内部基本实现现代化进程中的层次结构。在此基础上,本章力图总结出长三角和珠三角基本实现现代化的异同,为完善我国大尺度空间区域内基本现代化指标体系的设计与进一步实际测算提供实证基础。

二、长三角基本实现现代化水平测算

（一）指标体系的构建及数据处理

本章参照江苏省率先基本实现现代化指标体系,兼顾指标体系的全面性与针对性要求,结合研究目的与指标数据的可获得性,经过多次甄别筛选[②],最终确定了由 X_1……X_{13} 共 13 个指标组成的评价指标体系,如表 18.1 所示。该评价指标体系与江苏省率先基本实现现代化指标体系的结构相同,相关指标基本和后者中指标相同,并分别纳入经济发展、人民生活、社会发展、生态环境四大方面。本章原始数据均来源于各省(区、市)2011 年统计年鉴、第六次人口普查公报以及中国经济统计数据库,部

---

　　① 长三角 16 个城市:上海、南京、无锡、常州、苏州、南通、扬州、镇江、泰州、杭州、宁波、嘉兴、湖州、绍兴、舟山、台州;珠三角 9 个城市:广州、深圳、珠海、佛山、江门、东莞、中山、惠州、肇庆。

　　② 本章严格从江苏省基本实现现代化指标体系中筛选指标,采取的原则如下:第一,去除无法从公开统计数据中获得的指标。这类去掉的指标包括部分主观指标,部分必须通过抽样调查获得数据后计算的指标等。第二,通过向参与江苏省指标体系设计的专家咨询,结合现代化理论分析,筛选四大方面指标中的最核心指标。第三,对于江苏省指标体系中生态环境方面的指标,长三角和珠三角各地市统计年鉴公布数据有差异。我们在不改变原有指标体系中指标含义的前提下,采用工业二氧化硫去除量和烟尘去除量这两个各地统一公布的指标,以保证各地数据可比较,并去除了该指标体系中的主观性指标和无法从公开统计数据中获得的部分指标。

分指标值由公开数据计算得到。

表 18.1　长三角基本实现现代化评价指标体系

一级指标	二级指标	指标性质
经济发展	X_1:人均 GDP(元)	正
	X_2:服务业增加值占 GDP 的比重(%)	正
	X_3:消费对经济增长的贡献率(%)	正
	X_4:城市化水平(%)	正
	X_5:研发经费支出占 GDP 的比重(%)	正
人民生活	X_6:国际互联网用户普及率(%)	正
	X_7:基本养老保险参保比例(%)	正
	X_8:基本医疗保险参保比例(%)	正
	X_9:失业保险参保比例(%)	正
社会发展	X_{10}:普通高校毕业生人数(万人)	正
	X_{11}:每万人劳动力中研发人员数(人)	正
生态环境	X_{12}:工业二氧化硫去除量(万吨)	正
	X_{13}:烟尘去除量(万吨)	正

需要指出的是,国际互联网用户普及率(%)X_6、基本养老保险参保比例(%)X_7、基本医疗保险参保比例(%)X_8 和失业保险参保比例(%)X_9 均由使用人数或参保人数占常住总人口数的百分比来衡量。原因在于,要真实全面地反映长三角与珠三角的人民生活水平,就应把在该地区生活的所有人包括进去,即以常住总人口数为基准,而不能以户籍人口数为基准。具体计算公式如下:

$$X_6 = \frac{\text{国际互联网用户数}}{\text{常住人口户数}} \times 100 \tag{18.1}$$

$$X_i = \frac{\text{养老、医疗或失业保险参保人数}}{\text{常住总人口数}} \times 100,\text{其中},i = 7,8,9 \tag{18.2}$$

为了消除数据不同量纲的影响,使各指标之间具有可比性,需先对数据进行正指标化判断,然后进行标准化处理。标准化处理公式如(18.3)式所示:

$$X_i = \frac{X_i - \mu_i}{\sigma_i} \tag{18.3}$$

其中，μ_i 和 σ_i 分别代表第 i 个指标的样本均值和标准差。

（二）综合评价过程

1. 因子分析法的适用性检验

因子分析法的适用性可以用 KMO 统计量和 Bartlett 球形检验加以判定。KMO 统计量用于检验变量间的偏相关性，它比较的是各变量间的简单相关和偏相关的大小，取值范围在 0~1 之间，越大越好。Bartlett 球形检验用于检验相关阵是否是单位阵，即各变量是否相互独立。通过检验，我们发现 KMO 值为 0.662，说明原有变量适合做因子分析。同时，Bartlett 球形检验统计量为 254.127，相应的概率 Sig 为 0.000，说明相关系数矩阵与单位阵存在显著差异，进一步证明因子分析具备合理性。

2. 主因子的确定

本章按"特征值大于 1"的标准选取主因子，这是因为通常认为特征值是反映因子影响力大小的指标，如果特征值小于 1，说明该因子的解释力度还不如原变量的平均解释力度大。为了便于对因子的解释，采用方差最大化正交旋转法（Varimax）使得因子间的方差差异达到最大，旋转后主因子的特征值、贡献率及累积贡献率如表 18.2 所示。表 18.2 表明，前三个主因子特征值的累积贡献率达到 84.941%，说明这三个主因子能反映原有指标体系总信息的 84.941%，基本可概括上述 13 个指标的总信息量。因此，在综合评价长三角当前所处的现代化发展水平时，提取这三个主因子比较合理。

不难发现，第一主因子 F_1 在 X_2、X_3、X_4、X_5、X_{10}、X_{11} 上有高载荷，这些指标均反映了基本实现现代化进程中经济转型发展的特定要求。X_2 衡量经济结构中服务业的发展水平，X_3 反映社会消费水平及其对经济的拉动作用，X_5 体现研发创新投入对经济增长的作用，X_{10} 和 X_{11} 是衡量人力资本的重要指标，分别测量高等教育发展水平和研发技术人员比重。所以这五个指标分别对应着基本现代化过程中的四大转型，即制造业拉动向服务业拉动转型、投资出口拉动向需求消费拉动转型、劳动要素拉动向创新要素拉动转型、非人力资本拉动向人力资本拉动转型。而 X_4 衡量城市化水平,这是基本现代化进程中经济转型发展导致的必然趋势。因此,我们将第一主因子 F_1 命名为"经济转型因子"。

第二主因子 F_2 在 X_1、X_6、X_7、X_8、X_9 上有高载荷。首先,人均 GDP X_1 是反映居民收入和生活水平的重要指标,是保障民生的基础指标。其次,X_7、X_8、X_9 作为度量医疗、养老与失业三类社会保障水平的核心指标,从社会保障角度反映一个地区的民生状况。再次,网络社会与信息化时代的到来导致互联网已经成为日常生活中不可或缺的重要部分,互联网对居民生活的影响深度和广度日益明显,X_6 能充分反映信息化时代居民生活水平的网络化信息化特征。因此,我们将第二主因子 F_2 命名为"民生保障因子"。

第三主因子 F_3 在 X_{12}、X_{13} 上有高载荷。X_{12} 和 X_{13} 是主要污染物的处理指标,能准确地反映长三角在实现基本现代化进程中对生态环境的保护和治理状况,故我们将第三主因子 F_3 命名为"环境改善因子"。

表 18.2 旋转后因子载荷阵、特征值、贡献率、累积贡献率

指　标	第一主因子 F_1（经济转型）	第二主因子 F_2（民生保障）	第三主因子 F_3（环境改善）
X_{10}：普通高等学校毕业生数	**.863**	.157	.343
X_2：服务业增加值占 GDP 的比重	**.857**	.171	.249
X_5：研发支出占 GDP 的比重	**.826**	.398	−.019
X_4：城市化水平	**.800**	.306	.174
X_3：消费对经济增长的贡献率	**.758**	−.065	.068
X_{11}：每万劳动力中研发人员数	**.639**	.599	.311
X_1：人均 GDP	.177	**.923**	.224
X_7：城镇基本医疗保险参保比例	.213	**.891**	.094
X_8：城镇基本养老保险参保比例	−.118	**.879**	.270
X_9：失业保险参保比例	.505	**.800**	.285
X_6：国际互联网用户普及率	.533	**.739**	.097
X_{12}：工业二氧化硫去除量	.218	.175	**.927**
X_{13}：烟尘去除量	.256	.442	**.788**

（续表）

指　标	第一主因子 F_1 （经济转型）	第二主因子 F_2 （民生保障）	第三主因子 F_3 （环境改善）
特征值	4.529	4.499	2.015
贡献率	34.838%	34.604%	15.499%
累积贡献率	34.838%	69.442%	84.941%

3. 因子排名及聚类分析

为了进一步测量长三角16个城市的基本现代化水平，我们对上述三个主因子采用默认的回归法计算各自的得分 $FAC_i(i=1,2,3)$，然后再以各主因子对总信息量的贡献率为权数，加权计算出各地区基本现代化水平的综合得分（Z），其公式如（18.4）式。长三角16个城市的各主因子得分（FAC_i）及排名，综合得分（Z）及总排名，如表18.3所示。

$$Z=0.348\ 38\times FAC_1+0.346\ 04\times FAC_2+0.154\ 99\times FAC_3 \tag{18.4}$$

第一主因子 F_1，即经济转型因子的得分、排名与长三角内16个城市的经济社会发展水平相匹配。作为长三角的核心城市，上海以绝对的优势领先于长三角其他城市，在经济转型因子上位居榜首，其次是南京和杭州。这三个城市不仅经济都相对发达，体现出经济总量规模大、服务业发展超前和居民消费力强等特征，而且科技教育水平领先，集聚了众多知名的高等院校、科研机构和大量高素质人才。同时，江苏大多数城市的排名都比较靠前，而浙江城市的排名，除杭州和湖州外，普遍比较靠后。这说明，虽然总体上江苏与浙江的经济发展模式各有特点，但是浙江在基本实现现代化进程中实现经济转型发展的难度比江苏更大，原因在于前者在高等教育、人力资源、科技创新等方面都有所滞后，这些方面的不足将成为浙江基本实现现代化的一个重要约束。

第二主因子 F_2，即民生保障因子方面，排名前六的是杭州、苏州、宁波、无锡、嘉兴、常州。需要注意的是，上海、南京并未在民生保障因子中得分领先，分别居于第十、第十一位。其原因在于第二主因子中的指标都以常住总人口数为基准来测算，上海、南京由于外来人口规模大，人口密度很高，导致其民生保障因子得分不高。这充分说明经济发达的中心城市由于对周边地区人口吸引力大,具有较强的辐射力,所以其实现公共服务共享、完成民生发展目标的压力巨大。这成为区域中心城市在基本实现现代化进程中的重要挑战。

由公式(18.4)可知,在长三角基本实现现代化水平的综合评价模型中,第一主因子和第二主因子所占的权重分别为 34.838％和 34.604％。这说明,经济转型与民生保障是长三角率先基本实现现代化进程中两个最重要的领域,两者基本处于同等重要的水平。民生保障因子在长三角基本实现现代化指标体系中的高权重充分证明现代化的最终目的是为了实现人的现代化,实现人的自由全面发展;从全面建设小康社会到基本实现现代化,这不仅仅是量的积累,更是质的提升,这是基本实现现代化这一历史阶段高于小康社会这一历史阶段的突出表现。另外,第一主因子权重最高。这表明长三角基本实现现代化仍然需要以经济建设为中心,但是经济增长的质量提升、发展动力源的迅速切换、增长模式的根本变革已经成为经济建设中需要高度关注的领域。仅靠投资扩张实现规模快速扩张的时代已经过去,大力发展服务业、鼓励科技创新、提高教育水平成为转变经济发展方式的重点。

第三主因子 F_3,即环境改善因子反映了长三角各地区对环境的保护和治理状况。虽然它的权重为 15.499％,落后于前两个主因子,但是它对长三角基本实现现代化的影响也不可忽视,污染严重、环境保护不力的地区显然还没有基本实现现代化。该因子排名前六的长三角城市分别为宁波、南京、上海、台州、南通和苏州,这表明在这些城市,特别是作为区域中心的南京、上海在现代化过程中较好地平衡了经济发展与环境保护之间的关系。但总体看来,长三角大多数城市的生态环境状况还有很大的提升空间,包括杭州在内的部分城市环境改善因子得分排名偏低。如何破解经济发展与环境改善之间的权衡难题,摆脱库兹涅茨倒"U"型曲线的固有增长路径,这应引起相应地方政府的高度关注。

表 18.3　各主因子得分、综合得分及排序

地区	第一主因子 F_1（经济转型）		第二主因子 F_2（民生保障）		第三主因子 F_3（环境改善）		综合因子 Z	
	得分	排名	得分	排名	得分	排名	得分	排名
上海	2.251 4	1	−0.333 06	10	0.805 51	3	0.793 94	1
南京	1.999 92	2	−0.396 77	11	1.274 76	2	0.757 01	2
无锡	0.404 17	4	1.226 78	4	−0.150 79	8	0.541 95	4
常州	0.204 17	5	0.180 26	6	−0.757 68	14	0.016 07	7
苏州	−0.230 12	7	1.459 58	2	0.100 43	6	0.440 47	5
南通	−0.246 6	9	−1.457 9	15	0.327 89	5	−0.539 58	14
扬州	−0.240 8	8	−0.266 12	9	−0.660 25	13	−0.278 31	11
镇江	−0.357 03	10	−0.399 48	12	0.021	7	−0.259 36	10
泰州	−0.707 21	13	−1.134 21	14	−0.347 09	9	−0.692 66	16
杭州	0.998 17	3	1.568 05	1	−1.247 76	16	0.696 93	3
宁波	−1.556 56	16	1.261 25	3	2.800 6	1	0.328 23	6
嘉兴	−0.719 54	14	0.579 9	5	−0.605 92	11	−0.143 92	8
湖州	−0.194 43	6	−0.715 01	13	−0.623 06	12	−0.411 72	13
绍兴	−0.411 35	12	0.040 88	7	−0.838 48	15	−0.259 12	9
舟山	−0.784 31	15	−0.026 04	8	−0.593 05	10	−0.374 17	12
台州	−0.409 87	11	−1.588 1	16	0.494 08	4	−0.615 76	15

　　在综合考虑了三个主因子后，综合因子得分排名表明，上海、南京、杭州分别居于长三角 16 个城市基本现代化水平的第一、第二、第三位。这表明在长三角内部，虽然这三个城市并没有在全部三个主因子中均居于前列，在个别主因子上的排名还落在下游，但是在全面考虑由 13 个指标组成的基本实现现代化指标体系后，它们的现代化水平仍然领先于其他城市。为进一步说明长三角 16 个城市基本实现现代化水平的层次差异，我们对综合因子得分（Z）进行聚类，运用离差平方和法（WARD）对表 18.3 中的综合因子得分（Z）进行最优分割，将长三角区域 16 个城市的基本现代化水

平分为三个层次。第一层次是上海。上海作为长三角地区的龙头城市,各项因子排名均靠前,基本现代化水平最高。第二层次是南京、杭州、无锡、苏州、宁波和常州,它们的基本现代化水平接近,均落后于上海。就第二层次的城市数量而言,江苏超过浙江,这在一定意义上表明江苏,尤其是苏南整体的现代化水平要略微领先于浙江。并且,杭州和常州均在第三个主因子上排名较后,说明通过加强环境保护来提升基本现代化水平的潜力较大。第三层次是嘉兴、绍兴、镇江、扬州、舟山、湖州、南通、台州和泰州,它们的现代化水平在长三角内部处于中下游水平,它们积极加速自身经济转型、提高民生保障和改善环境将有助于提高长三角整体的基本现代化水平。

三、珠三角基本实现现代化水平的综合评价

(一) 指标体系的构建及数据处理

为了比较两大区域的基本现代化水平,我们参照长三角基本现代化水平测算的做法,同样从经济发展、人民生活、社会发展、生态环境四个方面选取 13 个指标构建评价指标体系,来测算珠三角的基本现代化水平。但考虑到数据可获得性与精确程度,我们将 X_{10}、X_{12} 和 X_{13} 依次定义为:万人拥有发明专利数(件)、单位 GDP 工业二氧化硫去除量(吨/亿元)和单位 GDP 烟尘去除量(吨/亿元),其他数据处理相同。

(二) 综合评价过程

1. 主因子的确定

我们发现珠三角 13 项指标通过了 KMO 和 Bartlett 球形检验,这些指标适用于因子分析法,提取主因子继续以"特征值大于 1"为标准。如表 18.4 所示,前三个主因子特征值的累积贡献率达到 85.121%,说明这三个主因子选取合理,可反映珠三角 13 个基本现代化指标 85.121%的信息量。除个别指标,表 18.4 中三个主因子的指标构成与长三角三个主因子指标构成基本相似,也将 F_1、F_2、F_3 分别命名为经济转型因子、民生保障因子和环境改善因子。这表明,尽管珠三角和长三角经济发展模式与路径存在差异,但是在基本现代化进程中要关注的核心问题都相似;在长三角和珠

三角这样的大尺度空间范围内,衡量它们基本现代化水平的主要指标差别不大,这和小尺度空间范围内的基本现代化指标设计有所不同(刘志彪,2011)。

表 18.4 旋转后因子载荷阵、特征值、贡献率、累积贡献率

指 标	第一主因子 F_1（经济转型）	第二主因子 F_2（民生保障）	第三主因子 F_3（环境改善）
X_5：研发支出占 GDP 的比重	**.895**	.313	−.222
X_{11}：每万劳动力中研发人员数	**.882**	.253	−.318
X_{10}：万人发明专利拥有量	**.849**	.092	−.412
X_1：人均 GDP	**.772**	.546	.128
X_2：服务业增加值占 GDP 的比重	**.687**	.163	.230
X_4：城市化水平	**.686**	.425	.286
X_9：失业保险参保比例	.082	**.929**	.211
X_8：城镇基本医疗保险参保比例	.258	**.840**	−.245
X_7：城镇基本养老保险参保比例	.419	**.821**	−.237
X_6：国际互联网用户普及率	.453	**.819**	−.125
X_3：消费对经济增长的贡献率	.208	**.788**	.272
X_{13}：单位 GDP 烟尘去除量	−.052	−.037	**.955**
X_{12}：单位 GDP 工业二氧化硫去除量	−.072	.060	**.936**
特征值	4.342	4.214	2.510
贡献率	33.398%	32.414%	19.310%
累积贡献率	33.398%	65.811%	85.121%

2. 因子排名与聚类分析

同样先计算各主因子得分 $FAC_i (i=1,2,3)$,然后再加权运算得到珠三角各地区的基本现代化综合得分(Z),其公式见式(18.5)。各主因子得分(FAC_i)及排名,综合得分(Z)及总排名,如表 18.5 所示:

$$Z=0.333\,98\times FAC_1+0.324\,14\times FAC_2+0.193\,10\times FAC_3 \qquad (18.5)$$

表 18.5　各主因子得分、综合得分及排序

地区	第一主因子 F_1（经济转型）		第二主因子 F_2（民生保障）		第三主因子 F_3（环境改善）		综合因子 Z	
	得分	排名	得分	排名	得分	排名	得分	排名
广州	1.016 97	2	−0.053 36	6	1.175 8	3	0.549 40	3
深圳	2.236 32	1	0.333 98	4	−0.975 52	7	0.666 77	1
珠海	−0.201 54	4	1.524 87	1	1.203 05	2	0.659 27	2
佛山	−0.088 51	3	0.178 81	5	−0.040 15	4	0.020 64	4
江门	−0.320 93	5	−1.429 95	9	1.340 61	1	−0.311 82	7
东莞	−0.673 5	8	0.686 03	3	−0.147 88	5	−0.031 12	5
中山	−0.568 07	7	1.087 62	2	−1.014 17	8	−0.033 02	6
惠州	−0.533 19	6	−0.548 96	7	−1.071 52	9	−0.562 93	8
肇庆	−0.867 53	9	−1.268 52	8	−0.470 22	6	−0.791 72	9

　　在第一主因子 F_1，即经济转型因子方面,深圳、广州、佛山和珠海四个城市的得分排名居于前列。这四个城市是珠三角目前经济最发达的城市,均体现出科技创新能力强、高新技术企业集聚、人力资本丰裕和服务业发展水平较高等特征;同时深圳、珠海、佛山已经基本完全实现城市化,城市化率达到或接近 100%。在第二主因子 F_2 民生保障因子方面,排名前四的城市分别是珠海、中山、东莞和深圳,而广州、佛山等城市排名不甚理想。这与长三角的情况相似,这可能是由于其人口密度大,外来人口多,而本章在处理数据时以常住人口总数作为基准。这些城市同样需要大力加强居民的民生保障工作,这有助于提升这些城市的现代化水平。根据珠三角基本实现现代化水平的综合评价模型,即式(18.5),民生保障因子权重为 32.414%,略低于经济转型因子权重 33.398%。在珠三角基本实现现代化的实践中,民生保障与经济转型依然是两大关键的核心领域。在第三主因子 F_3 环境改善因子方面,珠三角 9 个城市的排名与它们在第一主因子的排名相似,排名前四位的分别是江门、珠海、广州和佛山。特别是珠海、广州和佛山这三个城市不仅在经济转型方面走在珠三角前列,而且其经济增长方式已逐步从"环境粗放型"转向"环境友好型"。另外,深圳在环境改善

方面排名第七，居于珠三角城市后列，它在生态环境保护和治理方面还有待加强。最后从综合因子得分排名看，深圳、珠海、广州、佛山分列珠三角前四位，其中深圳凭借其在经济转型主因子的高得分优势抵消了其在环境改善因子的劣势，在现代化水平的全面考察上依旧处于珠三角的领先位置。

再看采用聚类方法，我们将珠三角 9 个城市的现代化发展水平分为三个层次。第一层次包括深圳、珠海和广州，它们的现代化水平处于珠三角前列有其历史因素。这三个城市属于我国最早对外开放的城市，保持了经济高速发展的态势，始终处于中国改革开放的最前沿。珠海、广州在三个主因子得分排名都居于珠三角前列，而深圳虽然在环境改善因子上得分不高，但早在 1997 年，它就已经在国内率先成为以通信设备和计算机为主体的高技术产业主导型城市，科技创新能力强。以高新技术产业发展推动基本现代化水平的快速提升，这是深圳基本现代化进程中的重要特点(张球和胡实秋，2002)。大量知名高新技术企业集聚在深圳，它们不仅是科技创新的重要主体，而且也大规模吸引全国各地优秀科研人员和顶级管理人才汇聚深圳，进而促进深圳各类服务行业迅速成长，民生保障措施也配套齐全。

第二层次是佛山、东莞和中山，它们的现代化水平处于珠三角中游位置。佛山的经济转型因子排名较好，位列第三，但其他两个因子的排名都处于中等水平。这是佛山落后于第一层次城市的主要原因，因此佛山若能进一步关注民生，加大民生领域问题的解决力度，那就能继续巩固其在珠三角基本现代化进程中的中游地位，并形成对第一层次城市的追赶压力。而东莞和中山优劣势相似，两者在民生保障因子上都表现突出，但其他方面还有很大提升空间。因此对它们而言，要提高现代化水平，就需要大力促进经济转型发展，鼓励技术创新，建设"资源节约型"和"环境友好型"社会。

第三层次是江门、惠州和肇庆，它们的现代化水平在珠三角相对落后。其中江门的优势在于其环境改善因子排名位列第一，但由于在经济转型和民生保障方面相对落后，这严重负面影响其现代化发展水平评价结果，所以其现代化水平在珠三角排名第七。而惠州和肇庆在三个主因子的排名中都均处于下游，与珠三角其他城市相比，它们要从多方面共同着手才能提高自身现代化水平。

四、长三角与珠三角基本实现现代化特征的比较

在多年外向型经济发展的带动下,长三角与珠三角已经在全国拥有了强大的区域竞争优势,它们理所当然是我国基本实现现代化的排头兵。长三角与珠三角基本实现现代化特征存在相同之处,但由于经济社会发展模式的差异,两者的现代化道路必然有所差异。所以,比较两个区域基本实现现代化的异同点,不仅是有助于从中总结出大尺度空间范围内基本实现现代化的基本规律,而且能为两地的现代化实践提供参考,具有较强的实践价值。

首先,长三角与珠三角基本实现现代化的测算表明两区域基本实现现代化的关键因素高度相似,两者基本实现现代化水平都需要从经济社会发展各方面来全面评价。虽然个别指标略有差异,但长三角与珠三角的指标体系均由三个主因子构成,即经济转型因子、民生保障因子、环境改善因子。这三个主因子囊括了经济社会、科技教育、人民生活、生态环境等多个方面的信息,我们从这三个方面基本能够全面且科学地评价这两个区域的现代化发展水平。

两区域基本实现现代化的关键因素相同的原因之一是两区域都是大尺度空间范围,这与小尺度空间范围内的基本现代化评价不同(刘志彪,2011)。大尺度空间范围内的经济活动存在跨区域外部性的可能性不大;例如 A 地化工厂污染临近 B 地,在 B 地这一小尺度空间范围内测算现代化水平时,过于强调环境保护方面的指标并不合适,但是在包括了 A、B 两地的大尺度空间范围内测算现代化水平时,环境保护指标显然应该是重要的部分。从这个意义上分析,在大尺度空间范围内设定基本实现现代化的评价指标体系就更加需要依据基本实现现代化本身的全面科学内涵,基本实现现代化不再唯 GDP 马首是瞻,而是更多地关注社会发展、人民生活和生态环境,促进经济现代化、社会现代化、人的现代化以及生态现代化在整个现代化大局中的协调发展。当然与全国相比,长三角和珠三角的指标体系仍然有所区别,不必过于关注全国层面上的制度方面的现代化指标。原因之二是两区域经济发展方式的相似性。国际市场都为两区域发展提供了起飞的初始市场空间,外向型经济发展都促进两区

域经济快速成长,导致两区域三次产业结构相似度较高(靖学青,2003)。它们还都大量吸引国外直接投资,引进国外技术与设备,当前都面临从"利益导向"向"效率导向"的经济增长方式转变(蒋伏心,2008)。

其次,长三角与珠三角基本实现现代化进程的重点领域优先次序一致,但各重点领域的具体权重略有差异。虽然长三角和珠三角要基本实现的现代化都是全面的现代化,但是全面的现代化也是重点突出的现代化,即对于基本实现现代化各方面的投入和关注力度是有轻重之分的。理论分析表明,经济转型是整个基本实现现代化的核心,它是其他各项现代化顺利进行的物质基础,科技创新和产业结构调整升级是两区域共同需要面对的挑战(李德水,2005)。另外,通过对民生的关注最终实现人的现代化,这是现代化进程的最终目的,并且人还是现代化的主体。这些理论观点在两区域基本实现现代化水平的实际测算中得到印证,长三角和珠三角的三个主因子均相同,每个主因子所涵盖的指标体系也基本相似。长三角三个主因子的权重分别为34.838%、34.604%、15.499%,珠三角三个主因子的权重分别为 33.398%、32.414%、19.310%。这表明,在两区域基本实现现代化的进程中,推动经济社会转型发展都是第一要务,而民生保障紧随其后;而受到资源环境方面的制约(郑畅,2008),环境改善主因子的权重相对较低,它对两区域基本实现现代化水平的提升作用还有待加强。但是横向对比两区域每个主因子的权重,可发现生态环境现代化对珠三角基本实现现代化的影响要大于长三角,而长三角基本实现现代化进程中的经济转型与民生保障的重要程度比珠三角稍高,这可能与长三角 2002 年后整体经济发展水平保持上升趋势,而珠三角呈下降趋势有关(郑畅,2008);同时长三角人力资本提升超过珠三角(罗润东和郭建强,2009;罗润东和刘文,2008),处在全球价值链更为高端的位置(孙军和高彦彦,2010)。

第三,虽然长三角与珠三角基本实现现代化的重点领域相同,但是它们在每个重点领域的内部结构上都存在显著差异。按载荷量从高到低排序,长三角在经济转型因子内的指标依次为普通高等学校毕业生数、服务业增加值占 GDP 的比重、研发支出占 GDP 的比重、城市化水平、消费对经济增长的贡献率、每万劳动力中研发人员数;相应地,珠三角该因子内的指标依次为研发支出占 GDP 的比重、每万劳动力中研发人员数、万人发明专利拥有量、人均 GDP、服务业增加值占 GDP 的比重、城市化水平。这说明虽然研发创新对两区域经济转型都很重要,但是长三角相对更强调高等教育发展、服务业提升与城市化进程,而这些因素在珠三角指标体系中的重要程度相对稍低。我们也将民生保障因子内的指标按载荷量从高到低排序,长三角的首位指标是人均 GDP,随后是各类社会保障指标和居民生活的信息化指标;珠三角有所不同,各类社会保障指标和居民生活的信息化指标排在前列,接着才是消费对经济增长的贡献率。在环境改善主因子中,由于公开数据差异,长三角和珠三角的指标不完全相同,但都较好地反映了两区域的环境保护与污染治理情况。两区域在环境改善主因子上的指标载荷量排序恰好相反,这可能反映了两区域在治理环境污染方面的重点需要有区别。

第四,长三角与珠三角内各城市现代化水平的纵向排列结构相似,但具体城市间的差别不尽相同。根据两区域内各城市在三个主因子上的得分,我们得到长三角和珠三角内各城市基本实现现代化水平的排序,都体现出从高到低三个层次上的纵向阶梯分布结构。这种阶梯分布特征是我国大尺度空间区域内基本实现现代化进程中内部结构演变的基本属性,这些城市的现代化水平有高低之分,同时它们基本实现现代化的时间也将有早晚之分。长三角和珠三角作为我国最发达的地区代表,它们在全国范围内可以率先基本实现现代化,而在它们内部,上海、南京、杭州与深圳、珠海、广州将可能成为率先基本实现现代化的城市。从理论上看,长三角和珠三角的内部城市基本实现现代化进程的不平衡同样为两区域整体在全国率先基本实现现代化创造了条件,能有效激励加速两区域内其他城市的现代化进程。但是两区域的区别在于,长三角的第一层次城市只有上海,雁行结构非常明确;而珠三角的第一层次城市有深圳、珠海,广州,三个城市之间差距不大。这证明上海是长三角基本实现现代化进程的单核,而珠三角基本实现现代化进程中存在深圳、珠海和广州这三核。当然,究竟是单核模式更有利于长三角率先整体基本实现现代化,还是三核模式更能推动珠三角率先整体基本实现现代化,这还有待于进一步观察和研究。

参考文献

[1] 保建云. 发达地区间区域一体化发展面临的问题与地方利益协调分析[J]. 商业经济与管理, 2007(10): 58 - 63.

[2] 陈柳. 江苏率先实现基本现代化的创新路径[J]. 群众, 2012(1): 17 - 18.

[3] 陈柳钦. 我国基本现代化及其评价指标体系[J/OL]. 价值中国网, [2010 - 10 - 01]. http://www. chinavalue. net/Finance/Article/2010 - 10 - 1/192883. html.

[4] 储东涛. 江苏现代化进程中若干重大政策研究[N]. 江苏大学学报(社会科学版), 2012(1): 77 - 82.

[5] 樊纲, 张泓骏. 长江三角洲与珠江三角洲经济发展与体制改革的比较研究[J]. 学术研究, 2005(4): 10 - 24.

[6] 方和荣. 浅谈基本现代化的标准和指标体系[J]. 中国经济问题, 2003(3): 71 - 75.

[7] 胡彬, 董波, 赵鹏飞. 长三角与珠三角的制造业结构与区域竞争力比较[J]. 经济管理, 2009(2): 31 - 36.

[8] 蒋伏心. 经济增长方式转变: 内涵的讨论与路径的选择: 以长三角和珠三角为例的研究[J]. 经济学家, 2008(3): 14 - 20.

[9] 江建平. 全民宽裕: 基本现代化进程中的民生指向[J]. 江海学刊, 2011(5): 101 - 106.

[10] 姜玉山, 朱孔来. 现代化评价指标体系及综合评价方法[J]. 统计研究, 2002(1): 50 - 54.

[11] 靖学青. 长江三角洲与珠江三角洲地区产业机构比较[J]. 上海经济研究, 2003(1): 46 - 51.

[12] 李德水. 对区域经济发展的几点认识: 关于珠江三角洲和长江三角洲经济发展的比较[J]. 学术研究, 2005(4): 5 - 9.

[13] 柳春慈. 区域协调发展中公共物品供给的综合评价: 以长三角 16 个市和珠三角 9 个市为例[N]. 广东行政学院学报, 2011(2): 70 - 75.

[14] 刘丹鹭. 竞争合作: 长三角与珠三角共赢[J]. 当代财经, 2005(10): 90 - 93.

[15] 刘华, 蒋伏心. 长三角和珠三角: 经济发展比较研究述评[J]. 上海经济研究, 2007(8): 39 - 44.

［16］刘志彪. 空间尺度较小区域的率先基本现代化问题［J］. 河北学刊,2011,31(6)：122－128.

［17］罗润东,郭建强. 京津冀、长三角、珠三角人力资本竞争力状况比较［J］. 经济问题,2009(1)：117－121.

［18］罗润东,刘文. 人力资本对区域经济发展的作用及其评价［J］. 学术月刊,2008(8)：86－91.

［19］苏良军,王芸. 中国经济增长空间相关性研究:基于长三角与珠三角的实证［J］. 数量经济技术经济研究,2007(12)：26－38.

［20］孙洋. 产业发展战略与空间收敛:长三角、珠三角与环渤海区域增长的比较研究［J］. 南开经济研究,2009(1)：46－60.

［21］孙军,高彦彦. 全球产业链、区域工资差异与产业升级:对长三角和珠三角产业发展模式的一个比较研究［J］. 当代经济科学,2010(3)：46－54.

［22］王晓东. 长三角、珠三角制造业效率比较研究:基于动态竞争的解释［N］. 云南财经大学学报,2011(4)：77－83.

［23］徐之顺,邵军. 区域率先实现基本现代化的理论思考:"长三角区域经济社会协调发展"理论研讨会综述［J］. 江海学刊,2012(2)：210－213.

［24］张浩瀚. 苏南率先基本实现现代化阶段性研究［J］. 现代经济探讨,2004(8)：3－6.

［25］张球,胡实秋. 高新技术产业与深圳基本现代化进程［J］. 南方经济,2002(12)：35－37.

［26］郑畅. "长三角"与"珠三角"21市经济发展水平比较分析［J］. 生产力研究,2008(9)：77－79.

［27］邹卫星,周立群. 区域经济一体化进程剖析:长三角、珠三角与环渤海［J］. 改革,2010(10)：86－93.

第十九章 长三角经济增长与人力资本的关系研究[①]

一、引 言

长三角地区是中国经济改革开放以来超高速增长的代表和明星。但自 2005 年上半年出现了近十几年来的首次经济增长率下滑之后,许多媒体和某些专家把其作为粗放经济增长方式走到尽头的反面典型[②]。一时间,社会舆论对长三角经济增长方式批评不断,认为长三角一味靠投资拉动经济增长,地方政府之间拼土地、拼优惠政策,发展高能耗、高污染工业,最终经济增速放缓,难以为继。

迄今为止,对上述问题的判断缺少严谨的实证研究支撑。我们认为,不进行科学的实证研究就贸然提出一个对现实具有重大冲击效应的主观判断,至少是不严肃的事情。事实上,对这一问题的正确判断,既关系到对长三角经济增长本质的理解,也关系到长三角各地区未来经济发展政策的可持续性,还关系到中央政府对地区经济增长的宏观意义,以及对其他地区的示范效应。这些问题的解决必须依赖于对长三角经济增长的实证分析。

从新经济增长理论的角度来看,要实现经济增长方式的转变,走新型工业化道路,就是要充分发挥我国的人力资本优势及其对经济增长的促进作用,变单纯的投资

---

① 本章以《长三角经济增长与人力资本关系的实证研究——兼评长三角地区"经济增长粗放论"》为题发表在《现代经济探讨》2006 年 12 期上,原文作者为巫强。

② 参见《长三角地区经济增速趋缓,增长之路已走到尽头》(新华网 2005 年 8 月 2 日报道)、《长三角经济出现整体增速"滑落",政府人员不安》(《北京青年报》2005 年 8 月 3 日)、《长三角:"老路走到尽头"》(网易商业报道《观察》第 24 期)、《长三角经济在走下坡路吗?》(《国际金融报》2006 年 2 月 10 日第 16 版)。

拉动型经济增长为人力资本、科技创新推动型的经济增长。那么长三角经济增长中是否有人力资本的贡献呢？如果有,那其贡献程度有多大？是否超过投资的贡献？如果长三角经济增长中投资的贡献不显著,而人力资本作用明显,那么之前社会媒体的指责就难有立足之处。

　　本章正是基于这种认识,以全国经济增长作为比较基准,实证研究 1979—2004 年长三角经济增长与人力资本的关系。文章结构安排如下:第二部分是文献回顾,第三部分结合全国水平,对长三角两省一市经济增长和人力资本基础数据进行统计分析,第四部分是计量模型和数据处理,第五部分检验结果及其分析,第六部分是结论。

二、文献回顾

　　古典经济学家,如亚当·斯密就把"一国全体居民的所有后天获得的和有用的能力看成是资本的有机组成部分"[①],把人的能力和技能看作是资本,这些都可视为是人力资本概念的萌芽。然而在随后很长的一段时间内,主流经济学家可能是出于对"把人视为一种资本形态"观点的本能抵触,所以忽视了人力资本问题。直到二十世纪中叶后,舒尔茨(1990)、贝克尔(1987)和明赛尔(2001)才从各自的角度研究"人力资本",并正式将其引入主流经济学的分析领域,引起经济学界的广泛反响。

　　人力资本概念自提出以来就与经济增长问题紧密相关。舒尔茨(1990,2001)认为人力资本可以解释报酬递增现象,是经济长期增长的最重要因素。他的观点得到了 Frank(1960)的支持。陆根尧(2004)总结了人力资本在经济增长中的十大效应。真正从理论上构建人力资本与经济增长的联系机制的是 Lucas(1988)和 Romer(1990)。他们将人力资本作为生产要素引入增长模型,论证了一国经济增长不需要人口增长等外生因素,人力资本的内生积累就可以实现持续增长,并且证明人力资本对经济增长的重要性比物质资本更强,由此形成了新经济增长理论。国内学者也在新经济增长理论的基础上进行了后续研究。杨立岩和潘慧峰(2003)进一步将知识划

[①]　转引自舒尔茨(1990)第 24 页。

分为应用技术和基础知识，只有后者才决定经济长期增长率，而基础知识的增长率则取决于人力资本存量。沈利生和朱运法(1999)、李宝元(2000)、王金营(2001)、王宇和焦建玲(2005)则在新经济增长理论框架下对中国整体经济增长和人力资本之间的关系各自做出了出色的实证分析。曾晓(2006)强调了我国人力资源向人力资本转化的重要性。新经济增长理论在国家层面上成功证明了人力资本对经济增长的促进作用后，它也逐步被运用于解释国家内区域的经济增长问题。彭朝晖和杨开忠(2005)、边雅静和沈利生(2004)、张一力(2005)都沿着这一思路展开对中国区域经济增长的研究。当然他们的研究层次有所不同，前两者涉及东西部的比较研究，而张一力(2005)侧重苏州和温州两个城市的比较研究。宁熙和朱晓明(2005)则通过浙江和陕西的比较阐明了拥有能令人力资本充分发挥作用的制度环境对区域经济增长非常重要。

人力资本测算是人力资本研究中无法回避的问题。但我国人力资本的测算又是一个较为困难的问题，这固然与我国统计资料缺乏和统计口径不一致有关，但另一方面，不同研究者对人力资本测算的方法与选取时间段也有差异，所以测算结果往往各异(钱雪亚和刘杰，2004；孙景蔚和王焕详，2006；陈钊、陆铭和金煜，2004)。一般而言，人力资本的测算方法有受教育年限法[①]、投入法和产出法。由于我国统计数据中缺乏居民收入的详细分类数据，所以产出法在测算我国人力资本时较少使用，我国学者大多采用投入法(钱雪亚和刘杰，2004；孙景蔚和王焕详，2006)和受教育年限法(陈钊、陆铭和金煜，2004)。孙景蔚和王焕详(2006)除了测算全国人力资本外，还重点对1990—2002年长三角两省一市的人力资本投资与存量进行测算。另外朱宝树(2005)分析来自长三角外部和内部的劳动力迁移对长三角各城市人力资本的影响。

以上文献对长三角乃至中国经济增长问题和人力资本问题都分别做出了令人信服的科学分析。但它们或是没有直接将两者联系起来，从人力资本的角度论证长三角经济增长，或是研究对象不是长三角地区。然而我们知道在目前的背景下，从人力

---

① 采用受教育年限法实际上是缩小了人力资本范围，将该地区居民的受教育数量来代替该地区的人力资本。从人力资本定义上看，它应该还包括居民卫生保健状况和人口迁移所导致的人力资本变化。

资本的角度来理解长三角的经济增长现象,不仅是如何认识长三角的问题,而且是具有全局意义的问题。

三、长三角两省一市经济增长和人力资本基础数据的统计分析

本部分以中国整体统计指标作为比较分析的基准,反映长三角的经济增长路径及人力资本存量。除专门说明外,所有数据均来自历年的《中国统计年鉴》和长三角两省一市统计年鉴。

（一）长三角两省一市经济增长的统计指标分析

图 19.1 反映了从 1978 年以来长三角两省一市以当年价格计的 GDP 占全国GDP 比重的变化情况。

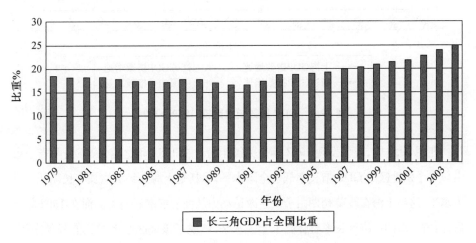

图 19.1　以当年价格计的长三角 GDP 占全国比重变化(1978—2004)

从图 19.1 中我们可以清楚地看到长三角地区 GDP 占全国的比重可以明显分成两个阶段:第一阶段是 1979—1991 年,虽然期间个别年份的比重略有上升,但总体呈现下降趋势,从 18.4％下降到 16.5％;第二阶段是 1992—2004 年,比重从 17.3％持续上升到 24.9％。这说明长三角自 1979 年以来的经济增长并不是一帆风顺的。

　　图 19.1 中揭示的长三角在中国经济中地位的变化可通过长三角和中国经济增长速度的差异得到说明。为了排除价格上涨对经济增长率的影响，我们用 GDP 指数和人均 GDP 指数的增长率来分别衡量在中国整体经济增长的背景下，长三角经济增长的概况。上海、浙江和全国的 GDP 指数、人均 GDP 指数都是以 1978 年为 100 的基准来计算的，而江苏以 1952 年为 100 的设定来计算，但由于我们只比较增速，所以基期不同对我们的分析没有影响。

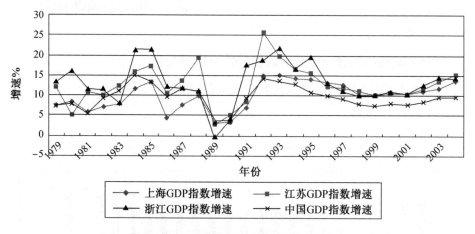

图 19.2　GDP 指数增速比较(1979—2004)

　　在图 19.2 中，我们发现 1992 年是关键年份。在 1992 年之前，长三角两省一市中总有个别地区的 GDP 增长率低于全国水平，尤其是上海的经济增长率长期低于全国水平，这与上海在改革初期由于缺乏改革动力从而发展滞后有关。而在 1992 年之后，两省一市的经济增长率整体高于全国水平，体现了该地区经济增长的强劲态势。这与图 19.1 的结论是相符的。

　　在图 19.3 中，我们发现自 1992 年后，长三角地区人均 GDP 的增速也整体高于全国水平。这说明长三角经济增长带来的不仅是总量增加，也是居民的平均福利上升。图 19.3 所体现的长三角经济增长路径与图 19.1、图 19.2 一致。总之，以全国作为比较基准，长三角经济以 1992 年为分界点，前后体现出不同特征。尤其在 1992 年之后，沪苏浙的经济增长速度整体快于全国速度，这段时期是长三角经济的高速增长期。

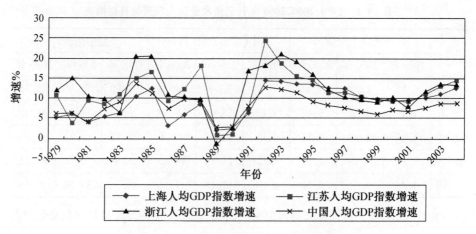

图 19.3　人均 GDP 增速比较(1979—2004)

(二) 长三角两省一市人力资本存量的统计指标分析

人力资本存量主要通过教育和医疗卫生这两条途径来形成,前者形成的人力资本存量体现在一定学历人口占总人口的比重上,而后者形成的人力资本存量体现在一定量人口所拥有的医生和床位数上。我们分析长三角和全国这些统计指标值的变化趋势。

我们首先选取大专及以上、高中(含中专)和初中三个学历层次的人口占总人口的比例这三个统计指标,比较长三角和全国通过教育形成的人力资本存量状况。初中以上受教育人口可纳入人力资本范畴,而初中以下受教育人口接受的教育程度较低,仍只算是一般劳动力。另外初中和高中受教育人口属于一般人力资本,大专及以上属于高端人力资本。表 19.1 是 1990、2000 和 2005 年长三角两省一市和全国的人口受教育结构表。数据来源于 1990 年第四次、2000 年第五次人口普查公报,2005 年 11 月《全国 1‰人口抽样调查主要数据公报》和两省一市统计局网站①。

---

① 表 19.1、表 19.2 中的长三角数据由作者根据两省一市的数据计算得到。

表 19.1　1990、2000、2005 年长三角及全国人口受教育结构表

	大专及以上比例%			高中(含中专)比例%			初中比例%		
	1990 年	2000 年	2005 年	1990 年	2000 年	2005 年	1990 年	2000 年	2005 年
上海	6.53	11.4	18.09	19.54	23.8	24.84	31.59	38.2	35.78
江苏	1.47	3.92	6.45	8.67	13.04	13.98	26.43	36.37	37.42
浙江	1.17	3.19	5.11	7.02	10.76	11.4	23.77	33.34	21.74
长三角	1.92	4.49	7.45	9.3	13.13	14.45	26.1	35.3	35.61
全国	1.42	3.61	5.18	8.04	11.15	11.55	23.34	33.96	35.78

　　由表 19.1,我们可以计算得到 1990—2000 年和 2000—2005 年长三角及全国人口中三个层次受教育程度比例的变动情况,即表 19.2。

表 19.2　1990—2000 年、2000—2005 年长三角及全国人口受教育结构变动程度

	大专及以上人口比例的变动%		高中(含中专)人口比例的变动%		初中人口比例的变动%	
	1990—2000	2000—2005	1990—2000	2000—2005	1990—2000	2000—2005
上海	74.58	58.68	21.8	4.37	20.92	−6.34
江苏	166.67	64.54	50.4	7.21	37.61	2.89
浙江	172.65	60.19	53.28	5.95	40.26	−34.79
长三角	133.85	65.92	41.18	10.05	35.25	0.88
全国	154.23	43.49	38.68	3.59	45.5	5.36

　　结合表 19.1 和表 19.2,如果仅从受教育程度方面来考察人力资本,我们可以得到以下结论:第一,长三角作为整体来看,1990、2000、2005 年三个层次的受教育人口比例都要高于全国水平,即其人力资本状况总体上要优于全国水平①。第二,在 1990—2000 年和 2000—2005 年两段时期内,长三角作为整体在大专及以上和高中

———————————————

　　① 　2005 年长三角初中学历的人口比例略低于全国水平,但基本持平,这主要是由于从 2000 年开始,长三角教育的发展令更多人口获得了高中以上学历,所以导致其人口中初中学历比例仅从 35.3% 增长到 35.61%。这实际上是从另一个方面体现了长三角地区的高端人力资本增长更快。

两个层次上受教育人口比重的增长幅度大大高于全国增长幅度①,这说明从 1990 年开始长三角人力资本,尤其是高端人力资本的增长速度要大大快于全国。但长三角的初中受教育人口比重的增长幅度低于全国增长幅度,这是显而易见的,因为在人口总数变动不大的前提下,高端人力资本的相对增加必然导致一般人力资本的相对减少。第三,长三角内部的人力资本配置不平均。上海是"人才高地",是人力资本最密集的区域,尤其是大专及以上的高端人力资本极为密集。江苏位于其次,而浙江排在最后。虽然浙江在 1990—2000 年内,在三个层次上受教育人口比重的增长幅度都最大,但由于其人力资本基础相对落后,所以至今为止,其教育人力资本存量仍处于长三角末尾,甚至比全国水平稍有落后。

其次,我们选取每万人口医生人数和每万人口医院床位张数指标,比较从 1979 年到 2004 年全国和长三角在卫生医疗方面的人力资本存量变化状况。

江苏在 1979、1981—1984、1986—1988 年的每万人口医生人数和每万人口医院床位张数缺失,由 1978、1980、1985、1989 年数据平均递增得到。而浙江 1979—1984 年的每万人口医生人数和 1979—1989 年的每万人口医院床位张数缺失,我们分别利用 1985—2004 年的每万人口医生人数和 1990—2004 年的每万人口医院床位张数,按最小二乘法进行线性回归得到相关数据。通过图 19.4、图 19.5,我们可以比较长三角两省一市与全国在医疗卫生方面人力资本存量的差异。

在图 19.4 中,我们可以看到从 1979 年开始,长三角两省一市中上海每万人口医生数要明显多于江苏和浙江,而后两者的该指标值一直以来和全国水平相差不大。所以从总体来看,长三角在医疗卫生方面的人力资本存量要高于全国水平。另外,江苏、浙江和全国该指标值基本保持稳步小幅上升趋势,而上海的该指标值虽然一直高于其他地区,但从 1979—2004 年却先上升后有所下降。

图 19.5 反映了从 1979—2004 年,长三角两省一市和全国每万人口拥有医院床位数的变化情况,其基本趋势和图 19.4 相似。上海该指标值一直高于江苏、浙江和

---

① 长三角作为整体在 1990—2000 年期间的大专及以上受教育人口比重的增长幅度小于全国水平,这是由于上海的增长幅度较小所导致的。但上海增长幅度小主要是由于它在 1990 年大专及以上受教育人口就达到了 6.53%,基数较大,远远高于江苏、浙江及全国水平。

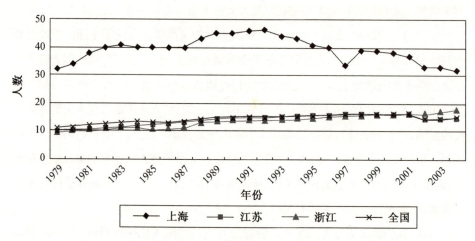

图 19.4　长三角两省一市与全国每万人口医生数(1979—2004)

全国其他地区,但是上海该指标值也在逐年上升,且上升幅度明显要高于江苏、浙江和全国的上升幅度。另外江苏、浙江和全国的该指标值仍然相差不大,但是浙江的上升趋势更为明显,而江苏和全国的则小幅上升。

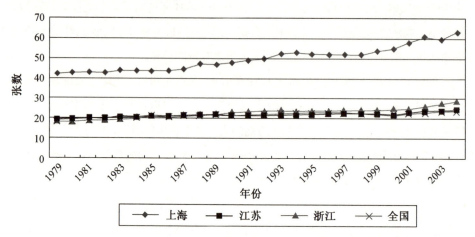

图 19.5　长三角两省一市和全国每万人口病床张数(1979—2004)

　　结合图 19.4、图 19.5,我们得到结论:第一,由于上海居民平均享有的医疗服务一直显著优于全国,而江苏、浙江居民平均享有的医疗服务自二十世纪九十年代后稍优于全国,所以长三角地区作为整体而言,在九十年代后,医疗卫生方面的人力资本存量高于全国平均水平;第二,在长三角内部,上海在医疗卫生方面的人力资本存量显著好于江苏和浙江,这与上海和江苏、浙江的地域差异有关。上海是面积不大的直辖市,没有大量的农村,而江苏、浙江却是面积较大的省,除了城市外还涵盖了大量农村,农村的医疗卫生水平要显著低于城市,所以江苏、浙江的医疗卫生人力资本存量小于上海不足为奇。

通过基础数据的统计分析,我们发现在改革开放后,长三角的人力资本存量也在不断增加,尤其在二十世纪九十年代后,无论是教育方面还是医疗卫生方面的人力资本存量都显著高于全国水平,这毫无疑问会对长三角的经济增长起到无法忽视的推动作用。所以把长三角的经济增长看成是纯粹投资拉动的观点难以成立。

四、计量模型与数据处理

在本章第三部分,我们利用统计数据说明了长三角地区的经济增长和人力资本优于全国水平的情况同时并存,这两者毫无疑问紧密相连,不能简单地认为长三角的经济增长是粗放型经济增长的典型。但与投资等因素相比,人力资本在长三角经济增长中所起的作用到底有多大呢? 沪苏浙三个地区的人力资本对其经济高速增长所做的贡献是否相同呢? 我们需要以全国为比较基准,通过计量分析来考察人力资本投资对长三角经济增长的作用。按新经济增长理论可以得到计量公式(19.1):

$$\ln y_{i,t} = a + a_i \ln A_{i,t} + b_i \ln L_{i,t} + c_i \ln I_{i,t} + d_i \ln HC_{i,t} \tag{19.1}$$

其中的因变量 y 分别为 GDP 指数和人均 GDP 指数,以 1978 年为 100。选取这两个指数作为因变量进行计量分析揭示的问题有差异,前者是经济总量变动,后者代表居民平均福利变动。自变量包括技术进步 A、从业人口 L、固定资产投资 I 和人力资本 HC。下标 i 可取值为 nation(全国)、shh(上海)、js(江苏)或 zhj(浙江)。t 是时期,涵盖范围从 1979—2004 年。人力资本投资 HC 分为两个变量:教育(edu)和卫生健康(health)。这两个变量分别用教育财政支出和医疗卫生财政支出指标来衡量,它们可以被视为政府对本地人力资本的投资,体现政府的人力资本公共政策对经济增长的作用。另外，因为我国中学以上学历的教育年数为 3～4 年，我们将教育促进经济增长的滞后期定为 3 年[①]。所以本章实际估算的计量公式为(19.2)式：

$$\ln y_{i,t} = a + a_i \ln A_{i,t} + b_i \ln L_{i,t} + c_i \ln I_{i,t} + d_i \ln edu_{i,t-3} + e_i \ln health_{i,t} \qquad (19.2)$$

除特别说明外，有关数据均取自历年中国和上海、江苏、浙江的统计年鉴。有关数据处理情况说明如下：

(1) 江苏 1979、1981—1984、1986—1988 年的从业人口数据缺失，我们将 1978、1980、1985 和 1989 年的从业人口数据平均递增得到以上缺失各年数据。

(2) 上海、江苏在 1979、1981—1984、1986—1989 年的教育和医疗卫生财政支出数据缺失，我们采用 1978、1980、1985 和 1990 年的数据平均递增补足。浙江教育和医疗卫生财政支出只能找到 2000—2004 年的数据，同时能找到浙江 1979—2004 年的财政支出数据，所以我们以 2000 年浙江教育和医疗卫生财政支出占其当年财政支出比例乘以各年的财政支出，得到 1979—1999 各年的教育和医疗卫生财政支出。1979—2003 年的全国卫生财政支出数据来自 2004、2005 年的全国卫生统计年鉴，但 2004 年的数据缺失，我们用 2003 年的数据加上历年卫生财政支出的平均增幅得到 2004 年的数据。2001 年前的全国教育财政支出数据来自 2002 年的中国财政年鉴。

(3) 我们不采用专利申请数或批准数来衡量技术进步，原因是我国专利制度实施较晚，导致 1985 年我国三种专利申请批准量为 138 件，而到 2000 年为 105 345 件，在 15 年间发生如此巨大的技术进步是根本不可能的。所以我们采用科技三项费用（包括新产品试制费、中间试验费和重要科学研究补助费）指标来表示我国的技术进步，当然这个指标也不尽善尽美，它反映了科技知识的"生产投入"，并没有直接反映科技进步的情况，但在假设科技知识的生产效率不大幅变动的前提下，该指标能大致反映我国的科技进步情况。另外江苏无法直接获得科技三项费用，所以我们采用江苏在科学部分的财政支出来代替科技三项费用，且 1979、1981—1984、1986—1988 年的科学部分财政支出数据缺失，我们同样采用相邻年份的数据平均递增补足。

---

① 如果滞后期定为 4 年对检验结果没有根本性影响，而且考虑到受教育的居民会遗忘所学知识，所以滞后期也不宜过长。

(4) 1979 年的全国固定资产投资数据无法在统计年鉴中直接获得,我们采用当年基本建设和更新改造的数据加总得到。

五、检验结果及其分析

表 19.3 是以 GDP 指数为因变量得到的计量结果,表 19.4 是以人均 GDP 指数为因变量得到的计量结果。

表 19.3　全国和长三角两省一市经济增长回归分析(1979—2004)①

	$\ln A$	$\ln L$	$\ln I$	$\ln edu$	$\ln health$	$Adjusted-R^2$	样本数
全国	0.16 (2.22)**	0.39 (3.04)*	0.18 (4.18)*	0.04 (0.49)	0.17 (1.34)	0.9985	23
上海	−0.008 (−0.44)	0.32 (0.94)	0.33 (4.67)*	0.56 (10.21)*	−0.4 (−3.19)*	0.9979	23
江苏	0.028 (0.64)	−0.097 (−0.66)	0.24 (5.25)*	0.21 (4.99)*	0.24 (2.84)**	0.9990	23
浙江	0.039 (1.57)	−0.47 (−1.76)***	0.28 (8.97)*	0.04 (0.97)	0.3 (3.36)*	0.9990	23

(一) 全国与长三角经济总量增长分析

由表 19.3,我们可以发现四组回归数据的拟合程度都在 99% 以上,说明通过显著性检验的变量能解释全国和长三角两省一市 1978—2004 年的经济增长现象。但对于全国和长三角两省一市而言,这五个变量在各自经济增长中所起的作用是有差异的。

在全国水平上,技术进步、就业人口和固定资产投资每增加 1%,那么全国 GDP 指数就会增加 0.16%、0.39% 和 0.18%。但是教育和医疗卫生财政支出变量没有能够通过显著性检验,说明这两者在全国经济增长中所起的作用不明显,人力资本对全

---

① 括号内为系数的 t 值, * 表示变量系数在 1% 的置信水平上显著不为 0, ** 表示变量系数在 5% 的置信水平上显著不为 0, *** 表示变量系数在 10% 的置信水平上显著不为 0。下同。

国经济增长的促进作用不显著。虽然技术进步能促进我国经济增长,但固定资产投资和就业增加对其贡献更大,我国粗放经济增长的特征还比较明显。所以在全国层次上强调转变经济增长方式,走新型工业化道路的确有其现实针对性。

上海的技术进步、从业人口变量没能通过显著性检验。其他三个变量中,上海经济增长中教育财政支出的作用非常显著,教育财政支出每增加1%,就能带来0.56%的经济增长,上海体现出强烈的教育推动型特征。在表19.3中通过显著性检验的变量中,上海的教育财政支出是推动经济增长幅度最大(0.56%)的变量。固定资产投资对上海经济增长的促进作用也不能忽视,固定资产投资增加1%就能带动上海0.33%的经济增长。但医疗卫生财政支出对上海经济增长存在负面影响,这说明虽然上海医疗卫生条件较好,但没能转化为经济增长的动力。

江苏的固定资产投资、教育和卫生财政支出都通过了显著性检验。这三者各增加1%,就会分别促进GDP指数增加0.24%、0.21%和0.24%。技术进步、从业人口因素在江苏经济增长中的作用都不显著。可以看出,人力资本对江苏经济增长总贡献达0.45%,远超过固定资产投资的贡献,所以我们不能认为江苏的经济增长是仅靠投资拉动的粗放型增长。

浙江从业人口、固定资产投资和医疗卫生财政支出变量都通过了显著性检验,其中固定资产投资和医疗卫生财政支出各增长1%,能分别带动浙江经济增长达0.28%、0.3%。技术进步和教育财政支出没有通过显著性检验。教育财政支出对浙江经济增长促进作用不显著,这一定程度上与长三角两省一市中浙江教育水平相对落后有关。由于医疗卫生方面带动浙江增长幅度略高于固定资产投资的贡献,所以对于浙江而言,虽然投资对其经济增长有促进作用,但它同样也不属于粗放型经济增长。

综合表19.3中的结果,我们可以得到五个结论:第一,增加要素投入对全国经济增长的促进作用显著,而人力资本投资对全国经济增长促进不大,所以全国经济增长的粗放特征显著。中央提出转变经济增长方式,走新型工业化道路非常正确。第二,沪苏浙的固定资产投资对各自经济增长均有正向促进作用,固定资产投资每增加1%,能分别推动沪苏浙三地经济增长0.33%、0.24%、0.28%,所以投资对长三角经济增长的作用较为明显。第三,与全国经济增长相比,人力资本因素在长三角经济增长中的贡献更为明显,除了浙江教育财政支出和上海医疗卫生财政支出的变量外,沪苏浙的两类人力资本投资都显著促进经济增长。这和全国情况形成鲜明对比。第四,虽然上海医疗卫生财政支出对其经济增长为负效应,但总体上,人力资本投资对上海经济增长的净效应为正。上海两类人力资本投资各增加1%将使其 GDP 指数上升 0.16%。这就表明长三角地区地方政府的人力资本投资能有效促进本地经济增长。第五,与全国经济增长相比,人力资本投资对长三角经济增长的促进作用更大。由于两类人力资本投资在全国均未通过显著性检验,所以我们可以认为其增加对全国经济增长的促进作用为 0,而沪苏浙两类人力资本投资均增加1%,能分别推动 0.16%、0.45%和 0.3%的经济增长。

表 19.4 全国和长三角两省一市人均 GDP 指数回归分析(1979—2004)

	$\ln A$	$\ln L$	$\ln I$	$\ln edu$	$\ln health$	$Adjusted-R^2$	样本数
全国	0.15 (2.29)**	0.199 (1.66)	0.16 (3.83)*	0.009 (0.13)***	0.19 (1.57)	0.998 3	23
上海	−0.007 (−0.34)	0.21 (0.56)	0.36 (4.62)*	0.54 (8.77)*	−0.45 (−3.197)*	0.997 1	23
江苏	0.03 (0.78)	−0.33 (−2.46)**	0.25 (5.94)*	0.2 (5.17)*	0.19 (2.55)**	0.999	23
浙江	0.04 (1.8)***	−0.56 (−2.22)**	0.287 (9.61)*	0.016 (0.41)	0.28 (3.27)*	0.999	23

(二)全国和长三角人均经济量增长分析

表 19.4 中,经调整后的 R 平方均在 99%以上,这说明计量拟合程度非常好。可以发现:第一,计量结果与表 19.3 相比,各因素对经济增长的弹性值有所差异,但基本相差不大。而且大部分变量的显著性没有变化,这说明全国和长三角人均经济量增长和经济总量增长的推动因素基本相似。第二,全国人均经济增长中从业人口没有通过显著性检验,而教育财政支出通过了显著性检验,对全国人均经济增长有促进作用。这点符合经济理论预测。第三,表 19.4 的回归结果也同样支持表 19.3 的五

个结论,即全国经济增长粗放特征显著,固定资产投资对长三角经济的促进作用较明显,另外与全国相比,人力资本对长三角经济增长的促进作用更明显,净效应为正,促进作用更大。

通过以上分析,我们清楚地看到,自 1979 年以来,全国经济增长的确体现出了一定的粗放特征,在十一五期间我国转变经济增长方式确有必要。但是实证表明把长三角作为经济粗放型增长的反面典型有失偏颇。虽然固定资产投资对长三角经济增长有促进作用,但不能因此将其认为是投资拉动的粗放型经济增长方式。与全国相比,人力资本投资对长三角经济增长的促进作用更显著,贡献更大,所以与其说长三角经济增长是投资拉动型,不如说是人力资本推动型。

六、结　论

长三角自改革开放以来的经济增长,尤其是 1992 年至今的高速经济增长现象是一个值得研究的问题。当前,对它的研究有助于纠正社会舆论中的错误观点,同时更能为我国其他区域的经济发展提供有价值的启示。本章基于新经济增长理论,验证了全国和长三角经济增长与固定资产投资、人力资本投资等五因素之间的关系,得到以下结论:

第一,全国从 1979—2004 年的经济增长的确体现出了一定的粗放增长特征,投资、劳动力等要素投入增加能有效促进全国经济增长,而人力资本投资对经济增长的促进作用不明显。所以中央提出转变经济增长方式、走新型工业化有现实针对性。

第二,与全国相比,长三角在 1979—2004 年经济增长的人力资本推动特征显著,人力资本的贡献要超过增加要素投入的贡献。虽然固定资产投资对长三角经济增长的推动作用较明显,但是将长三角作为粗放型经济增长方式的反面典型显然失之偏颇。

第三,长三角两省一市的经济增长特征有所差异,这体现在教育和医疗卫生财政支出两类人力资本投资对沪苏浙经济增长的贡献程度有高低。上海经济增长更多体现为教育人力资本投资推动型,江苏经济增长中的两类人力资本投资贡献较平均,而医疗卫生人力资本投资对浙江的经济增长更有效。

参考文献

[1] FRANK A G. Human Capital and Economic Growth[J]. Economic Development and Cultural Change，1960，8(2)：170 - 173.

[2] LUCAS Jr R E. On the Mechanics of Economic Development[J]. Journal of Monetary Economics，1988，22(1)：3 - 42.

[3] ROMER P M. Endogenous Technological Change[J]. Journal of Political Economy，1990，98(5，Part 2)：S71 - S102.

[4] 边雅静,沈利生.人力资本对我国东西部经济增长影响的实证分析[J].数量经济技术经济研究,2004,21(12):19 - 24.

[5] 陈钊,陆铭,金煜.中国人力资本和教育发展的区域差异:对于面板数据的估算[J].世界经济,2004(12):25 - 31.

[6] 加里·贝克尔.人力资本[M].北京大学出版社,1987.

[7] 李宝元.人力资本与经济发展[M].北京师范大学出版社,2000.

[8] 李涛.我国35个大中城市人力资本投资实证分析[J].中国管理科学,2004,12(4):124 - 129.

[9] 陆根尧.经济增长中的人力资本效应[M].中国计划出版社,2004.

[10] 宁熙,朱晓明.残缺的人力资本产权对区域经济增长的影响:透过"浙江-陕西之谜"分析经济增长影响因素[J].生产力研究,2005(8):133 - 135.

[11] 彭朝晖,杨开忠.人力资本与中国区域经济差异[M].新华出版社,2005.

[12] 钱雪亚,刘杰.中国人力资本水平实证研究[J].统计研究,2004,21(3):39 - 45.

[13] 沈利生,朱运法.人力资本与经济增长分析[M].社会科学文献出版社,1999.

[14] 孙景蔚,王焕祥.长三角经济区人力资本状况比较研究[J].经济地理,2006,26(1):27 - 31.

[15] 王金营.人力资本与经济增长:理论与实证[M].中国财政经济出版社,2001.

[16] 王宇,焦建玲.人力资本与经济增长之间关系研究[J].管理科学,2005,18(1):31 - 39.

[17] 西奥多·W·舒尔茨.人力资本投资:教育和研究的作用[M].商务印书馆,1990.

［18］西奥多·W·舒尔茨.报酬递增的源泉［M］.北京大学出版社,2001.

［19］雅各布·明赛尔.人力资本研究［M］.中国经济出版社,2001.

［20］杨立岩,潘慧峰.人力资本、基础研究与经济增长［J］.经济研究,2003(4):72-78.

［21］曾晓.加速人力资源向人力资本的转化:我国人力资本问题的分析与对策［J］.上海经济研究,2006(7):47-53.

［22］张一力.人力资本与区域经济增长:温州与苏州比较实证研究［M］.浙江大学出版社,2005.

图书在版编目(CIP)数据

巫强自选集：行走在产业经济与国际贸易间的交叉
研究 / 巫强著. — 南京：南京大学出版社，2020.1
(南京大学经济学院教授文选)
ISBN 978 - 7 - 305 - 08626 - 7

Ⅰ. ①巫… Ⅱ. ①巫… Ⅲ. ①国际贸易—文集②经济
学—文集 Ⅳ. ①F74 - 53②F0 - 53

中国版本图书馆 CIP 数据核字(2019)第 224959 号

出版发行　南京大学出版社
社　　址　南京市汉口路 22 号　　　　邮　编　210093
出 版 人　金鑫荣

丛 书 名　南京大学经济学院教授文选
书　　名　巫强自选集：行走在产业经济与国际贸易间的交叉研究
著　　者　巫　强
责任编辑　王冠葳　张　静

照　　排　南京南琳图文制作有限公司
印　　刷　南京爱德印刷有限公司
开　　本　787×960　1/16　印张 22.5　字数 363 千
版　　次　2020 年 1 月第 1 版　2020 年 1 月第 1 次印刷
ISBN 978 - 7 - 305 - 08626 - 7
定　　价　98.00 元

网址：http://www.njupco.com
官方微博：http://weibo.com/njupco
官方微信号：njupress
销售咨询热线：(025) 83594756